KB275695

경계에
선
신앙

한국 개신교 사상사 3

경계에 선 신앙

: 전쟁, 토착화, 여성, 공산주의

Faith on the Edge:
War, Indigenousization, Women, and Communism

양현혜 지음

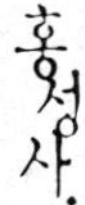

이 책을

존경하는 스승님, 미야타 미츠오〔宮田光雄〕 선생님과

츠키모토 아키오〔月本昭男〕 선생님께 바친다.

두 분 선생님의 한결같은 기도와 지도가 없었다면

이 책은 세상의 빛을 보지 못했을 것이다.

책머리에

정신사적으로 볼 때 오늘날 한국 사회의 가장 심각한 문제는 말의 '오염'이라고 할 수 있다. 비근한 예를 들면, 민주주의, 자유, 계몽, 법치, 저항권 등 중요한 정치적인 개념들이 그 본연의 정치사상적 맥락에서 탈각하여 본래적 의미 내용을 잃고, 각자 임의대로 사용하는 '창작어'가 되어 표류하고 있는 현상이다. 그 결과, 소통의 도구인 언어의 기능이 마비되어 말들과 말들이 충돌함으로써 대화와 토론이 불가능해지고 갈등과 혐오만이 남게 된다.

특정한 개념을 지칭하는 말들의 '오염'에서 기인하는 이러한 부작용은 고유한 세계관을 갖는 종교 체계의 경우 더욱 심각하다. 모든 종교와 마찬가지로 개신교의 세계관 역시 특수한 개념들의 매트릭스이다. 흔히 사용하는 기독교 용어인 십자가, 부활, 구원, 은총, 자유, 사랑, 용서, 회개 등의 개념은 이 매트릭스 안에서 각각 위치가 배정되어 상호 그물망처럼 연결되어 있다. 그러한 개념들이 각자의 위치와 맥락에서 이탈했을 때 그 말은 '오염'될 수밖에 없다.

오스트리아의 역사가인 프리드리히 헤어(Friedrich Heer)는 그의 저서 *The Intellectual History of Europe*(Ohio: The World Publishing Company, 1966)에서 다음과 같이 말했다. "이 세상에서 가장 강한 변혁력을 가진 종교와 신앙조차도 표면적인 회심을 가져오기 위해 수 세기가 걸리고, 그러한 종교 혹은 신앙이 사회구조의 중심부까지 침투하여 변화시키려 한다면 몇천 년이 필요하다는 것을 유럽 기독교의 역사는 우

경계에 선 신앙: 전쟁, 토착화, 여성, 공산주의

리들에게 가르쳐 준다.”

세계에서 가장 긴 기독교 역사와 그 문화권의 하나인 유럽에서조차도 100퍼센트 단일한 기독교 문화가 형성된 것은 아니라는 것이다. 고대적 혹은 기초적 토착 문화가 소멸하지 않고 오늘날에도 사회구조와 사람들의 생각, 삶의 방식 속 무의식의 심층에서 생명력을 가지고 움직이고 있다. 또한 유럽 문화권이 기독교 국가가 되어 가는, 기독교가 가치 체계의 결정적 요소가 되어 가는 과정에서 민중 생활 일상성의 근저에 토착적인 것, 외래의 것 등이 포함되어 다양한 문화적 요인이 교착하고 있었다고 한다.

한 가지 색깔로 칠해진 듯 보여도 시간이 지나 표면이 씻기면 그 아래의 벽면이 드러나듯, 기층에 있는 것은 문화적 생명력을 견지하며 살아 있는 발전 양식을 수반하고 있다. 하물며 수천 년을 불교와 유교 그리고 샤머니즘의 전통문화 속에 살아온 한국에 개신교는 수용된 지 겨우 140여 년이 지났고, 그 다층적 발전 양식은 한층 뚜렷하다. 개신교라는 표면을 조금만 벗겨 내면 정체를 구분하기도 어려운 여러 전통문화와 사상들이 뒤엉킨 채 켜켜히 쌓여 있다.

더구나 한국의 개신교 수용은 한국 근현대사와 맞물려 전통과의 대결 및 연속과 혁신이라는 사상적 씨름을 할 겨를도 없이 서구화를 위한 ‘당위’로서 수용된 측면이 강했다. 따라서 한국 개신교에는 서구적 문화 양식 또한 겹겹이 쌓여 있다. 이러한 한국 개신교의 정신 구조 안에서 기독교의 고유한 ‘말’들이 전통 사상의 사유 체계나 언어들 그리고 동시대 사조들의 언어와 뒤섞여져 ‘혼동, 오용, 오염’되는 것은 어찌 보면 자연스러운 현상이다. 사회적 지탄의 대상이 되고 있는 이단과 사이비 그리고 최근 극단적으로 정치화된 세력 등이 한국 개신교에 출현하는 것은 다름 아니라 이러한 말의 '오염'에서 일차적으로 기인한다.

외래에서 온 모든 이질적 사상과 문화의 발전 과정에는 일반적으로 세 가지 단계가 있다. 수용-학습-재생산 과정이다. 수용의 경우, 수용 주체는 이미 내재한 전 이해를 토대로 이질적인 외래 사상을 이해하고 습득할 수밖에 없다. 이 과정에서 불가피하게 왜곡과 몰이해가 수반된다. 시간이 지남에 따라 이질적 사상의 본래 맥락과 구조를 이해하는 좀더 본격적이고 체계적인 학습이 이루어진다. 이러한 학습 과정을 통해 이질적인 사상이 명확히 파악·숙지되고 자기화되면서 사상 자체에 대한 생산적 기여나 진전, 전통의 혁신 등이 일어나고 사상의 재생산도 가능해진다. 그렇다면 이질적 외래 사상이었던 한국 개신교의 정신적 구조는 이 수용-학습-재생산 단계 어디쯤 위치하는가.

개신교 수용 140여 년이 되어 가는 이때, 개신교의 존재 양식 및 그 본질에 대한 성찰과 반성이 한국 개신교에 요구되고 있다. 또한 한국 개신교의 발전과 전진을 위해서 개신교와 한국의 전통 정신과의 조우 방식, 양자의 대결 방식, 상호 침투방식 등에 대한 재검토도 요구되고 있다.

이 책은 이러한 재검토를 시도한다. 그러나 교리상의 상이점 발견과 대결 양상, 양자의 교류 방식, 결합의 방식 내지 가치관의 교류 가능성을 논하는 방식으로 이 과제에 접근하지는 않는다. 관념적 논의로 끝날 가능성이 있기 때문이다. 교리나 교의 이해와 해석에 관련된 이

　　　경계에 선 신앙: 전쟁, 토착화, 여성, 공산주의

론적 비판은, '이렇게 믿고 이렇게 살았다'는 신앙을 스스로 역사 속에서 살아 낸 실존을 가지고 증거되지 않는 한 크게 설득력이 없다. 교리나 신학은 살아 낸 신앙을 이론적으로 설명하고 변증하는 것이지 신앙 그 자체가 아니기 때문이다. 즉 신학이나 교리는 신앙 없이도 이야기될 수 있다.

따라서 이 책은 한국의 역사적 현실 가운데 신앙적 내지 사상적 과제로서 스스로 '신의 메시지를 받들어 살아 낸 실험'을 통해서 기독교의 본질을 추구하고, 전통 사상과 기독교의 창조적 대결을 모색한 사람의 문제 제기를 통해 이 문제를 재검토해 보고자 한다.

이러한 의미에서 한국 개신교사 가운데 김교신이 차지하는 위치는 특별하다. 그는 1927년부터 강제 폐간되는 1942년까지 〈성서조선〉이라는 신앙 월간지를 158호까지 발행한 개신교 언론인이다. 일제의 언론 통제 정책 아래에 있었던 당시 잡지들의 평균 발행 호수가 50호 정도였음을 감안한다면, 그가 〈성서조선〉의 속간을 위해 얼마나 노고를 기울였을지 짐작할 수 있다[김미정, "김교신의 성서조선과 일본의 언론 통제 정책", 〈대학과 선교〉 62(2024)]. 〈성서조선〉 158호에 실린 "조와"(弔蛙)로 인해 '성서조선 사건'이 일어났고 그는 1년간 서대문형무소에서 수감생활을 했다. 출옥 후 잡지 발행도 교사직도 이어 갈 수 없게 된 그는 범법자 강제 징용을 피해 일본 흥남질소 비료 공장에 입사하였고 조선인 노동자 주택 관리계의 계장으로 일했다. 사택 내 발진티푸스 환자를 간호하다 자신도 감염되어 해방을 4개월 앞둔 1945년 4월 25일 결국 병사했다.

이러한 삶의 이력을 가진 그가 〈성서조선〉을 통해 씨름하고자 한 것은 당시 조선 개신교의 존재 양식, 기독교의 본질과 조선 개신교의 본질, 조선의 전통 사상과 개신교의 관계 그리고 전통과 역사의 혁신을 담당할 새로운 기독교적 주체의 모색이었다. 이러한 씨름은 조선 개신교 내의 말의 '오염'에 문제를 제기하고, 그것을 본래의 위치에서 적확하게 파악하고 통용되도록 만드는 노력이었다.

그는 동시대 조선 개신교계에서 보면 주류는 아니었다. 식민 지배국 일본의 무교회주의를 따르는 위험한 모험을 하는 사람, 자발적으로 본진에서 이탈해 싸우는 야전 전투원 같은 사람이었다. 그러나 그는 조선인으로서 조선 사람들의 문제를 짊어지고, 조선 기독교인으로서 자신의 사명을 다하기 위해 고독하게 분투했다. 이러한 실존을 가지고 조선 역사의 한복판에서 자신의 신앙을 증거한 김교신의 '이의 있음'은 경청할 무게와 가치가 분명히 있다.

이 책에서는 그가 제기한 말의 '오염'과 관련된 중요한 개신교 키워드 열두 개를 선정했다. 신앙, 회심, 자유와 복종, 신앙과 이성, 전도, 예언, 종교개혁과 무교회, 기독교와 국가권력, 전쟁, 토착화, 여성, 공산주의. 이렇게 12개의 말이다. 기독교적 세계관에서 고유의 의미 내용을 갖는 이러한 말들의 유통에 대해 김교신이 자신의 시대 개신교의 '오염'이라고 주장한 부분은 어떠한 것이었나, 이를 시정하고자 제시한 내용은 무엇이었는가를 그의 대표적 글을 통해 살펴보고자 한다. 또한 이러한 그의 주장을 동시대 다른 개신교인의 사상과 비교하여 논리 구조를 분석하고, 양자 사이에 어떠한 간극이 있는가를 검토하고자 한다. 그리고 이 '말'의 본래의 맥락과 의미 '학습'에 참조할 수 있는 신학적 자

     경계에 선 신앙: 전쟁, 토착화, 여성, 공산주의

산을 생각해 보고자 한다.

마지막으로, 김교신이 제기한 문제가 그로부터 100여 년이 지난 오늘날 한국 개신교에서 어떻게 재연, 시정, 악화되었는지 추적하고자 한다. 즉 당시 조선 개신교의 존재 양식과 본질을 검토하고, 이것에 비추어 오늘날 한국 개신교의 존재 양식과 본질을 비판적으로 성찰함으로써 한국 개신교의 현주소를 가늠해 보고자 하는 것이다.

이 책은 이러한 비판적 성찰 작업을 다음과 같은 사상사적 문제의식에 근거하여 수행하고자 한다. 첫째로, 특정한 정신 구조를 문화 근저에 가진 사회에서 이질적인 사상 수용과 학습 그리고 재생산은 어떻게 일어나느냐는 문제이다. 먼저 수용 단계에서 수용 주체인 한국 개신교인들이 무엇을 어떻게 수용했는가, 초기 수용의 단계에서 한국의 전통 정신 구조 안에 내재된 어떤 전이해적 요소를 기반으로 기독교를 이해하고 수용하였는가, 이 과정에서 발생한 몰이해와 왜곡은 무엇이었는가, 복음과 그것을 전한 미국 선교사들의 배후에 있는 미국적 가치관, 생활양식과 문화양식, 그들의 기호 등을 준별하고자 했는가, 만일 그러한 자각적 노력이 일어났다면 그 전개 과정은 어떠한 것이고 사상적 구조는 어떠했는가를 물어야 한다.

또한 기독교의 본질에 다가가기 위해 어떠한 학습이 필요하다고 인식했으며 그 내용은 무엇인가, 이러한 학습을 통해 기독교 사상이 어떻게 체화되어 자기화되었는가, 그 결과 한국 개신교에서 어떠한 의미 있는 재생산이 일어났으며 그 사상적 구조는 무엇인가 하는 문제이다. 이러한 문제는 새로운 사상의 수용과 변화, 성장, 진전의 요인과 과정을 탐구하는 것으로, 한국 개신교의 전개 과정과 본질을 탐구하는 데 중요한 연구 과제이다.

두 번째로, 이질적인 종교나 사상 혹은 문화가 전통 정신 구조와 만나고 교류하는 역동적 과정에서 발생하는 내발적 가치의 연속과 비연속에 대한 질문이다. 한국 개신교사에서 이 문제를 생각해 본다면, 한국의 전통 정신 구조 안에 내재한 여러 요소 가운데 한국인의 인간 해방, 사회관계의 휴머니즘에 반한다고 생각되는 제 요소를 극복하기 위해 기독교 사상 혹은 그 안에 있는 요소를 매개로 해서 싸워야 할 대상에 도전하여 타파하고 극복하려고 하는 시도 혹은 이질적인 요소를 매개로 해서 내재적인 개별적 가치를 보편적인 가치에로 유도·배양하는 시도에 대한 분석이 될 것이다. 즉 사상 변화 과정에서 나타난 전통의 내재적 가치의 연속과 비연속 그리고 전통 사상의 혁신 문제에 대한 연구다.

세 번째로, 역사 속 특정 시기의 시대 조류 내지 시대정신을 발견 내지 발굴하여 그 정신 구조를 분석하는 것이다. 시대정신은 반드시 그 시대의 정점을 이룬 위대한 사상가가 대표하는 것은 아니다. 위대한 사상가가 그 시대에 대단한 영향력을 미치는 경우도 있으나, 경우에 따라 고독한 예언자적 존재, 다가올 시대의 방향을 지시하는 선각자, 시대의 아웃사이더가 그러한 경우도 있다. 이러한 사상가 연구는 대단히 중요하다. 또한 위험한 사상 또는 비인간적인 사상이 시대사조가 되는 경우도 종종 있다. 사회 전체가 비인간적인 사상에 지배되어 사회 조직과 제도가 규정되고 사회 전체가 특정한 행동으로 추동되어 갈 경우, 이러한 사상 내지 사상가 연구도 사상사의 중요한 연구 대상이 된다. 그리고 사상적 깊이가 깊지 않다고 여겨지는 사람도 대중적 인지도가 있거나 많은 사람의 마음속 생각이나 욕망을 대변하면서 대중의 마음에 침투하여 그들을 움직일 때도 있다. 이러한 사상가 내지 사상을 발굴하고 분석하는 것 역시 중요한 사상사적 연구 과제의 하나이다.

이 책은 이러한 문제의식들에 근거해 개신교의 말의 오염 문제를 검토함으로써 한국 개신교의 존재양식과 본질을 재검토하려는 사상사적 시론이다. 종래 한국 개신교사 연구는 교회사나 한국 근현대사에서 중요한 위치를 차지하는 인물이나 사건 연구에 집중되고 있었고, 그 연구 방법은 역사적 사실에 대한 실증적 연구였다. 그러나 한국 개신교의 추락이 사회적 문제에까지 부상된 이 시기에 필요한 것은 축적된 기존의 실증적 연구를 계승하는 한편, 이에 더해 사상사적 분석으로 말과 개념의 오염을 드러내고 그 본연의 의미 내용을 복원시키는 것이다.

한국 개신교 사상사에 대한 예비적 시론에 불과한 본 연구는 미미하지만 이러한 작업의 단초를 놓는 데 기여하고자 한다. 앞으로 한국 개신교사 연구에서 '역사적 사실의 한정된 범위 내에서 그 의미를 창조적으로 묻고 해석하는 것을 과제'로 하는 사상사적 연구가 더 활성화되기를 기대한다. 아울러 한국 개신교의 자기 쇄신에도 미력하지만 기여하고자 한다. 한국 개신교의 자기 쇄신은 비단 개신교회 안에서뿐만 아니라 한국 사회 전체의 이슈가 된 지 오래이다. 해방 이후 한국 개신교는 미국과의 뿌리 깊은 연관성으로 한국 근현대사와 불가분의 관계를 맺으면서 단순한 종교 영역을 넘어 한국 정치의 커다란 변수로 작용해 왔기 때문이다. 오늘날 더는 방치할 수 없게 된 한국 개신교의 자기 쇄신은 말의 오염의 시정이라는 근원에서 시작될 수 있을 것이다.

이 책의 구성에 대해 몇 가지 이야기하고 싶다. 이 책은 전체 1, 2, 3권으로 구성되어 있다. 1권은 기독교 신앙에 관련된 부분으로, '신앙의 변증법: 김교신과 한국 개신교'라는 제목으로 엮었다. 2권은 기독교 신앙을 일상생활 혹은 공적 영역에서 실천할 때 가장 문제가 되는 테마를 중심으로 '공적 신앙의 윤리: 국가권력과 로마서 13장'이라는 주제로 묶어 보았다. 3권은 오늘날 시의적으로 좀 더 긴급한 문제 중심으로 '경계에 선 신앙: 전쟁, 토착화, 여성, 공산주의'라는 제목으로 모았다. 그동안 발표한 논문들을 부분적으로 수정, 가필한 것도 여기에 포함되어 있다. 논문 가운데 일부는 주제에 따라 다소 중복되는 부분도 있다. 전체적으로 틀을 바꾸기는 어려워 그대로 수록한 점은 독자들께 미리 양해를 구하고 싶다.

끝으로 이 책이 나올 수 있도록 도와주신 분들께 감사드리고 싶다. 한국인과 일본인이라는 묵은 역사적 인연을 넘어서서 시대의 아픔과 씨름하는 지식인으로서 그리고 동일한 신앙의 길을 걷는 기독교인으로서 나의 연구를 지도해 주시고 응원해 주신 미야타 미츠오 선생님께 이 책을 바친다. 적지 않은 부분에 선생님의 글이 인용된 것에서 엿볼 수 있듯이 선생님의 기도와 지도가 없었다면 이 책은 세상에 나오지 못했을 것이다. 무학(無學)한 저자를 무교회주의와 구약 성서의 세계로 이끌어 주신 츠키모토 아키오 선생님께도 이 책을 바친다. 저자를 학매(學妹)로 여겨주시고 변함없는 지지를 보내주신 선생님의 사랑이 없었다면 이 책은 세상의 빛을 보지 못했을 것이다. 그리고 3년 전에 하나님의 부르심을 받고 소천한 남편 이규태에게도, 여전히 소란한 한국을 떠나 천상의 지복을 누리며 기다려 달라는 안부를 전한다. 다시 글을 쓸 수 있도록 건강을 회복시켜 주신 강선구 선생님, 권태협 선생님, 그리고 박혜윤 선생님께도 마음으로부터 감사를 드린다. 색인과 참고 문헌을 도와준 조교 송하은과 김미정 그리고 김축복에게도 감사를 전한다. 마지막으로 이 책의 출판을 기꺼이 허락해 주신 홍성사의 정애주 사장님께 깊은 감사를 드린다. 항상 최선의 책을 만들어 주시는 홍성사 직원 여러분들께도 감사드린다. 녹록지 않은 한국 출판계 상황에서 어려운 길을 가시는 그분들의 노고가 없었더라면 한국 개신교계의 사상적 상황은 지금보다 훨씬 심각했을 것이다. 다시 한번 감사의 말씀을 드리고 싶다.

2025년 12월
한반도의 새봄을 기다리며,

양현혜

차례

일러두기

— 이 책에 인용된 성경은 개역개정을 따랐다. 김교신 글 인용은《성서조선》(김교신선생기념사업회, 홍성사 간,
2019, 전8권)을 사용하되 의미를 이해하기 어려운 경우에만 한자를 병기하거나, 현대어로 고쳤다.
— '책머리에'는 〈한국 개신교 사상사〉 1, 2, 3권에 동일하게 수록하였다.

1장

기독교와 전쟁

1. 김교신과 비전론

김교신은 1931년 만주사변을 시작으로 중일전쟁과 태평양 전쟁으로 이어지는 '15년 전쟁' 기간을 인생 후반부로 살았다. 그가 전쟁에 대해 숙고한 것은 자연스러운 일이었다. '예언과 복음의 공속성'을 주장하는 그에게, 전쟁에 대해 신앙적으로 숙고하고 행동하는 것은 중요한 신앙적 실천 행위의 하나였다. 이하에서는 그의 "비전론 무용 시대"를 읽으며 이 문제를 성찰해 보자.

비전론 무용 시대(1934년 3월, 62호)

지금부터 약 10여 년 전, 동경 시외 어느 소(小) 정차장에서 성선(省線) 전차를 기다리는 동안이었다. 저편 판단(板壇)에 고양이의 목에 '해직'(解職)이라는 패(札)를 붙인 광고화(畵)가 보이었다. '묘불용'(猫不用)이라는 쥐 잡는 약 광고이었다. 하도 그 착상이 기묘하여 당시에도 웃음을 억제하기 어려웠거니와 지금에도 그때 인상이 잊히지 않는다.

이왕에는 나라와 나라가 의견이 충돌할 때에는 소위 최후통첩이라는 것이 발송되었다. 그러고는 한정한 시간 내로 응종(應從)치 않을 때는 선전포고라는 것이 발포되고, 이에 비로소 포문이 열리고, 검초(劍鞘)에서 칼날이 빠졌다. 그 전투가 살벌함은 고금이 일반이나 그래도 최후통첩에 따라 선전포고가 있은 후의 전쟁은 당당하였다. 과연 만물의 영장이라는 인간다운 행동이었다.

절족동물 비충류 쌍시류에 모기라는 동물이 있다. '있다' 하기보다 하절마다 너나없이 모기의 괴로움을 받고 지내서 잘 아는 터이다. 이 동물이 체소(體小)하고 근력이 약하고 극독이 없음도 우리가 잘 아는 바이다. 그렇다고 작당 군습하는 것도 아니요, 무기라고는 오직 일분장(一分長) 못 되는 침취(針嘴) 하나뿐이건만, 그래도 인축(人畜)을 내습할 때는 당당히 선전포고하고서 접전한다. 물론 모기 중에도 혹시 소리 없이 찌르는 따위가 전무한 것은 아니나 이는 흔히 만추(晚秋)에 있는 일이다. 즉 모기가 인간 사회의 풍습에 물들어 변화된 후의 일이지 모기 본래의 습성은 습격할 때에 으레 고함을 질러 적에게 준비시킨 후에 흡혈하는 듯하다. **우리가 모기를 귀찮게 여기나 그러나 그 행동에 일종 경의를 표하게 됨은 근대 국가 생활을 하는 인류들보다 매우 정당하고 고결하고 윤리적인 심지를 상실치 않았다고 보는 까닭이다.** 이 점에 관하여는 범이 인축(人畜)을 해하기 전에 꼭 경계를 먼저 주며, 남미의 미령사(尾鈴蛇, 방울뱀)

경계에 선 신앙: 전쟁, 토착화, 여성, 공산주의

가 꼬리를 흔들어 경계를 준 후에 습격한다 함은 모두 동물에게 남아 있는 고귀한 성격이라 할 것이다.

인류가 지금처럼 타락하기 전, 즉 불가피하여 창검으로 결사(決事)하는 수 있더라도 우선 최후통첩을 발하고 선전포고를 한 후에 포문을 열 때, 그 시대까지는 인류 중에 호사자(好事者)가 있어 소위 비전론(非戰論)이라는 것을 주창하고, 이로 인하여 전 국민의 핍박을 당한 일까지도 있었다. 실로 그때까지는 인간이 기특한 시대이었다. 마는 지금 와서는 비전론을 창도하고자 하는 호사자가 있다 할지라도 저는 제창할 기회를 얻지 못하고 말 것이다. 국제조약이 발달한 결과로 전쟁은 못하게끔 되었다. 그러므로 수천 병졸이 사상하는 사변이 발생하여 국민들은 출정군을 함성으로 보내고, 또 개선장군을 화환으로 맞이하였을지라도 그는 단지 ‘사변’이었지 ‘전쟁’은 아니었다. 금후는 점점 더할 것이다. 아무리 절세의 영걸이 출현한다 하여도 금후에는 선전포고로써 당당한 전투를 개시할 위인은 인간에는 없을 것이다. 세계의 열강이 무성의 총포와 무폭음의 비행기를 발명하기에 쟁선(爭先) 몰두하고 있음은 저들의 절도 근성을 만족시키기 위함이다. 전쟁이 없는 세상이니 비전론 무용(無用)시대라 하노라. 마는 인류의 어휘에서 전쟁이란 자를 소멸케 한 이가 누구인가. 베들레헴에서 목자의 찬송받은 평화의 주 예수 위령(威令)이여, 엄하도다. 가장 강폭한 나라의 군주도 전쟁이란 말을 입밖에 못 내게 되었도다. 섭섭하도다 인간의 비열한 심사, 기쁘도다 평화의 주의 무성의 호령.

2. 미망(迷妄)의 시대

김교신은 만주사변이 국제조약에 금지된 전쟁이 아니라 '사변'에 불과하다고 강변한 일본의 용렬함은 모기보다 못하다고 조소했다. 이 글은 필자가 아는 한, 만주사변에 대해 조선 개신교계가 남긴 유일한 글이자 전쟁 반대 주장이었다.

김교신의 만주사변 비판에는 그의 스승 우치무라의 비전(非戰) 평화주의가 있었다. 우치무라는 러일전쟁의 결과 일본 사회는 거대한 병영 국가가 될 것이라고 예측하고 러일전쟁에 반대하는 비전론을 주장했다. 그는 "전쟁은 전쟁을 종식시키기 위한 것이라고 말합니다. 그러나 전쟁은 실제로 전쟁을 종식시키지 못 합니다. 아니 전쟁을 만듭니다. 전쟁에 의해 군비는 결코 감축되지 않습니다. 아니 전쟁이 끝날 때마다 군비는 더욱 확장됩니다. … 청일전쟁의 목적은 동양의 평화를 위함이었습니다. 그러나 그 전쟁은 더욱 큰 러일전쟁을 만들어 냈습니다. 그리고 이것 역시 동양 평화를 위한 더욱 큰 전쟁을 만들어 낼 것입니다. **전쟁은 결코 만족할 줄 모르는 야수입니다. 전쟁은 인간의 피를 먹으면 먹을수록 더욱 많이 먹기를 원하기 때문입니다. 이렇게 해서 국가는 그러한 야수를 기르면서 그 살아 있는 피를 마시고 있는 것입니다**"라고 하며 절대 비전평화주의를 주장했다.[1] 전쟁은 '인간의 피를 먹는 야수'이며, 평화를 수립하는 전쟁은 있을 수 없다는 이 문장은 비전평화주의를 주창하는 가장 걸출한 문장의 하나일 것이다.

김교신이 스승 우치무라를 존경한 이유는 그가 속죄, 부활, 재림이라는 기독교의 정통 신앙에 서서 복음과 예언의 공속성을 실천하는 삶을 살았기 때문이었다. 신의 말씀과 역사적 현실을 조응해 보려는 우치무라의 예언자적 실천이 가장 빛나는 곳 가운데 하나가 '비전론' 주장과 관철이라고 보았던 것이다. 그가 예언을 사상(捨象)하고 15년 전쟁에 찬성하며 복음만을 주장하는 일본 무교회주의자들에게 '무교회 간판을 내리라'고 비판한 것도 이 때문이었다. 그는 '진리에 거스르는 모든 것들에게 순교'의 피를 뿌리며 저항하지 않는 곳에 무교회도 기독교도 없다고 보았다.

김교신의 비전론 주장은 전쟁에 대한 일본 개신교의 태도와 스승 우치무라의 비전 주장을 참조할 때 더 분명해진다. 다음에서는 일본 개신교와 전쟁의 관계, 식민지 시대 한국 개신교의 전쟁과 평화에 대한 인식을 살펴보자. 그리고 분단과 한국전쟁을 경험했

---

1   우치무라 간조, 양현혜 역, 《전도의 정신》, 홍성사, 2024, 161-162쪽.

고 베트남전쟁에도 관여한 한국 개신교의 전쟁 인식을 종합적으
로 고찰해 보자.

3. 천황제 국가의 전쟁과 일본 개신교[2]

1) 들어가는 말

19세기는 동아시아 문명이 농업 중심의 유교적 문명에서 근대 서구의 자본주의적 문명으로 전환하는 문명의 전환기였다. 일본은 1854년 미일 화친 조약을 체결함으로써 근대 서구의 자본주의적 세계 질서에 문호를 개방했다. 이후 일본은 1868년 명치유신에 의해 위로부터 급속한 산업화를 추진하는 한편, '천황' 중심으로 국민 통합을 추진해 갔다. 이 과정에서 구미에 대한 선망과 굴욕의 감정 속에서 배태된 공격심을 최대한 고조시켜 부국강병이라는 목표 달성의 힘으로 전환시켜 가고자 했다.[3] 국민은 주체적

2 　양현혜, "천황제 국가의 전쟁과 일본 개신교", 〈日本學硏究〉 32(2011) 전재.

3 　野田正彰, 서혜영 역, 《전쟁과 인간》, 길, 2000, 13-17쪽.

개인이 아니라 집단의 목표 달성에 쓰이는 부품으로 통합되어 갔으며, 축적된 공격성은 약한 아시아 각국을 침략하는 데서 그 분출구를 찾았다.

근대 일본 사회의 이러한 사회 심리적 메커니즘을 지탱하는 두 축은 천황제와 침략 전쟁이었다. 천황제 국가는 국민 통합을 위해 공격심을 고조시켜야 했고, 이를 분출시키기 위해서 전쟁을 필요로 했다. 한편 전쟁 승리는 국가를 '제국'으로 만들면서 천황제의 사회적 기반을 확대, 강화해 갔다. 천황제와 침략 전쟁은 상보적 관계에 있었던 것이다.

여기서는 이러한 천황제 국가의 전쟁에 대해 일본 개신교가 어떠한 인식을 가졌고, 어떻게 대응했으며, 나아가 그것을 기독교적 세계관과 어떻게 조정하고 신학화했는지 고찰하고자 한다.

2) 천황제 국가와 청일전쟁, 러일전쟁

근대 일본의 천황제는 1889년 제국 헌법에 의해 법제적으로 확립되었다. 제국 헌법 제1조는 "대일본 제국은 만세일계(萬世一系)의 천황이 통치한다"라고 규정했다.[4] 현재 재위 중인 천황이 주권자라기보다, 황조신 아마테라스부터 혈통을 지속해 온 만세일계

---

4   大江志乃夫, 이규태·양현혜 역,《야스쿠니 신사》, 소화, 2004, 85-86쪽.

의 존재로서 천황이 일본에 대해 주권을 가지고 있다는 것이다. 이러한 존재로서의 천황은 유일한 주권자로서 통치의 대권을 장악하고 모든 면에서 스스로의 칙령을 통해 법률을 규제하는 초법적인 존재이다.[5] 이어서 제국 헌법 제3조는 "천황은 신성해서 침범할 수 없다"라고 규정하여 천황의 신권적 권위를 법적으로 보장했다. 고대의 신화적 세계에 발단을 둔 천황의 존재와 그 존재의 지속성에 근거를 둔 근대 일본의 천황제는 이렇게 국가 권력이 종교화된 특수한 체제였다.

의사(疑似) 종교 체제라고 할 수 있는 천황제 국가는 국민의 내면과 교섭함으로써 윤리적인 면에서도 천황 지배의 신성화를 공고히 할 필요가 있었다. 이를 위해 제정된 것이 1891년 '교육칙어'(教育勅語)였다. 교육칙어는 일본 신화의 최고신 아마테라스의 자손이라는 만세일계의 천황과 그 천황이 신칙(神勅)에 의해 지배하는 국가의 전통(=국체)의 신성함을 '교육의 연원'이라고 규정함으로서, 교육을 의회를 비롯한 국민의 손이 미치지 못하는 영역으로 만들었다. 교육은 '황조·황종의 유훈'에 근거해야만 하며 오직 '천양무궁(天壤無窮)한 황운(皇運)을 부익(扶翼)'하는 목적에 수렴되는 것이었다. 국민의 모든 것이 천황에 대한 멸사봉공(滅私奉公)으로 수렴된다는 점에서 교육칙어는 천황제 국가의 종교적 교의 역할을 담당했다.[6]

5   김용덕,《일본 근대사를 보는 눈》, 지식산업사, 2000, 39쪽.

한편 천황은 군대 통솔자로서 대원수의 통수권을 발동했다. 1882년에 내려진 '육해군인에게 내리는 칙유', 이른바 '군인 칙유'가 그것이다. "우리나라 군대는 대대로 천황이 통솔해 주신다"로 시작되는 이 전문은 "짐이 하늘의 은혜에 부응하고 조상의 보살핌에 보답할 수 있을 것인가 여부는 오직 너희 군인들이 스스로의 직무에 충성을 다하는가 여부에 달려 있다"라고 결론을 내리고 있었다.[7] 천황의 정치적 지위는 대원수의 부하인 군인이 그 직책을 다할 것인가 여부에 달려 있다는 것으로, 오직 천황의 영광을 위해 죽기까지 충성할 것을 군인에게 요구하고 있었다.

정치적 권력자로서 천황 통치권의 절대성을 선언한 것이 대일본 제국 헌법이라면, 군인칙유는 군대 통솔자로서 대원수의 통수권을 선언한 것이었고, 종교적 권위로서 천자(天子)의 교전은 교육칙어였다고 할 수 있다. 근대 일본의 천황제 체제는 결국 통치권과 통수권 그리고 종교적 권위가 삼위일체가 된 체제였다. 이러한 근대 일본의 천황제 국가는 권력과 도덕을 일체화한 신권적 체제였다. 국가가 자기 권력을 위해 국민의 도덕적인 내면성까지 동원, 관리하려는 체제였던 것이다. 이 체제 안에서 국가와 천황을 초월하는 어떠한 비판적 원리나 가치 기준을 인정하지 않았던 권력은, 스스로를 무제약적으로 확대하며 그 무엇에도 책임질 필요가 없

6 　柳父國近, "戰後日本と靖國神社", 中村規外 編, 《戰後日本: 占領と戰後改革》, 第5卷, 東京: 岩波書店, 1995, 98.

7 　大江志乃夫, 앞의 책, 80.

는 무책임의 구조를 구축했다.[8] 동시에 국민은 권력에 대해 죽음에 이르기까지 복종해야 하는 무한책임을 짊어졌다.

천황제 국가로서 근대 일본의 이러한 특징이 국민들 사이에서 그 지반을 확대해 간 자양분이 된 것은, 10년 안팎으로 한 번씩 일어나는 대외 전쟁이었다. 근대 일본 사상 최초로 외국과 벌인 본격적 전쟁은 청일전쟁이었다. 청일전쟁의 명분은 반봉건과 반외세를 주장하고 일어난 동학농민전쟁 진압이었다. 동학농민전쟁을 진압하기 위해 조선 정부가 청국에 출병을 요청한 것은 1894년 6월 3일이었다. 정보를 입수한 일본은 한국 정부의 요청이 없었음에도 6월 8일 조선에 출병했다. 그러나 일본군이 출병하고 얼마 지나지 않은 6월 10일, 동학 농민군은 조선 정부와 전주화약을 맺고 점령했던 전주에서 철퇴하기 시작했다. 일본군은 출병의 명분을 잃어버렸다. 그러나 일본 정부는 조선 정부에 대해 5조 27항의 내정개혁을 강요했다. 일본군이 철수하지 않으면 고려할 수 없다고 조선에서 회답하자 일본은 왕궁을 점령했다. 이 소식을 접한 청국이 증원군을 파견하면서 청일전쟁이 시작된다.[9]

일본군 17만 4,017인이 동원된 이 전쟁은 1895년 4월 17일 시모노세키[下關]에서 일청강화조약이 체결되면서 종결되었다. 일본은 청국에 대해 승리했으나 일본 세력의 극동 팽창을 경계한 러

---

8   藤田省三,《天皇制國家の支配原理》, 東京: 未來社, 1966, 7-8.

9   小松裕,《いのちと諸國日本》, 東京: 小學館, 2009, 20.

시아, 독일, 프랑스의 삼국간섭에 의해 조선 영유에는 실패했다. 그러나 일본은 청국에게서 대만을 획득했으며, 복건(福建) 지방을 세력권에 넣어 청에 대해 식민지와도 같은 모든 특권을 향유하고, 주요 항구 도시에 거류지를 설정했다. 특히 대만 영유는 일본 자본주의의 판매 및 원료 시장으로서 식민지를 확보하게 만들었고, 이후 인도차이나 반도, 말레이반도에서 남양군도까지 이르는 남진 거점을 확보했다는 점에서 의의를 가졌다.[10]

청일전쟁의 결과 동아시아 질서는 크게 변모되었다. 일본과 청의 길항, 영러의 대립 위에 구성되어 있었던 종래의 동아시아 국제정치의 기본적인 구조가 청일전쟁에 의해 붕괴되었다. 전쟁 전 영·러 양국의 기본 정책이었던 중국 본토 및 조선의 영토 보전과 현상 유지가 불가능해진 것이다. 대만과 조선을 잃은 중국에 대해 열강의 분할이 현실화되었고, 그 분할 주체의 하나로 일본이 대두되었다. 이것은 중화적 화이질서에 근거한 전통적인 동아시아 국제 질서가 완전히 붕괴되고, 동아시아에 열강과 일본을 축으로 한 제국주의적 분할 체제가 성립되었음을 의미했다.[11]

한편 근대 일본사에서 청일전쟁의 승리는 일본 국민의 감정을 전쟁에 이입시키는 커다란 전기가 되었다. 전쟁의 비참함을 보지 못한 일본 국민들은 조선의 전장에서 보내진 무용담이나 정부

---

10   藤村道生,《淸日戰爭》, 東京: 岩波新書, 1982, 201-202.

11   小松裕, 앞의 책, 46쪽.

    경계에 선 신앙: 전쟁, 토착화, 여성, 공산주의

의 전쟁 미화를 그대로 수용했다. 그 결과 군대의 위신은 이제껏 볼 수 없었던 정도로 올라갔고, 군인의 사회적 지위도 높아졌다. 군대와 함께 선두에 서서 청일전쟁을 지휘한 천황은 천황제의 사회적 기반을 일거에 확대해 갔다. 교토의 궁궐 깊숙이 감춰져 있던 신비한 존재가 아니라 연전연승의 육해군을 통솔하는 대원수가 된 것이다.

청일전쟁은 또한 일본 국민들의 자긍심을 높여 주었다. 청일전쟁은 명치유신 이래 국민적 과제였던 독립을 달성하게 해주었을 뿐 아니라, 식민지를 획득한 제국이 됨으로로써 일본이 구미 열강과 기본적인 대등성을 획득하게 해주었다. 당시 저널리즘은 청일전쟁이 일본을 '세계적인' 국가로 이끌었다며 국민들에게 아시아의 일본을 넘어 제국으로서 자각을 가질 것을 앞을 다투어 촉구했다. 당대를 풍미한 언론인인 타카야마 쵸규[高山樗牛]는 동경대학 교수인 이노우에 데츠지로[井上哲郎] 등과 함께 '대일본협회'를 창립하고 기관지 〈일본주의〉를 발행하여 천황을 정점으로 하는 일본 주도의 아시아 침략이 그 핵심인 '일본주의'를 주창했다.[12]

한편 당시 외무대신인 무츠 무네미츠[陸娛宗光]는 이 전쟁이 서양적 신문명과 동양적 구문명과의 충돌이며, 일본이 문명 대열에 가입하는지를 결정하는 시험이라고 규정했다. 지식인들은 사상적 입장은 달리하면서도 무츠의 견해에 동조하여, 문명 대 야만

---

12   藤村道生, 앞의 책, 222-223쪽.

의 전쟁인 청일전쟁에서 일본이 승리한 것은 문명국 클럽 입학시험에 합격한 것이라고 자축했다.

이러한 입장을 가장 정확하게 표현한 사람이 후쿠자와 유키치[福澤諭吉]였다. 그는 전쟁이 일어나자 솔선하여 군비로 1만 엔을 기부하고, 보국회(報國會)를 결성하여 유력자들을 대상으로 군비 후원 활동을 시작했다. 출전 군인들에게는 격려문을 보냈다.[13] 후쿠자와는 청일전쟁은 "문명개화의 진보를 도모하는 자와 그 진보를 방해하는 자와의 싸움으로, 결코 일본과 청국 양국의 싸움이 아니다"라고 했다. 즉 문명종(文明宗)과 야만종(野蠻宗)의 '일종의 종교전쟁'이라는 것이다. 나아가 일본은 문명개화의 파수병으로 인류의 행복, 문명 진보를 위해 지극히 당연한 천직을 수행하는 자라고 주장했다. 전쟁이 일본의 승리로 끝나자 그는 "일청전쟁 등 관민일치의 승리, 유쾌하다고 해야 할까, 고맙다고나 해야 할까, 살아 있어서 이런 것을 보고 듣는 것이다. 이것을 보지 못하고 죽은 동지들이 참으로 불쌍하다. 아아, 보여 주고 싶었다고 나는 울었습니다"라며 감격해했다.[14]

아시아 문명을 야만으로 폄하하면서 일본의 침략 전쟁을 정당화한 후쿠자와의 논리에서 조선의 반봉건·반침략의 자주적 개혁 움직임인 동학농민혁명을 짓밟은 일본의 폭력은 문명화의 시

---

13   川崎勝, "福澤諭吉と內村鑑三", 〈福澤諭吉年鑑〉, 32號, 2005, 105.

14   川崎勝, 앞의 논문, 99쪽.

    경계에 선 신앙: 전쟁, 토착화, 여성, 공산주의

혜로 치환되었다. 그러나 이러한 일본주의는 '만능약과 같은' 강력한 효력을 발휘하여, 문명 대 야만이라는 도식은 일본 국민들 사이에 널리 침투해 들어갔다.[15]

청일전쟁은 근대 일본이 최초로 수행한 대외 전쟁이라는 점에서 획기적인 의미가 있다. 청일전쟁이라고 하지만 그 전장은 조선이었다. 타국의 지역이 전장이 되고 그 지배권 장악을 위해서 행한 전쟁, 그러면서도 전장의 비참함에 대해 전혀 실감이 없는 전쟁이 청일전쟁이었다. 그리고 구미에 대한 열위와 열등의식의 출구를 도리어 가까이 있는 이웃 아시아 국가들에 대한 우월감과 제국주의적 침략에서 찾으려 했던 근대 일본의 정신 구조가 이 전쟁으로 형성되었다. 결국 이러한 성격의 청일전쟁이 일본 근대의 길, 전쟁에 대한 사고방식을 확정했다고 말할 수 있다. 이 점에서 청일전쟁은 러일전쟁에 비해 그 규모는 작았지만, 천황제를 근간으로 한 근대 일본의 군국주의적 제국주의 이데올로기 확립에 있어서 그 의의는 러일전쟁을 능가했다.[16]

청일전쟁 10년 후, 일본은 청일전쟁이 미해결로 남긴 조선 문제를 개전의 원인으로 삼아 1904년 2월 10일 러시아에 선전포고했다. 전쟁은 1905년 8월 10일 미국 대통령 윌슨의 권고를 받아들여 러·일 양국이 강화조약을 맺음으로써 종결되었다. 일본은 더

15　小松裕, 앞의 책, 31쪽.

16　川崎勝, 앞의 논문, 97쪽.

이상 전쟁을 계속할 국력이 없었고 러시아 역시 국내에 혁명 전야의 움직임이 거세졌기 때문이다. 일본군 약 108만 명이 동원되고, 1905년 일본 국가 예산의 약 5배였던 20억 엔가량을 전비로 지불한 대규모 전쟁을 통해 일본은 요동반도 조차권, 한국 보호권 등을 얻었다.[17] 청일전쟁이 문명국 대열에 들어가는 입학시험이었다면, 러일전쟁은 졸업시험이라는 논리가 확산되면서 국민들에게 '제국 의식'이 폭넓게 침투해 들어갔다.

그러나 전쟁이 제국을 만들어 가는 현실 앞에서, 징병과 '전사'(戰死)의 현실을 민중에게 수용·납득시키기 위해 전사와 그에 따른 유족들의 국가 원망을 처리하는 국가적 시스템이 요구되었다. 이에 부응하기 위해 부상된 것이 야스쿠니 신사[靖國神社]였다. 야스쿠니 신사는 1869년에 세워진 동경초혼사(東京招魂社)를 개조한 것이었다. 동경초혼사는 고래의 주술적인 '어령신앙'(御靈信仰) 전통에서 유래한 초혼제 전통을 잇고 있었다. 비참한 죽음을 당한 사람의 저주를 두려워하는 신앙인 어령신앙은 고대에 보여졌던 신도적인 주술적 사령숭배(死靈崇拜)와 그것을 진정시킬 주술을 동반했다. 이러한 전통을 이은 동경초혼사가 1879년 야스쿠니 신사로 개조됨에 따라, 고래의 어령신앙은 천황의 종교적 카리스마와 밀접히 연결되었고, '천황을 위한 전쟁'의 정당화로 그 본연의 성격이 크게 달라졌다. 천황과 국가의 명령에 충량(忠良)한 전사자의

17　　小松裕, 앞의 책, 55-68쪽.

영혼은 멀고 비참한 전지로부터 신관에 의해 초혼(招魂)되어 위령(慰靈)되며, 나아가 신령(神靈)이 되어 야스쿠니에 모셔졌다.

생전의 인격을 불문하고 전사자의 영혼은 국가의 신령이 되어 야스쿠니에서 제사되고, 신성한 현인신으로서 대사제인 천황에 의해 '친배'(親拜)된다는, 더할 나위 없는 영광을 누리는 것이다. 이로써 전사자의 영혼은 영구히 야스쿠니 신사에 봉제되어 위령되고 또 호국의 신으로서 천황제 국가를 위해 봉사하게 된 것이다.

이러한 야스쿠니 신사가 국민 통합의 정신적 중핵으로 급부상한 때는 러일전쟁 이후였다. 야스쿠니 신사에 합사된 러일전쟁 전몰자 수는 육군 8만 5,208명, 해군 2,925명, 합계 8만 8,133명이다. 이 숫자는 청일전쟁 전몰자의 6.6배가 넘는다. 병역 적령 인구의 1.3퍼센트, 즉 병역 적령 인구 1천 명당 13명이 러일전쟁 당시 전몰한 셈이다. 이것은 태평양전쟁 이전의 일본 역사에 없는 큰 숫자였다.

그럼에도 일본 정부는 전후 곧바로 러시아에 맞선 2차 전쟁 준비 등 군비 확장에 예산을 퍼부어 전사자와 그 유족에게 경제적으로 그다지 보상할 수 없었다. 국가가 담당해야만 할 정치적·경제적 책임을 방기하고, 그것을 값싼 표면적인 존경의 표명으로 대체하려고 한 것이 위령과 현창(顯彰) 행사이고 그 중심이 야스쿠니 신사였던 것이다.[18]

18　大江志乃夫, 앞의 책, 85-86쪽.

이러한 의미에서 야스쿠니의 논리는 전사자 애도가 본질이 아니라, 현창으로 슬픔을 기쁨으로 전환시키는 '감정 연금술'을 통해 전쟁을 미화하고, 유족들의 감정을 전쟁 찬미로 조작해 가려는 데 있었다. 천황제 국가는 이를 통해 국민의 배외주의적 배타주의와 공격성을 무한히 강화시키며, 전사자의 죽음까지도 전쟁에 동원해 갔던 것이다.[19]

러일전쟁 결과 조선을 보호국화한 일본은 마침내 1910년 8월 22일 을사늑약(이른바 '한일합방 조약')에 의해 조선을 병탄했다. 일본 각지에서 이를 축하하는 제등 행렬, 폭죽 행사 등이 개최되었다. '일한 병합은 쌍방의 합의에 의해 원만히 진행된 것으로 결코 타국을 정복하여 그 영토를 병합한 것이 아니'라는 것이 저널리즘의 일반적인 논조였다. 1910년 8월 28일 자 〈시사신보〉 사설은 '병합은 한국인의 행복을 위해서이며, 그에 따라 세계의 1등 국인 대일본제국의 국민이 된 한국인이야말로 감사해야 한다'는 '병합 시혜론'을 주장했다.

이러한 천황제 국가의 대외 침략 전쟁과 제국주의적 팽창에 대해 일본 기독교가 어떠한 반응을 보였는가를 고찰해 보자.

19　高橋哲哉, 현대송 역, 《결코 피할 수 없는 야스쿠니 문제》, 역사비평사, 2005. 제1장 참조.

3) 청일·러일 전쟁에 대한 일본 개신교의 반응

1872년 일본인을 포함한 최초의 개신교회가 요코하마에 설립되었다. 설립 당시 교회 규칙에 "제1조: 황조토신(皇祖土神)의 신위(神位) 앞에서 경배해서는 안 된다(출 20:3-5 인용), 제2조: 왕명이라고 해도 기독교를 위해서는 굴종해서는 안 된다(행 4:19, 5:29 인용), 제3조: 부모 혈육의 은혜에 애착하지 말 것(마 12:48, 요 2:4 인용)" 등을 포함시키려던 사람들이 있었다. 본래 개신교가 가한 충격은 이렇게 천황제가 서 있는 종교적 성격에 도전하여 그것을 근저에서부터 무너뜨릴 수 있었다.[20]

그러나 3원칙에 대한 여론의 비난을 걱정하는 사람들이 있어 결국 규칙으로 채택되지 못하고 권고 조항으로 유야무야되었다. 3개 조에 나타난 기독교의 충격을 마모시켜 버린 이러한 조치에는 이제 막 시작된 교회 조직의 보존과 확대라는 의도가 적지 않게 작용했다. 그러나 더 중요한 요인은 초기 일본 개신교인의 상당수가 상급 무사 계층 출신이라는 점이었다. 그들은 기독교로 애국심을 상대화시키기보다는 오히려 기독교에 의해 새로운 근대 국가, 즉 천황제 국가에 충성을 다하고 몸에 익힌 신문명으로 민중을 교화시키는 지도자로 변신하려 했다. 국가의 교학으로서 기독교를 자리매김하려는 발상은 있었어도 기독교를 천황제 이데올로기

20   土肥昭夫,《日本プロテスタント·キリスト教史論》, 東京: 教文館, 1987, 151.

에서 자립시키려는 발상은 자각되지 않았던 것이다.[21]

1889년 헌법 반포 당시 일본 개신교계 지도자의 관심은 신앙생활을 위한 법적 보장 조항이 있느냐에 있었다. 개신교 지도자들은 헌법 28조에 대해 "신교 자유의 대의로 제국 헌법에 규정되어 조용히 하나님께 봉사할 길을 얻었다. 기독교도는 이 점에서 폐하의 성은에 깊이 감격한다"라는 반응을 보였다. 200년간 지속되어 온 기독교 사교관(邪敎觀) 때문에 커다란 피해의식을 갖고 있었던 당시 기독교 지도자들의 관심이 '신교의 자유' 조항의 유무에만 쏠려 있었던 것으로, 28조가 가지는 기만성을 간파해 내기에는 역부족이었던 것이다.[22]

이러한 개신교의 분위기는 청일전쟁에 대한 반응에서도 나타났다. 개신교의 대표적 교파인 '일본기독교회'의 지도자였던 우에무라[植村正久]는 기관지 〈복음신보〉 권두 논설에서, 일본은 "근린 조선의 개혁에 주의하는 것이 천직"이라고 전제하면서 "전쟁은 파괴이다. 그러나 때로 어떤 점에서 이를 보면 전쟁은 실로 문명의 사자다. … (전쟁의) 존재 가치는 그 전쟁이 문명의 사자가 될 때 가장 고귀한 것이다. 지금 우리 일본의 청국에 대한 전쟁은 바로 이 문명의 사자가 아니고 무엇이겠는가? 일본이 중국에 이기는 정도에 비례하여 세계의 문명은 점점 그 울타리를 넓혀 가고 있다

---

21   앞의 책, 156쪽.

22   土肥昭夫, 《日本プロテスタント・キリスト教史》, 김수진 역, 《일본기독교사》, 기독교문사, 1991, 109쪽.

    경계에 선 신앙: 전쟁, 토착화, 여성, 공산주의

는 것을 기억해야 한다"라며, 이 전쟁에서 일본의 위치는 "천도(天道)의 법정에 비추어 조금도 두렵거나 부끄러울 것이 없는" 것이라고 확신했다.[23] 문명 대 야만이라는 도식에 근거한 '청일전쟁 의전론'에 우에무라도 동조한 것이었다.

한편 개신교계 지도자들은 동경에서 '기독교동지회'를 결성하고 "선전(宣戰)의 칙어(勅語)는 이미 일어난 일을 성공적으로 이끌기 위해 국민의 충실용무(忠實勇武)에 호소한 것으로 일본 신민으로서 당연히 … 각기 전력을 다해 국가에 보답하는 것이 신민의 도리이다"라고 청일전쟁에 대한 자신들의 입장을 정리했다.[24] 동양 평화와 제국의 영광을 위한다는 선전의 칙어 등을 믿어 의심치 않으며 천황제 체제 속에 신민으로서 안주하려 했던 것이다. 이들은 강연회, 유인물 등을 통해 민의를 북돋우고, 전장의 군대 위문과 격려, 군인 유가족의 위안, 헌혈 활동 등을 활발하게 전개해 갔다.

불경 사건으로 국적(國賊)이 된 우치무라조차도 청일전쟁은 '의전'(義戰)이라고 보았다. 조선의 독립을 꾀하고 조선을 속국 취급하고 있던 청국의 폐해를 각성시키기 위해서는, 일본이 수용한 새로운 문명을 청국에도 최대한 유포시켜야 하기 때문에 의전이라는 것이었다. 그는 청일전쟁은 신문명을 대표하는 소국과 구문명을 대표하는 대국과의 싸움으로, 동양에서 진보주의의 전사인

---

23 〈福音新報〉, 1894. 8. 17., 10. 26.

24 土肥昭夫, 앞의 책, 121쪽.

일본의 승리를 바라지 않는 나라가 없을 것이라고 주장했다.[25]

이러한 우치무라의 청일전쟁관은 서구 근대문명 우월주의라는 발상 측면에서 우에무라는 물론, 후쿠자와와도 유사한 점이 있었다. 그러나 국제정치에 어떻게 대응할 것인가라는 후쿠자와의 문제의식과 동서 문명의 중개인으로서 일본의 천직이라는 사명감에서 세상을 각성시키려고 하는 우치무라의 문제의식에는 분명 큰 차이가 있었다. 국제정치 속에서 어떻게 하면 살아남을까 하는 방책을 발견하고 그를 위한 유용한 수단을 찾으려는 관심보다는, 문명을 이상으로 하는 도덕적 판단을 우치무라는 늘 우선에 두고 있었던 것이다. 양자의 이러한 차이는 이후 러일전쟁에 대해 극명하게 상반되는 반응을 만들어 갔다고 할 수 있다.[26]

10년 후 러일전쟁이 발발하자 개신교의 반응에는 다소의 입장 차이가 나타났다. 우에무라는 "10년 전 우리나라가 청국과 싸울 때 국민은 마치 꿈속을 걷는 자와 같이, 또한 술에 취한 자들과 같이 그들과 싸웠다. … 국민의 복수 정신과 호전의 성벽을 만족시키기 위해서 일어난 것같이 보였다"라며 청일전쟁을 반성하면서, "깊이 생각해 보면 국민은 목자 없는 양 떼"와 같은 상황이었다고 한탄했다.[27] 그의 관심은 이제 일본의 대륙 진출에 있지 않고 "일본이 전승의 결과로 그 이상(理想)이 고상하게 될 것인가, 아니

---

25 長谷部弘, "內鑑村三の國家論", 〈內村鑑三硏究〉, 24號, 1984. 3., 38-39.

26 吉馴明子, "內村鑑三と非戰論", 〈內村鑑三硏究〉, 43號, 2010. 4., 8.

27 〈福音新報〉, 1904. 2. 11.

면 타락해서 물질적 경향이 점차 강해져 위아래가 모두 조야한 경향으로 타락해 버릴 것인가"라는 문제로 향했다.[28] 즉 일본이라는 국가의 정치적 방향은 묻지 않으나 도의적 문제에 대해서는 예언자적 불침번이 되겠다는 입장이었다. 스스로를 '전도자'와 '사회의 목탁'이라는 두 중심을 가진 타원으로 규정한 우에무라는 '청일전쟁 의전론'과 같은 얄팍한 문명론적 낙관주의를 청산하고 있었던 것이다.[29] 그러나 일본의 정치적 행방을 도외시하고 오직 도의적 문제에만 관심하겠다는 그의 이분법적 발상은, 이후 일본기독교회가 천황제의 대외 침략에 타협해 가는 단초를 제공했다고 할 수 있다.

한편 우치무라는 청일전쟁 이후 일본의 현실에 크게 실망했다. 약탈전에 가까운 전쟁을 의전으로 주장하던 스스로를 부끄러워한 그는 이어서 일어난 민비 살해 사건에서 결정적 충격을 받았다. "전쟁이 끝나 전승국의 위치에 서자마자, 그 주안점으로 했던 이웃 나라의 독립은 문제시되지 않고 신영토의 개척, 새로운 시장의 확장이 전 국민의 관심사가 되고 전쟁의 이익을 충분히 거둬들이는 것에 급급"한 일본의 현실 앞에서, 그는 '의전'이라는 것은 사실 없지 않으냐는 깊은 회의에 빠지게 되었다.[30]

이렇게 전쟁을 비판적으로 성찰하기 시작한 우치무라는 러

28　〈福音新報〉, 1905. 1. 13.

29　澤正彦, "植村正久の朝鮮觀", 〈三千里〉 34(1983.5.), 東京: 靑丘文化社, 45.

30　川崎勝, 앞의 논문, 111쪽.

일전쟁에 대해서 "전쟁의 이익은 강도의 이익으로, 검을 가지고 국운(國運)의 전진을 꾀하려는 것처럼 어리석은 것이 없다"며, 이 전쟁의 제국주의적 성격을 분명히 지적했다. 나아가 그는 "나는 러일 비전론자일 뿐 아니라 전쟁 절대 폐지론자이다. 전쟁은 사람을 죽이는 것이다. 이렇게 사람을 죽이는 것은 대죄악이다. 이러한 대죄악을 범해서는 개인도 국가도 영구한 이익을 얻는 것은 불가능하다"라며 절대비전론을 주장했다.[31] 그의 주장은 환영받지 못했으며 그 결과 근무하고 있던 잡지사에서 나가야 했다. 그러나 유일신 신앙의 초월성에 근거하여 천황제 국가의 침략 전쟁에 반대한 우치무라의 이러한 예언자적 저항은 근대 일본 사상사에서 후쿠자와 대극을 이루는 흐름으로서 높이 평가되고 있다.

한편 일본기독교회와 더불어 일본 개신교의 쌍벽을 이루는 일본조합교회의 대표적 지도자 에비나 단조[海老名彈正]는 청일전쟁 의전론의 소박한 문명론적 낙관주의의 연장선상에 서서, 러일전쟁을 '신국(神國) 건설'을 위한 '자위적 의전'이라고 규정했다. 나아가 그는 1904년 8월 "전후의 최선의 경영"이라는 글을 발표하여, '만주, 조선인의 일본화가 전후의 최대 급선무'라면서 '동화'를 위한 지도를 종교가 담당해야 한다고 주장했다.[32] 이에 뒤질세라 일본 감리교 지도자들도 1905년 3월, 해외 기독교 관계자 회의

---

31 阿部知二, 《良心的兵役拒否の思想》, 東京: 岩波書店, 1969, 79–80.

32 〈新人〉 1904년 8월 호.

  경계에 선 신앙: 전쟁, 토착화, 여성, 공산주의

에 참석하면서 정부의 뜻에 응해 전쟁이 의전임을 선전하는 민간 사절이 되어 유럽 각지를 돌며 러일전쟁의 정당성을 해명하고 다 녔다.[33]

이러한 분위기 속에서 1910년 을사늑약이 체결되었고 대다 수 일본 기독교인들은 대환영했다. 한일병탄이 열흘밖에 안 된 시 점에서, 익명의 필자는 〈복음신보〉에 "대일본의 조선"이라는 제 목으로, "한국은 드디어 제국의 판도에 병합되었다. 환란의 근원 인 한국을 보호하에 두었으나, 이제 나아가 병합을 단행했다. 이는 화근이 될 소지를 근절하여 동양 평화를 유지할 뿐 아니라 일본과 반도를 개발하고 인민을 지도하야 동양의 진보에 공헌하는 일이 다. … 이미 하나님으로부터 우리 조상들에게 조선이 주어진 것이 므로, 이것을 가질 권리가 있다(신 31장). 하나님께서 우리의 조상에 게 주리라 약속하신 것으로 알아야 한다. 한국의 영유는 일본의 친 권을 행사하는 일이다. 병합으로 일본은 대제국이 되었다"라는 내 용의 글을 기고했다.[34] 일본이 조선을 병합하여 식민지를 가진 제 국이 된 기쁨을 성서 신명기를 통해 정당화시키고자 하는 참으로 옹색한 변증이었다.

한편 조합교회의 기관지 〈기독교세계〉에는 1905년의 조선 보호국화 이래 국권 회복 운동을 전개하는 조선인들을 지난날의

33   土肥昭夫, 앞의 책, 211쪽.

34   "大日本の朝鮮", 〈福音新報〉, 1910. 9. 1., 792號.

유대 민족의 역사에 비유하면서 경고하는 논지의 글도 나타났다. "국가의 운명에 지나치게 슬퍼할 필요가 없다. 민족의 정신적 지도자가 되어야 할 기독교인들의 앞으로 처신이 중요하다. 귀국 폭도들의 봉기는 점점 더하여 감정적인 분노가 폭발되고 있다. 가롯 유다의 무리는 그리스도가 자기 당의 수령이 되지 않음을 보고 창을 거꾸로 겨누었다. 유대 민족은 풍성케 하시는 하나님의 생명에 충실하지 않았다. 나는 한반도 국민이 유대 민족의 우를 범하지 않기를 기도한다. 폭동이 지속된다면, 유대 민족이 속국 상태에서 바로 망국이 되었듯이, 귀국도 그리 될 것이다. 귀국 국민 중에서 현명한 기독교인들이 큰 식견으로 목숨을 걸고 불온한 무리들을 깨우치고 지도해야 한다."[35] 속국의 운명을 맞은 조선인이 일본의 지배에 저항하여 독립운동을 한다는 것은 다름 아닌 망국의 지름길이며 이를 저지하는 데 조선 기독교인들이 앞장서야 한다는 이 충고는 조언이라기보다는 차라리 협박이었다고 할 수 있다.

1910년 한일병탄이 되자, 〈기독교세계〉 9월 1일 자에 에비나의 "일한병합을 축하한다"(日韓併合を祝す)라는 글이 게재되었다. 에비나는 "나는 일본인과 한국인 모두를 위해, 신국의 발전을 위해 합병을 축하한다. 한국은 다른 나라의 예속에서 벗어나 마침내 독립한 것이다. 한국인에게 당부하고 싶은 것은 한국이 망국이 되고, 한국인이 망국인이 되었다는 천박한 감상을 갖지 말라는 것이다.

35　西內天行, "韓國基督敎徒に贈るの書", 〈基督敎世界〉, 1907. 8. 29., 1252號.

　경계에 선 신앙: 전쟁, 토착화, 여성, 공산주의

한국은 멸망이 아니라 부활하는 것이다. 부활에는 죽음이 전제되어야 한다. 한국은 종래의 예속국 상태에서 죽어 독립 특행(特幸)의 대국민으로 부활해야 한다. 예속 근성을 벗어나 독립의 영기(靈氣)를 발휘해야 한다"라고 썼다.

그리스도의 죽음과 부활까지를 동원해 일본을 신국화(神國化)하려는 에비나의 사고 배후에는 천황제에 기독교를 조화시키려는 그의 신학이 있었다. 그는 기독교의 신에 대한 '불이(不二)의 마음'으로서 신앙이 천황에 대한 불멸의 충성을 증폭시킨다고 했다. 나아가 2,500년에 걸친 일본의 역사를 회고할 때 신의 섭리의 현저함을 발견한다면서 "기독교의 신은 천지(天地)의 신임과 동시에 또한 역사의 신이다. 신이 만들어 주신 나라와 임금에게 충성하는 것은 신에 대한 충성에 다름 아니다"라고 단언했다.[36] 총력전 체제 아래의 '일본적 기독교'를 선취하는 듯한 이 발언은 절대자와 세속 권력자를 무매개적으로 등치하고, 기독교를 통해 천황과 일본 국가를 신성화하는 것이었다.

이러한 에비나의 견해에 발맞추어 〈기독교세계〉에 "한국 병합과 조선인 전도"라는 글이 게재되어 향후 일본의 조선 통치에 기독교인이 협조하는 방안으로서 조선인 전도가 강력히 주장되었다. 사설은 "동화는 대단히 어려운 일이다. 정치가와 교육가에게만 맡길 수 없는 일이다. 인심의 통일은 종교를 차치하고는 결코 완전

---

36   宮田光雄,《權威と服從》, 東京: 新教出版社, 2003, 72.

히 이룰 수 없음은 자명한데, 한국의 종교는 기독교 외는 없다. 이미 조선이 일본의 영토가 된 이상 전도는 일본인이 행해야 한다는 방침은 조선에도 적용되어야 한다"라고 했다. 조선인의 독립 사상을 억누르며 일본 제국주의의 첨병 노릇을 스스로 담당하겠다는 의지로밖에 이해될 수 없는 이 논설을 집필한 사람은 와타세 츠네요시[渡瀬常吉]였다. 와타세의 조선 전도 주장은 그해 1910년 10월의 조합교회 정기총회에서 받아들여졌다. 조선인 전도 개시를 만장일치로 결의하여 '조선전도부'를 설치하고, 와타세를 그 책임자로 임명한 것이다. 이렇게 시작된 조합교회 조선전도부는 1921년 폐지되기까지 조선인의 동화를 위한 '종교 보국'에 진력했다.[37]

이렇게 한일병탄을 환영하여 일본의 조선 식민 통치를 환영하는 일본 개신교의 주류에 비해 병합을 비판적으로 성찰하는 기독교인은 우치무라 정도로 극소수였다. 우치무라는 "나라를 얻어 기쁜 백성과 나라를 잃어 슬픈 백성이 같이 주님 앞에 서고, 심판이 있으리라. 영토가 팽창하여 온 세계를 향유한다 할지라도 영혼을 잃으면 어찌하리"라며 일본의 도덕적 타락에 탄식했다.[38] 시대정신에 미혹되지 않고 기독교적 규범성을 통해 일본의 현실을 비판적으로 성찰하려는 우치무라의 예언자적 정신이 돋보이는 대목이었다.

---

37   양현혜,《근대 한일 관계사 속의 기독교》, 이화여자대학교출판부, 2009, 51-63쪽 참고.
38   内村鑑三, "領土と靈魂", 〈聖書之研究〉, 1910. 9., 123號.

    경계에 선 신앙: 전쟁, 토착화, 여성, 공산주의

4) 총력전 체제 속의 기독교

1920년대 일본 사회는 정치적 민주주의 실현을 요구하는 대정(大正, 다이쇼) 데모크라시를 구가했고, 사상적·문화적으로 다양한 시도들이 전개되었다. 국제적으로 1차 세계대전과 2차 대전의 사이에 해당하는 이 시기에 일본 국내에서는 인간으로서의 기본적 권리, 생명의 귀중함과 가치, 평등에 대한 자각 등이 일어났던 것이다.

그러나 1931년 만주사변이 발발하면서 대정 데모크라시의 자유로운 분위기는 일축되고, 천황제 파시즘이 그 전모를 노골적으로 드러내기 시작했다. 군부와 관료가 주도하여 국민의 전쟁 열기와 배외주의 열기를 이용하면서 이데올로기와 조직 양 측면에서 파시즘 체제를 형성해 갔다.[39] 만주사변은 일본 파시즘 형성의 획기적인 계기가 되었다.

이데올로기 면에서 국민 통합의 핵이 된 것은 '일본 정신=국체 관념'을 적극적으로 국민들에게 침투시키는 것, 즉 '국체명징'이었다. 문무성은 1937년《국체의 본의》를 펴내어 전국 학교에 배포했다. 이것은 국체명징에 응하는 사상 교육의 기본 지침을 나타낸 것으로, "일본 제국은 만세 일계의 천황이 황조의 신칙을 받들

---

39   由井正臣, "總動員體制の形成と崩壞", 鹿野政直·由井正臣 編, 《近代日本の統合と抵抗》, 東京: 日本評論社, 1982, 24.

어 영원히 이것을 통치한다. 이것이 우리 만고불변의 국체이다. …
이 대의에 근거하여 일대 가족 국가로서 억조일심을 동체하여 충
효의 미덕을 발휘한다. 이것이 우리 국체의 정화인 것이다"라는
내용이었다. 문무성은 계속해서 1941년 《신민의 도道》를 간행했
다. 단순히 관념적으로 국체 사상을 이해하는 것만으로는 불충분
하다면서 일상생활의 모든 분야에서, 심지어 '노는 여가, 잠자는
사이에도' 천황에게 귀일하여 그 본분에 따라 국가에 대하여 철저
하게 봉사할 것을 요구하고 있었다. 국체 사상 실천의 일상화를 요
구하는 종교적 파시즘의 절정이었다.[40]

이러한 대대적인 국체명징 운동과 더불어 철저한 사상 단
속이 시행되었다. 치안유지법의 적용 범위가 광범위하게 확대되
어 사회주의자뿐만 아니라 반전사상을 가진 자유주의자는 물론,
1930년대 후반에는 외국과의 관련 등의 이유로 기독교도까지 탄
압의 대상으로 삼았으며 심지어는 토착 종교 관계자와 우익분자
에게도 적용되기 시작했다.[41]

한편 1937년 중일전쟁이 시작되자 일본 정부는 '국가총동원
법'을 제정하고 1938년부터 시행을 강행했다. 동시에 전쟁 지지를
위한 국민감정을 육성하기 위해 '국민총동원 운동'을 전개해 부락

40　　宮田光雄, 앞의 책, 132쪽.

41　　Richard H. Mitchel, 娛平康弘 譯, 《前後日本の思想統制》, 東京: 日本評論社, 1980,
198. 또한 후방에서 국민 동원과 국내 전선 유지를 위해 군사 기밀 보호, 유언비어 규제,
스파이 체포, 출판 검열 등을 통한 사상 억압의 필요성을 느낀 일본 정부는 1941년 치안
유지법 개악을 법제화하여 체제에 대한 저항을 침묵시켜 갔다.

　　　　경계에 선 신앙: 전쟁, 토착화, 여성, 공산주의

회, 반상회라는 말단 지방자치체에 이르기까지 국민을 획일적으로 조직화했다.[42] 이렇게 국가에 의한 국민의 획일적 조직화와 이데올로기적 사상 선도 및 통제가 표리일체의 관계를 이루며 일본 파시즘 체제는 국민 생활 구석구석까지 조여 갔던 것이다.

이러한 일본 파시즘 체제에 대한 개신교의 반응을 살펴보자. 국체를 중심으로 한 일본주의에 전면적으로 호응하며 지지를 보내는 움직임은 1932년 저술된 타니구치[谷口茂壽]의 《일본인에게 부여된 기독교》에서 찾아볼 수 있다. 단독 교회 목사로서 일한 그는 '면면하게 계속되는 일계(一界)의 황통', 특히 '불량 불충의 역신에 의해 저해되려고 할 때에도 늘 보존되어 황위가 익익융성(益益隆盛)하여 오늘에 이르는 경과'를 볼 때, 거기에는 '특별한 신의 가호가 있음'을 인정하지 않을 수 없다고 하며, 일본 국체에 대한 선명한 지지를 분명히 했다.[43]

성결교회를 일으킨 나카다[中田重治]는 일본은 옛부터 황존(皇尊)에 의해 다스려져 온 나라, 즉 '최근 소위 말하는 황도'를 가지고 통치된 국체를 가진 나라라고 하며, "그 수장이 가장(家長) 또는 국가의 우두머리라 여겨지고 그 밑의 국민은 절대복종으로 봉사, 충성을 다해 왔다"라고 한다. 그는 이러한 국풍은 성서가 가르치는 바와 일치한다며 '제왕신권'이라는 단어야말로 성서에서 유래한

---

42   鹿野政直·由井正臣編, 앞의 책, 7-8쪽.

43   宮田光雄, 앞의 책, 123쪽.

다고 단언했다. 나카다는 군국 일본의 침략 전쟁에 대해서도 긍정
적이었다. 성서 안에는 "마침내 우리 대화(大和)민족이 대륙을 향
해 진출해 갈 것이 쓰여 있다"며, 현재 '만주에서 몽고 쪽으로 행해
지는' 침략은 "마침내 아시아 대륙을 횡단해서 페르시아까지 가고
나아가 유프라테스 강의 바그다드까지" 갈 것이라는, 참으로 기상
천외한 구상을 전개하고 있었다.[44]

이러한 움직임은 우에무라[植村]를 계승하는 일본기독교회
에서도 예외가 아니었다. 이마이즈미[今泉原吉理]과 후쿠모토[福元利
之助]는 1935년에 '미구니(みくに) 운동'을 시작하여 극우 황국 사관
에 선 기독교를 주장했다. 이 운동의 기관지 〈미구니〉라는 잡지명
은 만세일계의 황국과 기독교의 하나님 나라 관념을 겹친 것이었
다.[45]

이러한 '일본적 기독교'의 움직임은 파시즘의 열풍 속에서
점차 확산되어 일종의 종교 습합(拾合)에 가까운 양상을 노정했다.
이러한 경향은 에비나의 사상적 영향이 컸던 일본조합교회 계통
에서 특히 강했다. 대표적인 예로서 일본조합교회 조선전도부의
책임을 맡았던 와타세를 들 수 있다. 그는 만주국 성립 후 그곳에

44　앞의 책, 125-126쪽.

45　이마이즈미는 1940년에 천황과 천황의 소칙의 권위를 절대시하여 "천황의 생각이 신
의 목소리이다"라면서 대륙 침략 정책은 신앙적 봉사 그 자체라고 주장했다. 그는 "중국
의 땅을 피로 물들이는 군인들, 그들이 거의 순교의 성도인 것이다", "성전이야말로 종
교이고 예술이다"라면서 최종적으로는 기독교적인 수사까지도 벗어버리고 황도주의
일색의 전시 선전을 담당했다.

개척 전도를 행하기에 앞서 《일본신학의 제창》(1934)을 간행했다. 여기에서 그는 일본고사기(古事記)와 성서가 내용적으로 일치한다며, 고대 천황제 이데올로기와 기독교의 습합을 시도했다. 와타세는 우주 중심을 이루는 천지어용중주신(天之御用中主神)은 인격신으로, 천지의 주인이신 그리스도의 아버지와 동일하다고 한다. 그 외에 그리스도와 성령의 두 신은 천지어용중주신의 '활동적 기능의 현현'으로 '성서에서 말하는 성령'이라고 한다. 나아가 그는 "우리 고전에 비추어서 천조대신(天照大神)과 그리스도의 유사성이 깊은 것은 정말 놀라운 일이다. 이렇게 해서 그리스도의 신의 나라의 이상은 신의 나라인 우리 일본에서만 실현되고, 따라서 세계에 미칠 것을 확신하지 않을 수 없다"라며, 기독교와 천황제를 융합시켜 국제적, 국내적으로 절박한 정세 속에서 신의 성지(聖志)에 따라 국제적 성화의 필요에 응하지 않으면 안 된다고 했다. 일본 제국이 국제연맹을 탈퇴하면서까지 만주국에 봉사적 태도를 취하고 있는 것은 바로 그 때문이라는 것이다. 그는 만주사변을 하늘의 섭리, 하늘의 계시로 여기는 일본주의자의 언설에 완전히 공감하고 있었던 것이다.[46]

　한편 천황제 파시즘과 그 침략 전쟁에 반대하는 움직임도 적지 않았다. 우치무라의 무교회주의를 계승한 야나이하라[矢內原忠雄]는 일본주의에 동조하는 일본적 기독교를 비판했다. 그는 일본

46　飯沼二郎·韓晳曦,《日本帝國主義の朝鮮傳導》, 東京: 日本基督教教出版局, 1985, 150.

적 기독교란 "기독교 신앙에 있어서 일본 정신의 미를 발휘하고 일본 국가를 진정으로 사랑하는 것"을 의미하며 이를 위해서 비극적이지만 세속의 '일본주의'와 싸워야 한다고 주장했다. 그는 "기독교가 일본주의에 굴복하는 것이 일본적 기독교가 아니다. 일본적 기독교에 있어서 시금석은 신사 문제, 국체 문제 또는 국가주의 문제이다. 이러한 문제에 있어서 기본적인 태도 결정을 잘못하지 않는 것이 일본적 기독교를 위해서 절대적으로 필요하다. 기독교인은 우리 국체를 정화시켜야 하는 자로, 국체 관념이 기독교의 진리를 제약하는 것이 아니다"라고 주장하면서, 기독교가 참다운 일본의 기독교가 되기 위해서 감당해야 할 십자가가 무엇인지 분명히 할 것을 요구했다.[47]

이러한 무교회주의자들의 저항과 함께 1932년 야스쿠니신사에서 행해진 '만주상해사변 전몰자 위령제'에 기독교 대학인 조치[上智]대학 학생 일부가 신앙상의 이유로 참배를 거부한 사건을 비롯하여, 기독교계 학생들의 야스쿠니신사 집단 참배 거부 사건도 연이어 일어났다. 이렇게 천황제 파시즘에 대해 동조와 반대가 교착하는 개신교에 대해 관헌의 탄압과 박해도 점차 강화되었다. 내무성 경보국에서는 극비 문서로 〈사회 운동의 상황〉이라는 자료집을 연감 형식으로 매년 간행하고 있었다. 그 가운데 1936년 처음으로 '종교 운동' 편이 기재되었다. 이해의 기독교 관계 기사

---

47   《矢內原忠雄全集》, 第8卷, 東京: 岩波書店, 1964, 222.

는 이렇게 말한다. "우리나라 신도의 신앙을 우상숭배라고 경멸하고 신사참배 등을 거부하는 일 등이 있고, 나아가 늘 초국가적인 평화주의를 표방하여 현실의 시정을 비판·공격하는 등의 모양이 있다." 정치와 종교가 유착된 국체 이데올로기 아래 종교 탄압의 논리가 선명하게 제시되어 있다.[48]

한편, 비상시국에서 국가에 의한 종교의 감독, 통제, 보호, 육성을 목적으로 한 '종교단체법'이 1939년 3월 제정·공포되었다. 이 법은 종교단체는 문부대신 또는 지방 행정관에 의해 설립 허가를 받을 필요가 있고 "종교단체 또는 교사가 행하는 종교 교의의 선포, 의식의 집행 또는 종교상의 행사가 안녕질서를 방해하거나 신민의 의무에 위배될 때 담당 행정관은 이것을 제한 또는 금지하고, 교사의 업무를 정지하거나 종교단체 설립인가를 취소할 수 있다"라고 규정했다. 종교 단체의 존속 여부가 문부대신에 의해 완전히 장악되었던 것이다. 또한 종교단체법은 종교단체를 신도, 불교, 기독교 및 기타 등 세 영역으로 구분하고, 통제의 편의상 가능한 한 각 종교를 합동시키는 방침을 분명히 했다.[49]

영국과 미국을 상대로 한 전쟁을 앞두고 개신교계에 대한 탄압이 시시각각 조여 오는 때에, 이러한 곤경에서 탈출할 길을 찾던 교회 지도자들은 종교단체법에 의해 교단을 설립하고, 그 법의 보

48　金田隆一,《戰時下キリスト教の抵抗と挫折》, 東京: 新教出版社, 1985, 187.

49　村上重良,《国家神道》, 東京: 岩波書店, 1987, 204-205.

호를 받는 길을 택했다.[50]

교회는 1940년 10월 24일에 '기원 2,600년 봉축 전국기독신도대회'를 열고 교회합동준비위원회를 조직하여 본격적으로 합동에 관한 논의를 진행하며, "서쪽으로는 구미의 전쟁이 있고 동쪽으로는 중일전쟁이 있어 아직 그 종결을 보지 못하고 있다. 이 와중에 우리나라는 그 진로가 잘못됨이 없이 국운과 국력의 전진을 보이고 있다. 이것은 참으로 하늘이 도우신 것으로 일군만민(一君萬民) 존엄무비(尊嚴無非)한 우리 국체에 근거한 것이라 믿어 의심치 않는다. 지금 이 세계정세 변화에 있어서 국가는 체제를 새로이 하고 대동아질서 건설에 만전을 기하고 있다. 우리 기독교인들도 역시 이에 부응하여 교회 교파의 차이를 버리고 합동 일치하여 국민정신 지도의 대업(大業)에 참가하여 자발적으로 대정(大政)에 익찬(翼贊)하여 진충보국(盡忠報國)의 성의를 다하자"라는 내용의 '대회선언'을 발표했다.[51] 일본 기독교가 국체의 교의에 완전히 굴복하여 종교보국에 앞장서리라 선언한 것이다.

1941년 6월, 마침내 34개 교파가 합류한 '일본기독교단' 창립총회가 개최되었다. 이 자리에서는 국가(國歌) 제창, 궁성 요배, 전몰장병을 위한 묵도, 천황제 국체에 대한 충성 서약 등이 행해졌다. 기독교단 총리로 선출된 토미다[富田滿]는 '신사참배는 신앙의

---

50   土肥昭夫, 앞의 책, 321-322쪽.

51   大江志乃夫, 앞의 책, 54쪽.

일이 아니다'라고 하면서 국가 신도의 최고 성지인 이세신궁 참배를 단행하여 천황 신앙을 수용했다.

　　한편 1941년 12월 미국을 향한 개전과 초기의 승리는 일본 국민 전체를 요동시켰다. 지금까지 중일전쟁에 주저함을 느끼고 있었던 회의적인 지식인조차도 서구 제국주의와의 직접적인 대결에 커다란 해방감을 느꼈다. 서구적 교양의 보편주의가 한꺼번에 날아가 버리고 일본주의에의 회귀와 전향이 일어났다. 대부분의 경우 기독교의 초월신 신앙도 거의 같은 정도의 해체 양상을 보였다. 개전에 대해 토미다는 "지금 선전(宣戰)의 의의를 이해하고 국가에 충성을 바쳐 국토 방위에 몸을 바치도록" 각 교회에 시달했다. 이듬해인 1942년 11월, 토미다는 교단의 금후의 방향을 '포교 정신과 전시 체제의 일원화'라고 요약하고 '기독교를 위한 기독교라고 하는 독선적인 생각'은 더 이상 용납될 수 없다며 전쟁 목적 달성을 위해 생명을 버리는 일에 귀일할 것을 역설했다.[52] 천황 절대화의 '신민적(臣民的) 기독교'로 거듭날 것을 다짐하면서 급기야 일본 개신교는 기독교의 순수성을 유지하려는 시도를 독선으로 규정하기에 이른 것이다.

　　전황이 악화해 가는 1944년 8월, 교단은 '결전 태세 선언'을 발표했으며 예측불허의 전도를 앞에 두고 "이와 같은 때를 맞이하여 황국(皇國)을 보필할 사명을 띤 본 교단은 황국 필승을 위해 궐

52　　金田隆一, 앞의 책, 214-215쪽.

기하여, 단호히 교만한 적을 격추함으로써 천자의 마음을 편케 하리라"호소했다. 천황의 마음을 편안하게 하기 위해서 교회는 총력을 다해 최후까지 싸울 것을 맹세하고 있었다. 그리고 천황을 위한 무한 책임을 다하기 위해 목숨을 내거는 순국이 곧 순교라고 〈교단 신보〉는 사설 "순국, 즉 순교"에서 호소했다.[53]

물론 이러한 총력전 체제에 일본 기독교가 협력만 한 것은 아니었다. 1942년부터 43년에 걸쳐 성결교 목사 백 수십 명이 치안유지법 위반 혐의로 검거되었다. 약 절반은 기소되었고 옥중에서 순교자도 여럿 나왔다.[54] 한편 무교회주의자들의 저항도 계속되었다. 삿포로의 무교회 지도자 아사미[淺見仙作]는 국체에 저촉되는 그리스도 재림을 설교한 것, 신사 참배 거부 등이 치안유지법 위반이라며 기소되었다. 그는 그때까지 반전 평화 사상의 발언으로 당국의 눈총을 받고 있었던 것이다. 또한 〈구도求道〉의 주필인 후지자와[藤澤武義]도 검거되고, 마사이케[正池仁]도 전쟁을 반대했다는 이유로 시즈오카[靜岡] 고등학교를 퇴직해야 했다.[55] 이러한 저항의 중심에는 일본 개신교가 일본주의에 매몰되는 것을 비판해 왔던 야나이하라[矢內原]가 있었다.

야나이하라는 일본 기독교가 '복음만의'라는 입장에 서서 일본의 침략 전쟁에 대해 침묵할 뿐 아니라, "일본국이 중국을 치

---

53   《日本基督敎敎團新報》, 1944. 9., 1944. 10.
54   宮田光雄, 앞의 책, 261쪽.
55   양현혜,《윤치호와 김교신》, 한울, 1994, 147-148쪽.

는 것은 성서가 제시하는 가르침이다. 신의 명령이다. 중국은 스스로의 죄에 의해 심판받는 것이기 때문이다. 일본은 이것을 심판하시는 신의 노여움의 지팡이이다. 그러므로 일본이 중국을 치는 것은 신의 부르심에 따르는 것이다”라며 일본의 침략 전쟁인 중일전쟁을 정당화하자 이렇게 비판했다. “저는 분명하게 말씀드립니다. 이러한 성서 해석이 신의 이름 아래 성립된 교회와 그 신자에 의해 제창되고 있다니 이게 무슨 일입니까! 현실 국가의 명령에는 국민으로서 복종합니다. 복종해야 합니다. 그러나 현실 국가가 말하는 바를 일일이 도덕적으로, 신앙적으로, 더구나 성서적으로 변호한다고 한다면 기독교의 존재 가치는 없는 것입니다. 신의 심판을 받는 유대 나라보다도, 스스로 자만하여 유대를 친 아시리아의 죄가 더욱 크다. 알겠습니까! 아시리아의 죄는 유대의 죄보다도 더욱 큽니다. 스스로 두려워하지 않으면 안 됩니다.”[56] 이것은 스스로의 정체성을 잃고 자멸해 가는 일본 기독교를 향한 예언자적 경고였다.

그러나 이러한 소수 예언자적 저항에 눈을 감은 채, 신의 국토는 불멸하고 무한히 확장된다는 '신주불멸'(神州不滅)의 외침에 도취된 대다수 개신교 신자들은 자국민 약 260만 명과 2천만 아시아 민중의 목숨을 짓밟은 천황제 국가의 전쟁에 동조했다.

[56]   野田正彰, 앞의 책, 78-79쪽.

5) 결론

근대 일본 천황제 국가는 국민의 내면적 도덕까지 국가가 권리하며 스스로를 무제약적으로 확대해 가는 의사(疑似) 종교 체계였다. 그것은 국가 권력의 정당성과 근거를 물을 수 있는 어떠한 원리나 가치도 국민에게 인정하지 않는 권력의 자기 절대화의 절정이었다. 국민은 권력의 자기 행사에서 소모품으로 간주되었다.

천황제 국가는 국민으로부터 개인의 주체성을 압수하는 대신, 인간의 생명에 서열을 매기고 '정신의 강함'을 교육했다. 천황에게 가까운 서열에 있는 사람에게는 살 가치가 부여되고, 먼 생명은 가차없이 멸절의 대상으로 간주되었다. 멸절의 대상이 된 사람들에게 인간의 얼굴을 느끼지 않고 그들의 슬픔에 아무런 공감도 느끼지 못하는 '정신의 강함'이 요구되었다. 제도에 대해 비판적으로 성찰하고 자기 책임 아래 행동할 수 있는 판단력의 마비, 타자에게 감정이입하여 공감할 수 있는 감정의 마비가 '정신의 강함'으로 요구되었던 것이다.

거듭되는 대외 전쟁의 승리에 도취된 일본 국민은 천황제 국가의 이러한 악마성에 침식되어 갔다. '제국의 국민'이라는 의식 속에서 일본 국민은 구미에 대한 공격성을 이웃 조선과 아시아에 분출하며, 신체는 상처를 입어도 정신은 상처 입지 않는, 즉 천황을 위해서라면 어떠한 것에도 죄의식을 느끼지 않을 수 있는 '불사신의 전사'가 되어 갔던 것이다.

기독교는 그 원리 면에서 천황제 국가와 그 전쟁에 저항할 수 있는 정신이었다. 피조물적 존재이면서 마치 창조주인 것처럼 인간을 억압하려는 모든 의식이나 제도로부터 인간을 해방하여 참주체로 세우는 기독교의 복음은, 권력의 자기 절대화라는 우상 숭배에 항거하는 예언적 저항과 늘 어깨를 나란히 하기 때문이다. 또한 이러한 예언자적 저항은 가장 작은 자의 자존을 보장하는 신적 공의의 공동체를 대망하기 때문이다.

근대 일본의 개신교는 천황제와 그 전쟁 수행에 충격을 가할 수 있는 이러한 기독교 정신을 역사 속에서 살아 내는 데 실패했다. 거기에는 이미 살펴보았듯 여러 원인이 있었다. 첫째로 일본 개신교가 서구 근대 문명과 스스로를 구별하지 못하고 근대 자본주의 문명과 동일시했다는 점이다. 둘째로 일본 개신교인들이 신앙에 입각하여 천황제 국가로부터 독립된 주체로 서기보다는 '서양의 기술과 매너'를 갖춘 집단으로서 기독교의 유용성을 호소하며 천황제 국가에 충성하고자 했던 점이다. 셋째로 그들의 국제 인식이 일본과 서양의 차이와 동일성만을 늘 문제시하는 서구 축만으로 구성됨으로써 아시아를 비롯한 비서구에 대한 인식이 결여되어 있었던 점이다.

상보적인 이 세 가지 원인에 근거하여 근대 일본 개신교는 서구 자본주의 문명과 그에 근거한 서구의 비서구 침략과 약탈 능력을 갈망하는 천황제 국가의 욕망과 소통하려 했다. 기독교가 약한 자, 어린 자, 가난한 자의 슬픔, 그럼에도 힘차게 살고 싶어 하는

그들의 마음과 소통하려는 지향성을 잃어버릴 때 '힘'을 숭배하는
우상숭배의 종교로 전락될 수밖에 없는 것이다.

4. 식민지 시대 한국 개신교의 전쟁과 평화에 대한 이해[57]

1) 서론

기독교는 공동체적 이상으로서 무엇보다도 생명 존중과 평화를 제시하고 있다. 생명 존중과 평화를 논할 때 일차적인 대립 개념은 전쟁일 것이다. 전쟁은 광범위한 스케일로 인간의 자연적인 삶의 흐름을 파괴할 뿐만 아니라, 인간에 대한 인간의 폭력이라는 치명적인 비극을 기획하고 집행하는 데 수많은 사람들을 참여시키기 때문이다. 사회 전체와 그 속의 인간 집단 모두가 체계적인 살상과 파괴의 도구로 전환되는 것이다. 전쟁은 인간에 대한 가장 총체적인 폭력이 자행되는 공간이다. 따라서 전쟁과 평화에 대해

---

57 양현혜, "식민지 시대 한국 개신교의 전쟁과 평화에 대한 이해", 〈한국교회사학회〉 34(2013) 전재.

기독교가 어떤 인식과 대응을 보이는가는 기독교의 성격과 질을 압축적으로 설명해 주는 좋은 척도가 될 수 있다.

종래 한국 개신교의 전쟁 인식은 주로 한국전쟁과 베트남 전쟁에 집중되어 왔다.[58] 식민지 시대 개신교계의 전쟁 이해와 관련해서는 주로 중일전쟁 이후 일본의 전쟁에 협력한 친일 문제로 다루어져 왔다.[59] 그러나 한국 개신교가 처음으로 접한 전쟁은 청일·러일 전쟁이었고, 이어지는 식민지 시대에도 식민 지배국인 일본이 1차 세계대전에 연합국의 일원으로 참가하면서 간접적으로 전쟁을 경험했다. 그리고 1937년 이후 격화된 일본의 중국 침략과 2차 세계대전 참전으로 전선이 확대되자, 식민지 조선은 후방 병참기지로서뿐 아니라 인적으로도 노무자, 병사, 위안부로 총동원되었다. 따라서 한국 개신교가 전쟁과 평화에 대해 어떻게 사유하

---

58 김흥수,《한국 전쟁과 기복신앙 확산 연구》, 한국기독교역사연구소, 1999; 성백걸·조이제, "류형기의 한국 전쟁 인식과 교회복구·구호활동", 〈한국기독교와 역사〉 15(2001); 이승준, "한경직 목사와 한국 전쟁", 〈한국기독교와 역사〉 15(2001); 윤선자, "6·25 한국 전쟁과 군종 활동", 〈한국기독교와 역사〉 15(2001); 김승태, "6·25 전란기 유엔군 측 포로 정책과 기독교계의 포로 선교", 〈한국기독교와 역사〉 21(2004); 윤정란, "한국 전쟁기 염산면 기독교인 학살의 원인과 성격", 〈한국기독교와 역사〉 21(2004); 류대영, "베트남 전쟁에 대한 한국 개신교의 태도", 〈한국기독교와 역사〉 21(2004); 강인철,《전쟁과 종교》, 한신대출판부, 2003. 이외에 기독교사에 나타난 전쟁 일반에 대한 연구로는 오만규, "로마 군대종교와 초기 그리스도인의 군복무", 〈한국교회사학회지〉 3(1987); "제칠일 안식일 예수 재림교회 비무장 군복무의 기원과 발전", 〈한국교회사학회지〉 12(2003) 등이 있다.

59 양현혜, "파시즘 체제하의 한일 기독교의 전향", 〈한일 관계사연구〉 14(2001); 서정민, "중일·태평양전쟁과 기독교", 〈한국기독교와 역사〉 21(2004); 김승태, "일제의 기독교 정책과 기독교계의 부일 협력", 〈한국기독교와 역사〉 24(2006); 송현강, "중일전쟁 발발 이후 충청도 지역 교회의 전시협력 활동", 〈한국기독교와 역사〉 27(2007).

였는가에 대한 고찰은 한국전쟁 이전의 식민지 시기로 소급해 올라갈 필요가 있다.

본 논문에서는 당시의 기독교 잡지인 〈청년〉과 〈기독신보〉를 주된 분석대상으로 하여 식민지 시대 조선 개신교의 전쟁과 평화 이해를 고찰하고자 한다. 1921년 3월에 창간되어 1940년 12월에 폐간된 〈청년〉은 당시 조선 개신교의 에큐메니컬 기관인 YMCA의 기관지였을 뿐만 아니라, 사회주의 계열의 대변자 역할을 했던 〈개벽〉과 어깨를 나란히 하는 개신교 대변지였다. 또한 1915년 12월 8일 창간되어 1937년 8월 1일 폐간된 〈기독신보〉는 조선 개신교계의 양대 주류 교파인 장로교와 감리교가 연합하여 발간한 교계 신문으로, 당시 교계 동향을 대변하는 주간지였다. 따라서 이 두 개신교 잡지에 나타난 개신교계의 전쟁과 평화에 대한 논지를 분석하여 식민지 시대 한국 개신교계의 전쟁과 평화 이해에 관한 윤곽을 그릴 수 있을 것이다.

식민지 시대 개신교가 직간접적으로 경험한 전쟁을 통해 전쟁과 평화를 어떻게 이해했고, 그것을 기독교와 연결하여 어떻게 사유했는지 검토하는 것은 종래 한국전쟁과 베트남전쟁에만 집중되어 왔던 한국 개신교의 전쟁과 평화 연구의 지평을 넓힐 뿐만 아니라, 오늘날 한국 개신교가 전쟁과 평화에 대한 신학적 입장을 정리할 때도 참조할 수 있는 기초 자료를 제공해 줄 것이다.

2) 청일·러일 전쟁과 한국 개신교

한국 개신교가 설립 이래 최초로 경험한 전쟁은 청일전쟁이었다. 청일전쟁은 조선에서 반봉건과 반외세를 주장하며 일어난 동학농민혁명 진압을 명분으로 일어났다. 동학농민혁명을 진압하기 위해 조선 정부가 청나라에 출병을 요청했다는 정보를 입수한 일본은 조선 정부의 요청이 없었음에도 조선에 출병했다. 그러나 일본군이 출병한 후 얼마 지나지 않은 6월 10일, 동학농민군은 조선 정부와 전주화약을 맺고 점령했던 전주에서 철수하기 시작했다. 일본군은 출병의 명목을 잃어버린 것이다. 그러나 일본 정부는 조선 정부에 대해 5조 27항의 내정개혁을 강요하고 경복궁을 점령했다. 이 소식을 접한 청나라가 증원군을 파견하면서 청일전쟁이 시작된 것이다.[60]

청일전쟁은 1895년 4월 17일 시모노세키[下關]에서 일청 강화조약이 체결되면서 종결되었다. 청일전쟁의 결과, 동아시아의 국제 질서는 크게 변모되었다. 일본과 청의 길항, 영국과 러시아의 대립 위에 구성되어 있었던 종래의 동아시아 국제정치의 기본 구조가 청일전쟁으로 붕괴되었다. 전쟁 전 영국과 러시아 양국의 기본 정책이었던 중국 본토 및 조선의 영토 보전과 현상 유지가 불가능해진 것이다. 대만을 잃고 조선에서 영향력을 상실한 중국에 대

---

60   小松裕,《いのちと帝國日本》, 東京: 小學館, 2009, 20.

해 열강의 분할 정책이 현실화되었고, 그 분할 주체의 하나로 일본이 대두되었다. 이것으로 중화적 화이질서에 근거한 전통적인 동아시아 국제질서가 완전히 붕괴되고, 열강과 일본을 축으로 한 제국주의적 분할 체제가 동아시아에 성립되었던 것이다.[61] 따라서 청일전쟁은 한국의 자주적인 근대 국민국가 변혁 움직임이었던 동학농민혁명을 좌절시켰을 뿐만 아니라, 근대 일본의 대외정책의 틀을 동아시아를 향한 제국주의적 노선으로 확정시키면서, 동아시아 국제 질서를 제국주의적 약육강식의 틀로 완전히 재편성한 전쟁이었다.

한반도가 청일전쟁의 전쟁터가 되었을 때 개신교는 선교가 시작된 지 겨우 10년이 지난 연약한 교회였다. 이런 개신교에게 의도하지 않았지만 전쟁이 교세 성장의 기회를 제공했다. 국가권력이 해체되어 가는 때에 생명과 재산을 보호받기 위해 의지할 곳이 없었던 민중들이 치외법권 지역인 교회로 도피했던 것이다. 청일전쟁에서 가장 치열한 전투가 벌어진 평양의 경우, 교회는 피난민 수용소가 되었다. 모펫(S. A. Moffet, 마포삼열) 선교사는 그 정황을 다음과 같이 전한다.

전투는 9월 15일에 벌어졌다. 피난을 가지 못하고 남아 있던 불쌍한 조선인들은 놀랐고 그 중 반은 죽거나 도망쳤다. 평양에 남아 있

<hr>

61   앞의 책, 46쪽.

던 교인들 대부분은 예배당에 모여 있었다. 그들은 주님께서 보호해 주시기를 함께 간구했다.[62]

이렇게 교회가 교인들의 피난처가 됨으로써 전쟁 중 개신교 선교가 이루어졌을 뿐만 아니라, 교인들이 전란을 피해 지방으로 피신하면서 종래 도시 중심으로 선교되었던 개신교가 지방으로도 확산되어 갔다. 일제강점기 단일 교회로는 최대의 교인 수를 자랑했다는 재령읍교회도 피난 갔던 평양의 교인인 한치순, 이영언의 전도로 설립된 교회였다. 이렇게 하여 1894-1896년 사이에 교세는 급증했고, 특히 장로교의 경우 이 시기를 획으로 주 전장터였던 서북 지역의 주도 현상이 확연해졌다.

한편 청일전쟁 10년 후, 미해결로 남은 조선 문제를 개전의 원인으로 삼은 일본이 1904년 2월 러시아에 선전포고하면서 러일전쟁이 발발했다. 전쟁은 1905년 8월 미국 대통령 윌슨의 권고를 받아들여 러일 양국이 강화조약을 맺음으로써 종결되었다. 일본은 그 이상 전쟁을 계속할 국력이 없었고 러시아 역시 국내에 혁명 전야의 움직임이 거세졌기 때문이었다. 이 전쟁을 통해 일본은 요동반도 조차권, 한국 보호권 등을 얻었다.[63] 즉 일본에 의해 한국의 외교권이 박탈됨으로써 한국의 독립국 지위가 위태로워진 것이

---

62   한국기독교역사학회, 《한국기독교의 역사 1》, 한국기독교역사연구소, 1990, 255쪽.

63   小松裕, 앞의 책, 55-68쪽.

    경계에 선 신앙: 전쟁, 토착화, 여성, 공산주의

다. 이제 겨우 걸음마를 시작한 개신교로서는 전쟁에 대해 기독교적 입장에서 성찰해 볼 여유도 여력도 없었다.

다만 이 시기 주요 전쟁터인 한반도 서북 지방에서는 청일전쟁 시기와 동일한 현상이 재현되었다. 전쟁 중 생명과 재산을 보호해 주는 구역으로 교회당과 선교사들이 운영하는 병원이나 학교가 이용됨으로써 개신교의 교세 성장이 이루어졌던 것이다. 1906년 이후 감리교는 1만 명 이상, 장로교는 5만 명 이상의 교인 수를 보유하는 성장을 이루었다.[64]

1910년 마침내 조선은 일본에 완전 병탄되었다. 한국 개신교의 주된 관심은 이제 국권 회복과 독립에 경주되었다. 전쟁과 평화 문제가 그들의 관심사가 되기 위해서는 시간이 더 필요했던 것이다.

3) 1차 세계대전부터 중일전쟁 이전까지 전쟁과 평화 이해

그러나 1차 세계대전을 계기로 조선 개신교계에도 전쟁과 평화에 대한 관심이 나타나기 시작했다. 1914년 6월, 세르비아 청년이 오스트리아-헝가리 제국의 황태자 부부를 암살함으로써, 유

---

64   한국기독교역사학회, 앞의 책, 254쪽.

럽은 영국, 프랑스, 러시아 삼국협상을 축으로 하는 연합국과 독일, 오스트리아-헝가리, 이탈리아 삼국동맹으로 나뉘어, 1918년 11월 11일 독일이 항복할 때까지 1차 세계대전을 벌였다. 이후 미국이 여기에 참전했고, 일본도 1914년 8월 연합국의 일원으로 참전했다. 약 4년에 걸친 이 전쟁에서 인류가 일찍이 경험한 적이 없었던 비행기와 전차, 잠수함과 독가스가 사용되었다. 또한 전쟁은 세계 질서를 크게 바꾸었다. 러시아와 독일에서 혁명이 일어나 호엔촐레른 왕조와 합스부르크 왕조가 붕괴되었고, 오스만 왕조와 로마노프 왕조도 멸망했다. 또한 식민지에서는 민족주의 운동이 일어나고 미국이 대두했던 것이다.[65] 한편 일본은 전쟁 중 중국의 위안스카이[袁世凱] 정부에게 산둥성이나 만주, 몽골을 위시한 중국 전토에서 일본의 권익 획득에 대한 '21개조 요구'를 강요하여 대부분을 승인하게 만듦으로써, 전승국 지위를 이용해 중국에 대한 제국주의적 팽창을 확대해 갔다. 유럽의 전장과 떨어져 있었던 일본에게 이 전쟁은 중국 침략을 향해 첫걸음을 내디딘 사건이라는 성격이 강했지만, 세계사적 전환점이 된 1차 세계대전은 일본 사회에도 큰 충격을 안겼다.

비록 식민지였지만 조선 역시 세계사적 전환점이 된 이 전쟁에 무관심할 수 없었고, 이 점은 개신교도 역시 마찬가지였다. 조선의 개신교도들은 이 전쟁을 "세계 대소국 28개국의 병사 4,300

---

65   나리타 류이치, 이규수 역,《다시쇼 데모크라시》, 어문학사, 2011, 75-82쪽.

만이 전투한 지 4년 5개월 동안 전사자가 708만 5천 인이고, 중상자가 517만 5천 인에 달하였는데, 이로 말미암아 전비 3000억만원이 소모되었으니, 진실로 천지개벽 이래로 미증유한 대전쟁이요, 세계 창조 이래의 대참사"라고 인식했다.[66] 세계가 양대 진영으로 나뉘어 자연과학적 성과를 살상 무기로 이용한 결과, 인류가지금까지 경험해 보지 못한 미증유의 파괴가 일어났음에 경악한것이었다. 그리고 이들은 그 결과 승전국과 패전국을 불문하고 비참한 전후 피해가 이어졌음을 주시했다. "연전의 구주 대전란에프랑스와 독일 두 나라에서는 특별히 전쟁을 힘쓴 까닭으로, 인민의 장정은 다 전장에서 죽고 노약자와 여자뿐이 남았으며, 저 전쟁으로 말할 수 없는 곤란에 빠져 빵 한 덩어리 값이 독일 돈 56마르크에 달하였은즉, 그 나라의 형편은 더 말하지 않아도 가히 알 것이다."[67] 이러한 전후 피해가 곧 기독교회의 재정적 타격과 직결된다는 것도 주목했다. 그들은 유럽의 개신교 각 선교 단체가 '지난대전란 이후로 전쟁의 영향을 비상히 받아' 목사 없는 교회가 많아지고, 노약자와 병자를 위한 구제 기관이 대개 문을 닫게 되어, 유럽 어느 나라에서는 '85개 학교와 구제 기관이 문을 닫게 되었음'을 보도하면서 참상에 빠진 유럽 교회를 동정하며 기도할 것을 촉구하고 있었다.[68]

66　"평화적 신념", 〈기독신보〉, 1919. 1. 1.

67　"전쟁에서 평화로 1", 〈기독신보〉, 1925. 2. 4.

68　"유럽 교회의 곤경", 〈기독신보〉, 1925. 4. 22.

전대미문의 대참화를 일으킨 세계대전은 조선 개신교로 하여금 '전쟁'이라는 현상에 대한 문제의식을 비로소 갖게 했던 것이다. 그렇다면 조선 개신교계는 이 전쟁의 원인을 어떻게 이해했을까. "싸움은 개인의 정욕으로부터 나는 것이다. 정욕은 곧 이기주의와 탐욕과 증오이다. 개인의 싸움도 이것이며 사회의 분열도 이것이요 계급투쟁도, 국가의 전쟁도 이것에 기인한 것이다. 개인이나 단체를 막론하고 탐욕을 가진 자, 이기주의를 가진 자는 자기의 소유욕을 채우며 보다 더 섬김을 받으려 하여 약한 자의 소유를 약탈하고 침범하며 자기와 권력이 비슷하거나 좀 나은 자면 시기하고 미워하여 마침내 병화(兵火)를 사재이게 된다"라고 하여 인간 안에 있는 이기주의에 주목하는 진부한 논의들이 있었다.[69]

그러나 한편으로는 전쟁의 원인을 서구 근대 문명이 배태하고 있는 더 근원적인 원인에서 찾고자 하는 시도도 엿보였다. 이러한 시각이 가장 먼저 주목한 것은 유럽 근대 문명의 국가지상주의였다.

> 19세기 문명은 … 종교나 인도(人道)나 일체로 국가에 속한 물질과 같이 또는 노예와 같이 취급하여 자유, 평등, 박애는 고사하고 중세기의 봉건적 정치를 그대로 답습하여 국가는 봉건적 제후와 같이 국민을 자기의 사유재산시하고, 일절 국민에 대한 자유와 권리를

---

69   "교회와 전쟁 문제", 〈기독신보〉, 1931. 9. 2.

보존하지 않는 국가최상주의의 문명이었도다. 국가는 최상의 권리를 행사함으로 국민의 생사여탈권을 장악하고, 국가적 팽창과 번영으로 인하여 국민의 생명재산을 여지없이 희생해 바치는 전쟁을 기탄없이 행하고도, 어떠한 죄악임을 자각하지 못하였다. 이렇게 국민의 생명을 불안하게 하며 민중의 자유를 보장하지 않고 일부 특권계급의 안위를 위하여 수만 수천의 생명을 죽게 함을 다반사로 아는 그 때에, 여하히 세계적 종교로 장담하는 기독교나 불교일지라도 스스로 국가를 지배하여 이러한 불합리한 완력으로 민중을 노예시, 사유재산시하는 특권계급을 개선 지도할 용력(勇力)이 생기지 못하고, 도리어 국가 최상주의의 지배를 받아 국가에 대한 애국적 봉사의 정신이 신에 대한 인도적 봉사의 정신보다 일층 위대한 줄 오해하게 되었다. 그리하여 세계동포주의를 주장하고 세계만민의 평등을 주장하던 기독교의 힘도 거기에는 미치지 못하고 실로 암암리에서 방황하였을 따름이었다.[70]

이들은 1차 세계대전의 원인을, 자유, 평등, 박애 등 시민적 자유를 중시하던 시민혁명의 유산을 부정하고 국가 부강을 최우선시한 국가 지상주의에서 찾았던 것이다. 사해동포주의에 서서 신에 대한 인도주의적 봉사를 주장해야 할 기독교조차도 국가 지상주의에 감염되어 이를 저지하기에는 역부족이었다고 보았다.

70   "세계 개조와 종교의 직분", 〈청년〉 1923년 5월 호.

그뿐만 아니라 근대 서구 문명이 자랑하는 국민 교육의 내용도 다름 아닌 이 국가 지상주의를 고취하는 것을 목적으로 행해지고 있다고 보았다. 즉 "지금까지의 각국 교육은 각 그 민족국가로 본의를 삼고 교육하였음으로 각 그 국가로서 절대의 주권을 정하고 충군애국을 유일한 신조로 하여 덕성 교육의 주지를 삼았으니, 이는 즉 과거의 인습 도덕, 정복 도덕, 노예도덕이라. 금세 물질문명의 부흥으로 지체(智體) 양 방면의 교육은 발달하였다 하겠으나, 덕성 교육은 도외시되어 완전 구체적 인생에게 편파의 교육을 실시하였으니 어찌 세계평화 즉 보편적 인류의 평화를 도모하리오. … 여하히 폭력적 수단을 사용할지라도 국가의 물질적 이익만 도모하면 국가의 충의(忠義)라 해석하는 시대도 있었으며 오늘에 이르러서는 국민의 본문은 국가 이상을 실현하고자 행함에 있다 하되, 지배계급의 임의로 취하는 하나의 형식적 도덕에 불과하며 따라서 국민이 자진하여 행하는 바 자율적 도덕이 되지 못하고 강행되는 바 타율적 도덕이 되었다. … 따라서 오늘날 각 국민은 철저한 도덕적 생활을 행하기 어려움이 당연함이로다. 따라서 국가와 국가가 무기를 가지고 서로 위협하며 술수를 부리고 서로 기만함도 자연의 이치다"라며, 인류 평화를 도모하기 위해서는 교육의 목적을 국가 지상주의에서 '세계주의, 인도주의'로 개혁해야 한다고 주장했다.[71]

71   "조선사회의 급무", 〈기독신보〉, 1920. 6. 23.

한편 전쟁의 원인을 과학만능주의에서 찾는 의견도 있었다. 즉 대전이 일어나기 전에 사람들은 "앞으로 오는 것은 과학 만능의 시대라 하여 과학 문명을 구가하였도다. 그러나 이 문명이 참으로 전쟁으로 하여금 더욱 비참하고 잔혹하게 하지 않았는가. 그런즉 지식을 쫓아 나타난 문명 교육은 오히려 전쟁을 조장하게 한 것이다"라는 분석이었다.[72] 즉 인간이 지켜야 할 도덕교육을 무시하고 "과학 만능을 조장하여 무엇이든지 과학이 아니면 안 된다"라며 과학적 지식의 축적만을 능사로 한 근대 문명의 과학만능주의적 사고가 이 전쟁의 참화를 불러일으켰다고 본 것이다. 또한 전쟁의 원인을 자본주의 체제가 생래적으로 가지고 있는 '경쟁'에서 찾는 분석도 있었다.

산업적 국제 경쟁을 함으로 인하여 각 국민은 이권 획득에 경도하여 자연히 각방(各方)으로 국가주의가 발달한다. 그러므로 각기 자국을 높이고 따라서 타국을 멸시하게 되나니, 이것이 자연의 관습에서 일어날 그뿐만 아니라 인위적으로 학교에서 교육하나니 … 유래 자본주의의 본질로는 경쟁을 희망하며 또한 이것을 조장하는 까닭에 신제품의 경쟁자이며 평화의 교란자이며 파괴자인 자본주의를 타도하지 않으면 세계평화를 얻기 어려울 것이라. 세계 제 문제

72　"구주전쟁과 종교심", 〈기독신보〉, 1918. 1. 30.; "전쟁으로 받은 유익", 〈기독신보〉, 1918. 1. 27.

의 유일 해결법은 일종의 국제적 공산주의를 건설하여 인류는 평등이라 하는 입장에서 그 획득물을 평등히 분배함이니, 즉 세계적 시장에서 원료를 국제적으로 분배하는 것이다. 현재 세계에 대한 사악을 타도함은 인류가 평등히 분배하는 일을 필요로 할 것이다.[73]

자본주의가 가지고 있는 경쟁 체제가 국가적 이기주의의 모체이므로 국제적 공산주의를 건설하여 세계의 자원을 모든 인류에게 평등하게 분배하자는 주장이었다. 이상과 같이 조선 개신교계는 1차 세계대전의 원인을 국가 지상주의와 과학만능주의 그리고 자본주의적 경쟁 체제에서 구하고 있었다. 이러한 것은 대체적으로 서구 근대 문명이 가지고 있는 근원적인 모순을 정확히 인식한 분석이었다고 할 것이다. 이러한 이해에 근거하여 조선 개신교계는 이 전쟁의 의의를 "결국 이번 세계적 대전쟁은 민족과 민족간의 생활 향상에 관하여 의(義)와 비의(非義)에 대한 일대 실물 교사에 불과한 것이었다. 19세기의 최고 이상으로 생각하던 국가 지상주의는 드디어 칠백만 령의 혈 세례와 삼천억만 원의 세계적 재물을 낭비하지 않고서는 도저히 비리(非理)임을 자득할 수 없을 만하고, 동시에 전 세계 십억 인구는 일체로 비리임을 각오하고 개조하고자 하는도다"라며,[74] 자국 중심주의에 근거한 19세기의 국

---

73   "문명의 재건", 〈기독신보〉, 1921. 9. 7.

74   "세계 개조와 종교의 직분", 〈청년〉 1923년 5월 호.

가 지상주의로는 인류의 문제를 해결할 수 없음을 세계 16억의 인구가 자각하고 미래의 역사를 인류 동포주의를 향해 변혁해야 함을 자각한 것에 세계대전의 의의가 있다고 보았던 것이다. 또한 전쟁과 문명은 서로 양립될 수 없음을 전 세계로 하여금 자각하게 한 것에 이 전쟁의 세계사적 의의가 있다고 보았다.[75]

이렇게 1차 세계대전의 참상은 조선 개신교계로 하여금 근대전의 폐해와 그것에 의해 상징되는 서구 근대 문명의 한계와 모순 그리고 그 변혁의 필요성에 대한 문제의식을 갖게 했다. 그것은 늘 모방해야 할 전범으로서만 서구 근대 문명을 생각해 왔던 그들이 갖게 된 새로운 문제의식이자 각성이었음에 틀림없다. 그리고 이러한 자각에 근거해 조선 개신교계는 전후의 평화운동과 국제 협력 운동에도 촉각을 곤두세웠다. 1921년 11월에 열린 워싱턴 군비축소 회의의 움직임 또는 국제 평화와 안전을 유지하고 경제적, 사회적 국제 협력을 증진시킨다는 목적으로 1920년 설립된 국제연맹의 활동을 예의 주시한 것이다. 또한 세계적 평화 유지의 움직임에 대한 일본 개신교의 반응에도 주의를 기울였다. 〈기독신보〉는 1921년 10월 19일 자 신문에서 그해 10월 9일 일본 기독교 5주년 기념 대회 명의로 발표한 군비축소 결의문을 보도하면서, "우리 일본기독교회는 그리스도의 형제주의 정신에 의하여 열렬한 평화를 땅 위에 건설하기 위해 군비축소의 결심을 행하기를 바

<hr>

[75]　포스딕 박사의 강설, "전쟁폐지론," 〈청년〉 1923년 11월 호.

라노라"라는 일본 개신교인들의 평화에 대한 염원에 공감을 표시
했다.[76]

태평양회의에도 개신교계는 비상한 관심을 쏟았는데 군비
축소 문제와 태평양 지역 문제를 다루기 위해 1921년 11월에서
1922년 2월까지 열렸던 태평양회의에 대해서는 "이 회의는 실로
우리 기독교 신자들의 주의를 불러일으키는 초점이노라. 왜냐하
면 이 회의는 국제간 사항을 결의할 최대 회의이기 때문이며, 이로
인해 지난 한 주간 세계 각국에 있는 기독교회에서는 이 좋은 기회
를 이용하여 회의가 무난히 진행하여 성공을 거두도록 특별한 기
도회를 개최하게 됨이니라. … 요컨대 우리들 기독교 신자는 이 위
기를 당하여 일시적 감정에 휩쓸리지 말고 진심 기도할지니, 먼저
각국 대표자들은 국가적 이기주의로 감정의 지배를 받지 말고 인
류는 형제라는 원칙하에서 상호 간에 호감과 호의를 가지고 회의
의 원만한 해결을 얻도록 힘써 기도함이 신자 된 당연한 의무라 하
노라"라며, 기도할 것을 촉구했다.[77] 각국이 국가적 이기주의를 벗
어나 영구적인 평화 수립이라는 회의의 목적에 부응하는 성과를
내어 주기를 염원했던 것이다.

그러나 1920년대 중반이 되자, 인도주의적 가치에 근거해
세계 변혁을 목표로 했던 국제 평화회의나 국제연맹의 활동조차

---

76   "일본기독교 군비축소결의", 〈기독신보〉, 1921. 10. 19.

77   "태평양 회의에 대하여", 〈기독신보〉, 1921. 11. 23.

열강들의 이기적 욕심을 감추기 위한 하나의 '외교책'에 불과함이 점점 확실해졌다.[78] 조선 개신교계에서도 "1918년 곧 세계적 전쟁이 종식될 때 세계 인류가 다 같은 마음으로 생각하기를 이 세계가 이제는 자연의 평화와 인류 행복의 길이 멀지 않은 줄 생각하였다. 그러나 오늘 현상에 접하건대 아시아 각지는 물론이고 유럽의 문명은 제2차 세계전의 도무지 항거·제어할 수가 없게 된 사실이 있다. 과연 오늘날 경제적 상태는 나날이 혼란하여 가고 상업적 경쟁 세계적 시장이 도처에 대전(大戰)의 씨를 심는 모양인데 그 심은 씨가 언제든지 한번 폭발될 것은 두말할 필요가 없을 것이다"라며, 2차 세계대전 발발을 예측하는 비관적 우려가 나타났다.[79]

이처럼 세계 평화에 대한 낙관적 전망이 흐려지는 가운데, 개신교계에서는 과연 전쟁이 무엇인가를 숙고하며 전쟁 그 자체를 검토하기 시작했다. 먼저 전쟁이 문제를 해결하고 정의로운 결과를 가져오는 수단이라는 주장에 대해 그것이 역사적으로 입증된 사실인가를 물었다. 즉 "과거 유럽 전쟁에서 연합국 측에서 행하려던 삼대 목적이 있었으니, 1) 단독적(單獨的) 행동을 제거하고자 하였으며, 2) 군국주의를 타파하고 전쟁을 방지하자 하였으며, 3) 민본주의를 위하여 세계를 구하여 보겠다 함이었다. 그럼 과거의 대전쟁이 과연 이 세 가지의 조건에 다 성공하였는가. … 기천

---

78   "참 평화가 오려는가", 〈기독신보〉, 1921. 11. 23.

79   운용(雲龍), "전쟁에 대한 기독교도의 태도", 〈청년〉 1924년 6월 호.

(幾千)의 무죄하고 순결한 생명을 살상하였음에도 불구하고 그 효과가 어디에 있는가 함이다. 그러고 보니 전쟁 그것으로서 인생의 독단적 행동을 도저히 방어할 수 없고 다만 도덕 본위의 최저를 표현하는 것뿐이며 인생을 수성화(獸性化)하자 함에 불과함이로다. 그리고 과거의 대전이 영구적으로 전쟁을 방지하게 되었냐 물으면 휴전조약을 실행한 후 4년간에 대소를 막론하고 인류와 인류, 국가와 국가 간의 전쟁은 그칠 날이 없고 각국에서 수천만 인의 군인을 훈련시키는 것은 1913년의 상태에 비할 수 없을 만큼 되니, 오, 전쟁 그것으로는 도무지 전쟁을 억제할 수는 없는 것이요. … 과연 금일 현상에 접하여 계급-계급 간, 민족-민족 간, 인종-인종 간에서 행하는 기기묘묘한 불법행동·각종 자유의 억압함 등을 보매 전쟁을 가지고는 도저히 이 문제를 해결할 수 없다 함이다"라며, 전쟁은 또 다른 전쟁의 원인이 될 뿐 결코 문제를 해결하지 못함을 역사상의 모든 전쟁이 증명한다고 주장했다.[80]

전쟁이 인간의 도덕을 연마한다는 군국주의적 주장에 대해서도, "군인들이 전쟁은 조직적 훈련장이라고 하며 어떤 이는 전쟁은 국민의 정신을 강장(强壯)케 하는 약이라고 합니다. … 금일 구주 제국을 보십시오. 전쟁 전보다 얼마나 도덕의 표준이 저하하였으며 성욕상(性慾上)의 죄악과 폭력의 죄악은 전대에 미문(未聞)할 만큼 굉장하고 구주 전토가 모두 혼돈한 천지에 빠졌으며 생

---

80   앞의 글.

    경계에 선 신앙: 전쟁, 토착화, 여성, 공산주의

활의 상궤(常軌)를 이탈하여 유일(遊逸)이 무수하며 도덕의 폐퇴는 그 극도에 달하였습니다. 전쟁 후의 상태는 지옥과 같습니다"라며 "전쟁이 우리의 도덕을 연단한다는 것도 거짓말"이라고 했다.[81]

또한 미래의 전쟁에서 그 병기는 "총과 칼이 아니요, 필히 가스·석유·독약 등의 무엇을 이용하여 아무리 대도시일지라도 불과 두 시간 내로 전멸시킬 수 있다"라고 예측하며, 전쟁에서 사용되는 살육 방법과 그를 위한 전쟁 비용에는 제한이 없어 미래의 전쟁은 모든 방면에서 '파괴의 작용'뿐으로, '결국 인류의 사멸밖에 남을 것이 없을 것'이라고 전망했다.[82] 결국 전쟁은 전쟁을 종식시키지 못할 뿐 아니라 오히려 그것을 확대시키는 것으로 결코 '평화를 촉성하는 수단'이 될 수 없다는 결론에 이른 것이었다.[83]

한편 평화를 가져오기 위해 기독교는 어떠한 기여를 할 수 있느냐도 논의의 초점이 되었다. 가장 빈번히 제기되는 주장은, 기독교는 하나님의 존재를 믿고, 하나님이 모든 사람을 형제로 지으심과 그리스도가 모든 민족을 하나 되게 하기 위해 죽으심을 믿는다는 신념을 제시하여 세계 평화를 건설할 사상적 기초를 제시한 바, 전쟁을 폐지하고 세계 평화를 유지할 유일한 방법은 모든 민족에게 '기독교의 영향을 감염'시키는 것이라는 호교론적 주장이었다.[84]

---

81 포스딕 박사의 강설, "전쟁폐지론," 〈청년〉 1921년 11월 호.

82 운용(雲龍), 앞의 글.

83 용천 이학봉, "기독교와 세계평화", 〈기독신보〉, 1923. 2. 20.

이러한 호교론적 주장자는 한 걸음 더 나아가 기독교를 중심으로 세계 종교를 통일하자는 의견을 제시하기도 했다. 즉 인류의 사상이 통일되지 못했을 때 진정한 평화는 있을 수 없다며 "진정한 평화를 얻고자 함에 오직 종교 통일됨으로 인류의 이상이 통일한 연후에 참된 평화가 있을 줄 확신한다. … 전 세계 인류들은 이러한 장악(掌握)하에 우주의 대령(大靈)을 가부(家父)라 부르고, 인류 동포를 형제시할진대, 살상(殺傷)의 전쟁은(과거) 역사 속에나 있고 인류는 일체로 선화(善化)·양화(良化)·덕화(德化)·정화(淨化)되어 사랑과 동정의 힘으로써 선애(善愛)의 세계를 현세에 건설케 할 줄을 확신한다. 따라서 세계인류가 집중하여 숭배하고자 하는 우주의 대령! 인류의 생명! 평화의 신! 선의 용사! 사랑의 모(母)는 누구일까. 우리는 구구히 지명코자 하지 않는다"라며, 기독교에 의한 종교 통일을 주장했다. 이러한 기독교 중심주의적 자기 절대화의 오류야말로 전쟁의 중요한 원인의 하나가 됨을 아직 분명히 자각하고 있지 못했던 것이다.[85]

기독교의 확신을 평화 건설의 방법으로 보는 이러한 안이한 사고와는 달리 또 한편에서는 과거 기독교가 보여 왔던 역사적 실천에 대한 반성도 제기되었다. 기독교가 1차 세계대전 발발을 방지하지 못한 오류, 인종 문제를 해결하지 못한 오류, 자본주의의

---

84   월리엄 제닝 브리안 경, "교회와 세계 평화", 〈기독신보〉, 1925. 7. 29.

85   이건춘, "세계 평화와 종교의 직무", 〈청년〉 1923년 6월 호.

노동자 문제를 해결하지 못한 오류를 인정하며, 기독교 신자와 국가가 여러 면에서 기독교주의를 스스로 실천하지 못했던 점을 자성하고 '국제적, 인종적, 실업적인 모든 면에서 예수 그리스도의 교훈을 적용'하자는 주장이 제기되었다.[86] 나아가 "사원에 축적한 세습 재산으로 안일 무사한 생애를 보내고자 세계의 대세에 순응하여 종교적인 임무"를 저버리고 민중을 섬기지 않는 성직자들의 특권 계급화 비판, "은둔적·비관적 심정만 가지고 이 세상으로부터 탈출하여 저세상의 이상의 세계를 구하고자 하는 욕망"에 경도된 종래의 운둔적, 비관적인 태도를 개혁하여 현실 생활에 책임적으로 참여하여야 한다는 주장, 교회 스스로가 그리스도의 애덕(愛德)의 정신을 잃고 전쟁 열기를 부추기는 국가 지상주의적 애국심에 사로잡혀 버렸음을 자성하자는 비판도 있었다.[87] 이러한 자성은 조선 개신교에게 기독교는 서구 근대 문명을 일으킨 위대한 종교라는 스스로에 대한 주관적 우월의식에서 벗어나 자기를 상대화하며 기독교의 역사적 실태를 객관적으로 볼 수 있게 하는 중요한 계기의 하나가 되었을 것이다.

　한편 기독교와 전쟁의 관계를 기독교 역사 속에서 검토하며 기독교가 전쟁에 대해 가져야 할 올바른 태도를 전망해 보려는 시도도 있었다. 후일 보수신학의 거두가 된 박형룡은 "전쟁에 대한

86　프락만, "전후와 기독교", 〈기독신보〉, 1922. 5. 3.

87　이건춘, 앞의 글; "크리스마스와 평화", 〈청년〉 1924년 12월 호.

기독교의 태도"라는 글에서 기독교와 전쟁의 관계를 역사적으로 검토하며 자신의 입장을 개진했다. 그는 "전쟁은 인간의 비교할 것이 없는 참사라 … 무수한 생명 재산의 희생과 동시에 승자 패자 다 같이 참혹한 도덕적 타락에 떨어지게 하며, 무죄한 수만 가정을 파멸하여 빈궁과 과부와 고아의 소굴을 만들고 사회의 문명 발달을 대단히 방해한다. 이것을 정죄하고 폐지를 희망함은 양심을 가진 자 도저히 간과할 수 없을 것이다. 그러나 전쟁이 기독교의 정신과 교훈에 적합하냐, 위반되냐 하는 문제가 장구한 토론 중에 승부를 미결(未決)한 것은 심히 기이한 사실"이라고 하면서, 기독교 역사 속에는 "다수의 기독교 사상가가 비전론은 주장하는 반면에 성경을 충실히 해석하는 정통 신학자들이 방수전(防守戰, 방어전)의 무죄함을 변호한다"라며, 전쟁에 대한 기독교의 전통적인 태도를 비전평화론과 방어전으로 구별했다.[88] 그는 방수전자들은 비전평화론에 반대하지만, 결코 모든 전쟁을 용인하는 것이 아니라 '국가의 공익'이나 '적국의 침략에 대한 방수전의 무죄함'을 주장하는 것이라며, 방수전자의 입장은 정당한 전쟁에 한해 전쟁을 인정하는 입장이라고 정의했다.

박형룡은 이렇게 양자의 의견이 서로 다른 까닭이 "성경 요절과 역사적 교회의 태도에 대한 양자의 해석이 다름에 그 원인이 있다"라며, 양자의 해석 차이의 예를 들어 "예수의 무저항 교훈을

---

88   박형룡, "전쟁에 대한 기독교의 태도", 〈신학지남〉 44(1929), 23쪽.

        경계에 선 신앙: 전쟁, 토착화, 여성, 공산주의

비전론은 문자적 해석으로 관찰함에 반하여, 주전론은 그것을 복수법의 오용을 금지한 것뿐이라고 하고, 초대 신자들이 병역을 거부한 이유가 전자에 의하면 예수의 교훈과 실행을 모범함이었고, 후자는 설명하되, 그것은 박해자의 권력 아래에 예속됨과 우상 봉사에 참가하기를 기피함이라 하니라"라고 설명했다.

박형룡은 이러한 양자의 견해 차이에 대한 자신의 입장을 다음과 같이 밝혔다.

구약에 방수전을 승인하는 듯한 구절이 종종 발견된 것은 사실이다. 그러나 그것은 당시 인심이 완악하여 모세가 아내 버리는 것을 용납한 것과 유사한 일이 아닌가 한다. 음행 이외의 이유로 아내를 버림은 사람의 도덕의식이 충분히 발달되지 못한 구약시대에는 임시로 용납되었으나, 율법과 선지자를 완전케 하신 신약의 예수는 말씀하시길 "모세가 그들 마음이 완악하므로 아내 버림을 용납하였거니와, 다만 처음에는 그렇지 아니하리라"고 하시고 그것을 죄악으로 논단하셨느니, 전쟁도 도덕의식이 불완전한 시대에 임시 용납을 받았다가 완전한 시대에 폐기될 일종의 죄악이라고 함이 정당할 것이다.[89]

이렇게 전쟁이 비기독교적 악임에도 불구하고 왜 신약성서

---

89   박형룡, "전쟁에 대한 기독교의 태도", 〈신학지남〉 45(1929), 18쪽.

에서 예수는 전쟁을 구체적으로 명백히 금지하지 않았을까. 이에 대해 설명하기를 박형룡은 "이에 대한 답변 역시 시기상조를 이유로 함이 정당하다고 생각된다. 사랑의 신계명은 음행하지 않은 아내를 이혼함을 금지할 뿐 아니라 전쟁, 노예 등의 폐풍악습도 물론 저주하였을 것이나, 시대의 도덕 정도가 후자의 금령(禁令)을 감당치 못하겠으므로 그것을 후일로 연기하신 듯하다. … 마찬가지로 예수나 사도가 비전론을 공공연히 강설하지 않았을지라도 사랑의 신계명이 인심을 철저히 감화하는 날에 장차 무기를 파괴하여 농기구를 제작하게 될 줄을 예기하였을 것이다. 한번 보라, 성경이 과연 전쟁 폐지를 요망하지 않는가. 하나님은 평화의 하나님이시라(롬 15:33). 땅끝까지 싸움을 쉬게 하시니 활을 꺾으시며 창을 꺾으시고 수레를 불로 사르시도다(시 46:9). 그리스도는 평화의 왕으로 예언되었고 그 탄생을 선포하는 천군 천사는 지상의 평화를 노래하였다(눅 20:14)"라며, 주전론적 주장을 반박했다.[90]

또한 그는 교부들을 근거로 들어 정당한 전쟁론을 옹호하는 주장에 대해서도 다음과 같이 반박했다. "전쟁에 대한 초대 신자들의 태도는 대개 비전적이요, 어거스틴 한 사람이 주전적(主戰的) 경향을 표시하였으나, 기독교가 이미 로마의 국교로 승격되어 정권에 관계를 가진 주후 4세기의 학설이라 별로 중대 문제가 되지 않는다. 터툴리안이 전쟁을 승인한 듯이 인용하나 '기독교인 된

90   앞의 글, 17쪽.

자, 즉시 군대를 떠나라. 떠나는 것이 가하다'고 주장한 자도 그 사람이니 무슨 일인가."[91]

박형룡은 초대 신자들이 병역을 거절한 이유에 대해서도 자신의 견해를 밝혔다. 즉 "(정당한 전쟁론자들은) 그것이 박해자의 권력 하에 예속되어 우상 봉사에 참가하는 천역(賤役)이었음이라 하니, 과연 중요한 이유이었으나, 보다 더 중요한 이유가 존재하였음을 교부들이 설명하지 않았는가. 순교자 저스틴은 전쟁의 정신과 예수의 정신이 절대적으로 상용하지 못한다 하지 않았는가. 시프리안은 전쟁을 대규모의 살인이라고 저주하지 않았는가. 신자들이 무기를 폐기하며 '나는 기독교신자라 전쟁할 수 없노라' 할 때에 박해자에게 순종이나 우상봉사를 혐오하기보다, 먼저 대규모의 살인이라는 관념이 양심을 괴롭게 하였을 것"이라 하였다.

그렇다면 박형룡은 십자군 운동을 어떻게 보았는가. 그는 "후세에 교회가 속화하여 무력으로 이교도, 타교도를 대항함도 기탄 없이 하였은즉, 교황청의 전투와 수도사의 군단 등의 운동이 족히 기독교의 도덕적 표준을 만들 수 없다"라고 하여 십자군 운동은 교회가 속화되고 타락된 것에서 연유하는 극히 예외적인 현상으로 보았다.[92]

이렇게 기독교 역사 속에 나타난 반전평화주의와 정당한 전

---

91   앞의 글, 19쪽.

92   앞의 글, 19쪽.

쟁론 사이의 논쟁을 검토한 박형룡은 반전평화주의 입장이야말로
기독교적 입장임을 분명히 했다. 이러한 주장이 그의 개인적인 입
장임에는 분명하다. 그러나 기독교 역사에서 전쟁이 신학적으로
어떻게 사유되었는지 체계적인 논거가 거의 소개되지 못했던 당
시 한국 개신교계에서, 기독교와 전쟁의 관계를 신학사적으로 정
리한 박형룡의 이 논문은, 미국 프린스턴 대학 석사 출신이자 남침
례교 신학교에서 박사 논문을 집필 중인 그의 아카데믹한 이력에
힘입어 신뢰할 만한 내용으로 수용되었을 것이다.

그런데 이러한 박형룡의 분석에서 특징적인 것은, 그가 전쟁
에 대한 기독교의 역사적 태도를 비전평화주의와 정당한 전쟁론
두 가지로만 대별하고, 십자군 전쟁 등 성전 주장은 '교회가 속화
된 결과'라고 일축하고 완전히 도외시한 점이다. 또한 정의로운 전
쟁에 대한 모든 논의를 반박하며 단호하게 비전평화주의를 기독
교의 전쟁에 대한 바람직한 태도로 규정했음에도, 실제 전쟁 상황
에서 비전평화주의를 관철하기 위해 어떠한 행동 양식을 취해야
하며 이를 위해 기독교인들이 지불해야 할 자기희생은 무엇인지
그 고려가 전혀 나타나지 않는다.

기독교 역사 가운데 나타난 전쟁론의 유형은 대체로 세 가
지로 대별된다. 절대평화주의(Pacifism), 정당한 전쟁(Just war), 성전
(Crusade, Holy war)이 그것이다.[93] 이 가운데 신의 인도로 싸운다든

---

93   Roland H. Bainton, 中村妙子 譯,《戰爭·平和·キリスト教》, 東京: 新教出版社, 1963, 5.

가, 신의 이름 아래 전쟁을 수행한다는 형태로 전쟁과 신앙 내지는 종교가 밀접하게 결합된 성전은 예부터 고대 오리엔트 지방에서 보여졌다. 이러한 발상은 구약성서에도 간혹 보이는데, 신의 이름으로 적을 철저히 공격하는 사고방식도 찾아볼 수 있다. 이러한 고대 오리엔트적 성전론은 기독교에 직접 계승되지 않았으나, 후대에 들어서 십자군 전쟁을 계기로 기독교에 발현되기 시작했다. 십자군 전쟁에서 이슬람은 '신을 배역한 저주받은' 존재로 간주되었다. 나아가 이러한 적개심은 이슬람뿐만 아니라 유럽 내 유대인에게도 향했다. 십자군 이래 유대교, 기독교, 이슬람이 직접 충돌을 피하고 공존하는 기술을 터득해 갔다고 하지만, 십자군 이후에도 유대교인이나 이슬람인은 여전히 기독교인에게 커다란 위협으로 간주되었고, 종종 악마 자체로 여겨졌다. 즉 십자군 전쟁에 의해 확립된 성전이라는 패턴은 이후의 기독교 세계에 커다란 영향을 미쳤던 것이다.

전쟁을 용인한다는 의미에서 성전은 정당한 전쟁론과 유사한 점이 있지만, 다음과 같은 점에서 확연히 구분된다. 첫째, 성전론자는 싸움을 선과 악의 투쟁이라고 본다. 절대악과의 싸움은 상대가 악한 '행동'을 했기 때문이 아니라 상대가 악한 '존재'이기 때문이다. 존재론적 차원에서 선악의 구별은 성전론의 가장 큰 특징이다. 둘째, 성전론자는 절대적 목적을 추구한다. 불의를 시정하기 위해 필요 이상의 힘을 사용해서는 안 된다는, 정당한 전쟁론의 '비례성 원칙'은 성전론에서는 무용하다.[94] 자기 목적을 수행하기 위해 적대하는 악은 철저히 궤멸시키지 않으면 안 되는 것이다. 따라서 성전에서는 전투원과 비전투원 구별 원칙도 종종 무시된다. 특정 종교의 주도로 이루어질 뿐 아니라 국가가 의사종교적(疑似宗教的) 힘을 가지고 성전을 수행하는 경우도 있다. 셋째, 성전론자는 선과 악이 대립되는 구도를 연출하기 위해 종종 묵시적 종말론을 이용한다. 국가가 의사종교적인 힘을 손에 넣고 국가주의를 확장할 경우 거기에는 묵시적 종말론이 잠재한 경우가 적지 않다. 선과 악의 최종 전쟁, 임박한 결단이라는 이미지를 대중에게 각인시키는 데 묵시적 종말론이 커다란 역할을 하는 것이다. 2차 세계대전에서 근대 일본의 천황제 국가가 일으킨 전쟁이나 의사종교화한 나치즘의 경우에도 이 점은 명백히 나타났다.[95]

    기독교사에 적지 않은 영향을 미친 이러한 성전론을 박형룡이 가벼이 간과하고, 전쟁 상황에서 관철하기 위한 행동 양식과 그것을 위해 감수해야 하는 자기희생에 대한 자각없이 저토록 단호하게 비전평화주의를 주장할 수 있었던 이유는 무엇일까. 그 단호함은 평화에 대한 신념보다는 성서를 철저히 축자적으로 해석하는 그의 근본주의적 성서 해석에서 유래했을 것이다. 그에게 비전

[94]   비례성(Proportionality)의 원칙은 자행된 부정의를 시정하는 것에 필요 이상의 힘을 사용해서는 안 된다는 것이다. 즉 전쟁에서 승리하기 위해 투입해야 하는 무력은 필요한 한도의 최저한이어야 하고 그것을 초월하면 전쟁의 의도가 의심스러워진다는 원칙을 말한다.

[95]   小原克博, "戰爭論の神學的考察", 〈基督教研究〉 第70卷 第2號, 京都: 同大志大學, 2008, 27-28.

론은 '예수의 무저항의 교훈을 문자 해석적으로 관찰'한 결과 도출되는 당연한 논리적 귀결이었고, 성서는 다름 아닌 축자적으로만 해석되어야 하는 것이었다.[96] 축자적 해석이 줄 수 있는 이러한 단순 명쾌함에 근거해 박형룡은 예수의 비폭력의 교훈을 현실에서 구체화할 수 있는 행동 양식에 대한 진지한 고민 없이 비전평화주의를 논리적 귀결로서 주장할 수 있었던 것이다. 그러나 현실과의 연관성 속에서 충분히 고민되지 못한 그의 비전평화주의 주장의 안이함은 곧이어 다가오는 일본 파시즘의 '성전'의 광기 속에서 혹독한 연단을 받아야만 했다.[97]

4) 톨스토이와 간디 사상의 수용

한편 이 시기 조선 개신교계는 전쟁을 종식시키고 평화를 가져올 수 있는 새로운 사상을 모색하며 세계 사상계의 동향에 주목했다. 그들이 특별히 주목한 것은 톨스토이 그리고 간디였다. 톨스토이의 종교적 사회사상은 일본에서 이미 20세기 초부터 커다란 영향을 미치고 있었다. 톨스토이는 인류의 교사이자 종교가이며

96　박형룡, 앞의 글, 17쪽.

97　박형룡은 신사 참배를 피해 일본과 만주에 망명했으나, 여기에서 조직적인 신사 참배 거부운동이나 반전운동에 참여했다는 어떠한 증거도 없다(장동민,《박형룡의 신학연구》, 한국기독교역사연구소, 1998, 271쪽 참조).

가장 뛰어난 문인으로 평가받았던 것이다. 특히 1904년 1월 러일 전쟁 발발을 전후로 자신의 신념인 반전평화론을 전개한 것은 일본에서도 널리 알려져 있었다. 전쟁은 광기이며 범죄행위라는 것, 니콜라이 2세와 일본 부유층의 악덕에 의해 착한 양민은 살해될 뿐이라는 것, 자신은 러시아인도 일본인도 아니고 두 나라 노동자 편이라는 것을 주장한 "반성하라"(1904년 4월)라는 톨스토이의 글이 일본 사회 정당의 창설자이며 후에 대역사건(大逆事件)의 주모자로 처형된 코도큐 슈스이[幸德秋水]와 그의 동료 사카이 도시히코[境利彦]에 의해 일본어로 번역되었다. 이 글은 일본의 사회주의자나 우치무라 간조 등 기독교인들이 반전론을 주장하는 정신적 자양분이 되었다.

전쟁의 궁극적인 원인을 인간의 참된 신앙의 상실에서 찾고 따라서 전쟁을 피하기 위해서 신의 의지, 즉 이웃 사랑을 실천해야 한다는 톨스토이의 종교적·도덕적 설교는 전쟁 극복의 방책이 될 수는 없었지만, 그의 문체가 주는 힘, 고상한 휴머니즘, 실천적인 삶 등에서 오는 비폭력 평화주의가 일본의 지성계를 요동치게 했던 것이다.[98] 일본 지성계에 미친 톨스토이의 영향은 이광수, 최남선 등을 비롯한 많은 조선의 문인, 사상가들을 매개로 하여 조선에도 소개되었고, 이는 조선 개신교계에도 영향을 미쳤던 것이다.

조선 개신교계의 톨스토이 이해에 흥미로운 것은 그들이 톨

---

[98]   김윤식, 《이광수와 그의 시대》, 솔, 1999, 224-229쪽.

    경계에 선 신앙: 전쟁, 토착화, 여성, 공산주의

스토이를 니체와 정반대되는 사상가로 이해한 점이다. 그들은 니체를 "극단인 강자를 본의한 유아주의(唯我主義)를 논한 극렬한 개인주의자"라고 보고, 그 대극에 "무아주의(無我主義)에 기초한 극단적인 평화주의자"인 톨스토이 사상이 있다고 보았다. 즉 니체의 사상에 대해 "인생의 자연적 본능적 생활을 중대시하여 개인이란 것에 절대적 가치를 두어 가지고 주장했습니다. 동시에 자아를 중심 삼아 가지고 강자도덕을 창도한 제일인이외다. 그는 말하길 '인생은 자기의 의지, 즉 자유의 본능이 있으니 인생의 근본적 충동은 힘의 욕망이다'라는 것이 그의 주장설이외다. 그럼으로 그는 재래 구주(歐洲)를 지배하여 오던 기독교에 대하여 맹렬한 반대자이외다. 그는 박애주의, 약자주의를 파열(破裂)하고 강자를 위한 도덕을 세워야겠다고 절규했습니다"라며, 니체의 도덕은 '자아를 위해 살라'고 하는 귀족적 독존주의(獨尊主義)의 강자 도덕으로, 1차 세계대전에서 독일을 패망으로 이끈 도덕이었다고 소개했다.[99]

그리고 이러한 니체 사상의 대극에 있는 톨스토이는 "개인은 오직 동포를 위해 진력할 뿐이다"라는 무아주의에 기초한 극단적인 평화주의, 무저항주의로 니체적인 유아주의에 정반대되는 사상을 전개했다는 것이다. 즉 "그는 기독교를 신봉하는 자로 성경에 운운한 바, 사람이 만일 너희의 오른 뺨을 치거든 왼뺨을 내어 주어라. 너희 겉옷을 원하거든 속옷까지 다 주어라. 다 같이 만

99   강성주, "강자 도덕과 약자 도덕", 〈청년〉 1922년 10월 호.

민을 사랑하며 그로 말미암아 동족이 어떻든 너의 생명까지라도 희생하여라. 또한 일부일처제를 지키고 방탕도 이혼도 없이 극기와 자비로 생활의 법칙을 삼아라. 의식주는 가급적 질소 소박하게 하고 타민족을 적대시하지 말며 국민적 차별을 철폐하라는 기독교의 애(愛)의 복음을 주관(主觀)으로써 약자 도덕을 선언하였습니다. … 톨스토이의 도덕설을 요약하면, '악에 대하지 말라, 재판하지 말라, 살해하지 말라, 공사(公私)도 없고 원한도 없다. 또한 전쟁도 없고 원한도 없을 것이다. 세계의 법칙은 생존 경쟁이다. 그러나 그리스도는 그렇지 않으니 자기의 생존까지라도 타인을 위해 희생으로 제공함에 있다'라고, 환언하면 세계적 박애주의를 중대시한 금욕주의·무저항주의입니다"라고 보았던 것이다.[100]

이렇게 니체와 톨스토이를 대비하여 이해하면서 '영원한 평화'를 지속하기 위해서는 톨스토이의 박애주의·무저항주의를 따라야 한다고 주장했다. 한편 톨스토이의 사상이 기독교와 밀접한 관련이 있으나, 그의 기독교는 기존 교회의 기독교는 아니라는 점도 소개되었다. 그는 러시아 정교에서 탈퇴하여 기독교를 '이성의 기초' 위에 세우려고 하였는데, '이성의 활동이 곧 사랑'이라고 보고, 기독교를 이성과 사랑의 종교라는 그 본래의 종교로 되돌리려 했다는 것이다. 따라서 그는 예수의 산상수훈에 의거하여 "다음과 같은 소극적인 5가지 항목의 소극적인 자기 개요를 실행하였

---

100   앞의 글.

    경계에 선 신앙: 전쟁, 토착화, 여성, 공산주의

다. 1. 성내지 말라: 할 수 있는 데까지 성 많은 것을 억제하라 2. 간음하지 말라: 할 수 있는 데까지 정욕에 유혹될 사단을 회피하라 3. 맹세하지 말라 4. 악으로서 악을 대항하지 말라 5. 원수를 사랑하라: 결코 남을 비평하거나 판단하지 말라. 이에 그는, 만인이 앙망하여 마지않는 인생의 최대의 행복을 다만 각인(各人)의 완전한 협동과 일체 단결에 있으리라는 견지에서 무저항주의를 주장한 것이니, … 즉 '남을 저항하거나 절대로 다투지 말라' 함이다. 그리고 그는 다시 적극적으로 '하나님을 사랑하라, 내 몸과 같이 내 이웃을 사랑하라'고 주창하였다. 그리하여 그는 당시 교회에 유행하는 일절의 미신사상을 배척하고 어디까지 이성적이요 현실적인 종교를 주창한 것이다"라고 보았다.[101] 즉 톨스토이는 사회 개혁가이자 도덕가로서 정통적인 교회의 신앙과 신비에 얼룩진 기독교가 아니라 산상수훈의 비폭력주의를 말 그대로 실천하는 기독교, 즉 '삶에 대한 새로운 개념으로서의 기독교 정신'을 실현하고자 했다는 것이었다.

톨스토이는 복음서, 특히 산상수훈에 근거해 국가와 사회에 대한 견해를 전개했다. 그의 기독교적 사회사상은 산상수훈에 근거한 정치학이었다. 그것은 제도로서의 교회나 국가, 사법기관이 아니라 오로지 인간적인 것으로만 인간을 일깨우고 싶어 했던 그의 바람이 담긴 정치학이었다. 그는 산상수훈과 기독교의 가르

<hr>

101   최상현, "톨스토이의 인생론에 대하여", 〈청년〉 1927년 10월 호.

침 전체가 '악한 자를 대적하지 말라'는 복음서의 말씀에 들어 있다고 보고, 이 말을 '악한 자에게 폭력으로 대적하지 말라'는 뜻으로 해석했다. 톨스토이의 이 해석에는 비폭력주의가 내포되어 있으며, 동시에 악으로서의 폭력에 대한 근원적인 통찰이 들어 있다. 그는 권력 기관의 토대를 물리적 폭력이라고 보고, 국가 자체를 폭력으로 보았던 것이다. 또한 당시 독일에서 최초로 시행된 국민 개병제에 대해서도 '시민들을 그들 자신의 압제자로 만드는 제도'이며 '사회적 개념의 삶에 존재하는 내적 모순의 마지막 표현'이라고 비판했다.

그는 국가 대신에 하나님의 나라를 세우려 했고, '삶에 대한 새로운 개념으로서 기독교 정신'을 실현하려 했으며, 전통적이면서도 새로운 원시 기독교 사회를 재건하려 했던 것이다. 그에게 필요한 것은 모든 양심적인 인간이 일체의 폭력 관계를 청산하는 종교적 혁명이었다.[102]

당시 조선 개신교계가 이러한 톨스토이의 사상을 얼마나 정확히 이해했는지 논의의 여지는 충분히 있다. 톨스토이에 대비되는 사상가로서 소개된 니체처럼, 톨스토이의 사상 역시 매우 추상적이고 아스라한 그림으로만 이해되었을 가능성도 있다. 그러나 적어도 분명한 것은 '근대'라는 낯설고 두려운 시대를, 그것도 식

---

102 석영중, 《러시아 정교》, 고려대학교출판부, 2005, 156-160쪽; 레프 톨스토이, 조윤정 역, 《국가는 폭력이다》, 달팽이, 2008, 5-18쪽.

민지민으로서 사는 조선 개신교인들이 서구 근대 문명의 모순을 노정한 세계 전쟁의 참화를 보면서, 자본주의가 성숙하면서 필연적으로 발생하는 문제들인 개인의 자유 침해와 노예화, 국가의 폭력과 전쟁, 자연과 인간적인 삶의 파괴 등에 대해 근본적으로 성찰한 톨스토이의 사상을 통해 서구 근대 자본주의의 욕망을 넘어선 다른 '진보'가 어떠한 것일 수 있는가, 당대의 약육강식적 제국주의를 넘어선 새로운 국제 질서는 어떠한 것일 수 있는가를 모색해 보고자 했던 것은 확실하다.

이러한 사상적 모색은 간디 사상에 대한 관심으로도 이어졌다. 간디는 톨스토이의 사상을 이어받아 농민과 소규모 농업을 이상으로 생각하며 산업화의 욕망을 벗어난 진보의 이상과 비폭력주의를 추구했을 뿐 아니라, 이를 기반으로 영국에 대해 인도의 독립운동을 구체적으로 전개했기 때문이었다. 1921년경부터 조선에서는 〈조선일보〉와 〈동아일보〉 등에서 간디에 대한 보도 기사와 더불어 그의 경험과 사상을 분석한 글들이 연재되기 시작했다. 조선 개신교계에도 당연히 그에 대한 관심이 고조되었고 그의 사상과 경험을 소개한 글들이 나왔다.[103] 그 글들에 의하면, 간디는 '인도인을 위한 자치'라는 표어 아래 "1. 일절 명예직 또는 칭호를 반상할 것 2. 외화를 보이코트할 것 3. 법률가는 법률의 실시를 중지하며 개인적 소송을 위해서는 사적 중재소를 설치할 것 4. 생도

103　이옥순, 《식민지 조선의 희망과 절망, 인도》, 푸른역사, 1997, 94-102쪽.

및 학부형은 현존 학교를 보이코트할 것 5. 영국의 기관인 개혁의회를 보이코트할 것 6. 정부의 집회 및 반관적(半官的) 의식에도 참여하지 않을 것 7. 군사적 혹은 시민적 지위를 일절 사퇴할 것 8. 스와디시: 자아 경제독립의 뜻을 보급하게 할 것"이라는 비협조 운동을 전개하며 "누구든지 자기의 수요품은 자기의 노동으로 인하여 공급하여야 하겠다. 자기가 먹는 곡물은 자기가 경작해야 하겠고 자기가 입는 의복은 자기가 방직하여야 하겠다. 정신적 노동자도 그럴 것이다. 남자나 여자나 아이나 변호사나 의사나 다 자기 먹을 것은 자기가 농사하고 자기 입을 것은 자기가 짜야 하겠다"라는 반기계문명적 촌락자치 운동을 통해 인도의 독립을 달성하고자 했다는 것이다. 그리고 이러한 독립운동을 전개함에 있어서 '무저항주의'를 행동 원칙으로 제시한 바, 즉 "이 전투와 전쟁의 승리를 얻게 할 근본적 규범은 무저항이다. 무저항이 정신인 동시에 육체적이다. 사상, 언어, 또는 행동으로 인하여 너희들은 너희들의 적대자를 상하지 말라 함이다. … 적대자가 너희들의 규칙을 준행치 않음으로 너희들은 고통과 손실 가운데 들어갔다.[104] 그러나 고통과 손실 중에서 희열하며 고통과 손실을 기쁨으로 환영하라. 만약 고통과 손실 가운데서 기쁨을 못 얻는다 해도 피하지는 마라. 불평을 갖지 말아라. 너희의 적을 사랑하라. 만일 너희들이

---

[104]　한치진, "예수와 무저항주의 3", 〈기독신보〉, 1926. 11. 24.; 수리바사 수스츄리, "성자 간디", 〈청년〉 1922년 6월 호.

저들을 사랑할 수 없다 할지라도 복수는 하지 말아라. 힘은 악(惡)이다. 나중에 굴복하게 된다. 영혼은 무적이다. 그 영혼의 힘을 남기지 말고 다 쓰기를 바라라. 여하한 희생이 있을지라도 진리를 고집하라. 진리는 궁극적 승리를 얻는다. … 진리는 개인이 완전한 자유를 맛보는 경우에 한하여 실현의 가능성이 있는 것이다. 그래서 모든 형식의 강력(强力)과 강제가 즉시 거절된다. 간디는 자기의 교훈의 본질을 진리라고도 하고 어느 때는 사랑이라고도 하고 어느 때는 비폭력이라고 한다"라는 것이었다.[105]

비폭력 비협조운동을 통해 인도의 독립을 이루어 내려는 이러한 간디의 사상은 같은 식민지 처지에서 독립을 모색하는 한국 개신교인들에게 커다란 관심을 불러일으켰고, 따라서 그 실효성에 대해서도 의견이 분분했다. 당시 연희전문학교 교수였던 한치진은 그의 반기계문명적 촌락자치 구상에 대해 "씨(=간디)는 서구의 문화를 여지가 없이 공격하고 인도의 문화로 생활하자고 주장하였다. 서구의 문화를 멀리하고 인도의 고문화로 돌아가자고 하였다. 과학적 생활을 떠나서 비과학적 생활을 하니 신비적 인생관이었다. 이러한 신비한 인생관 안에서 서구 문화를 배척하여 가지고 인도의 경제를 독립시켜 보려고 하였으나, 이는 일시적 반항이었다. 오늘날 벌써 와해의 한숨을 터트리고 말았다. 그러한 비과학적 운동은 어떠한 때라도 실패할 것이다"라며, 간디는 '인도를

<hr>

105   수리바사 수스츄리, 앞의 글.

미신화'하려는 것으로 이러한 '비과학적 행동은 성공할 수 없다'고 비판했다.[106] 서구 근대를 모범으로 하여 서구적 '근대성'을 추구했던 식민지 지식인에게, 식민 지배자에게 결코 식민화되지 않는 정신과 남을 지배하는 서구의 폭력적 문명의 대안을 상징하고자 한 간디의 투쟁 방식을 이해하는 것은 결코 용이한 일이 아니었던 것이다.

이 점은 그의 비폭력 불복종운동 방식에 대해서도 마찬가지였다. 1927년 9월 〈청년〉은 무저항주의에 대한 토론회를 개최했다. 여기에 참석한 임성록은 "무저항주의 운운은 약자의 말이다. 저항할 만한 힘이 있다고만 하면 누가 구태여 무저항의 주견(主見)을 고수하리오. 더욱이 생의 투쟁이 심한 금일에 있어 우리는 저항주의에 착안하여야 한다"라고 주장했고, 김표엽도 "가령 어떤 사람이 석유통을 들어 나의 집에 붓고 불을 놓았다 하면, 우리는 가만히 있을 것이 아니라 일어나 불을 꺼야 한다. 그뿐만 아니라 불 지른 자를 어디까지 징계함이 생을 보존하는 원칙이다"라며 무저항주의를 비판했다. 최용호 역시 "개인이나 단체를 막론하고 자기의 인권이나 소유권에 외적으로부터 침략을 당할 때에는 정신적 저항이야 물론 물적으로도 방책을 취함이 당연하다"라고 주장했다.

이렇게 무저항주의를 불의에 대한 일절의 저항을 거부하는

---

[106] 한치진, 앞의 글.

    경계에 선 신앙: 전쟁, 토착화, 여성, 공산주의

것으로 오해한 주장들 가운데 재미있는 것은 예수의 무저항주의에 대한 김원경의 의견이었다. 그는 "예수의 삼 년간 사업은 완성한 일이 아니다. 고금의 모든 성인 열사를 막론하고 그들의 성품과 사업에 있어서는 경험적 지식을 쌓아 다시금 세련하는 데서 진리를 발견케 된다. 말하자면 아무리 성인이라도 그 말과 행실이 처음부터 완벽한 것이 아니다. 점차로 진화적 과정에서 그 실(實)를 찾게 되는 것이다. 고로 예수도 세인(世人)을 이끌어 낙원의 이상향으로 인도하고자 할 초년(初年)에 가르친 것이 '원수를 사랑하라, 왼쪽 뺨을 치면 오른쪽 뺨까지 내주어라'고 하였으나, 그 후에 다시 생각하니 세상은 그럴 세상이 아니다. 따라서 '내가 세상을 평화롭게 하려고 온 것이 아니라 싸우게 하려고 왔노라'고 하였다. … 초년의 가르침 '원수를 사랑하라, 나머지 뺨을 내주어라'고 한 교훈에서 보여 준 무저항 운운의 주의를 철칙으로 해석하여서는 안 된다"라고 하며 예수의 무저항주의를 과도기의 시행착오적인 실험으로 간주하고 있었다.

한편 이 토론회에서 임성록은 간디의 무저항주의를 긍정적으로 평가하며, 그 이유를 다음과 같이 설명했다. 즉 "무저항이란 인도인과 같은 약자의 지위에서 강적을 대할 무력이 없는 까닭에 무저항의 수단으로 적을 방어하는 책사(策士)를 삼았다. 함으로 무저항이란 그 이면에는 진정한 방의(防意)가 강하게 포함되었었다. 고로 무저항이라기보다는 참저항이라고 해석함이 진정할 것이다"라는 것이었다. 즉 '무저항'의 방법은 힘없는 약자가 강자를 상대할 때 더 효과적인 전술이라는 것이었다. 이러한 견해는 김산에게도 나타났다. 그는 "근래에 절세한 필예(筆藝)의 세력인 러시아의 톨스토이와 약자로 강하게 부르짖은 인도의 간디로 말미암아 무저항 운운은 세상에 알려졌으나, 그 근거는 모두 다 예수에게로 비롯하였다. 우리는 우리의 생을 위하여 취하는 일절의 수단은 선이다. 그 수단으로는 때와 경우에 의하여 저항할 수도 있고 또는 저항치 아니함으로 저항 이상의 결과를 보게 되는 때에는 물론 무저항일 것이다. 누가 나를 칼로 찌를 때 무리(無理)히 당하고 있음은 생을 가진 자로서는 용허할 바가 아니다. 약자로 강자를 대함에는 무저항으로 저항의 득책을 삼을 것이요"라고 하여 무저항주의를 약자가 취할 수 있는 유효한 전술로 평가했다.

톨스토이나 간디의 비폭력 저항주의는 비무력적 저항과는 다른 것이었다. 그것은 완전한 자기 정화에 의해 진리를 위해 스스로가 속죄양이 되어 두려움과 증오 없이 죽을 수 있는 정신의 소유자가 시민적 불복종을 통해 자유를 위해 투쟁하는 전투적인 저항의 방식이었다. 따라서 비폭력적 저항은 자기 정화의 내적인 힘을 가진 도덕적인 '강자의 무기'라고 간디는 주장했다. 간디에게 비폭력주의는 약자가 증오와 자신의 무력 없음을 감추고 강자와 싸우는 위선적인 전술이 아니었다. 따라서 간디는 자신의 권리를 침범한 자에 대한 증오와 복수심이라는 정신적 폭력을 정화해 낼 수 없을 때에는 정직한 폭력에 의지해 저항하는 것이 위선적인 비폭력보다 훌륭하다고 말했던 것이다.[107]

이러한 간디의 전투적인 비폭력 저항주의의 진수와 도덕적 우월성을 이해하기에는 식민지 조선의 상황은 너무 나빴다. 자기 희생과 고통의 감수라는 도덕적 가치로 싸우는 간디의 방식은 정글의 법칙에 익숙했던 당시의 조선 지식인들에게 너무 혁명적이고 전복적이었다.[108] 이 점은 개신교 지식인들에게도 동일했다. 그들은 간디의 비폭력 저항주의 사상을 반전평화론과 연결시켜 생각함으로로써 기독교적 전쟁관을 정립하는 자원으로 수용할 수 없었던 것이다.

5) 중일전쟁 이후의 전쟁과 평화 이해

1931년 일본의 만주 침략을 계기로 전쟁과 평화에 대한 다양한 논의들은 더 이상 개신교계 잡지에 나타나지 않게 되었다. 일본의 파시즘 체제가 그 구체적인 모습을 드러내기 시작했던 것이다. 그리고 이어지는 1937년 중일전쟁을 계기로 조선 사회는 모든 인적 자원과 물적 자원이 전쟁을 위해 총동원되는 총력전 체제로 재편성되었다.

중일전쟁에 돌입한 일본은 1937년 8월 '국민정신총동원 운

---

107   황필호 편역, 《비폭력이란 무엇인가》, 종로서적, 1986, 86-97쪽.
108   이옥순, 앞의 책, 117-125쪽.

동'을 전개하여 그 중추적 기구로서 '국민정신총동원 중앙연맹'
을 결성했다. 이것은 전쟁 수행을 위해 천황제 이데올로기로 국민
들의 사상적 통합과 단결을 꾀하고, 이를 통해 국민들을 자발적으
로 전쟁에 협력시키려는 정부 주도의 정신운동이었다. 조선에서
는 1938년 7월 중일전쟁 발발 1주년을 기념하여 이 운동이 본격화
되어, 1938년 9월 황국신민화를 통한 내선일체화, 전시 국책사업
협력, 조직과 훈련을 통한 전시체제 확립을 목적으로 한 '국민정신
총동원 조선연맹'이 결성되었다.[109] 또한 전선이 중국만이 아니라
아시아 전역으로 확대됨에 따라 일본은 조선인의 '병력 자원화'를
결행했다. 1938년 '육군특별지원병제'를 필두로 하여 지원병제를
확대하다가 마침내 1943년에는 징병제 그리고 이어서 학병제를
실시했던 것이다. 조선의 모든 자원뿐만 아니라 조선인의 생명 자
체를 침략 전쟁에 총동원한 것이다.

개신교계에서 전쟁에 대한 논의가 다시 나타나기 시작한 것
은 국민정신총동원 조선연맹이 결성된 지 한 달 후부터였다. 〈청
년〉에도 홍병선이 "국민정신 총동원과 총후후원"이라는 글을 게
재하여 중일전쟁의 의의와 전쟁에 대한 국민의 태도를 논했다. 그
는 "지난 사변이 일어난 원인은 누구를 막론하고 다 아는 일이다.
서양 문명은 유물주의 이기주의에 흘러 그 문명의 화려함과 유익
한 점이 있지만은, 동시에 그 해독도 적지 않다. 서양문명이 동진

109　최유리, 《일제 말기 식민지 지배 정책 연구》, 국학자료원, 1997, 98쪽.

하여 동양 전반의 제 민족은 모두 서양 문명 다시 말하면 백인의 정복하에 신음하고 착취를 당하였다. 그래서 동양 제 민족은 백인의 독수(毒手)를 면치 못할 뿐 아니라 더욱 그 기묘한 수단에 취하여 자멸을 알지 못하는 상태였다. 동양의 서광과 같이 특히 뛰어난 신흥 제국의 활발한 운동은 대일본제국이었었다. 명치천황(明治天皇), 대정천황(大正天皇), 소화천황(昭和天皇)의 삼성대(三聖代)를 통하여 대화민족(大和民族, 일본 민족)의 무사적 정신은 서양 문명의 장점을 취하고 단점을 버려 백인의 마수(魔手)를 타파하고 동양을 구하는 급선봉이 된 것이다. 지나(支那, 중국)는 완우(頑愚)하여 일에서 십까지 백인의 농락 가운데에서 해(害)를 받으면서 배일(排日)을 상사(常事)로 하게 되었다. 그러므로 동양에서 백인의 세력을 구축하고 동양인의 동양을 건설하자는 대이상의 성전이 지나 사변이다. 그뿐 아니라 동양 평화가 되는 날에 세계 평화도 이루게 될 것이다. 우리는 이 성업에 대하여 만공의 정열을 다하여 성취를 바랄 뿐 아니라 소(小)를 버리고 대(大)를 취하여 국민정신총동원의 일원이 되어야 할 것이다"라며 중일전쟁은 서양의 주구가 된 중국을 징벌하여 백인들의 지배에 신음하는 아시아를 구하기 위한 성전이라고 주장했다. 자신을 절대선, 상대방을 절대악으로 규정하고 전쟁을 신의 이름으로 정당화하는 성전론의 레토릭이 마침내 조선 개신교계 잡지에 등장한 것이었다.

성전론이 제기되면 빠지지 않는 것이 있다. 신의 이름으로 그 전쟁을 축복하고 승전을 기원하는 것이다. 기독교인으로서 일본 병사의 무운을 기원하는 기도도 등장했다.

"지나 사변하 제3년이 되는 신년(新年)을 맞이함을 당하여 우리는 한 마음 한 뜻으로 아시아 대륙에서 신동아건설을 위하여 신성한 사명을 다하고 있는 황군(皇軍)의 무운장구(武運長久)를 축도합니다. 우리 기독 신도로서는 공정무사하시고 사랑이 지극하신 천부님께 풍성하신 은총과 보호를 이들에게 내리사 하루라도 속히 신성한 이 사명을 이루기에 필요한 모든 것을 주십사 하고 기도합니다. 하늘이 장차 사람에게 큰 사명을 맡기려고 하실진대, 먼저 그로 하여금 중대한 책임을 다하게 하시나니, 우리 황군에게도 이같이 큰 사명을 맡기신지라. 먼저 그들에게 크고도 무거운 짐을 맡기신지라. 황국 국민된 우리는 심신을 다하여 총후에 책임과 의무를 다하는 동시에 신동아건설의 성전을 위하여 지나 대륙에서 활약하는 충용무비(忠勇無比)의 무훈이 혁혁한 우리 황군의 대성안강(大成安康)을 쉼 없이 빌고 축도합니다."[110] 개신교 잡지에서 비전평화론도 정당한 전쟁론도 자취를 감추고 오직 성전론만이 목소리를 높이는 시대가 된 것이다.

이러한 상황은 시간이 갈수록 악화되었다. 중일전쟁이 확대되었을 뿐만 아니라 1939년 9월 발발한 2차 세계대전에 가담한 일본이 프랑스령 인도네시아를 침공함과 동시에, 1940년 9월에는 미국을 가상 적국으로 하여 일본과 독일, 이탈리아 삼국동맹이 체

결됨으로써 일본의 전장은 이제 동남아시아까지 확대되었다. 따라서 이에 따른 전시 사상 통제도 심화되어 갔다.

일본은 중일전쟁을 일으킨 후 일본, 만주국, 중국 주도로 '동아 신질서'를 건설해야 한다는 주장을 내세우고 있었는데, 1940년 8월에는 이를 더욱 확대하여 '대동아공영권'을 주창하기 시작했다. 그 요지는 아시아 민족이 서양 세력의 식민 지배로부터 해방되려면 일본을 중심으로 대동아공영권을 결성하여 아시아에서 서양 세력을 몰아내야 한다는 것이다. 대동아공영권 결성은 일본, 중국, 만주를 중축으로 프랑스령 인도차이나, 태국, 말레이시아, 보르네오, 네덜란드령 동인도, 미얀마, 오스트레일리아, 뉴질랜드, 인도를 포함하는 광대한 지역의 정치적, 경제적인 공존, 공영을 도모하는 블록화였다. 그러나 대동아공영권의 진정한 목적은 자존권(일본, 북중국, 몽고), 방위권(시베리아, 중국 본토, 미얀마, 동쪽의 아시아 자바, 수마트라, 동경 170도 서쪽의 북태평양 해역 및 도서를 포함하는 지역), 경제권(생산적 자원 공급 지역으로서 인도, 호주까지를 포괄하는 광대한 지역)이라는 일본적 질서를 가지고 세계를 재편성하는 것이었다.[111] 이러한 구상에 의거해 일본은 미일전쟁이 발발한 직후인 1941년 12월 10일에 이 전쟁을 '대동아전쟁'으로 명명하고, 같은 달 12일에는 전쟁 목적을 '대동아 신질서 건설'이라고 선전했던 것이다. 1940년 8월 이후 개신교에서 나온 전쟁 관련 내용을 살펴보면 대동아공영권 건설에 매진

111　김정현, "일제의 대동아공영권 논리와 실체", 〈역사비평〉 1994년 가을 호, 72-73쪽.

하자는 천편일률적인 논조가 난무했다. 예를 들면, "동아 신질서의 건설과 동아공영권의 확립은 현하 일본의 부동(不動)의 방침이요, 또 일본에게 준 금세계의 세계 역사적 사명이다. 일본은 이 사명을 완수하여 세계 신질서 건설에 협력함으로 세계 평화를 확보하려 함이다. 이 대이상의 실현을 위하여 국내 체제를 정비하며 강력 고도의 국방국가의 건설에 만진하여야 할 것이다"라는 식이었다.[112]

1941년 12월 10일의 미일전쟁 개전은 이러한 현상의 강도를 더욱 높여 갔다. 대미 개전과 초기의 승리는 조선 사회를 동요시켰다. 지금까지 중일전쟁에 주저함을 느끼고 있었던 회의적인 지식인조차도 서구와의 직접적인 대결과 그 승리에 일종의 해방감을 느꼈다. 서구적 교양의 보편주의가 한꺼번에 날아가 버리고 '일본주의'로 회귀와 전향이 일어났다. 대부분의 경우 기독교인의 초월신 신앙도 거의 같은 정도의 해체 양상을 보였다.

이러한 시기에 나타난 전쟁 언급 논조는 '대동아 신질서' 건설의 성전 수행에 만전을 기하자는 것일 수밖에 없지만, 그래도 유독 눈에 띄는 것들이 있었다. 전쟁을 노골적으로 신의 명령으로 신성화시키며 성전 담론을 펼치는 글이었다. 조선중앙기독교청년회 총무를 역임한 바 있는 구자옥의 "필승은 신의 명령"이 대표적인 예일 것이다. 그는 "대의명분(大義名分) 없는 전쟁에 개인주의와

---

112   백우(白愚), "신체제와 기독교청년회", 〈청년〉 1940년 11−12월 호.

허영의 권화(權化)로 화(化)한 그들 '양키'들이 심혼(心魂)을 기울여 싸울 수 없는 것은 피할 수 없는 숙명인 것이다. 원래 자유니, 평등이니, 박애니 함은 어디까지나 바른 신관(神觀)을 전제로 하고서야 비로소 긍정될 것이며 비속 저열한 '에호바' 신(神) 밑에 이러한 사상이 성립될 수는 없는 것이다. 유태(猶太)의 신관은 '예수 그리스도'에 의해서 정화되어 세계에 금일의 발전을 보였으나 적 미·영에 있어서는 유태인의 지배하에 사도(邪道)에 빠져 자민족만의 이익을 좇는 데 봉사하고 있다. 유태의 피를 받고 유태족 세계지배의 대행자로 되어 있는 '루스벨트'는 이번 전쟁을 기독교 문명의 옹호를 위한 전쟁이라고 하고 '이번 전쟁으로 더욱 좋은 세계가 출현치 않는다면 그것은 신에의 모독'이라고까지 말하고 있으나 그가 말하는 신은 무엇인가. 그것은 곧 질투, 편협, 배타, 물욕적인 '에호바' 신에 불과하다. 그가 말하는 '더욱 좋은 세계'는 그들이 지배하기에 더욱 좋은 세계를 말하는 것에 지나지 않다. 이러한 적의 야망을 앞에 두고 단연코 이번 전쟁에 승리를 거두어야 한다는 것은 이론(理論)을 초월한 절대적인 신의 명령이다"라며 미국을 비롯한 연합국 측의 오류를 꾸짖었다.

그리고 이어 "자고로 전쟁은 대의명분이 분명해야만 승리를 거두는 것이라는 것은 역사상으로 명백히 설명하는 사실이다. 힘이 있다고 근거가 없는 전쟁을 시작하였다가 결국 실패하여 일국이 패망하고, 무참히 멸망하는 예는 상당히 많이 있는 것을 찾을 수 있다. … 그들은 인도와 아불리가(阿弗利加, 아프리카), 지나(支那) 등지에서는 착취, 강탈을 일삼고 유(有)에서 무(無)를 만드는 정책으로 나왔다. 즉 거기에 원주민의 경제는 병폐(病敗)할 대로 병폐하고야 말았다. 이러한 곳에 백인의 지배가 영속할 수는 없는 것이다. 이러한 것을 천(天)은 용서할 리가 없는 것이다. 이에 아국(我國, 일본)은 정리(情理)를 다하여 그 비(非)를 뉘우치도록 노력하였으나 완미(頑迷)하고 자기의 이익만을 좇는 그들이 알 리 없다. 이에 제국은 천(天)의 의(義)를 체(體)하고 대의에 서서 동아(東亞)의 피압박 민족을 해방하여 제민족의 분(分)에 따라 공존 공영케 할 동아 신질서 건설의 성전(聖戰)에 궐기한 것이다. 이와 같이 천의 원리에 따른 성전이 제국의 승리로 돌아올 것은 필연적인 숙명이란 것은 다시 말할 것도 없다"라고 주장했다.[113] 이러한 구자옥의 '성전론'에서 재미있는 것은 그가 이 전쟁을 신성화시키기 위해 사용한 수사학에 '유대교=거짓 종교=영미의 패권', '기독교=참된 종교=일본의 패권'이라는 이항 도식이 사용되고 있다는 점이다. 그는 영미가 아시아 민중을 약탈·피폐하게 한 것은 그들이 예수 그리스도에 의해 정화되기 이전의 '질투, 편협, 배타, 물욕적인 에호바 신'에 의해 사주된 유태교적 사도(邪道)에 오염되었기 때문이라고 주장했다. 그리고 이에 대해 일본은 '공존공영의 새 세계'를 열 성전을 벌였다고 주장했다. 기독교적 신관이 도용되고, 선악 이원론의 전쟁

113　구자옥, "필승은 신의 명령", 정운형 편, 《학도여 성전에 나서라》, 없어지지 않는 이야기, 1991, 85-87쪽.

　경계에 선 신앙: 전쟁, 토착화, 여성, 공산주의

담론이 전개되고 있다.

　한편 조선 감리교 총리사를 지낸 양주삼은 1943년 11월에 발표한 "호반전통(虎班傳統)을 창조(創造)—적국(敵國)의 학생병(學生兵)을 치자"에서, "조선은 과거 수백 년 동안 너무나 문약(文弱)에 치우쳐 오늘날과 같이 모든 것이 실력에 의하여 처결(處決)되는 이때 제군이 자신을 무장하고 나서려는데 이 과거의 폐풍(弊風)이 혹 커다란 장애가 되지 않을까 나는 여간 걱정이 되지 않는다. 바꾸어 말하면 제군의 선조는 오늘날 제군의 출진에 도리어 명예롭지 못한 전통을 남겼다고도 할 수 있다. 그러나 나는 제군의 선배로서 부끄러운 바 없지 않으나, 제군의 조상이 무(武)를 등한히 하여 왔으면 왔을수록 제군은 일거에 이 불명예를 회복하여야 할 중대한 책임을 지게 된 것을 제군에게 특히 부탁하고자 한다. 제군은 혁혁한 무의 전통을 가진 다른 청년들보다 몇 배의 용기를 발휘함으로써 조선의 조상이 이루지 못한 호반(虎班)의 전통을 창조하지 않으면 안 된다"라고 주장했다.

　양주삼은 조선의 민족성을 문약(文弱)하다고 보고, 그것을 문제 삼고 있었다. 즉 폭력이 사회관계를 결정하는 최종 결정자라고 확신한 그는 가능한 한 물리력을 배제한 '인문적 이치'를 가지고 갈등을 해결하고자 한 조선의 과거 전통을 조상으로부터 물려받은 '치명적인 결함'이자 지극히 '불명예스러운 무능력'이라고 규정했다. 그리고 "한반도 청년학도도 결코 다른 어느 나라의 학도보다 그 용맹심에 있어서, 그 절대한 순국(殉國)의 정신에 있어서

조금도 손색이 없을 것이며 또한 없어야 한다. 위에서도 말하였으나 금번 제군의 거취 여하는 실로 밖으로 적에 대한 천협위(天脅威)가 될 것이요, 안으로는 반도의 과거 문약을 일소하고 무(武)의 전통을 이곳에 창조하게 되는 것이다"라며 일본의 침략 전쟁에 협력함으로써 조선 민족이 종래 갖지 못했던 침략과 약탈 능력으로서의 폭력을 소유할 것을 호소했다.[114] 타자를 지배하고 약탈하는 능력으로서의 폭력을 동경한 그에게 기독교적인 양심을 가지고 전쟁을 성찰하기를 기대하는 것은 무리였다.

일반적으로 '전쟁=남성', '평화=여성'이라는 이항적 도식 속에서 전쟁은 남성들이 일으키는 것으로 여겨진다. 그러나 여성들 역시 전쟁에 관련되지 않을 수 없었다. 여성들은 군사 체제의 권위주의적 지배 구조 안에서 피해자로 여겨지지만, 이 구조 안에서 권위에 복종하며 스스로의 역할을 유순하게 때로는 열광적으로 따름으로써, 힘과 폭력에 의한 타자 지배라는 전쟁 시스템을 지탱하고 보완하고 유지하는 데 불가결한 일부가 되어 갔다.[115] 많은 개신교 여성들 역시 남성 못지않게 활발하게 성전론을 고창했다.

이화여자전문학교의 교장이 된 김활란은 학병제가 실시되자 "학도병 출진의 북은 울렸다. 그대들은 여기서 발맞추어 용약(勇躍) 떠나련다! 가라, 마음 놓고! 뒷일의 총후(銃後)는 우리 부녀가

114　梁原柱三, "호반(虎班) 전통을 창조—적국의 학생병을 치자", 〈매일신보〉, 1943. 11., 8쪽.

115　若桑みどり,《戰爭がつくる女性像》, 東京: 築摩書房, 2007, 31.

　경계에 선 신앙: 전쟁, 토착화, 여성, 공산주의

지킬 것이다. 남아로 태어나서 오늘같이 생의 참뜻을 느꼈음도 없었으리라. 학병 제군 앞에는 양양한 전도가 열리었다. 몸으로 국가에 순(殉)하는 거룩한 사명이 부여되었다"라며 학병 참여를 독려했다.[116] 그녀는 '남성다움=호전성=무적의 병사=순국의 병사'라는 이미지로 전쟁을 찬미하며 여성들에게 '어머니나 딸, 동생으로서' 아들, 아버지, 남동생들에게 징병·징용·학병 동원에 적극적으로 자원할 것을 격려하자고 호소했다.

1941년 12월 27일 부민관 대강당에서 결성된 조선임전보국단 결전부인 대회가 개최한 결전부인대연설회에서도 김활란은 다음과 같이 강연했다. "저 흑노(黑奴) 해방의 싸움을 성전이라 했고, 십자군의 싸움도 성전이라고 했다. 그러나 이제 성전은 정말로 내려진 것이다. 동아 십억의 민족을 해방하고 광명으로 인도하려는 도의의 전쟁이다. 우리 총후 반도 여성은 지금 이 도의 전쟁에 한 사람의 투사로서 가담하고 있다는 광영을 가졌다. 도의의 전쟁에 여성은 모름지기 도의의 무장을 갖추자는 말이다. 희생의 투구를 쓰고, 적성(赤誠)의 갑옷을 입고, 긴장과 자각으로써 허리띠를 매고, 제일선 장병과 보조를 같이하여 도의를 무시한 물질 제일주의의 서양 문명을 박차 버리고 동아의 천지로부터 미·영을 격퇴하여 버리자!"[117]

116   김활란, "뒷일은 우리가", 〈조광〉 1943년 12월 호, 반민족문제연구소 편,《친일파 99인》 2 , 돌베개, 1993, 281쪽에서 재인용.

117   김학민·정운현 편,《친일파 죄상기》, 학민사, 1993, 48쪽.

김활란은 이 전쟁이 '도의를 무시한 물질 제일주의의 서양 문명'으로부터 아시아를 구출하는 것이기 때문에, 미국의 노예 해방이나 십자군 전쟁을 능가하는 참된 의미의 성전이라고 주장했다. 그리고 이러한 도의의 성전에 참여하는 투사로서 '도의의 무장'을 갖추라고 호소하며, 희생의 투구와 적성(赤誠)의 갑옷 그리고 긴장과 자각의 허리띠를 맬 것을 호소했다. 그런데 이 '도의의 무장'은 악마의 간계에 대적하기 위해 하나님의 전신 갑옷을 입으라는 에베소서 6장 13-17절의 내용을 기저에 깔고 있었다. 상대방을 절대악으로, 자신을 절대선으로 규정하고 상대방의 존재 자체를 말살하는 것을 목표로 하는 선악이원론의 선전 수사학이 성서 구절까지 패러디하면서 총동원되고 있었다.

개신교 여성 중 기자 출신으로 1940년에 경성가정여숙(京城家庭女塾)을 창립한 황신덕 역시 전쟁열을 고취하는 데 누구에게도 뒤지지 않는 열정을 보였다. 그녀는 다른 학교 학생들도 정신대에 지원하고 있는데 우리 학교에 그런 용기 있는 학생이 한 사람도 없어서 슬프다고, 자신의 학생들에게 눈물로 호소해 어린 학생들을 정신대로 내몰기도 했다. 그녀는 "어머니의 책임이 중대"라는 제목의 글에서 "해군 지원병 제도를 실시한 우리는 구군신(九軍神)과 같이 한 번 나라를 위해 죽을진대 '죽음'을 생각지 않는다는 그러한 위대함을 길러 내는 어머니가 되도록 노력해야 할 것입니다"라며 여성들에게 군국의 어머니가 될 것을 호소했다.[118] 그녀는 죽음을 미화하며 자식을 전장터에 내보내 천황을 위해 죽게 하는 군국

    경계에 선 신앙: 전쟁, 토착화, 여성, 공산주의

주의적 모성이 참다운 여성상임을 역설했던 것이다. 여기에는 '남성=싸우는 병사', '여성=병사를 낳아 기르고 국가에 바치며 그 죽음을 자랑스러워하는 모성'이라는 군국주의 체제가 장려하는 전형적인 남녀 성 역할 분담의 수사학이 사용되고 있었다.[119] 당시의 조선 개신교계에서는 절대악인 상대방을 철저히 궤멸하기 위하여 아버지와 아들 그리고 딸의 생명까지도 제물로 바쳐야 한다는 성전론의 광기가 판을 치고 있었던 것이다.

6) 맺음말

이상으로 식민지 시대 한국 개신교의 전쟁과 평화에 대한 이해를 살펴보았다. 청일전쟁과 러일전쟁에서 아직 자각되지 않은 개신교의 '전쟁'에 대한 문제의식을 발아하게 한 것은 1차 세계 대전이었다. 근대 과학의 지식을 전쟁 병기로 이용하여 인류가 경험해 보지 않은 대참화를 일으킨 이 전쟁은 한국 개신교로 하여금 전쟁 문제의 중대성을 자각하게 했다. 개신교는 전쟁의 원인을 국가지상주의, 과학만능주의, 자본주의적 경쟁 체제 등에서 구하면서, 모범으로 여겼던 서구 근대 문명의 한계와 모순 그리고 개혁

---

118   반민족문제연구소 편,《친일파 99인》2, 돌베개, 1993, 292쪽.

119   若桑みどり,《戰爭がつくる女性像》, 61.

의 필요성에 눈을 떠갔다. 기독교의 역사적 실천에 대해서도 비판적 성찰을 보였고, 전쟁에 대해 기독교가 가져야 할 바람직한 태도도 모색하게 되었다. 대체적으로 인류의 대참사인 전쟁과 기독교는 모순되며, 기독교는 비전적 태도를 견지해야 함이 마땅하다는 논의가 개진되었다.

또한 톨스토이와 간디의 비폭력 저항주의 사상도 소개되었다. 이들의 사상이 얼마나 깊이 이해되었는가에 대해서는 논의의 여지가 있다. 그러나 적어도 자본주의적 진보의 이상을 거부하고 소농이 주체가 되는 촌락 공동체에서 미래 사회의 이상을 찾으며, 이것을 비폭력적 저항주의 방식으로 실천해 가려는 사상이 당시 한국 개신교에 소개된 것만은 틀림없었다.

평화를 향한 이러한 지향들과 사상적 모색들은 1931년 만주사변을 계기로 잠잠해진다. 중일전쟁과 이어지는 태평양전쟁 시기에는 자신을 절대선으로 그리고 타자를 절대악으로 규정하고 타자의 멸절을 주장하는 성전론이 주류를 이루었다. 이들 주장이 전시 통제라는 사상적 억압 상황에서 행해진 것임을 충분히 감안한다 하더라도, 이것이 계기가 되어 한국 개신교계에 그때까지 알지 못했던 성전론이 광범위하게 유포되었음은 분명하다.

이러한 성전론은 잘 알려진 대로 해방 이후 한국전쟁 그리고 베트남전쟁을 통해 한국 개신교에 광범위하게 침투되어, 전쟁에 대한 한국 개신교의 반응으로 일반화되었다. 해방 이후 이렇게 성전론적 전쟁관이 압도적인 영향력을 발휘하는 한국 개신교의 풍토 속에서는 비전평화론은 물론 정당한 전쟁론도 숙고될 여지가 없었다. 상대방을 절대악으로 규정하고 그의 존재 자체를 멸절하려는 성전론의 분위기 속에서는 전쟁을 일으키기 위한 정당성의 기준이 무엇이며, 일단 시작된 전쟁이라고 해도 그것이 정당하게 수행되기 위해서는 어떠한 조건 아래 전투가 진행되어야 하는가 등등 전쟁의 비참함을 최소한으로 억제하기 위한 제반 조건에 대한 성찰도 불가능했던 것이다.

오늘날 남북이 서로 대치한 한반도는 전 세계에서 전쟁 발발 가능성이 가장 높은 곳 가운데 하나이며, 최근 북한의 핵 보유로 그 가능성은 더욱 높아지고 있다. 이러한 상황에서 한국 개신교가 생명 존중과 평화 구현이라는 기독교적 이상을 실현하기 위해서는 식민지 시대에 모색되었던 비전평화주의적 전통과 더불어 정당한 전쟁론을 주장하는 바, 정당한 전쟁이 되기 위해 갖추어야 하는 제반 조건들에 대한 성찰이 필요할 것이다. 그리고 기독교가 정치적 분쟁과 이해관계 충돌을 어떻게 중재하며, 평화를 위해 적극적으로 무엇을 할 수 있는지 심도 깊은 고뇌를 경주해야 할 것이다.

5. 한국 개신교의 전쟁 인식 및 대응에 관한 유형론적 연구[120]

1) 들어가는 말

기독교가 제시하는 공동체적 이상 가운데 하나는 평화이다. 그러나 기독교의 역사를 보면, 평화와 폭력의 얼굴이 나란히 등장하는 것을 볼 수 있다. 기독교인의 그릇된 욕망이 정치 권력과 손을 잡고 폭력을 정당화한 경우가 드물지 않았기 때문이다. 기독교는 평화와 사랑을 추구하기도 했으나 때로는 폭력과 증오를 부추기기도 했던 것이다. 평화의 정의는 다양하겠으나, 평화의 대척점에 전쟁이 있음은 이견이 없을 것이다. 전쟁이란 총체적인 폭력이 자행되는 것으로, 그 안에서 모든 물적 자원과 인적 자원은 체계적

---

120 양현혜, "한국 개신교의 전쟁 인식 및 대응에 관한 유형론적 연구—'15년 전쟁', 한국전쟁, 베트남전쟁을 중심으로", 〈종교연구〉 84-1(2024) 전재.

인 살상과 파괴의 도구로 전환된다. 이러한 의미에서 한국 개신교의 전쟁에 대한 인식 및 대응을 고찰하는 것은 한국 개신교의 특질을 더 분명하게 살펴볼 수 있는 중요한 연구 테마라 하겠다.

약 140년의 역사를 가진 한국 개신교는 식민지 시대 '15년 전쟁'과 한국전쟁 그리고 베트남전쟁이라는 큰 전쟁을 경험했다. 종래 이 전쟁들에 대한 개신교의 대응은 개별적으로 연구되었다. 그러나 전쟁의 위험이 상존하는 한반도에서는 한국 개신교의 전쟁 인식과 대응을 총체적으로 검토하는 일도 중요한 작업이라 사료된다. 이 글에서는 한국 개신교의 전쟁관을 기독교의 전쟁론 유형과 연관시켜 고찰해 보겠다. 즉 기독교의 전통적인 전쟁론의 세 가지 유형을 검토해 보고, 그 가운데 한국 개신교의 전쟁론은 어디에 해당되는가를 고찰해 보고자 한다. 그리고 세 유형 사이에 나타나는 변화가 무엇인지를 추적하고 그들 사이에 어떠한 교집합이 보이는지도 검토해 본다. 이를 통해 한국 개신교의 전쟁 인식과 대응을 총체적으로 조망하고 그것이 갖는 시대적 함의를 성찰해 보려 한다.

2) 기독교의 전쟁관

기독교 역사에서 가장 먼저 나타난 전쟁론은 비전평화주의(Pacifism)이다. 구약성서에는 승리의 하나님, 전쟁의 신 하나님상이 반복적으로 나타난다. 그러나 외적과 싸우는 하나님이라는 오래된 관념에서 이스라엘의 죄를 벌하기 위해 이스라엘인과 싸우는 하나님으로 예언자들에 의해 그 의미가 역전되기도 했다.[121] 이러한 흐름은 마침내 이사야서에 이르러 평화의 종으로서 겸비의 옷을 입고 오신 역사의 구원자 메시아상으로 전환된다.[122] 신약성서의 예수는 그의 고난과 고초로 인간에게 평화를 선물하는 그리스도로서 이해되었다. 그는 로마제국에 맞서 새로운 하나님 나라를 세우려는 존재로 이해되었고, 그 나라는 폭력과 억압과 착취를 통해 세워지는 것이 아니라 사랑과 평화와 평등주의적 질서로 세워지는 것으로 이해되었다. 유명한 마태복음의 산상수훈은 평화의 윤리로 이해되었고, 평화주의는 기독교인의 중요한 정체성의 하나로 여겨졌다. 신약성서에 평화의 인사가 백여 군데에서 보여지는 것도 이 때문이다.[123]

평화주의는 교부들에게도 이어졌다. 교부 유스티누스(Justi-nus)는 "우리는 우리의 칼을 쟁기로 바꾸고, 우리의 창을 농기구로 바꾸어 왔습니다. 이제 우리는 하나님을 두려워하는 마음과 정의, 사람들을 향한 친절함 그리고 믿음과 십자가에 달리신 분을 통해 아버지께서 이미 우리에게 몸소 주신 미래에 대한 소망을 가꾸고 있습니다"라고 했다.[124] 이러한 평화주의 전통은 알렉산드리아

121　月本昭男,《悲哀を越えて》, 東京: 教文館, 2005, 36-37.

122　이태훈, "구약에 나타난 세계평화", 〈장로교회와 신학〉 7(2010), 7-24쪽.

123　W. Hoover & H. R. Reuter, 김윤옥·손규태 역,《평화 윤리》, 대한기독교서회, 1997, 60쪽.

의 클레멘트(Clement), 오리게네스(Origen), 테르툴리아누스(Tertulian) 등에게도 견지되었다. 이들은 평화주의적 시각을 가지고 기독교인들이 무기를 들거나 전쟁에 참여하는 것에 반대하고 로마제국의 군 복무에도 반대했다.[125]

초기 기독교인의 평화주의는 그들의 순교와 동전의 양면을 이룬다. 순교는 박해하는 폭력에 대해 동일한 폭력으로 대응하지 않고 상대의 폭력을 적극적으로 수용함으로써 폭력에 저항하는 방식이다. 증오심이야말로 폭력의 악순환을 일으키는 근원이라고 보았기 때문이다.[126]

이러한 평화주의 전통은 4세기 말 주교 마르티누스(Sanctus Martinus Turonensis)를 거쳐 아시시의 성 프란체스코(San Francesco d'Assisi)와 종교개혁기에 생성된 재세례파와 퀘이커, 톨스토이, 마틴 루터 킹 목사 등을 통해 오늘날까지 이어지고 있다.[127]

기독교의 역사에서 두 번째로 나타난 전쟁관은 '정의로운 전쟁'(Just war)론이라 할 수 있다. AD 380년 테오도시우스 황제 때 기독교는 국교가 되었다. 교회가 처한 환경이 달라진 것이다. 당시 로마는 이민족의 침입을 막기 위해 국경선을 방어해야 했다. 로마

---

124 박충구,《종교의 두 얼굴》, 홍성사, 2013, 111쪽.

125 John Howard Yoder, 채충원 역,《비폭력 평화주의의 역사》, 대장간, 2015, 9-10쪽.

126 한국교부학연구회,《내가 사랑한 교부들》, 분도출판사, 2019, 81-89쪽.

127 John Howard Yoder, 앞의 책, 39-66쪽; 오만규, "로마 종교와 초기 그리스도인들의 군복무",〈한국교회사학회지〉3(1987) 참조.

제국이 이교도의 세상 속에서 기독교 신앙을 보호해 주어야 한다
는 생각이 기독교인들 사이에서도 널리 퍼지게 되었다. 그렇다면
로마제국을 방어하기 위해 군 복무의 정당성을 인정할 수밖에 없
었다. 이 시대의 대표적 지도자인 아우구스티누스(Augustine)도 주
교로 있던 히포 지역을 공격하는 반달족의 폭력을 경험했다. 그는
전쟁의 불가피성을 인정해야 한다면 전쟁에의 참여를 정당화하는
기독교의 기준이 무엇인지를 씨름해야 했다. 아우구스티누스는
"시민들을 보호하기 위하여 적들의 폭력을 똑같은 폭력을 써서 격
퇴하라고 명령하는 그런 법률에 복종하면서도 정욕에 근거하지
않고 복종하는 일이 가능합니다"라며, 국가의 명령에 복종하는 일
은 옳은 것임을 표명했다.[128] 그런데 문제는 국가의 전쟁에 참여하
되 그 마음에 정욕이 없어야 한다는 조건이었다. 전쟁에서 사람을
죽이더라도 정욕 없이 죽여야 한다. 그렇다면 그가 말하는 정욕이
란 무엇인가.

전쟁에서 악이란 무엇인가? 사람이 죽는 것이 악인가? 사람은 언
젠가는 죽는다. 산다고 해도 노예 상태에 처해 있는 것에 지나지 않
는다. 그러므로 전쟁에서 벌어지는 인간의 죽음을 악으로 생각하
는 것은 겁쟁이의 두려움일 뿐이요, 종교적 감정과는 거리가 멀다.
전쟁에서 발생하는 악은 따로 있다. 폭력을 좋아하는 것, 복수심에

---

128   아우구스티누스, 성염 역,《자유의지론》, 분도출판사, 93쪽.

    경계에 선 신앙: 전쟁, 토착화, 여성, 공산주의

서 나오는 잔인함, 주체할 수 없이 타오르는 적대감, 힘에 대한 탐
닉 등이 진짜 악이다. 선한 사람들이 전쟁을 수행하는 까닭은 바로
그런 것들을 벌하기 위함이다. 그런 악을 징계하도록 힘이 요청될
때 선한 사람들이 전쟁을 수행하는 것은 신의 뜻에 따라 또는 합법
적 정부 당국의 뜻을 따라 인간사를 바르게 처리하기 위해 행동에
나서는 것이다.[129]

아우구스티누스가 방어 전쟁을 통해 처벌하려는 폭력은 적
국의 사람들이 아니라 그들 내면의 죄, 곧 부당한 영토 확장의 탐
욕과 타인을 지배하고 싶어 하는 권력 의지였다. 단순한 정당방
위 차원이 아니라 침략자의 내면의 악에 대한 징계에 근거하여 전
쟁을 정당화한 아우구스티누스의 '정의로운 전쟁론'은 현실주의
와 이상주의의 결합이라고 할 수 있다. 방어 전쟁을 인정하여 무고
한 사람들의 대량 학살을 방지하는 것은 현실주의적 태도이고, 증
오심 없이 전쟁을 치르라는 가르침은 이상주의적 발상이었다.[130]
아우구스티누스는 이렇게 초기에는 전쟁 자체를 악으로 보
지 않았다. 그러나 후기로 갈수록 전쟁의 비참함을 말하는 관점이
두드러진다.《신국론》에서는 전쟁을 악으로 규정하고 있다.

129   양명수,《아우구스티누스 읽기》, 세창미디어, 2023, 284쪽.
130   앞의 책, 290쪽.

그것이(=로마의 평화가) 있기까지 얼마나 크고 많은 전쟁들이 일어났고 얼마나 숱한 인간 학살이 있었으며 얼마나 많은 인류의 피를 흘렸던가? 그런 것들이 지나갔다고 해서 똑같은 악으로 점철된 불행이 끝난 것은 아니다. 적대적 외부 국가들이 없어지지 않았고 지금도 없어지지 않으며 그들을 상대로 늘 언제나 전쟁을 치렀고 지금도 치르는 중이다. 그뿐 아니라 제국의 영토가 광대하다는 사실로 훨씬 추악한 전쟁들이 일어났으니, 동맹전쟁과 시민전쟁이 그것이다. 그 전쟁들로 인해 인류는 더욱 가련하게 타격을 받았고, 잠시나마 평온을 되찾고자 또 전쟁을 벌이고, 전쟁이 없으면 또다시 싸움이 터질까 전전긍긍하고 있다. 이 숱하게 엎치고 덮치는 **악의 재앙들**이며, 지독하고도 끔찍한 그 **필요악들**을 필설로 형언하는 것이 가당하다면 나도 그렇게 하고 싶지만, 사실 그대로는 해낼 재간이 없다. … 하지만 저 사람들(=로마의 스토아주의자)의 말에 의하면, 현자라면 '의로운 전쟁'을 수행할 것이라고 한다. 그러나 그 현자가 인간이라면, 아무리 '의로운 전쟁'이라 하더라도 인간에게 전쟁이라는 **필요악**이 존재한다는 사실에 대해 한층 더 애통해할 것이다. … 그러므로 사람이라면 누구나 전쟁이라는 이토록 거창하고 이토록 가공스럽고 이토록 잔혹한 **악**에 대해 숙고할수록 고통스러워지며, 따라서 전쟁은 비참하다고 실토해야 마땅할 것이다.[131]

131 아우구스티누스, 성염 역, 《신국론》, 제19권, 7장, 분도출판사, 2,169-2,171쪽.

　　　경계에 선 신앙: 전쟁, 토착화, 여성, 공산주의

아우구스티누스는 생애 말기로 갈수록 전쟁을 악으로 보는 관점이 강해졌다. 전쟁은 필요악이지만 악이라는 사실에는 변함이 없다는 것이었다. 기본적으로 전쟁을 악으로 보는 그의 전쟁론은 이 점에서 당시 스토아 철학자들의 정의로운 전쟁론과는 차별성을 갖는다.[132]

아우구스티누스의 정의로운 전쟁론은 불가피한 전쟁의 필요성을 인정하고, 악을 제어하기 위한 국가의 무력 행사를 정당화하면서도 동시에 무력 행사를 제한하려는 이론이었다. 즉 언제 어떠한 상황에서 전쟁이 정당화될 수 있는지 그 기준을 제시하려는 것이었다.[133] 그의 이론은 근대 국제법의 아버지로 불리는 17세기의 그로티우스(Grotius)에게 계승되었다. 그로티우스는 자신의 저서《전쟁과 평화의 법》에서 전쟁을 '법의 종, 정의의 도구'로 규정하고 평화를 목적으로 하는 전쟁을 인정했다.[134] 그는 이 저서에서 아우구스티누스의 '정의로운 전쟁론'을 수십 번 인용하고 있다. 아우구스티누스를 정의로운 전쟁론의 아버지라고 부르는 것은 이 때문이다.

현대 사회에서도 정의로운 전쟁론은 전쟁을 억제하려는 국제법의 도덕원리로 작용하고 있다. 정의로운 전쟁론은 전쟁을 '정

---

132   양명수, 앞의 책, 296쪽.

133   김두식,《칼을 쳐서 보습을》, 뉴스앤조이, 2002, 59쪽.

134   Roland H. Bainton, 中村妙子 譯,《戰爭·平和·キリスト敎》, 東京: 新敎出版社, 232–233.

의로운 전쟁'(just war)과 '부당한 전쟁'(unjust war)으로 분류하고 특정 전쟁을 정당화함과 동시에 그것에 제한을 두려 한다. 이를 위해 정의로운 전쟁론은 두 가지 판단 기준, 즉 '전쟁의 정당성'(*jus ad bellum*)과 '전쟁에서의 정당성'(*jus ad bello*)을 설정하고 있다. 전자는 어떤 조건 아래에서 전쟁이 허용될 수 있느냐는 내용으로, 주로 정치 지도자에게 해당된다. 후자는 일단 전쟁이 시작되었을 때 어떤 방법으로 수행해야 할지를 결정짓는 것으로, 주로 병사들과 장교들에게 적용된다.[135] 이 두 기준은 엄격하게 분리되어야 한다고 여겨져 왔다. 왜냐하면 전쟁의 시작이 정당화되었다고 할지라도 전쟁 수행 중 벌어지는 모든 행위가 무조건적으로 정당화되어서는 안 되며, 역으로 부당한 명분으로 전쟁이 개시되었다고 하더라도 전쟁 수행 중의 행위는 정당한 조건 아래에서 행해져야만 하기 때문이다.[136]

구체적으로 살펴보면, '전쟁의 정당성'은 ① 합법적 권위의 원칙: 전쟁이 합법적 권위를 가진 자에 의해 시작될 것 ② 올바른 의도의 원칙: 전쟁이 정의를 실행하기 위한 전쟁일 것 ③ 정당한 대의명분의 원칙: 타자의 부당한 무력 행사에 대한 자기 방어라는 정당한 명분이 확보될 것 ④ 균형(비례)의 원칙: 전쟁의 결과로 예상되는 악이 전쟁을 하지 않을 경우 예상되는 악보다 적어야 한다

---

135 Douglas P. Lackey, 최유신 역, 《전쟁과 평화의 윤리》, 철학과현실사, 2006, 77-78쪽.

136 양현혜, "식민지 시대 한국 개신교의 전쟁과 평화에 대한 이해", 〈한국교회사학회지〉 34, 328쪽.

는 원칙이다.

'전쟁에서의 정당성'은 ① 필요성의 원칙: 쓸데없는 파괴는 금지한다는 원리, 즉 군사 작전 시 그 작전보다 적은 파괴를 가져오면서도 똑같은 성공적인 군사적 결과를 낳는 대안적 군사 작전이 있을 경우 그 본래의 군사 작전은 폐기되어야 한다는 원칙 ② 군사적 균형의 원리: 군사적 목표 달성을 위해서 허용되는 파괴의 양은 반드시 그 목표가 지닌 중요성에 비례해야만 하는 것으로, 어떤 목표들은 그것을 성취하려 할 때 너무 많은 파괴를 가져올 것이기 때문에 애초부터 고려 대상에서 제외되어야 한다는 원칙 ③ 비전투원 보호의 원칙(=차별의 원칙): 민간인과 비전투원을 구별하여 보호한다는 원칙이다.[137] '전쟁에서의 정당성' 원칙은 이렇게 정당한 명분를 가진 전쟁이라도 반드시 도덕적 제한을 받아야 한다는 것이다. 즉 정의로운 전쟁론은 전쟁의 불가피성을 인정하지만, 그 폭력을 최소화하려고 하는 이론이라고 할 것이다.

마지막으로 기독교의 전쟁론에는 '성전론'(Crusade, Holy war)이 있다. 성전론은 신의 이름 아래 전쟁을 수행하는 형태이다. 전쟁과 종교가 밀접하게 결합된 유형으로 고대 오리엔트 지방에서 자주 등장했다. 구약성서에도 성전론이 보이는데 신의 이름으로 적을 멸절시키는 사고방식에서 찾아볼 수 있다. 이러한 성전론은 신약성서에서는 찾아보기 어렵다. 그러나 십자군 전쟁을 계기로

---

137   Douglas P. Lackey, 앞의 책, 75쪽.

이후 기독교 역사에 등장하기 시작했다. 십자군 전쟁은 이슬람을 '신을 배역한, 저주받은' 존재라고 간주했고, 이러한 적개심은 이슬람뿐만 아니라 유대인에게도 적용되었다. 루터는 터키인, 유대인 등을 '악마의 종'으로 지목했고 신자들은 최선을 다해 그들을 물리치고 교회를 방어해야 된다고 주장했다. 그에게 유대인은 '악마의 세속 대리인'이었고, 최종적으로 '하나님께 거부된 자'들이었다.[138] 이후의 역사에서도 유럽의 기독교인들에게 유대인이나 이슬람교도는 커다란 위협으로 간주되었고, 종종 악마와 동일시되곤 했다. 십자군 전쟁을 계기로 성전이라는 전쟁 인식이 기독교 역사에 커다란 영향을 미쳤던 것이다.[139]

전쟁을 용인한다는 의미에서 성전론은 정의로운 전쟁론과 유사한 점이 있지만 다음과 같은 점에서 확연히 구분된다. 첫째, 성전론자는 전쟁을 선과 악의 투쟁이라는 이원론적 방식으로 본다. 절대악과의 싸움은 상대가 악한 '행위'를 했기 때문이 아니라 상대의 존재 자체가 악하기 때문이다. 즉 존재론적 차원에서의 선악 이원론이 성전론의 가장 큰 특징이다.

둘째, 성전론자는 상대방의 멸절이라는 절대적 목적을 추구한다. 상대방의 불의한 행동을 시정하기 위해 최소한의 힘을 사용해야 한다는 정의로운 전쟁론의 비례성의 원칙이 성전론에서는

---

138   박흥식, 《미완의 개혁가, 마르틴 루터》, 21세기북스, 2017, 236쪽.

139   E. M. 번즈, R. 러너, S. 미첨, 박상익 역, 《서양문명의 역사 II》, 소나무, 405-411쪽.

통용되지 않는다. 자신의 목적 수행을 위해 절대악은 철저히 궤멸시켜야 하는 것이다. 그 때문에 성전에서는 전투원과 민간인의 구별, 포로 학대 금지 등 '구별의 원칙'도 무시된다. 이러한 성전은 특정 종교의 주도로 이루어지기도 하고, 종종 국가가 의사종교적(疑似宗敎的) 힘을 가지고 수행할 경우도 있다.

셋째, 성전에서는 선악 이원론적 대립 구도를 연출하기 위해 종종 묵시적 종말론을 이용한다. 국가가 의사종교적인 힘을 가지고 국가주의를 확장할 경우 묵시적 종말론을 사용하는 경우가 적지 않다. 선악의 최종적 전투, 임박한 결단이라는 이미지를 대중에게 각인시키기 위해 묵시적 종말론이 도용되는 것이다. 실제로 2차 세계대전에서 일본의 천황제 파시즘의 전쟁이나 국가 종교화한 나치즘의 경우에 이 점이 잘 드러난다.[140]

이하에서는 한국 개신교의 전쟁 인식 및 대응 양상을 분석하며 각각의 전쟁 인식이 이상의 세 가지 전쟁관 중 어느 유형에 해당하는지를 분석해 보고자 한다.

---

140 小原克博, "戰爭論の神學的考察", 〈基督敎硏究〉第70卷 第2號, 同大志大學, 2008, 27-
28.

3) 한국 개신교와 전쟁

(1) '15년 전쟁'과 한국 개신교

1884년을 한국 개신교의 시작점으로 볼 때, 처음 경험한 전쟁은 1894년의 청일전쟁과 1904년의 러일전쟁이었다. 이 시기의 한국 개신교는 형성기에 있었으므로 전쟁에 대해 충분히 숙고할 수 있는 여력이 없었다. 인류가 경험해 본 적이 없는 대참화를 불러일으킨 근대 과학전이라 할 1차 세계대전 때도 지배국인 일본이 전승국이었고 전쟁터가 일본과 조선이 아니었으므로 한국 개신교는 전쟁에 대해 큰 문제의식을 가지지 않았다.

전쟁 논의가 활발하게 부상한 것은 만주사변에서 태평양전쟁으로 이어지는 일본 제국주의의 침략 전쟁기로, 이른바 '15년 전쟁'기였다. 특히 중일전쟁을 앞두고 일본은 조선 사회의 모든 인적 자원과 물적 자원을 전쟁에 총동원하는 총력전 체제로 조선을 재편성해야 할 절박한 필요성에 직면했다. 이에 1936년 미나미 지로[南次郎]가 조선 총독으로 부임했다. 그는 만주사변 당시 육군 대신이었고 1935년에는 일본 관동군 사령관을 역임한 인물로 일본의 침략 전쟁 주도자 가운데 한 사람이었다. 그는 일본과 조선이 '융합이 아니며 악수도 아니며 몸과 마음 모두 정말로 하나'가 되어야 한다는 '내선일체'(內鮮一體)를 제창했다. 그리고 '국체명징(國體明徵), 선만일여(鮮滿一如), 교학진작(敎學振作), 농공병진(農工竝進),

시정쇄신(庶政刷新)'을 시정 5대 강령으로 발표하고 조선에 대한 이데올로기적 사상 통합 작업을 강행했다.[141] 미나미는 국체명징의 구현이 신사참배에 있다고 하며 신사참배를 사상 통제의 핵심으로 내세웠다.

또한 일본은 기독교계 민족주의 세력을 제거하기 위해 1937년 6월에 북장로교 내에 기반을 둔 수양동우회 사건을 터뜨려 안창호계 흥사단 조직을 대거 검거했다. 이 사건으로 1938년 3월까지 모두 181명이 치안유지법 위반으로 검거되고 그 가운데 49명이 기소되었다. 갈홍기, 정인과, 전영택 등 주요 인사들이 "민족 자결 사상은 이제는 조선 민중에게는 무의미하며 동아시아 역사 발전의 신방향을 무시한 반동적 관념"이라며 전향을 선언했다.[142] 1938년 5월에는 감리교와 YMCA에 주요 기반을 둔 이승만 계열의 흥업구락부 사건을 터뜨려 신흥우, 유억겸, 이건춘, 구자옥, 이관구, 최두선, 정춘수 등 회원 54명을 검거했다. 회원 전원의 전향 선언문이 발표되었고 흥업구락부는 해산되면서 사건이 종결되었다. 전향문의 내용은 '동아 발전의 신방향을 무시하는' 민족 자결이라는 몽상을 버리고 소위 식민지 조선을 지양해서 새로운 일본 구성의 유력한 일원이 되기 위해, 또한 조선인과 일본인을 "민족으로서 일원화시켜 인류 사회의 발전과 신동아 건설"에 봉사하기

---

141   양현혜, "파시즘 체제하의 한일 기독교계의 전향", 《근대 한일 관계사 속의 기독교》, 이대출판부, 144쪽.

142   김승태, 《한국 기독교의 역사적 반성》, 다산글방, 1994, 393쪽.

위해 "내선일체의 사명을 구현시키는 것이 조선 민중의 유일한 진로"라는 내용이었다.[143]

조선총독부의 강력한 사상 통제와 속출하는 전향 속에서 신사참배에 저항하던 장로교 총회도 1938년 9월 신사참배를 가결하였다. 이로써 모든 교단이 신사참배 강제에 굴복하고 말았다. 1938년에는 중일전쟁 발발 1주년을 기념하여 '국민정신총동원 조선연맹'이 결성되었다. 이 조직은 황국신민화를 통한 내선일체화, 전시 국책사업 협력, 전시체제 확립을 목적으로 하고 있었다.[144] 이후 개신교는 전시 협력 조직으로 빠르게 재편성되어 갔다.

1939년 9월 윤하영을 이사장으로 한 국민정신 총동원 조선예수교장로회 연맹이 결성되었다. 국책 봉사를 더 효율적으로 수행하기 위해 총회중앙상치위원회를 새로 설치하였고 총 간사로는 정인과가 임명되었다. 그리고 각 노회 지방 조직을 결성함과 동시에 731개의 애국반을 결성했다. 감리교는 1940년 7월 '국민정신총동원 기독교 조선 감리교 연맹'을 정춘수를 이사장으로 하여 결성했다. 이 연맹은 "내선일치, 거국일치, 국민정신 총동원의 취지 달성을 도모하여 전도보국의 열매를 거두는 것"을 목표로 했다.[145]

일본은 중일전쟁을 일으킨 후 일본과 만주국 그리고 중국이 주도하는 '동아 신질서'를 주장하고, 더 나아가 1940년 8월부

---

143   양현혜, 앞의 글, 148쪽.

144   최유리,《일제 말기 식민지 지배정책 연구》, 국학자료원, 1997, 98쪽.

145   양현혜, 앞의 글, 154-155쪽.

터 이를 더욱 확장하여 '대동아공영권'을 주창하기 시작했다. 대동아공영권을 일본과 중국 그리고 만주, 프랑스 식민지인 인도차이나, 태국, 말레이시아, 보르네오, 네덜란드 식민지인 동인도, 미얀마, 오스트레일리아, 뉴질랜드, 인도를 포함한 지역의 포괄적인 정치·경제 공동체라고 규정했다. 그리고 이 지역의 아시아 민족이 서양의 식민 지배로부터 해방되려면 일본을 맹주로 하여 아시아에서 서양 세력을 쫓아내야 한다고 주장했다. 물론 이것은 명분에 불과했다. 실제로 대동아공영권은 아시아 지역을 일본의 이익에 따라 일본의 자존권 구역(일본, 북중국, 몽고), 일본 국토의 방위권 구역(시베리아, 중국 본토, 미얀마, 동쪽의 아시아 자바, 수마트라, 동경 170도 서쪽의 북태평양 해역 및 도서를 포함하는 지역), 생산 자원 공급 지역인 경제권으로 인도, 호주까지를 포괄하는 광대한 지역으로 재편성하여 세계를 재패하고자 하는 전략이었다.[146] 이러한 전략에 의거하여 일본은 이 전쟁을 '대동아전쟁'으로 명명하고 이를 성전이라고 선전했다.

중국만이 아니라 아시아 전역으로 전선이 확대됨에 따라 일본은 마침내 주저하던 조선인의 '병력 자원화'도 결행하지 않으면 안 되었다. 일제는 1938년 '육군특별지원병제'를 필두로 하여 지원병제를 확대하다가 마침내 1943년에는 징병제를 그리고 이어서 학병제를 실시했다. 조선의 모든 물적 자원뿐만 아니라 조선인의 생명 자체가 침략 전쟁에 총동원되었던 것이다.

---

146   김정현, "일제의 대동아공영권 논리와 실체", 〈역사비평〉 28(1994), 72-73쪽.

그렇다면 이러한 '15년 전쟁'에 대해 조선 개신교계는 어떠한 반응을 보였을까? 만주사변이 발발했을 때 눈에 띄는 개신교계의 반응은 없었다. 아직 강력한 사상 통합·통제 정책이 시행되지 않았기 때문일지도 모른다. 다만 무교회주의자 김교신이 그의 잡지 〈성서조선〉에 실은 "비전론 무용의 시대"라는 글을 확인할 수 있다. 앞서 인용했으나 일부를 다시 인용해 보기로 한다.

이왕에는 나라와 나라가 의견이 충돌할 때에는 소위 최후통첩이라는 것이 발송되었다. 그러고는 한정한 시간 내로 응종(應從)치 않을 때는 선전포고라는 것이 발포되고, 이에 비로소 포문이 열리고, 검초(劍鞘)에서 칼날이 빠졌다. 그 전투가 살벌함은 고금이 일반이나 그래도 최후통첩에 따라 선전포고가 있은 후의 전쟁은 당당하였다. 과연 만물의 영장이라는 인간다운 행동이었다. … 절족동물 비충류 쌍시류에 모기라는 동물이 있다. … 무기라고는 오직 일분장(一分長) 못 되는 침취(針嘴) 하나뿐이건만, 그래도 인축(人畜)을 내습할 때는 당당히 선전포고하고서 접전한다. … 우리가 모기를 귀찮게 여기나 그러나 그 행동에 일종 경의를 표하게 됨은 근대 국가 생활을 하는 인류들보다 매우 정당하고 고결하고 윤리적인 심지를 상실치 않았다고 보는 까닭이다. … 인류가 지금처럼 타락하기 전, 즉 불가피하여 창검으로 결사(決事)하는 수 있더라도 우선 최후통첩을 발하고 선전포고를 한 후에 포문을 열 때, 그 시대까지는 인류 중에 호사자(好事者)가 있어 소위 비전론(非戰論)이라는 것을 주창하고, 이로 인하여 전 국민의 핍박을 당한 일까지도 있었다. 실로 그때까지는 인간이 기특한 시대이었다. 마는 지금 와서는 비전론을 창도하고자 하는 호사자가 있다 할지라도 저는 제창할 기회를 얻지 못하고 말 것이다. 국제조약이 발달한 결과로 전쟁은 못하게끔 되었다. 그러므로 수천 병졸이 사상하는 사변이 발생하여 국민들은 출정군을 함성으로 보내고, 또 개선장군을 화환으로 맞이하였을지라도 그는 단지 '사변'이었지 '전쟁'은 아니었다. … 마는 인류의 어휘에서 전쟁이란 자를 소멸케 한 이가 누구인가. 베들레헴에서 목자의 찬송받은 평화의 주 예수 위령(威令)이여, 엄하도다. 가장 강폭한 나라의 군주도 전쟁이란 말을 입 밖에 못 내게 되었도다. 섭섭하도다 인간의 비열한 심사, 기쁘도다 평화의 주의 무성(無聲)의 호령.[147]

그는 스승 우치무라 간조가 러일전쟁에서 비전평화론을 주장하여 박해를 받았던 것을 기억하면서, 만주사변은 국제조약에 금지된 '전쟁'이 아니라 '사변'에 불과하다고 강변한 일본의 용렬함을 모기보다 못하다고 조소했다.[148] 그리고 참으로 세계의 모든 전쟁을 그치게 하여 평화를 가져올 '평화의 왕' 예수 그리스도를 대망했다.

<hr>

147   김교신, "비전론 무용의 시대", 양현혜, 《김교신의 철학: 사랑과 여흥》, 이대출판부, 2013, 192-193쪽에서 재인용.

148   양현혜, 《우치무라 간조—신 뒤에 숨지 않은 기독교인》, 이대출판부, 2017, 191-204쪽.

개신교계에서 전쟁 논의가 활발하게 개진되기 시작한 것은 '국민정신총동원 조선연맹'이 결성된 1938년경부터였다. 1938년 9월, 홍병선은 "국민정신 총동원과 총후원"이라는 글에서 "서양 문명이 동진하여 동양 전반의 제 민족은 모두 서양 문명 다시 말하면 백인의 정복하에 신음하고 착취를 당하였다"라며, "그러므로 동양에서 백인의 세력을 구축하고 동양인의 동양을 건설하자는 대이상의 '성전'이 지나 사변이다. 그뿐 아니라 동양 평화가 되는 날에 세계 평화도 이루게 될 것이다. 우리는 이 성업에 대하여 만공의 정열을 다하여 성취를 바랄 뿐 아니라 소(小)를 버리고 대(大)를 취하여 국민정신총동원의 일원이 되어야 할 것이다"라고 했다.[149] 그는 이 전쟁이 백인들의 지배에 신음하는 아시아를 구하기 위해 일본이 일어선 성전이라고 규정했다. 전쟁을 신의 이름으로 정당화하는 '성전론'이 마침내 조선 개신교계에 등장한 것이다.

1941년 12월 10일의 진주만 공격으로 미국과의 전쟁이 시작되고 초반에 승리하자 전쟁을 '신의 명령'으로 신성화시킨 성전 담론은 더욱 거세져 갔다. YMCA 총무를 역임한 구자옥의 "필승은 신의 명령"은 그 대표적 사례의 하나였다.

유태(猶太)의 신관은 '예수 그리스도'에 의해서 정화되어 세계에 금일의 발전을 보였으나 적 미·영에 있어서는 유태인의 지배하에 사

도(邪道)에 빠져 자민족만의 이익을 좇는 데 봉사하고 있다. 유태의 피를 받고 유태족 세계지배의 대행자로 되어 있는 '루스벨트'는 이번 전쟁을 기독교 문명의 옹호를 위한 전쟁이라고 하고 '이번 전쟁으로 더욱 좋은 세계가 출현치 않는다면 그것은 신에의 모독'이라고까지 말하고 있으나 그가 말하는 신은 무엇인가. 그것은 곧 질투, 편협, 배타, 물욕적인 '에호바' 신에 불과하다. 그가 말하는 '더욱 좋은 세계'는 그들이 지배하기에 더욱 좋은 세계를 말하는 것에 지나지 않다. 이러한 적의 야망을 앞에 두고 단연코 이번 전쟁에 승리를 거두어야 한다는 것은 이론(理論)을 초월한 절대적인 신의 명령이다. ⋯ 이에 제국은 천(天)의 의(義)를 체(體)하고 대의에 서서 동아(東亞)의 피압박 민족을 해방하여 제민족의 분(分)에 따라 공존공영케 할 동아 신질서건설의 성전(聖戰)에 궐기한 것이다.[150]

이러한 왜곡된 선악 이원론을 펴기 위해 그는 일본을 하늘의 뜻을 실현하는 대의에 선 나라라고 칭송하는 억지를 마다하지 않았다.

학병제가 실시되자 개신교의 저명한 지도자 윤치호는 "학도여 지원하라"는 글에서 성전에 주저없이 참여하라고 독촉했다.

---

150 具家滋玉(=具滋玉), "필승은 신의 명령", 〈매일신보〉, 1944. 1. 7.; 정운현, 《학도여 성전에 나서라》, 없어지지 않는 이야기, 85-87쪽에서 재인용.

세계적 구상에서 빚어 나오는 대동아전쟁의 이념은 비단 일본뿐만 아니라 대동아 10억 민중을 궐기케 하고 있다. 그것은 단순한 경제 자원의 쟁탈전으로 끝난 제1차 대전과 달라서 어디까지고 악랄무도한 미·영의 제국주의적 야망을 물리쳐 자유로운 동아, 동아 민중의 동아를 건설하기 위한 자위적 전쟁이기 때문이다. … 씩씩하고 믿음직한 한반도의 학도들이 2천 5백만 민중의 선봉이 되어 싸움터로 나가게 된 것이다. 어찌 주저할 수 있느냐, 어찌 준순(浚巡)할소냐. 개인을 위해서, 또 가정을 위해서 또다시 한 걸음 나가 일본 아니 세계 인류를 위해서 다시 없는 이 기회를 놓쳐서는 아니 된다.[151]

윤치호는 이 전쟁이 '대동아 10억 민중'을 미·영의 제국주의에서 구하는 자위적 전쟁이자 아시아와 인류를 위한 성전이므로 학생들이 주저없이 학도병으로 지원할 것을 독려했다. 저명한 문학자이자 기독교 지도자의 한 사람인 주요한은 "일본 없이는 아세아가 없을 것이요, 아세아 없이는 조선도 없을 것이다. 이것을 헤아리고 저것을 생각할 때에 동아성전(東亞聖戰)은 반드시 우리들의 손으로 싸워서 끝내지 않으면 안 될 것이다"라고 성전 수행을 위해 목숨을 바칠 것을 호소했다.[152]

---

151 伊東致昊(=尹致昊), "학도여, 지원하라", 〈매일신보〉, 1943. 11. 18.

152 松村紘一(=朱耀翰), "나서라, 지상명령이다", 〈매일신보〉, 1943. 11. 18.

　　개신교 여성들도 활발하게 성전론을 고창했다.[153] 이화여자
전문학교 교장인 김활란은 "저 흑노(黑奴) 해방의 싸움을 성전이라
했고, 십자군의 싸움도 성전이라고 했다. 그러나 이제 성전은 정말
로 내려진 것이다. 동아 십억의 민족을 해방하고 광명으로 인도하
려는 도의의 전쟁이다. 우리 총후 반도 여성은 지금 이 도의 전쟁
에 한 사람의 투사로서 가담하고 있다는 광영을 가졌다. 도의의 전
쟁에 여성은 모름지기 도의의 무장을 갖추자는 말이다. 희생의 투
구를 쓰고, 적성(赤誠)의 갑옷을 입고, 긴장과 자각으로써 허리띠를
매고, 제일선 장병과 보조를 같이하여 도의를 무시한 물질 제일주
의의 서양문명을 박차 버리고 동아의 천지로부터 미영을 격퇴하
여 버리자!"라고 주장했다.[154] 김활란은 이 전쟁은 서양 문명으로
부터 동양을 구원하기 위한 성전이며, 이에 참여하는 병사는 도의
의 무장을 갖추어야 한다고 주장했다. 그런데 이 도의의 무장은 하
나님의 전신 갑옷을 입고 악마에 대적하라는 신약성서의 에베소
서 6장 13-7절 내용을 패러디한 것이었다.

　　기자 출신인 황신덕은 "어머니의 책임이 중대"라는 제목의
글에서 "해군지원병 제도를 실시한 우리는 구군신(九軍神)과 같이
한 번 나라를 위해 죽을진대 '죽음'을 생각지 않는다는 그러한 위
대함을 길러 내는 어머니가 되도록 노력해야 할 것입니다"라며

153　개신교 여성들의 친일 행적은 장하진, "여류 명사들의 친일 행적", 〈역사비평〉 11
　　　　(1990) 참조.

154　김학민·정운현 편, 《친일파 죄상기》, 48쪽.

여성들에게 '군국의 어머니'가 될 것을 호소했다.[155] '남성=병사', '여성=병사 제공과 전사의 찬양'이라는 전형적인 군국주의적 성 역할 담론이 동원되었다.[156]

15년 전쟁기의 개신교계에서 전쟁의 가장 큰 피해자가 다름 아닌 조선인이었음에도 조선 개신교 지도자들은 일본의 적대국이자 기독교 국가인 서구를 '절대악'으로, 비기독교 국가인 일본을 '절대선'으로 규정하며, 일본을 위해 가족의 생명까지도 제물로 바쳐야 한다고 주장했다. 사상 통제와 강제가 있었다고 하더라도 도착적인 성전론의 광기가 난무하고 있었던 것이다.

그러나 이러한 광기에 휩쓸리지 않았던 개신교인 역시 존재했다. 신사참배 거부로 인해 주기철 목사를 필두로 전국에서 2천여 명의 투옥자가 나왔다. 그들은 신사참배는 일본이 주장하는 '국가 의례'가 아니라 천황의 조상신을 숭배하는 우상숭배에 해당한다고 보고 극력 저항했다. 이들의 항거는 신도(神道)의 거짓 신 대 기독교의 참유일신이라는 구도에서 행해진 것으로, 전쟁에 관련하여 어떠한 인식을 가졌는지는 구체적으로 확인하기 어렵다.[157] 그러나 성전론자들은 결코 아니었음은 미루어 짐작하기 어렵지 않다.

155 반민족문제연구소,《친일파 99인》2, 292쪽.

156 若桑みどり,《戰爭がつくる女性像》, 築摩書房, 2007, 61.

157 양현혜, "조선 장로교회의 신사참배 거부 운동과 그 논리 구조",《근대 한일 관계사 속의 기독교》, 이대출판부, 2007, 205쪽.

또한 평화를 추구하는 움직임도 없지 않았다. 대표적인 것으로 1941년 일어난 만국부인기도회를 들 수 있다. 만국부인기도회는 1887년 다윈 제임스(Darwin James)라는 여성이 시작했는데 우리나라에서는 1925년 도입되었다. 1941년도에도 예년과 같이 여전도회가 중심이 되어 2월 28일 전국 기도회를 개최했다. 이날 기도회는 "뜻이 하늘에서 이룬 것 같이 땅에서도 이루어지이다"를 제목으로 하나님의 뜻이 개인과 이웃, 국가 그리고 인류 전체에 이루어지기를 기도했다. 이날 순서지의 항목에는 다음과 같은 내용이 있었다.

1. 하나님을 사랑하지 않고 공경하지 않음으로 그 뜻을 불순종하여 참된 연락을 아니함으로 국제간 분쟁이 있는 것을 자복할 것.
1. 자국의 이익을 모도하여 다른 나라를 괴롭히고 도와주지 않은 것을 자복할 것.
1. 예수께서 세상을 화평케 하기 위해 오셔서 곤란을 당하신 그 목적을 잊지 않기 위해 간구할 것.[158]

일제는 이러한 내용의 기도회가 일본의 전쟁을 저지하려는 반국가적 행동이라고 판단하고 기도회에 연루된 한국인들과 선교

---

[158] 조선혜, "만국부인회 기도 사건", 연세대학교 연합신학대학원, 석사학위 논문, 1993, 53-63쪽.

사 총 672명을 검거했다. 이때 체포된 김능선은 "전쟁이 끝나고 평화가 온다고 생각했다"라고 밝혔고, 김향신은 "하나님은 모두의 평화를 좋아하니 전쟁을 하는 것은 그리스도의 마음에 반한다"라고 증거했다. 또한 권희민은 "나는 그리스도 신자로서 전쟁을 반대함으로 조속히 전쟁을 중지하려고 (기도회 순서지를) 배포"했다고 당당하게 대답했다.[159] 일제는 이 사건으로 한국인 16명과 선교사 11명, 총 27명을 육군형법 제99조, 해군형법 제100조, 조선 불온문서 임시취체령 제2조 위반 혐의로 기소했다.[160] 이러한 만국부인회 사건은 한국 교회가 총체적으로 전쟁 협력 조직으로 재편성되어 성전론이 난무할 때, 이름 없는 교회 여성들이 전개한, 참으로 소중한 반전평화 운동이었다.

15년 전쟁에 대한 조선 개신교의 인식과 대응을 지금까지 고찰해 보았는데 극심한 사상 통제와 압박 가운데 행해진 대응과 인식이므로, 그것이 어느 정도 진심에서 나온 확신인지 판별하는 것에는 논란의 여지가 있을 수 있겠다. 그러나 적어도 상대방의 존재 자체를 악으로 규정하는 선악 이원론의 성전 담론이 활발하게 전개되었음은 확인될 수 있다.

---

159 이 자료는 다음을 참조. 한국교회사문헌연구원 영인본, 《만국부인회사건 자료집》(이하 《자료집》으로 표기), 제35권, 김능선 신문 조서, 《자료집》 제17권, 김향신 심문 조서, 《자료집》 제34권 권희민 심문 조서.

160 조선혜, 앞의 논문, 60쪽.

(2) 한국전쟁과 한국 개신교

남북으로 분단 국가가 성립된 이래 38도선에서 야기된 크고 작은 군사적 충돌은 1950년 6월 25일 새벽을 계기로 전면전으로 확대되었다. 이후 한국전쟁은 1953년 7월 27일 휴전협정이 체결되기까지 3년 1개월간 계속되었다. 한국전쟁은 내전으로 시작되었으나, 미군 중심의 16개국 군으로 이루어진 유엔군이 참전하면서 국제전으로 비화되었다.[161]

이후 소련의 유엔대사 말리크(Yakov Malik)가 휴전을 제의함으로써 휴전 교섭이 진행되었다. 휴전회담에는 휴전선과 포로 교환 문제라는 두 가지 난항이 있었으나, 미국의 정권 교체, 소련의 스탈린 죽음 등 국제정치적 변화로 인해 마침내 1953년 7월 27일 휴전협정이 체결되었다.[162]

휴전협정이 체결되기 전까지 한국전쟁은 마치 파괴를 위한 전쟁, 살상을 위한 전쟁을 목표로 하는 것처럼 엄청난 인명 피해와 재산의 손실을 가져왔다. 약 3년간의 전쟁 중 민간인을 포함한 전사자 수는 약 300만 명으로 추정된다. 1945년에 시작하여 1975년까지 30년간 진행된 베트남전쟁의 사상자가 약 200만 명임을 보면 한국전쟁의 참상을 짐작할 수 있을 것이다. 또한 남한에서는 제

---

161   박명림·최장집,《한국전쟁연구》, 태암, 1990, 86쪽.

162   강만길,《고쳐 쓴 한국 현대사》, 창작과비평사, 2006, 280-284쪽.

조업 시설의 42퍼센트, 전력의 41퍼센트, 광업의 50퍼센트가 막대한 피해를 입었다. 북한의 경우, 8,700여 개의 공장과 기업체들이 철저히 파괴되었고, 총생산량은 1949년 대비 공업 생산은 64퍼센트, 농업 생산은 76퍼센트로 줄어들었다.[163] 한반도 전체를 초토화시킨 한국전쟁은 분단 국가 사이의 국경선인 38도선을 휴전선으로 바꾸었을 뿐 아무런 성과 없이 끝났다.

남북한 개신교회는 한국전쟁이 발발하자 적극적인 전쟁 지원 활동을 개시했다. 남한 개신교회는 이 전쟁을 '세계 민주주의 자유국가들과 공산독재 국가들' 간의 이데올로기 전쟁, 즉 '민주주의를 위한 전쟁이며 원리와 원칙을 세우기 위한 정의의 싸움'이면서 동시에 '적그리스도에 대항하는 전쟁'으로 보았다.[164] 개신교 지도자들은 이 전쟁을 즉각 성전 혹은 십자군 전쟁으로 규정했던 것이다. 대표적 개신교 지도자였던 한경직은 "6·25사변 사이야말로 가인과 아벨의 싸움입니다. 형제간의 싸움입니다. 형제를 알지 못하는, 동포도 모르는, 민족도 무시하는 공산당들의 침략으로 이러한 비극이 일어난 것입니다"라며, 한국전쟁의 성격을 공산당에 의해 촉발된 '가인과 아벨의 싸움'으로 규정했다.[165] 가인과 아벨의 싸움은 성서의 창세기에 나오는 최초의 형제 살인 이야기로서, 형 가인이 질투심에서 아우 아벨을 살해한 사건이다. 한경직

---

163 김흥수,《한국전쟁과 기복 신앙 확산 연구》, 한국기독교역사연구소, 1999, 24–43쪽.

164 백낙준, "한국전쟁과 세계평화", 〈사상계〉, 1953. 7. 10.

165 이승준, "한경직 목사와 한국전쟁", 〈한국기독교와 역사〉 15(2001), 172쪽.

  경계에 선 신앙: 전쟁, 토착화, 여성, 공산주의

이 한국전쟁을 '살인자 가인'과 '순교자 아벨'의 싸움으로 형상화시킨 것은 그의 공산주의에 대한 확신에서 비롯되었다. 그는 1945년 월남한 이래로, "공산주의야말로 일대 괴물입니다. 이 괴물이 지금은 삼천리 강산에 횡행하며 삼킬 자를 찾습니다. 이 괴물을 벨 자가 누구입니까? 이 사상이야말로 계시록에 있는 붉은 용입니다. 이 용을 멸할 자 누구입니까?"라며 기독교와 공존할 수 없는 반기독교적 악마로 공산주의를 이해했던 것이다.[166] 상대방을 악마로 규정한 그의 전쟁 인식은 상대방의 존재 자체를 악으로 규정하는 전형적인 성전론적 인식이라고 할 수 있다.

이러한 성전론적 이해에 근거해 한경직은 이 전쟁을 자유민주주의 대 공산주의라는 정치적 이데올로기의 대결에서 '기독교와 공산주의'의 대결로 치환했다. 그리고 남한 개신교회를 단순한 전쟁의 피해자나 방관자가 아니라 '적그리스도' 공산주의와 대결하는 적극적인 전쟁 주체로 호명하고 규합하고자 했다.

남한 개신교회는 1950년 7월 3일 대전제일교회에서 한경직, 황금찬, 김창근 목사 등이 주축이 되어 '대한기독교구국회'를 결성하였다. 이후 전국에 30여 지회를 설치하고 국방부, 사회부와 긴밀한 연락을 취하면서 전쟁 지원 활동을 펼쳤고, 선무(宣撫), 구호, 방송을 그 과제로 삼았다. 그리고 3천여 명의 기독 청년들을 모

---

166 한경직, "기독교와 공산주의", 《한경직 목사 설교전집 1권》, 한경직목사기념사업회, 2009, 99쪽.

집하여 전선으로 내보냈다.[167] 10월 이후 유엔군과 국군이 평양을 탈환하자 월남한 장로교 교역자들과 장로교 선교사들은 이들과 함께 북한 교회 재건을 위해 평양에 도착했다. 그러나 중공군의 전쟁 개입으로 국군과 유엔군이 후퇴하자 서둘러 남하하여, '기독교연합 전시비상대책위원회'를 조직했다.[168]

이 위원회는 맥아더 사령관, 미국 대통령 그리고 유엔 사무총장에게 보내는 메시지를 채택, 전달하는 한편, 도탄에 빠진 민족을 구하기 위해 총력을 기울일 것을 결의했다. 그리고 미국 교회에 한국의 상황을 전하고 전쟁과 피난민에 대한 적극적인 지원을 요청하기 위해 한경직과 류형기를 미국에 파견했다. 한경직은 프린스턴 신학교 동창들을 중심으로 미국에서 구호 활동을 활발히 전개했고, 전쟁 고아를 돕기 위해 '세계기독교선명회'(World Vision)를 조직하고 대대적인 모금 운동을 전개했다.[169]

남한 개신교회가 성전 수행을 위해 전쟁 기간 중 가장 역점을 두고 추진했던 사업은 군종 활동과 포로수용소 선교 등 '사상전'이었다. 군종 제도를 창설하기 위해 이승만 대통령을 설득할 때 가장 강조했던 점도 '한국전이 반공 사상전이므로 사상 계몽이 필요'하다는 것이었다.[170] 군종 제도는 1950년 9월 18일 천주교, 장

---

167   김흥수, 앞의 책, 60쪽.

168   강인철,《전쟁과 종교》, 한신대출판부, 2003, 281쪽.

169   당시 류형기의 미국에서의 모금 활동에 대해서는 성백걸의 "류형기의 한국전쟁 인식과 교회 복구 구호활동",〈한국기독교와 역사〉제15호 참조.

로교, 감리교, 구세군, 성결교 등이 공동으로 '군종제도 추진위원회'를 조직하고, 천주교의 캐롤 신부(George Carroll), 장로교의 한경직 목사, 감리교의 류형기 목사를 대표로 선출함으로써 본격적으로 착수되었다. 1950년 12월, 이승만 대통령이 피복, 식량 등 병참 관계는 군에서 담당하고, 군종 경비는 각 종단에서 부담한다는 조건으로 군종 제도를 승인하면서 군종 활동은 개시되었다.[171] 군목들에게는 전도자, 성직자, 교육자, 상담자뿐 아니라 사상 전도자 역할이 부여되어, 장병을 대상으로 반공 교육도 정기적으로 시행했다. 군종 제도는 불안 속에 있는 장병들을 심리적으로 위로하는 역할을 수행하기도 했으나, 군대를 개신교의 중요한 선교 영역으로 포괄시키는 한편 대공 심리전과 사상전이라는 강력한 반공 이데올로기의 방파제로서도 기능했다.[172]

　　포로 대우와 처리 문제는 전쟁과 휴전 협상 과정에서 가장 논란이 많았던 문제였다. 1950년 말, 포로 수는 135,202명에 이를 정도였다. 휴전회담이 개시된 후 유엔군 측은 '1 대 1 교환 및 자유 송환'을, 공산군 측은 '전원 강제 송환'을 주장하면서 휴전회담이 무기한 휴회되기도 했다. 난항을 거듭한 후 1953년 7월 27일, 양측 대표가 '한국 군사 정전에 관한 협정'에 서명함으로써 비로소 휴

170　　육사 본당 30년사 편집위원회, 《씨앗이 열매로》, 천주교 육군사관학교 교회, 1990, 51, 55쪽.

171　　윤선자, "6·25 한국전쟁과 군종 활동", 〈한국기독교와 역사〉 14(2001), 15쪽.

172　　앞의 논문, 182-183쪽.

전이 성립되었고, 포로 문제도 해결되었다.

이러한 배경 속에서 부산 포로수용소에서는 포로 선교가 시작되었다. 1950년 여름, 포로가 된 개신교인들이 모여서 함께 예배를 드리고 전도한 것에서 시작된 포로 선교는 미국 북장로회 선교사 힐(Harry J. Hill), 캠벨(A. Campbell)의 관심과 보켈(Harold Voelkel) 등의 적극적 활동을 통해 활성화되었다.[173] 포로 선교는 반공포로 석방 운동을 펼쳐 민간인 억류자 석방이라는 성과를 이루기도 했다. 그러나 다른 한편으로 반공 포로와 친공 포로들 사이의 갈등을 증폭시키기도 했다.[174] 포로 선교 활동은 포로들에 대한 순수한 종교적 차원에서뿐만 아니라, 심리전의 이데올로기적 의도가 내포된 고도의 정치적 행위였기 때문이다.[175]

성전 수행을 위한 남한 개신교회의 전쟁 지원 활동은 휴전 반대 운동으로도 나타났다. 휴전회담이 열린다는 소식이 전해지자 남한 교회는 1950년 12월 27일, 대한예수교 각 교파 연합 신도 대회를 개최하여 유엔 사무총장과 미국 대통령, 유엔군 사령관에게 보내는 '휴전 반대 성명서'를 채택했다. 그들은 여기서 한국전쟁을 '세계 민주주의 자유 국가들과 공산 독재 국가들 양 진영 사

---

173   박보경, "1950년 한국전쟁 당시 한국교회의 역할", 〈선교와 신학〉 26(2010), 120쪽.

174   김승태, "6·25 전란기 유엔군 측의 포로정책과 기독교계의 포로선교", 〈한국기독교와 역사〉 21(2004), 67쪽.

175   이 점에서 이데올로기로부터 자신을 해방하여 중공군도 돌보며 포로선교를 한 맹의순의 존재는 특기할 만하다. 신재의, "맹의순의 삶과 포로 수용소에서의 선교", 〈한국기독교와 역사〉 41(2014) 참조.

    경계에 선 신앙: 전쟁, 토착화, 여성, 공산주의

이에 필연적으로 일어날 최후 결전의 전초전'으로 규정하고 '한국 땅 위에서 일으킨 양 진영의 최후 결전을 유엔군의 승리로 마칠 때까지 전진무퇴'할 것을 한국 정부와 유엔군에 요청했다.[176] 휴전 반대 개신교 집회는 휴전을 눈앞에 둔 1953년에 더욱 거세졌다. 1953년 6월 14일, 개신교인 7천여 명이 서울 탑골공원에 모여 '북진통일 기원대회'를 개최했다. 부산에서도 6월 15일 1만여 명이 참석한 가운데 '전국기독교 신도 구국대회'가 열리면서 휴전 반대 운동은 극에 달했다.

이 대회에서 이들은 한국의 전 개신교도들이 '마귀의 승리를 초래할 휴전을 반대하는 기치를 높이 들고 나섰다'면서, 미국 대통령인 아이젠하워(Dwight David Eisenhower)에게 '휴전 반대 성명서'를 보냈다. 성명서에서 이들은 공산주의와의 유화를 통해 휴전을 성취시키려는 아이젠하워의 노력에 대하여 '심대한 실망'을 느낀다면서, 그가 '설복될 수 없는 마귀'인 공산주의자들을 '회개할 줄 아는 선의의 죄인'으로 착각하고 있다고 비판했다.[177] 미국이 중공에 유화정책을 씀으로써 공산화를 방관했으나, 이러한 중공 정책의 패착을 '대속'하고 민주주의의 진정한 옹호자가 되려면 이 전쟁에서 끝까지 싸워서 승전해야 한다는 것이 이들의 주장이었다.[178] 개신교회 지도자들은 휴전을 반대하는 자신들의 입장을

---

176   김양선,《한국기독교 해방10년사》, 대한예수교장로회총회 종교교육부, 1956, 89쪽.

177   앞의 책, 142-143쪽.

178   백낙준, 앞의 글, 9-10쪽.

"기독교인으로서 호전적인 경향에 흐르는 것이 아니라 공산도당의 사고(思考)는 무신적이고 그들의 행동은 완전히 악마의 대행자이므로 그들을 상대해서 휴전을 약속하여서는 안 될 것이라"는 예언자적 충고로서 이해했다.[179]

이러한 휴전 반대 운동에서 성전론의 특징은 더욱 현저히 드러난다. 앞에서 고찰한 바와 같이 '비례성의 원칙'과 '구별의 원칙'에 근거하여 상대방의 특정한 잘못된 행위를 교정하기 위해 필요한 최소한의 폭력만을 쓰려는 것이 정의로운 전쟁론의 특징이다. 반면 상대방의 존재 자체의 멸절을 목표로 무제한의 폭력을 사용하고자 하는 것은 성전론의 특징이다. 남한 개신교회는 북한 공산 정권의 남침에 대해 스스로를 방어하고 평화를 회복하려는 '정당방위'인 방어전만으로 이 전쟁을 끝내서는 안 된다고 보았다. 그들에게 한국전쟁은 '설복될 수 없는 마귀'로서 존재 그 자체가 악인 상대방을 무제한의 폭력 사용을 통해 철저히 멸절시킨다는 목표가 성취되기 전까지는 결코 끝나서는 안 되는 전쟁이었다.

또한 휴전 반대 운동에서 사용되는 묵시적 종말론의 이미지도 주목해야 한다. 한국 개신교는 한국전쟁을 '세계 민주주의 자유 국가들과 공산 독재 국가들 양 진영 사이에 필연적으로 일어날 최후 결전'의 '전초전'으로 규정하는 동시에 '한국 땅 위에서 일으킨 양 진영의 최후 결전'이라고도 보았다. 여기에 나타나는 선악의

---

179   전필순, 《목회여운》, 대한예수교장로회총회 교육부, 1965, 40쪽.

최종적인 전투, 임박한 결단 등의 이미지들은 선악 이원론의 대립 구도를 대중들에게 깊이 각인시키기 위해 종종 사용되는 전형적인 성전론의 묵시적 종말론 이미지들이었다. 한편 한국전쟁을 악마와의 성전으로 이해하고 적극적으로 전쟁 지원 활동을 전개했다는 점은 북한 개신교회 역시 같았다. 전쟁이 발발하자 북한 교회에서는 전쟁 승리를 위한 무기 대금 헌납 운동이 전개되었다. '북조선기독교도연맹' 초대 회장이었던 황해도 신천서부교회 김익두 목사가 군기 기금으로 10만원을 헌납하면서 각지의 교회로 이 운동이 확산되었다.[180] 또한 북조선기독교도연맹에 소속된 북한 개신교회는 1950년 8월 5일, 평양 서문밖교회에서 전쟁 승리를 기원하는 궐기대회를 시작으로 각종 전쟁 지지 대회를 열었다. 궐기대회와 전승 기도회를 통해 그들은 남한 정부와 미군을 '악마'로 표현하면서 하나님의 저주가 내리기를 기원했다. 그들은 "만고역적 리승만 도당과 침략자―미제국주의 악마들에게 준엄한 하느님의 저주가 있으라!"라고 외쳤다.[181] 북한 개신교회는 각종 기도회에서 '미 제국주의자'들은 '위선자이며 교활한 기만자이며 음흉한 침략자'일 뿐만 아니라 '주 예수 그리스도를 판 극한 배신자=유다의 화신'이라고 표현했다.

남북한 개신교회가 악마로 규정한 대상은 서로 달랐으나, 자

180　김흥수, 앞의 책, 59쪽.

181　"강도 미제의 조선 무력침공에 격분하여 기독교인들 총궐기", 〈로동신문〉, 1950. 8. 7.

신은 선, 상대는 절대악으로 규정하는 성전론 패러다임으로 한국
전쟁을 인식했다는 점은 동일했다. 그들은 화해와 평화의 역할이
아니라 남북의 사상적 대립과 갈등을 증폭시키는 역할을 담당했
던 것이다.

한국전쟁이 끝나고 3년 후, 함석헌은 한국전쟁을 '미국과 소
련의 꼭두각시 놀음'에 불과했다고 자성했다. 그는 〈사상계〉 1956
년 1월 호에 "한국 기독교는 무엇을 하고 있는가"라는 다음과 같
은 글을 게재했다.

> 전쟁이 나면 기독교 의용대나 조직해서 불신자로부터는 병역 기피
> 라는 비방이나 듣고, 수많은 청년을 양심의 평안도 못 얻고 육신의
> 생명도 못 누리고 죽게 하고, 성직자는 먼저 구해야 한다고 그 가
> 족은 먼저 도망을 하고 신도는 또 그렇다고 비난을 하고, 교회당에
> 피난민이 오면 신자를 먼저 들이고 불신자를 막고, 구호물자가 오
> 면 그 때문에 싸움이 나고 그렇지 않으면 그것을 미끼로 전도를 하
> 려고 하고, 그리고 선거를 하면 누구를 대통령으로 찍으라, 누구를
> 부통령으로 찍으라 하고 … 이 역사를 세우려 기독교적인 입장에서
> 높은 입장을 주장하는 커다란 사상적인 노력도, 기울어져 가는 집
> 을 한 손으로 당해 보려는 비장한 실천적인 분투가 힘 있게 나오는
> 것도 없다. … 신사참배 문제 때에도 그랬고 미군정 시대에도 그랬
> 고 공산주의 침입에 대해서도 그랬고 6·25 때에도 그랬고 교회는
> 결코 이겼노라고 면류관을 받으러 손을 내밀 용기가 없을 것이다.

　　경계에 선 신앙: 전쟁, 토착화, 여성, 공산주의

공산주의자라는 '설복할 수 없는 마귀', '적그리스도'에 대한 성전이라고 주장하며 한국전쟁 수행 주체의 하나로 자임하던 한국 개신교회의 행동을 그는, "역사를 세우려 기독교적인 입장에서 높은 입장을 주장하는 커다란 사상적인 노력도, 기울어져 가는 집을 한 손으로 당해 보려는 비장한 실천적인 분투"도 아니었다고 비판했다. 그는 공산주의 대 자유주의·기독교라는 이분법적 도식을 넘어서는 '높은' 제3의 길을 모색하는 것이 기독교 본연의 사명이라고 호소했다.

(3) 베트남전쟁과 한국 개신교

2차 세계대전 종전 직후 호찌민(Hồ Chí Minh)의 비엣민(베트민)[182]은 베트남민주공화국의 독립을 선언했다. 그러나 과거의 식민지를 포기하지 않으려는 프랑스를 상대로 호찌민의 민족주의 저항 세력은 제1차 인도차이나 전쟁을 치러야 했다. 북은 비엣민이, 남은 프랑스가 장악한 채 8년 동안 전쟁이 계속되었다. 결국 1954년 프랑스군이 라오스 국경 부근에 위치한 디엔비엔푸에서 크게 패퇴한 후, 국제 사회는 제네바 회담을 통해 새로운 선거를 통한 베트남 독립을 약속했다. 전쟁이 끝난 이후 북에는 호찌민을 대통령으로 하는 베트남민주공화국이 수립되었고, 남에는 괴뢰

---

182   호찌민이 1941년 중국에서 결성한 베트남 독립운동 단체.

황제 바오 다이(Hoàng đế Bảo Đại)를 총리로 하는 베트남공화국이 세워졌다.

　　미국은 프랑스의 원조 요청으로 이 전쟁에 1950년부터 개입하기 시작했다. 1954년 프랑스가 패퇴한 후 베트남 문제에 적극적으로 개입하기 시작한 미국은 공산주의 세력 확장을 막고자 하는 봉쇄 정책의 일환으로 남부 베트남에 친미·반공 정권을 세우고자 했다. 베트남공화국은 1956년 디엠(Ngo Dinh Diem)이 미국의 지원을 받아 베트남 남부 단독선거에서 대통령으로 당선되면서 출범했다. 호찌민의 북베트남 공산주의자들은 프랑스에 이어 새로운 외세로 자리 잡은 미국의 손으로 유지되는 남베트남 정권을 붕괴시키고자 본격적인 무장투쟁을 전개했다. 그들에게 미국과의 전쟁은 프랑스 식민지로부터 지속되어 온 반외세·독립 투쟁의 연장이었다.[183]

　　미국은 빠른 시일 내에 전쟁이 끝날 것이라 예상했지만, 전쟁은 대단히 파괴적이고 소모적인 장기전 양상에 돌입했다. 미국은 아시아-태평양 지역의 우방국들에게 파병을 요청했다. 이에 한국은 가장 먼저 그리고 적극적으로 대응했다. 박정희는 쿠데타로 집권한 직후 1961년 미국을 방문하여 케네디 대통령을 만나 베트남전쟁 참전에 관해 적극적인 의사를 피력했다.[184] 미국은 한국

<hr>

183　　유인선,《베트남의 역사》, 이산, 347-369쪽.

184　　국방군사연구소,《월남 파병과 국가 발전》, 국방군사연구소, 1996, 162-163쪽.

　　　　　　　　경계에 선 신앙: 전쟁, 토착화, 여성, 공산주의

에 파병을 요청했고 한국은 백마부대를 필두로 사단급 전투부대
를 파병했다. 이로써 한국은 전쟁 당사국은 아니었으나 미국을 지
원하는 파병국으로서 베트남전에 깊이 관여하기 시작했다.

1966년 백마부대가 파병될 때, 한국기독교연합회(NCC) 주
최로 '파월백마부대 환송연합예배'가 개최되었다. NCC 전도부
장 김활란은 '인간의 자유'를 수호하고 '인간의 존엄성'을 지키기
위해 희생적으로 나선 백마부대는 '자유의 십자군'에 다름 아니며
신의 가호가 임할 것이라고 주장했다.[185] 또한 한국대학생선교회
(CCC) 김준곤도 전쟁 그 자체는 악이지만, 베트남전쟁은 공산 노
예화로부터의 해방이자 인류의 노예화를 방지하기 위한 것이므로
장차 예상되는 더 큰 희생을 미리 방지하는 길로써 피할 수 없는
전쟁이라고 의미를 부여했다.[186]

이러한 개신교 측의 격려에 대해 백마부대장 이소동은 베트
남전쟁을 '하나님을 공경하며 선한 싸움'을 싸우는 것이라고 의미
부여하며 호응했다. 그는 하나님이 '구름 기둥과 불기둥으로' 장
병들을 보호해 줄 것을 확신한다면서 승전하고 돌아오기 위해 지
속적인 기도를 부탁한다고 했다.[187] 구름 기둥과 불기둥은 구약성
서에서 이스라엘 백성이 노예살이하던 땅인 이집트를 탈출하여
가나안에 정착하기까지 신 야훼가 낮에는 구름 기둥으로 밤에는

---

185   "주여 같이 하여 줍소서", 〈교회연합 신보〉, 1996. 9. 4.
186   김성환, "불안한 평화: 월남전쟁과 우리", 〈기독교사상〉 105호, 114쪽.
187   "'백마' 환송 예배", 〈기독공보〉, 1966. 8. 6.

불기둥으로 동행하며 보호하고 인도했다는 이야기로, 신의 절대적인 정당성 인정과 보호를 이미지화한 것이다. 이소동 부대장은 이러한 성서적 이미지를 사용함으로써 베트남전을 호찌민의 공산주의자들에게서 베트남을 구하는 성전으로 이미지화했다고 할 수 있다. 또한 백마부대 장병들은 '이 세상을 창조하시고 악을 누르시는 하나님'이 베트남과 한국 그리고 전 아시아인의 생명과 재산을 수호하기 위해 자신들을 베트남에 보내는 것이라고 피력했다. 그렇다면 베트남전의 이미지가 개신교회와 파병 군대의 환송예배에서 기독교적인 성전으로 공유된 까닭은 무엇일까.

이 점은 당시 박정희 정권과 개신교회의 관계를 살펴보면 다소 의아하기까지 하다. 1961년 5·16 쿠데타에 참여한 군부 세력에는 불교 신자가 다수 포함되어 있었고, 군사정권이 수립되면서 최고위 정치 엘리트 중 불교 신자들의 비중이 크게 높아졌다. 쿠데타 직전의 민주당 정권에서 불교 신자인 정치 엘리트의 비율은 7퍼센트에 불과했으나, 쿠데타 직후에는 그 비율이 19.1퍼센트로 상승했다. 이에 비해 군사정권 수립 이후에는 이전 15년에 비해 개신교인 정치 엘리트의 비중이 크게 낮아졌다. 박정희 정권 아래 개신교인의 비율은 장·차관의 11.1퍼센트, 국회의원의 19.9퍼센트에 머물렀다.[188]

박정희 정권은 국가의 확고한 우위를 기초로 종교 전반에 통

---

[188]   강인철,《한국의 개신교와 반공주의》, 중심, 2007, 536쪽.

제를 더욱 강화하며, 기독교에 특혜적으로 기울었던 종교적 불평
등에서 외관상으로는 불교, 천주교, 기독교의 3대 종교 간 균형과
포괄이라는 정책을 폈다. 그러나 실질적으로는 '당근과 채찍'이라
는 양면 전략과 분할 지배를 시도했다.[189] 즉 가부장적 차별적 종교
통제로부터 관료적, 일반적 종교 통제 정책으로 전환했던 것이다.
따라서 정권에 대한 개신교 측의 반응도 분화되었다. 기독교장로
회가 주로 국가와 대결적 자세를 보였다면, 예장 합동 측과 그 외
보수적 군소 교단은 국가와 연합적 태도를, 예장 통합 교단과 기독
교대한감리회 등은 포괄주의 내지 절충주의적 태도로 분화한 것
이다.[190] 한국전쟁기 이승만 정권과 개신교회의 친화 관계와는 현
저하게 달라진 박정희 정권과 개신교의 관계를 살펴보았을 때, 베
트남전쟁에 대한 개신교회와 파병 부대 간의 공감대는 언뜻 이해
하기 어렵다. 그러나 양자 사이에는 베트남전쟁을 한국전쟁의 연
장선상에서 이해했다는 공통점이 있었다. NCC의 '파월 장병을
위한 전국 기도회' 권고문은 베트남 참전에 대해 과거 한국전쟁이
라는 '공산 침략의 쓰라린 경험'을 가진 한국이 지금은 반공 전선
제일선에 서 있다고 주장했다. 지명관은 한국처럼 '공산주의에 의
한 국토의 분할과 무서운 공산주의자들의 침략'을 겪어 본 사람들
만이 '공산주의의 극악함'을 안다며 베트남전쟁에 대한 반전운동

---

189   강인철, 《저항과 투항: 군사 정권들과 종교》, 한신대출판부, 2013, 51쪽.

190   강인철, 《한국의 개신교와 반공주의》, 563쪽.

은 '공산주의의 위협을 극심하게 느끼지 않을 수 있는 지역' 사람들이나 할 수 있는 '한가한 혹은 철없는 일'이라고 주장했던 것이다.[191]

베트남전쟁에 대한 한국 개신교회의 성전론적 이해를 강화시킨 데에는 베트남에 파견된 군목들의 역할이 컸다. 한국군은 제8대 군종감 대령인 변종호 목사 재임 시 장병들의 '신앙'과 '정신적 무장'을 위해 베트남전에 군목 파견을 시작했다.[192] 최초의 군목은 26사단 군종참모였던 이창식이었다. 귀국 후 그는 한국군의 활약상을 소개하면서, 한국군이 태권도의 위력으로 '베트콩'을 혼내 주는 것을 보고 베트남 사람들이 한국군만 절대 신임하고 있다, 월남 정국은 크게 낙관할 수 있다 등등 한국군의 활약과 베트남 국민들의 지지를 과대 포장하며 선전했다.[193] 파견 군목들은 개신교계 언론에 베트남의 전황을 승공주의적 입장에서 소개하며 한국군의 활약을 과장함으로써, 베트남전쟁에 대한 개신교회의 반공주의적 성전 의식을 강화시켰던 것이다.

한국 개신교의 이러한 성전론적 열광에도 불구하고, 전쟁 당사국인 미국과 유엔 등 국제기구 그리고 세계 교회와 세계 시민사회는 미국 개입의 정당성, 전쟁의 목적과 수행 방법 등에 대해 근

---

191   지명관, "평화에 대한 교회의 증언", 〈기독교사상〉 98(1966), 30-31쪽.

192   장석정, "한국 개신교에 나타난 반공주의: 그 생성과 변형", 숭실대학교 기독교학 대학원, 석사학위 논문, 2008, 76쪽.

193   "베트콩의 지역에 기거", 〈기독공보〉, 1966. 5. 7.

본적인 질문을 끊임없이 제기했다.[194] 미국과 세계 교회가 베트남 전쟁에 대해 진지한 관심을 표명하기 시작한 것은 1965년 초부터였다. '베트남을 위한 성직자 비상 위원회'의 이름으로 미국 내 2천 5백 명의 기독교 및 유대교 성직자들이 1965년 4월 4일 자 〈뉴욕타임스〉에 북베트남 공습에 반대한다는 전면 광고를 게재했다. 5월에는 흑인 인권운동가 마틴 루터 킹(Martin Luther King Jr.)과 유니언신학교 총장 존 베넷(John C. Bennett) 등 종교 지도자들이 구성한 '베트남에 관한 종교 간 위원회'가 모든 당사자들과 대화하여 평화적으로 베트남 문제를 해결하도록 미국 대통령에게 촉구했다. 킹 목사는 이 전쟁의 부도덕성을 주장하며 젊은이들에게 "미국이 베트남에서 벌이고 있는 엄청난 폭력 행위에 침묵하면서, 어떻게 흑인 거주 지역에 사는 흑인들에게만 비폭력을 호소할 수 있겠냐"라고 호소하며, 양심적 병역 거부 운동을 전개하기도 했다.[195]

　　신학자 라인홀드 니버(Reinhold Niebuhr), 하비 콕스(Harvey Cox) 등도 베트남전쟁의 성격을 '내전'으로 규정하고 남베트남에 친미 정부를 세우려는 미국 정부를 비판했다. 또한 세계교회협의회(WCC) 주최로 1966년 제네바에서 열린 '교회와 사회에 관한 세계 회의' 역시 미국의 폭격은 정당화될 수 없으며, 모든 군사 행동을

194　미국의 베트남전쟁 개입의 부도덕성에 대한 대표적인 논의로는 George C. herring, *America's longest War*(New York: John Wiley, 1979), Carl Oglesby and Richard shaull, *Containment and Change*(Toronto: Macmillan, 1967) 등이 있다.

195　김두식,《칼을 쳐서 보습을》, 뉴스앤조이, 2002, 105쪽.

중단할 것과 유엔 등의 국제기구를 통해 베트남 문제가 평화적으로 해결되어야 한다고 결의했다.[196]

베트남전쟁에 대한 미국 교회의 이러한 반전운동과 세계 교회의 견해에 대해 한국 개신교회의 반응은 보수와 진보 구별 없이 총체적으로 매우 부정적이었다. 공산주의와는 어떠한 타협도 불가능하다는 것이 한국 NCC의 일관된 입장이었다. 대표적인 진보적 교회 지도자의 한 사람인 강원룡은 WCC의 '교회와 사회에 관한 세계 회의'에 다녀온 후, "WCC가 이대로 가면 용공적인 편에 서지 않을까 자못 분위기가 위태롭다"라며 염려하는 소감을 토로했다.[197]

1968년 선거에서 승리하여 미국 대통령이 된 닉슨(Richard Nixon)은 소모적 장기전이 된 베트남전쟁에서 철수할 방안을 마련하기 시작했다. 그는 1969년에 발표한 '닉슨 독트린'(Nixon Doctrine)에서 미국이 세계의 자유 국가 전체를 방어하려 들지는 않을 것이라고 선언했다. 결국 미국은 1973년 1월 파리에서 평화협정을 체결하고 베트남을 떠나야 했다.[198] 베트남전쟁은 1975년 4월 30일 북베트남이 베트남 전역을 통일하면서 종결되었다.

이렇게 전세가 크게 불리해지는 상황에서 1972년 한국 기독

196　류대영, "베트남 전쟁에 대한 한국 개신교의 태도", 《한국 근현대사와 기독교》, 푸른역사, 2009, 282-284쪽. 베트남전쟁 관련 내용은 류대영의 이 논문에 빚진 바 크다.

197　"평화 문제에 한국 대표와의 이견", 〈기독공보〉, 1966. 8. 27.

198　유인선, 앞의 책, 416, 423쪽.

교 평신도회는 한국 YMCA 강당에서 '파월 장병 안전기원 대회'를 개최했다. 이 대회는 NCC뿐 아니라 대한기독교연합회(DCC)도 참여한 범개신교계 행사였다. 이 대회에서 한국 개신교 지도자들은 세계 교회 지도자들의 태도를 비판했다. 그들은 한국전쟁을 통해 공산주의가 얼마나 '가공할 인류 사회의 독소'인지 깨달았으므로 한국군 파병은 '진정한 인간의 자유와 존엄성을 지키고 나아가 세계평화를 지키는' 것이라고 재천명했다.[199] 전쟁 당사국도 아니고 미국의 전쟁을 지원하기 위해 군대를 파견한 파병국인 한국의 개신교가 세계 교회 지도자들을 비판하고 미국의 반전운동을 비판하는 것은 이이러니라고 할 수 있을 것이다. 이러한 상황이 전개될 정도로 한국 개신교는 베트남전쟁을 한국전쟁의 연장선상에서 이해하여 호찌민의 공산주의 정권을 '가공할 인류의 독소'로 규정하고 그들의 존재를 말살하기 위해 싸워야 한다고 보았던 것이다.

---

199 〈교회연합 신보〉, 1972. 5. 14. 물론 예외는 있었다. 〈기독교사상〉 1967년 7월 호에서 김용구는 "목적이 불분명한 남의 싸움에, 당사 국민의 민심에서 떨어지고 세계 여론상 인기 없는 전쟁"에 말려들게 되어 한국이 "심각한 딜레마에 빠지고 있다"고 하는가 하면, 오재식은 "월남 인민의 벗이 되고 우방을 설득해서 월남전을 정치적으로 타결할 수 있는 전기"를 만드는 것이야말로 "우리에게 지워진 역사적 멍에를 선용하는 것"이라고 지적하기도 했다. 그러나 이들의 소리는 너무 작았다.

4) 결론을 대신하여

지금까지 기독교의 전쟁론 유형과 한국 개신교가 경험한 세 가지 전쟁에 대한 대응 방식과 인식을 살펴보고, 그 유형화를 시도해 보았다.

한국 개신교가 본격적으로 경험한 전쟁은 일본의 '15년 전쟁'이었다. 한국인의 모든 물적 자원뿐만 아니라 생명까지도 수탈하여 침략 전쟁에 동원한 전쟁이었으나 한국 개신교 지도자들은 이 전쟁을 서구라는 악마로부터 아시아 민중을 구원하는 성전이라고 규정했다. 일부 예외도 있었으나, 이 전쟁을 계기로 한국 개신교계에 성전론적 전쟁 인식이 도입되었다고 할 수 있다.

한국이 전장터가 되고 전쟁의 주체가 된 한국전쟁 때에는 본격적으로 성전론이 주장되었다. 즉 한국전쟁은 자유주의 대 공산주의의 대결이자 기독교와 공산주의의 대결이며, 공산주의는 '절대악'이고 자신들은 '절대선'이라고 보는 이데올로기적 선악 이원론이 나타난 것이다. 특히 휴전 반대 운동에는 정당한 전쟁에서 볼 수 있는 비례성의 원칙이나 구별의 원칙 등이 전혀 나타나지 않았다. 정당방위적 방어 전쟁이 아니라 '설복될 수 없는 마귀' 혹은 '적그리스도'인 공산주의자 멸절이라는 목표가 달성되기까지 무제한의 폭력을 동원하고 전쟁은 지속되어야 한다고 주장했다. 그리고 이러한 성전론적 전쟁 이해를 신자 및 대중들에게 깊이 각인시키기 위해 선악 최후의 결전, 임박한 결단 등 묵시적 종말론 이미지들도 동원되었다. 강고한 자기 확신과 적에 대한 원한과 증오에 의해 추동되는 이러한 성전론적 전쟁 인식에는 타자에 대한 기독교적 사랑, 창조 세계가 하나라는 믿음, 평화에 대한 갈구 등은 존재하지 않았다.

한국전쟁을 통해 내면화된 이데올로기적 성전론은 한국전쟁과 완전히 다른 성격의 전쟁인 베트남전쟁에도 여과 없이 투사되었다. 전쟁 당사국이 아니라 미국의 전쟁을 지원하기 위해 군대를 파견한 파견국으로 베트남전쟁에 관여했음에도 한국 개신교는 전쟁 당사국인 베트남 국민의 의사나 미국 내 반전평화 운동에 관계없이, 나아가 세계 기독교회의 반전평화 운동과도 상관없이, '가공할 인류의 독소'인 공산주의로부터 아시아와 세계평화를 수호하는 성전이라는 인식을 시종일관 유지했다. 한국 개신교는 베트남전쟁을 한국전쟁과 동일한 성격의 전쟁이자 그 연장선으로 이해했던 것이다.

결론적으로 말하면, 한국 개신교회의 전쟁 인식 및 대응의 가장 큰 특징으로는 비전 평화주의 및 정의로운 전쟁론 담론이 보이지 않는 점,[200] 성전론이 대세를 이루고 이데올로기적 선악 이원론이 특징이라는 점을 들 수 있다.

[200] 개신교 신앙에 근거한 최초의 병역 거부자는 1957년 함석헌과 함께 씨알 농장을 시작한 신학생 홍명순으로, 그는 양심에 따른 병역 거부로 1년 4개월을 복역했다. 한국 사회에서 함석헌을 제외하고 평화주의자들이 주목받는 일은 거의 없었고, 개신교계에서도 양심에 따른 병역 거부는 여호와의 증인 등 소수 이단들의 문제로만 치부되고 있다(김두식,《칼을 쳐서 보습을》, 112쪽).

베트남전쟁을 제외하면 두 전쟁의 최대 피해국은 한국이었
다. '15년 전쟁'은 식민지민인 한국인의 생명까지 동원한 일본의
침략 전쟁이었다. '한국전쟁'은 300여만 명의 전사자를 낸 동족상
잔의 전쟁이자 남북 분단에 쐐기를 박은 전쟁이었다. 이 점을 상기
하면, 한국 개신교의 성전론적 전쟁관은 참으로 비극적이라 할 수
있을 것이다. 그러한 의미에서 1988년 한국기독교교회협의회에
서 발표한 '민족의 평화와 통일에 대한 한국기독교회 선언'과 그
백미라 할 수 있는 '분단과 증오에 대한 죄책 고백'은 참으로 소중
한 고백이다.

> 남한의 그리스도인들은 반공 이데올로기를 종교적인 신념처럼 우
> 상화하여 북한의 공산 정권을 적대시한 나머지 북한 동포들과 우
> 리와 이념을 달리하는 동포들을 저주하기까지 하는 죄(요 13:14-15)
> 를 범했음을 고백한다. 이것은 계명을 어긴 죄이며, 분단에 의해 고
> 통받았고 또 아직도 고통받고 있는 이웃에 대하여 무관심한 죄이
> 며, 그들의 아픔을 그리스도의 사랑으로 치유하지 못한 죄(요 13:17)
> 이다.[201]

그러나 여전히 이데올로기적 선악 이원론의 성전론을 고수
하려는 '한국기독교총연합회'가 오히려 이 선언문을 계기로 발족

---

[201]　양현혜,《근대 한일 관계사 속의 기독교》, 393-394쪽.

　경계에 선 신앙: 전쟁, 토착화, 여성, 공산주의

되었다. 성전론의 뿌리는 참으로 깊고 강고했다.

2023년 행자부 주민등록인구 통계청 통계에 의하면 한국 개신교 인구는 대략 700만이라고 한다.[202] 감소했다고는 하나 개신교는 여전히 큰 종단이다. 전쟁 위협이 상존하는 한반도의 평화를 위해 개신교가 이데올로기적 성전론을 어떻게 탈피하는가는 매우 중요한 사회윤리적 과제이다.[203] 더욱이 극단적으로 정치화된 개신교 집단의 출현으로 그 중요성은 더욱 커지고 있다.[204] 전쟁이 천사와 악마라는 천상적(天上的) 주체들 간의 싸움이라면 거기에 인간이 개입할 여지는 없다. 성전론이 지속되는 한, 한국 개신교인들은 전쟁과 평화에 대한 모든 기독교 윤리적 책임에서 면제됨과 동시에 극한적인 대결을 조종할 어떠한 합리적인 정치적 이성도 작동시킬 필요가 없다. 그렇다면 평화를 열어 갈 어떠한 새로운 미래도 전망될 수 없는 것이다. "반공이 국시란 것은 잘못입니다. 그것은 무식해서 하는 소리입니다. 국시란 그런 것 아닙니다. 반공은 수단이지 목적이 될 수 없습니다. 반공을 국시로 하는 나라는 공산주의가 없어지는 날 그것도 없어질 것입니다"라고 한 함

---

202   2023년 1월 한국의 총 인구 5,143만 명 중 약 771만 명이 개신교인으로 추정된다고 보고 있다. 한국기독교목회자협의회. "2023년도 '종교 생활과 신앙 의식 조사'", 제5차 《한국기독교 분석 리포트》; 한국기독교목회자협의회,《한국 기독교 분석 리포트》대한기독교서회, 2023 참조.

203   박충구,《예수의 윤리》, 대한기독교서회, 2011, 214-223쪽.

204   임병도, "4.3 희생자 추념식에 다시 나타난 서북청년단… 대체 왜", 〈오마이뉴스〉, 2023. 4. 3., https://omn.kr/23cm0(접속일: 2023. 12. 29.): 정재영 외,《태극기를 흔드는 그리스도인―개신교 극우 현상의 배경과 형성 그리고 극복》, IVP, 2021 참조.

석헌의 말대로, 이데올로기 역시 기독교 윤리적 비판에서 자유로
울 수 없다.[205] 기독교를 이데올로기에 가둘 수는 없기 때문이다.

205   이치석,《씨을 함석헌 평전》, 시대의 창, 2015, 271쪽.

2장

토착화

1. 김교신과 조선산 기독교

서구에 수용된 기독교가 한국인의 토양에 뿌리를 내리는 '토착화'는 기독교가 생명력 있는 종교가 되기 위해 반드시 필요하다. 토착화라는 말의 용례는 개신교인이 인구의 대다수를 차지하는 것, 한국 교회가 경제적으로 자립하는 것, 한국의 전통적 문화나 풍속과 형식적으로 결합되어 표현되는 것 등의 의미로 다양하다. 물론 신앙생활의 결실로 그러한 결과가 생기는 것은 얼마든지 가능하다. 그러나 '토착화'는 지엽적인 것을 가리키지 않는다. 그것은 복음이 한국인의 정신적 토양에 뿌리를 내리는 것, 한국인의 정신 구조 핵심부에 침투하여 효모 같은 내발적 혁신력이 되어 그 정신 구조를 안으로부터 새롭게 만드는 가치관, 에너지 또는 생명력이 되는 것을 의미한다.

이러한 토착화 문제에서 한국의 전통 사상 가운데 어떠한 요소를 부정, 즉 비연속으로 선언하고 어떠한 요소를 연속·발전시켜 갈 것인가, 한국의 전통 사상과 기독교가 어떠한 구조를 가지고 관계 맺어 가며 한국인의 사상을 변화·발전시켜 갈 것인가는 중요한 문제이다. 김교신은 이러한 주제로 글을 많이 남겼다. 대표적인 것으로 "〈성서조선〉지 창간사", "예수와 성인", "위선도 그리워", "무표정과 위표정", "겸허한 심정을", "조와", "안상철 의사에게 최후로 남긴 유언"을 살펴보자. 그리고 김교신의 '조선산 기독교'의 모색을 살펴보자.

〈성서조선〉지 창간사(1927년 7월, 1호)

하루아침에 명성이 세상에 자자함을 깨어서 본 바이런은 행복스러운 자이였다. 마는, 하룻저녁에 '아무런대도 조선인이로구나!' 하고 연락선 갑판을 발 구른 자는 둔한 자이였다.

나는 학창에 있어 학욕에 빈취(頻醉)하였을 때에 종종 자긍하였다. 학문에 국경이 없다고, 장엄한 회당 안에서 열화 같은 설교를 경청할 때에 나는 감사하기가 비일비재이였다. '사해가 형제 동포'라고 단순히 신수(信受)하고, 에도성(江戶城, 지금의 도쿄)의 내외에서 양심에 충(忠)하고 나라를 사랑함에 절실한 소수자가 제2국민의 훈도에 망식몰두(忘食沒頭)함을 목도할 때에 나의 계획은 원대에 이르려 함이 있었다. '옳은 일을 하는 데야 누가 시비하랴?'고, 과연 학문적 야심에는 국경이 보이지 않았다. 사랑의 충동에는 사해가 흉중의 것이었다. 이상의 현실에 이르려는 전도가 다만 양양할 뿐이었다.

때에 들리는 일성은 무엇인고?

"아무리 한 대도 너는 조선인이다!"

아, 어찌 이보다 더 무량(無量)의 의미를 우리에게 전하는 구(句)가 달리 있으랴? 이를 해(解)하여 만사휴(萬事休)요, 이를 해(解)하여 만사성(萬事成)이로다. 이에 시선은 초점에 합함을 얻었고 대상은 하나임이 명확하여지도다. 우리는 감히 조선을 사랑한다고 대언(大言)치 못하나 조선과 자아와의 관계에 대하여 겨우 '무엇'을 지득(知得)함이 있는 줄 믿노라. 너무 늦어 사람들의 웃음을 기대할 수 없을 것이지만.

그러나 자아를 위하여 무엇을 행하고 조선을 위하여 무엇을 계(計)할고, 오직 비분개세(悲憤慨世)만이 능사일까. 근일(近日) 우리 형제들 사이에 그 평소의 사상이 상반(相反)하고 항일(項日)의 취향이 각이함에 불구하고 각기 자아를 굽히고 동일의 표적을 향하려 하는 경향이 보임은 우리의 공하(恭賀)할 바어니와 이는 실로 친거후(親去後)에 효성이 동함과 일리(一理)이니 우리 불효자인들 어찌 그 예에서 빠지랴? 경우는 기적을 행하는가 보다.

다만 동일한 최애(最愛)에 대하여서도 그 표시의 양식이 각이함은 부득이한 사세(事勢)이라. 우리는 다소의 경험과 확신으로써 오늘의 조선에 줄 바 최진최절(最珍最切)의 선물은 신기치도 않은 구(舊) 신약성서 한 권이 있는 줄 알 뿐이로다.

그러므로 걱정을 같이하고 소망을 한곳에 붙이는 우자(愚者) 오륙 인이 도쿄시외 스기나미 촌(村)에 처음으로 회합하여 '조선성서연구회'를 시작하고 매주 때를 기하여 조선을 생각하고 성서를 강하면서 지내온 지 반세여(半歲餘)에 누가 동의하여 저간의 소원 연구의 일단을 세상에 공개하려 하니 그 이름을 〈성서조선聖書朝鮮〉이라 하게 되도다. 명명의 우열과 시기의 적부는 우리가 불문하는 바라. 다만 우리 염두의 전폭을 차지하는 것은 '조선'(朝鮮) 두 글자이고 애인에게 보낼 최진(最珍)의 선물은 성서 한 권뿐이니 양자의 하나를 버리지 못하여 된 것이 그 이름이었다. 원하기는 이를 통하여 열애의 순정을 전하려 하고 지성의 선물을 피녀(彼女)에게 드리려 함이로다.

〈성서조선〉아, 너는 우선 이스라엘 집집으로 가라. 소위 기성 신자의 손을 거치지 말라. 그리스도보다 외인(外人)을 예배하고 성서보다 회당을 중시하는 자의 집에는 그 발의 먼지를 털지어다.

〈성서조선〉아, 너는 소위 기독 신사보다도 조선혼을 갖은 조선 사람에게 가라, 시골로 가라, 산촌으로 가라, 거기에 나무꾼 한 사람을 위로함으로 너의 사명을 삼으라.

〈성서조선〉아, 네가 만일 그처럼 인내력을 가졌거든 너의 창간 일자 이후에 출생하는 조선 사람을 기다려 면담하라, 상론(相論)하라. 동지를 한 세기 후에 기약한들 무엇을 탄할손가.

경계에 선 신앙: 전쟁, 토착화, 여성, 공산주의

예수와 성인 (1930년 2월, 14호)

세계의 4대 성인이라든가 혹은 10대 성현이라 일컬어 중국, 인도, 희랍의 성자들과 함께 나사렛 사람 예수도 일지(一指)를 꼽아 합산하는 것이 세간 식자의 상례인 듯하다. 그리하여 성현의 도라 하면 모두 일반이라, 배워서 불가할 것이 없고 행하면 유덕한 줄로 알았었다. 그 결과로서 개인으로는 수신(修身)이 되고 가족적으로는 제가(齊家)의 향락을 누리며 국가와 사회로서는 치국평천하(治國平天下)의 대이상(大理想)을 실현하는 것인 줄로 기대한 것이다. 이러한 재래의 개념이 영향된 것이었던지 근래에 이르러 불신자로서도 오히려 예수를 일대 성현 혹은 최대의 성자로서 존숭하며 자기는 그 교훈대로 신종치 않을지라도 그 제자에게는(혹은 배우자의 한 사람이 상대편에게) 이 성훈(聖訓)을 신수하게 하는 것이 안전하다는 생각을 가지게 된 자 현저히 많아졌다. 기뻐할 일인가, 비통한 현상인가. … 예수를 공리적으로 이용하려던 무리와 그 교훈을 막연한 성훈으로서 존숭하려던 군중은 부유한 청년(마가 10:22)과 같이 머리를 숙이고 수심 깊이 물러갈 것이다. … 대체로 그리스도의 교훈과 또 그 취하신 생활 방침을 보아 우리가 첫째로 놀라는 것은 그가 대성(大聖)이라 함에도 불구하고 그 언행이 **중용(中庸)의 도가 아니고 대단히 극단의 도인 것이다.** … 과유불급(過猶不及, 지나침은 미치지 못함만 같지 못하다)으로 중용의 도만이 대성의 극치라고 생각하여 오던 우리나라 사람들이 그리스도를 사성(四聖)의 한 사람이라고 하게 된

것은 그리스도의 인물과 그 교훈의 진상을 오해한 소치(所致)임이
분명하다. 적어도 안전제일주의의 중용의 도에서 호흡한 동양적
표준으로서는 극단주의의 그리스도로서 노승(老僧)의 두골(頭骨)같
이 고활(膏滑) 원만 무결한 성인의 자리에 서게 함은 도저히 허용 못
할 일이다. 예수는 세상이 일컫는 성현보다는 한 단계 낮은 인물이
거나 그렇지 않으면 한 단계 높은 자리에 지위할 특이한 분이었다.
… 둘째로 우리가 주의할 것은 이상의 몇 구절에서 보아도 알 것이
어니와 예수를 좇는 일은 완전히 비상소집이요, 내세(來世) 경영이
문제의 중심이 된 것이다. 사자(死者)로서 사자를 장사케 하고 너
는 나를 따르라 하며, 누구든지 손에 쟁기를 잡고 뒤를 돌아보는 자
는 하나님 나라에 합당치 아니하다 하신다(누가 9:60-61). 나(＝예수)
를 인하여 핍박과 비방을 각오하라 하시니 그러고야 인간에서 어
찌 견디어 살며 오른눈을 빼어 버리고 오른팔을 베어 버리고야 현
세에서 무슨 볼 일이 있으랴. 덥거나 차기보다 미지근한 것이 융통
성이 많지 않은가. 백이나 흑보다 회색이 유리하지 않은가. 지자왈
(智者曰) 치세(治世)에는 방정하게 처신하고 난세에는 원(圓)으로 처
세하라고.

나는 확신을 가지고 말한다. 예수의 교훈을 자아의 주판으로써 적
당히 할인하여 믿으려 함은 차라리 믿지 않음만 같지 못하다는 것.
군자는 위험한데 가까이 않을 것이며, 부지런히 수업하여 후세에
입신양명(立身揚名)하기가 소원일진대 하필 무엇을 즐거워 예수의
비상소집에 응할 것인가. …

     경계에 선 신앙: 전쟁, 토착화, 여성, 공산주의

무난 평안을 구하는 자, 원만 중용을 사모하는 자, 사회 개조를 목적하는 자로서 예수의 문을 두드린 자는 다 한 번 다시 그 교훈을 음미할 것이다. 그리고 새로운 결정이 있어야 할 것이다. 예수의 교훈은 극단으로써 극단을 가르친다. 두 주인을 섬기기를 허용하지 않는다. 하나님께 아니거든 금괴(金塊)에 절하라. 동이 아니면 서로, 천국이 아니거든 지옥으로. … 성현을 찾는 자, 안전을 바라는 자, 중용을 밟으려는 자에게는 다 편한 길이 달리 있을 것이다. 오직 **하나님을 보려는 자**, 천국을 얻기 위해서는 소유를 다 팔고 근친도 미워하며 자기 육신의 지체 일부씩을 베어 버릴 각오를 가진 사람만이 예수의 비상소집에 응할 것이다.

위선도 그리워(1933년 9월, 56호)

예수 그리스도는 "다투지도 아니하며, 들레지도 아니하니, 아무 사람도 길에서 그 소리를 듣지 못하리라. 상한 갈대도 꺾지 아니하고, 꺼지는 등불도 끄지 아니"(마태 12:19)하시는 성격이었다. 온유하심이 비길 데 없으니 예수라고만 하면, 사람들이 비둘기와 양을 연상한다. 이것이 예수의 일면인 것은 물론이다.

그러나 다른 반면(反面)이 있으니 위선을 보실 때의 태도가 그것이다. 저가 예루살렘 성전(聖殿)에서 팔고 사는 사람을 내어쫓으시고, 돈 바꾸는 사람의 상과 비둘기 파는 사람의 교의를 둘러엎으시면서 교통 순사가 노방 상매(商賈)를 정돈하듯이 난폭한 솜씨를 보이신 것은 너무도 유명한 사실이었지만(마태 21:12, 13), 그밖에 서기 관과 바리새 교인들을 향하여 "화 있을진저!"(마태 23장)라는 저주를 속사포처럼 연발하신 것도 순전히 외식하는 차, 즉 위선자를 대하여서다.

비둘기같이 순하시고, 창기나 세리는 오히려 용납하시던 예수가 위선자를 대할 때만은 마치 같은 극의 자석이 반발하듯이 격퇴하지 않고는 마지않으셨다. 가증한 것이 많다 할지라도 예수 그리스도에게 가장 가증한 것, 아주 견딜 수 없이 가증한 것은 **'위선'**이었다. 따라서 성서를 읽는 자에게도 그리스도와 아울러 생각할 수 없는 것이 위선자인 줄 알게 되었다. 마는 위선자의 표본으로 지목받던 서기관과 바리새 교인들의 언행을 상고하면 저들에게는 차라리 기특한 것이 많았다. 저들은 '말만 하고 행치 않는'(마태 23:3) 것이 결점이었으나, 그 하는 말은 옳은 말이었으므로, 예수도 자기 제자들에게 "바리새인의 명하는 말은 준행하라"(마태 23:2)고 가르치셨다. 저희는 헛된 맹세로서 책임을 회피하려고 하였으나, 맹세란 것이 신성한 것인 줄은 알았던 고로 지시할 물건을 고려하였다(마태 23:16-22). 저희는 "잔과 소반의 거죽은 깨끗이 하되, 그 안은 토색함과 불의함으로 가득하게 하는도다"(마태 23:25)라고 책망받았으나 그래도 깨끗이 할 줄은 알았고 규모는 있는 사람들이었다. 저희는 "선지자의 무덤을 만들고 의인의 비를 세움"(마태 23:29)으로 책망받았으나, 저희 스스로는 의인이 못 되면서라도 의인의 공적(功績)을 인식하는 안목만은 우리 조선 사람들보다 훨씬 나았다. 저희는 범사를 사람에게 보이려는 허영심이었으나 그래도 '선'(善)이라는 표준이 있는 백성이었다. 선을 행하지 못할지라도 선을 행할 것이라는 '도'(道)는 알았고, 그 '도'에서 어그러지는 일은 두려운 일인 줄 알았다.

돌이켜 20세기의 문화를 자랑하는 현대인은 어떠한가. 현대인은 언행의 일치를 기(期)하므로 행실뿐 아니라 말까지도 선하지 않음을 귀히 여기며, 위선을 꺼려하는 고로 공연하게 불의를 말하고 비례(非禮)를 행하면 도리어 '솔직'하고 '철저'하다는 사회의 찬탄을 받는 세상이다. 현대인은 도의의 근본을 파괴하고 선의 표준을 전복함으로써 청천백일하에 불의를 횡행(橫行)하여, 위선의 필요성을 없이 하였다. 오호라, 이제는 위선도 그리운 세대로다.

무표정과 위표정 (1936년 4월, 63호)

"말하기 싫은지라 두 입술은 붙었고, 눈이 무거운지라 대개는 감은 채로 누웠는데 희로애락에 대한 반응도 신속하지 못합니다. 물론 한창 괴로웠을 때엔 신음하는 소리와 고뇌의 빛을 드러내지 않은 바 아니나, 그 후 웬만큼 견디게 된 다음부터는 만사에 무표정하여 대하는 이로 하여금 본의 아닌 미안을 가지게 합니다" 운운.

이는 3년 이상 폐환으로 투병하고 있는 한 형제의 실기(實記)이다. 이처럼 무표정한 고로 저의 친절한 구우(舊友) 한 분은 주사약을 10여 원어치나 사 들고 찾아왔다가 일거에 무소식이 되어 버렸고, 또한 병실의 벽에다 "볼일 없이 오지 마시오. 병에 대해 묻지 말고 말하지 마시오. 볼일 끝나면 곧 가시오. 오고 가는 데 인사 마시오"라고 써 붙이고 대개는 창문 앞에서 면회 사절하여 보내는 고로 불원천리하고 찾아왔던 구우도 그것이 막걸음이 되고 만다고 한다. 이 형제의 무표정은 단지 선천적 기질 뿐도 아닐 터이요, 또한 후천적 수양의 결과 뿐도 아닐 것이다. 실로 장세월의 투균(鬪菌)에 지친 원기가 한마디 말, 한 찌푸림, 한 웃음도 등한히 할 수 없는, 허튼 수작은 일절 불허하는 생리적 필요와 심령적 훈련이 자연히 이까지에 도달하였을 것이다. 과연 심한 병고는 인생의 모든 불필요한 '허튼 수작'을 박탈하여 버리고 무표정과 같은 엄숙한 인간의 실질적 부분만을 남겨 준다.

생물학자 다윈(Darwin)은 동물과 인간의 제반 표정을 비교 연구하여 방대한 저술을 발표하였거니와 소위 고등동물에 이를수록 표정이 다종다양하고 능란하며, 만물의 영장인 인류에 이르러 표정의 절정에 달하였음은 물론이다. 특히 현대인은 표정이 곧 생활이다. 군자지교담여수(君子之交淡如水)라고 하였으니 참으로 경애하는 우인에게 무표정 이외에 어찌 표정할 것인지를 우리는 모르건마는 현대인들은 표정으로 벗을 사고 표정으로 벗을 판다. 진정으로 사랑하는 처자에게는 무표정 이외에 표정하는 방도가 없는 줄로 우리는 알았건마는 현대인들은 활동사진에나 볼 수 있는 사탕같이 달콤한 표정이 없으면 고통이 생겨난다. 평생에 사모하는 선생과 동자(瞳子)같이 귀여워하는 제자에게 대하여 무표정 이외에 그 정을 실을 그릇이 없는 줄로만 우리는 알았더니 현대의 사제들은 표정으로 제자를 매수하고 안색으로 은사를 배반함이 다반사로다. 심지어는 기독교회 내에까지 표정은 가장 큰 정책이요, 상략(商略)으로 통용되었다.

아, 화 있을진저! 무교회 신자의 일대 결함은 저들에게 친절미(親切味)가 없는 일이라고 한다. 다정한 표정이 없을 뿐인가, 항상 항의적(프로테스트)이요, 쟁탈적 불손한 태도가 보임은 사실이다. 무교회 신자는 활동사진 같은 농후한 구미식 표정보다 유교 전래의 담박미(淡薄味)를 좋아하며 기독교회 내의 현금 거래식 표정보다 불교도의 목석같은 무표정을 존숭하나, 그보다도 간사한 현세에 처하여는 위표정(僞表情)의 필요를 느낌이 심대한 자이다. 신뢰치 않는 척, 애지중지 않는 척, 경모하지 않는 척, 미워하는 척, 효도하지 않는 척, 애국심이 없는 척하지 않고는 내심의 울분을 처치하지 못한다.

겸허한 심정을(1937년 10월, 105호)

'학이시습지불역열호'(學而時習之不亦說乎)라는 일 구절로써 그 위대한 존재를 요약하며 논어의 수천 어구를 대표하게 한 공부자는 대단히 학습을 즐겨한 어른이었다. 부자(夫子)는 스스로의 말을 듣건대 자왈 십실지읍 필유충신 여구자언 불여구지호학야(子曰 十室之邑 必有忠信 如丘者焉 不如丘之好學也)라고. 호학(好學)은 공자의 자임(自任)하는 특색이었다. … 기독신자는 본래 겸손이 저들의 생명이요, 겸허하여 호학하여야 할 사람들이다. 저들은 '스스로 아는 척하는 자는 아직 알아야 할 것도 채 다 알지 못하는 자이라'는 것을 배운 자들이다. 또 "… 너희 중에 누구든지 이 세상에서 지혜 있는 체하는 자는 미련한 자가 되어라. 그리하여야 지혜 있는 사람이 되리라"는 사도 바울의 교훈을 받은 자들이다. 다른 일에는 혹시 결함이 있다 하고 미숙한 것이 있다 할지라도 배우려는 겸허한 심사에 이르러서는 단연코 일대 특색을 발휘하여야 할 사람들이다. 아직 완성하였다는 것이 아니라 장차 나타날 영광의 날을 향하여 뒤의 것을 잊고 앞의 푯대를 향하여 달음질하는 장성(長成)의 사람들일 것이다.

그런데 현하 조선 기독교도들의 실황은 어떠한가. 저들은 교파가 다르면 벌써 배울 길이 없고 가르칠 인연이 없지 않은가. 화석(化石)된 법규에 의하여 구속되고 약자의 억압에나 유효한 노회, 총회, 연회 등의 결의(決議)로써 인형(人形)의 춤을 추면서 한갓 완미고루(頑迷固陋)를 향하여 달음질하고 있지 않은가. 이는 결코 기독교 본연의 자태가 아니다. 돈독한 신자일수록 고집불통의 벽(癖)에 빠지는 이가 많다. 우리는 아직 천연한 인간으로 남아 있어 배울 수 있고 회개할 수 있고 성장할 여유 있는 겸허한 살림을 할 것이 기원이다. 원컨대 동맥경화병보다도 더 두려운 병, 우리 심령의 경화를 면케 하여 끝까지 부드럽고 만만한 심령, 배우고 자랄 수 있는 청년으로 두어 줍소서.

　　　경계에 선 신앙: 전쟁, 토착화, 여성, 공산주의

조와(弔蛙, 1942년 3월, 158호)

작년 늦은 가을 이래로 새로운 기도터가 생겼었다. 층암이 병풍처럼 둘러싸고 가느다란 폭포 밑에 작은 담(潭)을 형성한 곳에 평탄한 반석이 하나 담 속에 솟아나서 한 사람이 꿇어앉아서 기도하기에는 천성의 성전이다. 이 반상(磐床)에서 혹은 가늘게 혹은 크게 기구(祈求)하며 또한 찬송하고 보면 전후좌우로 엉금엉금 기어오는 것은 담 속에서 암색(岩色)에 적응하여 보호색을 이룬 개구리들이다. 산중에 대변사나 생겼다는 표정으로 신래(新來)의 객에 접근하는 친구 와군(蛙君)들 때로는 5, 6마리, 때로는 7, 8마리. 늦은 가을도 지나서 담상(潭上)에 엷은 얼음이 붙기 시작함에 따라서 와군들의 기동이 일부일(日復日) 완만하여 지다가, 나중에 두꺼운 얼음이 투명을 가리운 후로는 기도와 찬송의 음파가 저들의 이막(耳膜)에 닿는지 안 닿는지 알 길이 없었다. 이렇게 격조(隔阻)하기 무릇 수개월여. 봄비 쏟아지던 날 새벽, 이 바위틈의 빙괴도 드디어 풀리는 날이 왔다. 오래간만에 친구 와군들의 안부를 살피고자 담 속을 구부려 찾았더니 오호라, 개구리의 시체 두세 마리 담 꼬리에 부유하고 있지 않은가! 짐작컨대 지난 겨울의 비상한 혹한에 작은 담수의 밑바닥까지 얼어서 이 참사가 생긴 모양이다. 예년에는 얼지 않았던 데까지 얼어붙은 까닭인 듯. 동사한 개구리 시체를 모아 매장하여 주고 보니 담저(潭底)에 아직 두어 마리 기어다닌다. 아, 전멸은 면했나 보다!

안상철 의사에게 최후로 남긴 유언(김정환, 《김교신》, 한국신학연구소, 1980, 184쪽).

안 의사, 나 언제 퇴원하여 공장으로 갈 수 있습니까? 나 40 평생에 처음으로 이 공장에서 민족을 내 체온 속에서 만나 보았소. 이 백성은 참 착한 백성입니다. 그리고 불쌍한 민족입니다. 그들에게 말이나 빵보다도 따뜻한 사람이 필요합니다. 이제 누가 그들은 그렇게 불쌍한 한 무리로 만들었느냐고 묻기 전에 누가 그들을 도울 수 있느냐가 더 급한 문제로 되었습니다. 안 의사, 나와 함께 가서 일합시다. 추수할 때가 왔으나 일꾼이 없습니다. 꼭 갑시다.

2. 김교신과 조선의 발견[1] – 대결적 접목을 통한 주체의 재형성

1) 서론

근대 세계의 헤게모니를 장악한 서구는 스스로를 구별하는 의미로 아시아 지역을 '동양'이라고 명명했다. 아시아에 부여된 이 명칭에는 단순한 지역 개념 외에 서양적 입장에서 논해진 의미 내용도 포함되어 있었다. 그것은 서구와는 이질적인 것으로서 뒤떨어지고 미개하며 역사를 주체적으로 형성해 갈 수 없는 세계라는 뜻이었다. '동양'은 지리적 개념이 아니라 역사적, 정치적인 개념이었다.

동양을 후진적 지역으로 파악하는 서구적 시각은 일찍이 몽

1   양현혜, "김교신과 조선의 상대적 중심성의 발견", 〈한국교회사학회지〉 7(1998) 대폭 수정, 가필.

테스키외의 《법의 정신》에서도 보여진다. 그는 정신적인 나태로 인하여 전제주의가 풍토화된 지역이 아시아라고 규정하고 있었다.[2] 동양에 대한 이러한 서구의 인식과 체험을 이론적이고 포괄적으로 대표한 것은 헤겔이었다. 그는 세계사를 자유를 본질로 하는 정신이 자기 자신을 자각하고 자기의 자유를 실현·완성해 가는 과정이라고 전제하고 동양을 다음과 같이 논했다.

> 여기서는 끊임없이 투쟁이 반복되고 그 투쟁을 위해 각국이 차례차례로 그리고 빨리 몰락해 간다. … (그러나) 이 역사 자체로서는 아직 몰역사적이라고 할 수밖에 없다. 왜냐하면 그 역사는 단지 동일한 것(태양)의 장엄한 몰락이 매일매일 반복되는 것에 불과하기 때문이다. 그러나 그렇다고 해서 전대의 왕조의 호사에 대해 용기와 힘과 의분에 근거해 일어나 그것을 대체한 새로운 치세도 또한 같은 조락과 몰락의 운명을 거친다. 따라서 이 몰락도 진정한 몰락이 아니다. 왜냐하면 이러한 번잡한 변화에도 불구하고 거기에는 어떠한 진보도 만들어 내지 못했기 때문이다.[3]

고전 고대, 기독교적 중세, 유럽적 근대라는 서구의 역사 과정 속에서만 자유의 정신이 충분히 전개되었다고 하는 헤겔의 역

---

2 Montesquieu C. de Secondat, 이명성 역, 《법의 정신》, 홍신문화사, 1988, 117-119, 196-197쪽.

3 守本順一, 《東洋政治思想史研究》, 東京: 未來社, 1986, 9-10.

사 이해에 의하면 세계사는 서양에서 전개되고 성립한다. 이에 반해 동양은 문명의 진보에서 홀로 남겨진 채 역사의 원초적인 형태를 그대로 유지하고 있는 '동양적 전제'만이 반복되는 정체된 세계였다. 동양이란 세계사의 전개 바깥에 있는 반세계사적 세계인 것이다. 즉 세계사가 이미 극복한 역사의 원초적 단계의 세계인 동양은 그 대극에 있는 서양적 세계와 그 가치의 위대함을 가늠하게 해주려고 존재하는 기형적인 세계인 것이다.[4]

근대는 이러한 유럽적 세계사 인식이 각 문명권의 영역을 넘어 전 세계에 보편화되는 시대이다. 비서구의 근대는 따라서 서구의 이러한 세계사 인식의 '보편주의'에 편입되는 시기인 것이다. 이러한 서구적 보편주의 편입은 그것을 순순히 수용하는 자에게는 굴종이었고 거절하는 자에게는 패자의 불이익이 부과되는 이중 속박이었다.

이러한 근대적 세계상 속에서 동양인이 동양의 역사적 의미 내용을 파악한다는 것은 내적 필연성을 가진 실존적, 주체적 과제였다. 이것은 동양 지역에서 삶을 영위한다는 단순한 이유가 아니다. 근본적인 이유는 자신의 주체성을 소외시킨 서구적 보편주의에서 탈피하여 역사적 주체성을 재형성하는 데 필수적 전제 작업이라는 사실에 있었다.

이 문제가 특히 심각하게 제기된 영역 가운데 하나는 비서구

---

4 고야스 노부쿠니, 이승연 역,《동양, 대동아, 동아시아》, 역사비평사, 2003, 56-64쪽.

각국의 기독교사일 것이다. 왜냐하면 서구적 역사 경험과 밀접하게 연결된 기독교를 수용하여 종교적 회심을 체험한 동양의 기독교인들이야말로 엄청난 역사적 주체성의 위기를 경험했기 때문이다. 주권을 빼앗긴 식민지 국가 기독교인의 경우에 이 위기는 이중으로 심각했다. 국가라는 최소한의 정체성의 틀이 붕괴된 상태에서 기독교를 수용한 그들은 서구적 보편주의에 물질은 물론 정신적으로도 완전히 노출된 상태였기 때문이다.

식민지 시대의 조선 기독교사에서도 조선 기독교인이 자신의 역사적 주체성 문제를 어떠한 의미 내용으로 사유했고 그것을 구체적인 역사 현실 속에서 어떻게 재형성해 갔는가는 중요한 문제였다. 조선 기독교사에서 이 문제를 가장 심도 있게 고뇌한 사상가 가운데 한 사람이 바로 김교신이라 할 수 있다.

이 글에서는 김교신이 '조선'을 어떻게 재발견했으며 그 내용은 무엇이었는지, 또한 이 작업 속에서 기독교는 어떻게 기능했는지, 나아가 그의 작업이 가진 기독교 사상사적 의의는 무엇인지를 고찰하고자 한다.

2) 미국 선교사들과 조선

1884년 기독교의 수용 이래 조선 기독교회는 주로 미국 선교사들의 지도를 받았다. 통계에 의하면 1920년 당시 조선에는 총

343명의 선교사들이 있었는데 그중 미국 선교사가 267명으로 약 80퍼센트를 점하고 있었다.[5] 이들 선교사들의 세계 인식은 당시 미국 사회 일반의 정신적 분위기로 규정되고 있었는데, 특히 그들은 당시 미국 사회를 풍미했던 사회진화론적 문명사관에 젖어 있었다.

사회진화론은 세계의 정황을 다음과 같이 설명한다. 여러 문화의 우열을 평가하며 그것에 순서를 정하는 기준은 기술의 진보이고 기술의 진보는 생물학상의 발전에 대응한다. 문명 기술 수준이 다른 이유는 문명을 담지하는 인종이 생물학상의 진화 과정에서 별개의 단계에 있기 때문이다. 인종 중에는 진화가 저지되어 미개인으로 남아 원숭이에 좀더 가까운 인종도 있다. 열등한 인종인 흑인과 인디언 등은 백인과는 종류가 다른 인간으로 개별적으로 창조되었다. 백인 문명이 우월한 것은 생물학적으로 백인이 우월하기 때문이다. 뛰어난 기술 진보를 달성한 백인이 비백인을 정복하는 것은 인종 경쟁에서 '비적자의 배제', 즉 '최적자 생존' 결과이기 때문에 정당하다. 백인에 의한 인디언 등의 정복 내지 말살은 문명의 진보가 마땅히 치러야 할 대가에 불과하다. 또한 야만인을 강제로 문명화시키려는 백인들의 행위는 인류의 문명화라는 성스러운 임무에 헌신하는 일이며 문명화의 교사라는 직분을 수행하는 양심적인 것이다.[6]

5 김득황, 《한국 종교사》, 에펠출판사, 1963, 393-395쪽.

서구 제국들은 군사력을 배경으로 비서구를 정복, 지배하던 제국주의를 추인(追認)하면서 스스로의 정복·지배 행위를 정당화시킬 사상을 요구했다. 즉 다양한 문명이 존재하는 원인을 설명하고 그 다양성 속에서 서구 문명이 최고의 가치를 담지하고 있으며 그러므로 서구가 비서구를 정복하는 것은 필연이라고 역설해 줄 수 있는 사상을 필요로 했던 것이다. 다윈의 생물학적 진화론을 사회과학의 제 분야에 확장시킨 사회진화론은 이러한 필요성에 응답하는 사상으로서 한 시대를 풍미했다. 즉 진화론적 문명사관은 '역사 없는 세계'라는 종래 서구의 동양 인식을 생물학적 결정론으로 근거 지우고, 진화론적 문명사관의 위계 구조 속에서 자신들의 비서구 정복과 착취를 합리화시켰던 것이다.

서구 근대 기독교는 사회진화론적 문명사관과 보조를 함께 했다. 즉 제국주의의 흐름 속에서 기독교와 서구 근대 산업문명을 동일시한 것이다. 나아가 기독교는 이 서구 근대 '보편주의'와 기독교의 유일성 주장을 접맥시켰다. 전통적으로 기독교는 타 종교에 대해 유일 절대성을 주장하는 입장을 취해 왔다. 18세기부터 활발해진 비서구 선교 활동을 통해 지구상의 다양한 종교문화 전통

6　清水幾太郎,《コントとスペンサ》, 東京: 中央公論社, 1987, 36; Perter J. Bower, Evolution, 鈴木善次 譯,《進化思想の歷史》下, 東京: 朝日新聞社, 1987, 383, 485; 米本昌平〈社會ダウィニズムの實像〉, 村上陽一郎 編《時間と進化》, 東京: 東京大學出版社, 1983; Richard Hofstadter, 後藤昭次 譯,《アメリカの社會進化思想》, 東京: 研究社, 1973, 205-242; David Sills(ed), *International Encyclopedia of the Social Sciences*, vol. 13, The Macmillian Company & The Free Press, New York, pp. 402-426.

과 접촉, 갈등하는 과정에서 이 주장은 서구 보편주의를 종교적으로 정당화하는 언설과 구별되지 않고 사용되었다.

서구 기독교는 그리스도, 기독교 복음, 당대 기독교의 역사적 형태, 나아가 서구 근대 문명을 동일화시키며 그 유일 절대성을 주장해 왔던 것이다. 서구의 세속 문명이 비서구를 정복해서 문명화시켜야 할 사명이 있다는 논리는, 비서구 세계의 기존 문화를 완전히 제거하고 그 빈자리에 기독교를 이식시켜야 한다는 기독교의 정복적 선교와 보조를 함께하고 있었다. 즉 서구 기독교는 산업 문명과 기독교의 손에 해체되어야 하는 '야만'으로 비서구 문명을 이해했던 것이다.

사회진화론적 문명사론과 기독교의 유일성 주장이 결합된 미국 기독교의 전형적인 예는 회중교회 목사였던 스트롱(Josia Strong)의 주장에서 볼 수 있다. 스트롱은 자신들은 선택받은 민족이고, 미국은 약속의 땅이며, 신은 세계 전도를 위해서 앵글로색슨을 미국 대륙에 보냈다고 확신하고 있었다.[7] 그는 적자생존의 결과인 열등 인종의 멸망은 '신의 뜻에 합당한' 것으로 앵글로색슨 인종은 시민사회의 자유와 기독교 그리고 제반 문물제도를 가지고 지구상의 모든 인종을 교화, 복음화시킬 사명을 다하기 위해 멕시코에서 중남미로, 나아가 해양의 여러 섬 및 아프리카를 넘어 전 세계로 나아가지 않으면 안 된다고 주장했다.

---

[7]　曾根撬彥,《アメリカ敎會史》, 東京: 日本基督敎團出版局, 1978, 236-237.

이러한 입장에서 스트롱은 "그리스도의 왕국을 세계에 오게 하는 것을 앞당길 것인가 늦출 것인가는 향후 10년 내지 15년간의 미국 기독교도의 손에 달려 있다"라고 주장하면서 미국 교회의 세계 전도를 촉구했다. 스트롱이 자신의 주장을 담은 저서 《나의 조국》은 1885년 출간된 이래 175만 부가 팔렸는데, 이는 스토우 부인의 《톰 아저씨의 오두막》에 필적하는 부수였다. 스트롱의 사상에 깊은 영향을 받은 미국 기독교는 1898년 필리핀 지배를 둘러싸고 스페인과 충돌했던 미서전쟁에 대해 필리핀을 문명화시키기 위한 성스러운 의전으로 인정하면서 전쟁을 환영하는 입장을 취했다.[8]

1880년대 미국 기독교의 해외 선교열은 스트롱을 비롯한 사회진화론적 기독교 사상에 힘입은 바 적지 않았다. 많은 미국 기독교인은 약속의 땅 미국의 성스러운 사명을 다하기 위한 '마지막 남은 영웅적 행위'로서 해외 선교에 자원했다.[9] 이 대세의 일원이었던 재조선 선교사들의 조선관도 서구 보편주의에 의해 규정받고 있었다.

《은둔의 나라 조선》을 저술하여 미국인의 조선 이해에 결정적인 영향을 미친 것은 그리피스(W. E. Griffis)였다. 그는 조선의 역사에 대하여 "그 역사라는 것은 단지 민담에 불과하며, 일본이나

---

8   Charles A. Beard & Mary R. Beard, *The American Spirit*, The Macmillian Co. 1942년, 高木八尺 譯, 《アメリカ精神の歴史》, 東京: 岩波書店, 1954, 234-236.

9   이만열, 《한국 기독교와 민족의식》, 지식산업사, 1991, 448-450쪽; W. E. Griffis, 《아펜젤러의 전기》, 이만열 편, 《아펜젤러》, 연세대출판부, 1985, 6쪽.

중국의 경우와 같이 민족적인 허영심과 동물 신화에 근거하여 전통적이고 지역적인 가치의 차원에서만 어림잡은 연대기"일 뿐이고, 따라서 역사라는 범주에 미치지 않는 것이라고 규정했다. 계속해서 그는 "진정한 기독교가 도래하기 이전의 개혁되지 않은 아시아 제국들은 모두가 비슷비슷한 것이다. 예수에 대한 신앙이 사람들의 마음을 휩쓸어 버릴 때, 그때 비로소 고대적인 역사가 끝나고 근대적인 역사가 출발하게 된다"라고 주장했다.[10] 즉 그는 동양의 여러 나라와 마찬가지로 조선의 역사 단계도 기독교(=서구 근대문명)에 의해 개혁되어야 하는 고대적 과정에 있다고 보았던 것이다.

물론 그리피스는 조선에 유교, 불교, 도교 등의 사상 내지는 종교가 있다는 것을 알고 있었다. 그러나 이것들은 "오랫동안 지탱되어 온 허위들"로 기독교에 의해서 분쇄되어야 할 '쓰레기'라고 여겼다.[11] 이러한 그리피스의 견해는 조선의 상황을 '빛을 갈망하는 암흑'의 상태이며 재래의 사상, 종교 체계는 조선인의 정신을

---

10 W. E. Griffis, 앞의 책, 8쪽.

11 앞의 책, 8쪽. 그리피스의 《은둔의 나라 조선》은 일본에 관한 그의 책 《천황의 제국 *The Mikado's Empire*》(1876)과 짝을 이루고 있다. 그는 이 두 책을 통해 일본의 명치유신을 찬양하고, 일본의 조선 지배를 정당화하고 있다. 무엇보다도 그는 《은둔의 나라 조선》을 저술할 당시 한국에 한 번도 방문하지 않았을 뿐만 아니라 한국 문헌을 읽지도 못했다. 따라서 그의 책에는 일본 측이나 중국 측의 사료를 검증 없이 무비판적으로 인용한 오류와 오해가 많았음에도, 이 책은 한국 이해의 필독서가 되었다. 이러한 그의 저서의 문제점에 대한 연구로는 김수태, "윌리엄 그리피스의 한국 근대사 인식", 〈진단학보〉 11(2010); 류황태, "그리피스를 통해 본 한일관계", 〈미국학 논집〉 42·3(2010); 안종철, '윌리엄 그리피스의 일본과 한국 인식(1876-1910)', 〈일본연구〉 15(2011); 이영미, "일본의 한국 지배에 대한 그리피스의 태도", 〈한국사연구〉 166(2014) 등을 참조.

얽어매는 미신적 족쇄에 불과하다고 인식한 대다수 선교사들의 조선 이해와 일치한다.[12] 재조선 선교사들은 조선을 '야만적 이방' 이라는 용어로 종종 표현하는 데 주저하지 않았던 것이다.[13]

선교사들에게 서구는 가치와 형태의 공급지였고 조선은 그것에 의해 가공되어져야 할 질료에 불과했다. 나아가 그들은 조선이라는 질료에 형태를 부여할 수 있는 주체는 다름 아닌 선교사 자신들뿐이라고 생각했다. 선교사들의 자기의식에는 '기독교 선교의 개척자'뿐만 아니라 서구 문명과 동일시된 '문명 그 자체의 개척자' 의식이 늘 병존해 있었다.[14] 이러한 선교사들의 의식 속에서 조선은 고유의 역사적 실체를 박탈당하고 역사 없는 공간으로서 폄하되었던 것이다. 즉 선교사들에게 조선은 헤겔의 '동양적 전제'라는 개념으로 표상되는 전형적인 반세계사적 공간이었다.

이와 연동해 파생되는 또 하나의 문제는 조선 교회 형성을 둘러싸고 그 유일한 주체인 조선인의 주체 됨이 부정되었다는 사실이다. 재조선 선교사들은 조선 기독교의 주체가 조선인임을 인정하지 않았다. 조선 장로교파의 전설적인 원로 선교사인 모펫(S. Moffet, 마포삼열)은 1919년 한 기념식상에서 다음과 같이 역설하였다.

---

12   Lilias H. Underwood, *Fifteen Years Among The Top-Knots*, 김철 역, 《언더우드 부인의 조선 생활》, 뿌리깊은나무, 1984, 22쪽: H. G. Appenzeller's Daires, 노종해 역, 《자유와 빛을 주소서》, 대한기독교서회, 1988, 3쪽.

13   윤성범, 《기독교와 한국사상》, 대한기독교서회, 1963, 84-85쪽.

14   박순경, 《민족 통일과 기독교》, 한길사, 1986, 82-84쪽.

조선의 모든 선교사가 죽고 다 가고 모든 것은 축소한다 할지라도 형제여, 조선 교회 형제여, 40년 전에 전한 그 복음 그대로 전하자. … 그 복음은 자기들의 지혜로 전한 것이 아니요, 그들이 성신의 감동을 받아 전한 복음이니 변경하지 말고 그대로 전파하라. 바울이 청년 목사 디모데에게 부탁함과 같이 나도 조선 교회에 있는 원로 선교사와 노인 목사를 대표하여 조선 청년 교역자들에게 말한다. 원로 선교사들과 원로 목사가 전한 그대로 전하라. 다른 복음을 전하면 저주를 받을 것이요, 말할 기회 많지 않는 데로 딴 복음을 전하지 말기를 간절히 바란다.[15]

모펫은 40년 전에 자신이 전한 복음을 유일하고 영원한 참 복음이라 하고, 그 기준에서 벗어나는 기독교를 '저주받을 딴 복음', 즉 이단이라고 규정하고 있다. 일종의 자기 절대화의 우상숭배에 빠져 있음을 간과할 수 없다. 자신이 전한 교리, 교회 조직과 문화 상징체계는 어디까지나 '절대'를 매개하는 매개물이지 그것 자체가 절대일 수도 영원할 수도 없다는 것을 그는 망각했다. 그의 자기 절대화는 조선과 조선인을 '역사 없는 세계의 야만인'으로 본 조선관의 필연적 귀결이었다.

모펫과 같이 재조선 선교사들은 조선 기독교인들을 언제까

---

15   마포삼열박사전기편찬위원회, 《마포삼열박사전기》, 대한예수교장로회총회 교육부, 1973, 326쪽.

지나 유아적 훈육 대상자의 위치에 매어 두려 했다. '복음'의 이름
으로 조선인들에게 자신들의 철저한 예종적 모방자가 될 것을 강
요한 것이다. 또한 조선 교회가 그들 교회의 모조품이 될 것을 강
요한 것이다. 조선 기독교회는 조선인이 주체가 되어 조선이라는
독자적인 공간 속에서 역사적 계기들에 대해 복음의 빛에 근거하
여 응답하며 형성되어 가는 교회여야 한다고 결코 생각하지 않았
던 것이다.

근대 국가로의 변혁이 좌절되고 마침내 국권이 해체되어 식
민지 상태로 떨어진 조선의 역사적 상황과 맞물려 선교사들의 왜
곡된 조선관은 더욱 조장되었다. 식민 종주국 일본을 거치지 않고
세계로 향할 수 있는 유일한 창구 역할을 한 미국 기독교와 정면으
로 충돌할 수 없었던 조선 기독교회도 선교사들의 서구 보편주의
에 근거한 조선 부재의 자기 절대화에 타협하는 것이 대세였다. 그
러나 그리스도의 생명을 구체적인 역사적 상황 속에서 선포하는
것이 교회의 본질이라면, 모조 교회에서 생명이 발휘될 수 없음은
자명한 일이었다. 한국 교회에 대해 생명 없는 형식주의와 교리주
의 그리고 교권주의로 타락했다는 비판의 소리가 1920년대 중반
부터 내외적으로 끊이지 않았다. 이는 선교사들의 서구 보편주의
에 포획되어 상황과 복음을 소통시킬 주체로서 자기를 상실해 버
린 조선 교회가 동반할 수밖에 없었던 필연적 결과였다고 보아야
할 것이다.

    경계에 선 신앙: 전쟁, 토착화, 여성, 공산주의

3) 김교신의 '조선' 재구축과 기독교

이렇게 조선 기독교회가 그 형성의 주체인 조선으로부터 소외되어 가는 현상을 김교신은 어떻게 보았을까.

김교신은 이스라엘에서 율법이라는 인간적인 교훈이 그리스도에 의해 완성된 것과 같이, 그리스도의 복음이 전래되기 이전의 모든 문화에도 그리스도에 의해 최후의 완성을 기다리는 현자·철인의 교훈이 존재한다고 보았다. 즉 기독교의 복음이 '천도'(天道)라면 기독교 이전의 현자·철인의 교훈은 '인도'(人道)로서, 그리스의 소크라테스, 아랍의 무하마드, 인도의 부처, 중국의 공자 등의 교훈도 이스라엘에서 율법의 역할과 같이 복음전사적(福音前史的)인 의의를 갖는다고 생각했다.[16]

김교신은 이교(異敎)의 성현군자들이 그리스도를 모르고 비기독교인으로서 죽었다는 이유만으로 영원한 멸망에 떨어진다는 것은 믿을 수 없다고 생각했다.[17] 그리스도의 제자란 세례 유무와 관계없이 그리스도의 가르침을 실천하려는 사람이라고 본다면, 조선의 선비들이 비기독교적인 기독교인보다 오히려 그 행동과 품격에서 그리스도의 제자 될 자격이 있다고도 생각했다.[18] 나아가 그는 서구 보편주의라는 병에 걸린 선교사들의 일방적인 선교

---

16   김교신전집간행회 편, 《김교신전집》 제4권, 일심사, 1981, 80-81쪽.

17   《김교신전집》 제1권, 113쪽.

18   《김교신전집》 제4권, 250쪽.

방식을 무비판적으로 수용하려는 조선 기독교의 경향은 조선인으로서 자기를 잃어버린 주체 상실의 기독교라고 비판하며, 기독교를 꼭 미국적인 형식으로 믿어야만 한다면 믿지 않는 것이 오히려 좋다고 극언했다.[19]

그는 조선 재래의 정신적 유산들을 모두 해체되어야 할 '야만적 열등성'의 소산이라고 보고 그것을 전면적으로 부정하는 조선인은 자기소외와 자기 상실에 빠질 수밖에 없다고 보았으며, 나아가 그러한 자기 상실자는 기독교의 진리에도 결코 도달할 수 없다고 보았다. 그는 기독교적인 진리 추구도 사해동포적 사랑의 실현이나 원대한 이상의 추구와 마찬가지로 '조선과 자아'의 관계를 빼놓고는 결코 도달할 수 없다고 분명히 말했다. 조선인으로서 자아 회복과 기독교적 실천이 조선이라는 역사적인 장 속에서 동시에 구체화되었을 때만 기독교적 진리는 참되게 추구되어 '만사성'(萬事成, 모든 일이 이루어짐)을 기할 수 있다고 김교신은 주장했다.[20]

이러한 인식 아래에서 그는 조선의 모든 역사적인 내용을 해체되어야 하는 '야만'이라고 규정하는 선교사들의 조선관에 강력히 대항할 필요를 느꼈다. 이를 위해 김교신이 먼저 한 일은 미국 기독교회를 상대화시키는 일이었다. 그에 의하면 미국의 기독교회는 유일한 기독교도, 절대적인 기독교도 아니었다. 그것은 세계

19　《김교신전집》제2권, 198-203, 312-313쪽; 제5권, 141쪽.

20　《김교신전집》제2권, 19-21쪽.

의 많은 기독교회 가운데 하나인 미국의 기독교회일 뿐이었다. 그것은 세계의 모든 교회가 그러하듯이 예수 그리스도의 빛에서 긍정되어야 할 것과 부정되어야 할 것을 동시에 가지고 있는 교회였다. 김교신은 미국 기독교에서는 원기독교와 무관한 황금, 스포츠, 영화, 오락, 사교술 등 세속적인 사업주의와 사교주의적인 것이 주류를 이루고 있다고 보았다.[21] 또한 무엇보다도 반기독교적인 인종차별의 죄악과 타협한 점에서 크게 회개할 필요가 있는 교회였던 것이다.[22] 그는 미국 교회는 전체적으로 기독교 본연의 영적 깊이와 경건함이 크게 결여된 교회로, 조선 교회의 모델로 삼기에는 역부족이며, 그럼에도 이러한 미국 교회를 선교사들이 종교적 권력을 이용하여 조선 교회에 무차별적으로 강요하는 것은 비기독교적인 행위라고 보았다.

이렇게 미국 기독교를 조선 기독교와 질적으로 대등한 지평에 놓고 상대화시킨 김교신은 조선의 전통적인 가치 의식과 미의식을 서구적 시각에서 해방시켜 재발견할 필요를 느꼈다. 그는 미국 교회의 영향으로 조선 교회가 교회 관련 잡지의 발행 부수와 광대한 교회 건축, 종교 집회에 동원된 신자 수 등을 가지고 교회의 성공 여부를 판가름하는 경향을 크게 우려했다. 그는 "아동 주일 학교에서 다액 헌금자의 아이에게 선물을 준다든지 다액 헌

---

21   《김교신전집》제5권, 79쪽.
22   앞의 책, 제5권, 23쪽.

금자를 우대"하는 등 교회가 금전에 구애받는 행위를 하는 것은 "종교의 옷을 빌린 천박한 사업주의"에 불과하다고 비판했다.[23]

그는 이러한 상업주의에 오염된 미국적인 종교심은 "은밀히 덕을 쌓고 은밀히 보시는 하나님에게 보답받기를 기다린다"라고 하는, 조선인이 재래적으로 갖고 있는 '은덕'(隱德)이라는 종교심에 크게 미치지 못한다고 보았다.[24] 같은 맥락에서 그는 내면의 생각과 애정을 즉각적으로 외재화하려는 미국적 감수성을 애써 모방하려는 기독교회 내의 풍조에 대해 깊은 회의를 표명하며, "평생에 사모하는 선생과 눈동자같이 귀여워하는 제자에 대하여 무표정 외에 그 정을 실을 그릇이 없는 줄로만" 알았던 조선 재래의 '군자지교담여수'(君子之交淡如水)라는 담박미의 정서를 재발견할 것을 역설했다.[25]

또한 김교신은 인간의 욕망을 긍정하고 그것을 성취하는 것을 능력이라고 보는 서구 근대의 결과 중심주의를 두고 "현대인들은 도의의 근본을 파괴하고 선의 표준을 전복함으로써 청천백일하의 불의를 감행하여 위선의 필요성을 없이 하였다"라며 개탄했다. 내적인 욕망을 인간으로서의 품위 때문에 포기한 선인(先人)들의 '위선'이 오히려 오늘날의 시대에 부활되어야 한다고 보았던 것이다. 김교신의 이러한 생각의 배후에는 "선을 행하지는 못해도

23   《김교신전집》제4권, 126-132쪽; 제5권, 50쪽.

24   《김교신전집》제4권, 126-132쪽; 제5권, 50쪽.

25   《김교신전집》제2권, 212-214쪽.

선을 행할 것이라는 도(道)는 알았고 이를 두려워할 줄은 알았다”
라는 유교적 인격 수양에 대한 재평가가 내재해 있었다.[26]

김교신의 유교 재평가는 여기에서 끝나지 않는다. 그는 조선 교회는 ‘학이시습지불역열호’(學而時習之不亦說乎)라는 유교적 호학(好學)의 태도에 나타나는 개방적 관용성을 계승하여야 한다고 보았다. 이러한 지적 관용성은 자기가 전한 것만을 복음이라고 하는 선교사들의 독선적 근본주의(Fundamentalism)에 근거한 조선 기독교회의 교파심과 신앙 경색증을 해결해 줄 것이라고 보았던 것이다.[27]

김교신은 유교라고 하는 조선 재래의 정신을 재발견함으로써 해체에 직면한 ‘조선’을 재구축하고자 했다. 물론 그는 이 문제를 단지 전통에 회귀함으로써 해결하지는 않았다. 유교를 국시로 한 조선이 식민지로 전락한 결과 앞에서, 조선의 지식인인 그가 유교에 일방적으로 회귀할 수만은 없었던 것이다. 그는 비판적 주체성을 가지고 유교를 성찰함으로써 그 안에 있는 복음전사적(福音前史的) 의의에 기독교를 접목시키고자 했다.

그는 일종의 우주론적 종합 개념인 ‘천’(天)에 따른다는 것은 우주적인 조화에 귀속하는 사회 공동체의 질서에 순응하는 것이 됨으로 유교는 어쩔 수 없이 현세 순응주의적 경향이 강하다고 보

<hr>

26 앞의 책, 215-217쪽.

27 앞의 책, 104, 212-213쪽.

왔다.[28] 이러한 순응주의는 유교도를 무난(無難), 평안, 원만 등의 현세 내적인 이익을 추구하게 만드는 문제점 역시 가져왔다고 인식했다.[29] 또한 윤리적 측면에서도 '천' 자체가 공동체의 사회질서이기 때문에 유교에서 윤리는 현실 질서에 대한 순응의 형태를 취하지 않을 수 없다고 보았다. 즉 윤리는 주어진 질서에서 자기에게 가장 가깝게 위치한 구체적인 인물에 대해 취해야 할 태도에 불과한 것으로, 군신(君臣), 부자(父子), 부부(夫婦), 장유(長幼), 붕우(朋友)의 오륜(伍倫)은 인간의 인격을 내적으로 통일하는 원리라기보다는 오히려 인간의 외면적인 생활 태도를 주어진 질서에 적응시키는 예절이라고 보았다. 즉 김교신은 유교의 윤리는 "어쩔 수 없는 경향으로서 아무리 하여도 외적이요 사회적인 규약임을 면치 못한다"라는 한계를 갖고 있다고 보았던 것이다.[30]

그러나 이러한 문제점에도 불구하고 김교신은 유교가 '조문도석사가'(朝聞道夕死可, 아침에 도를 들으면 저녁에 죽어도 좋다)라는 일구(一旬)에 집약되어 있는 바와 같이 최고의 가치에 전일적으로 헌신하기 위해 다른 일체의 것을 버리는 정신적 이상주의의 정신이라고 보았다.[31]

김교신은 조선 역사상 의(義)에 대한 절의(節義), 정신적인 정

---

28   《김교신전집》제1권, 54-56쪽.
29   앞의 책, 56-58, 113-115쪽.
30   앞의 책, 71-72쪽.
31   앞의 책, 35쪽;《김교신전집》제4권, 259쪽.

절(貞節)을 고수했던 사람들, 또 윤리 규범을 실천하기 위해 박해를 받고 순교한 사람들을 칭송하기를 주저하지 않았다. 조선 왕조의 역성혁명에 반대하여 살해된 고려의 충신 정몽주의 '불사이군'(不事二君)의 절조와 단종의 폐위에 반대해 참살되었던 이조의 사육충신(死六忠臣)의 절조를 칭송했고, 정절을 지키기 위해 박해를 받았던 춘향과 효도를 다하기 위해 죽음을 선택한 심청, 또한 식민지 시대에 들어서는 '최후의 일인'까지 평화적으로 저항하며 조선의 독립을 이룰 것을 호소했던 3·1 독립선언서 정신을 칭송했다.[32]

이들은 정신적 이상주의를 순교적인 자세로 관철했던 사람들로서, 그 실천적 자세는 십자가에서 죽기까지 신에게 충성을 다했던 예수 그리스도와 다름이 없다고 보았다.[33] 물론 유교의 정신과 기독교의 그것과는 상호 내용이 다르기 때문에 양자가 헌신한 대상은 다르지만, 적어도 그 정신적 형태에 있어서는 동일하다고 김교신은 보았던 것이다.

나아가 김교신은 기독교의 윤리와 유교의 성(誠) 사상이 유사성이 있다고 보았다. 유교에서 '성'은 어떠한 거짓됨도 없는 완전한 사실 그것 자체로, 진실무망(眞實無妄)을 의미한다고 해석되고 있다.[34] 김교신은 '성'은 존재론적인 개념이자 동시에 윤리적인 개념이기도 하다고 본다. 즉 진실무망인 성은 천(天)의 길, 다

---

32   《김교신전집》제5권, 67, 293쪽; 김정환, 《김교신》, 한국신학연구소, 1980, 57쪽.

33   《김교신전집》제5권, 67-68쪽.

34   이성배, 《유교와 기독교》, 분도출판사, 1979, 275쪽.

시 말하면 우주 원리이고 그것에 따라 '성'(誠)스러워지려고 노력하는 것이 인간의 길이라는 것이다.[35] 여기에서 유교의 오륜은 '성'에 이르러 완성된다.

김교신은 조선의 대표적인 석유(碩儒)였던 율곡과 퇴계가 보여 준 지성(致誠)을 다윗, 리빙스턴, 링컨 등의 기독교인의 신앙 형태와 유사하다고 간주했다.[36] 또 기독교에 있어서 기도는 유교의 지성(致誠)에 가까운 것이라고 보고 "기도는 신과 인간 사이의 성(誠)의 유전(流傳), 진실의 교환이다"라고 생각했다.[37] 즉 김교신은 유교의 성(誠)에서 개별자로서의 유한성을 넘어서고자 하는 인간의 자기 초월에의 갈망을 읽어 낸 것이었다.

김교신은 이것을 기독교가 수용되기 이전의 조선 문화에 깃들어 있는 복음적 요소로 인식했다. 이러한 조선 재래의 정신적 전통을 부정할 것이 아니라, 오히려 이 정신적인 이상주의를 매개로 할 때 조선인은 더 훌륭한 기독교인이 될 수 있다고 생각한 것이다. 그는 여기에 기독교를 접목시키고자 했다. 즉 윤리적인 선(善)을 사회질서 안에서 자기에게 가장 가까운 거리에 있는 사람에게 우선함으로써, 개별화, 피상화되어 버린 유교 윤리를 기독교에 의해 재구성해야 한다고 생각했다. 만인을 전제 없이 사랑한 그리스도를 본받아 인간의 정신은 지상의 질서에 속박되는 것 없이 보편

---

35   武內義雄, 《武內義雄全集》 第2卷, 東京: 角川書店, 1978, 35.

36   《김교신전집》 제1권, 354-356쪽.

37   《김교신전집》 제2권, 169쪽.

으로 확대되어야만 한다고도 파악했다.[38] 또한 윤리적 행위도 유교도가 지향하는 바와 같이 윤리적인 덕을 소유해야 한다는 당위에서가 아니라 '우리의 심중에 사랑'이 넘치게 되는 존재론적 변화에 의해 자연스레 행해질 때 비로소 완전해질 수 있다고 보았다.[39]

김교신은 신의 무대가(無代價)적 사랑으로 충족된 존재가 되었기에 보편적인 타자의 고통에도 무대가적으로 연대한다는 기독교적 '하향적 아가페'의 실천에 연결됨으로써 조선 유교가 "형식으로서는 파괴되고 내용으로서는 완전한 의미에서 성취된다"라고 생각했다.[40] 그는 유교의 형(形) 안에 머무르고 있는 정신적이며 윤리적인 이상주의를 조선의 정신적 전통으로 보고, 기독교의 '하향적 아가페' 원리를 매개하여 그 형태를 지양하는 것으로 그 정신을 계승하려고 했던 것이다.

그렇다면 김교신에게 있어서 유교와 기독교의 연속성과 단절점은 무엇인가. 김교신은 기독교인이 되고 난 후에도 유교적 수행 자세를 자각적으로 계승하고자 했다. 그러나 그 수행의 원리는 이미 유교를 벗어난 것이었다. 자기완성이라는 정신적 이상주의가 아니라 그리스도의 사랑으로 자기를 채움으로써 자기를 비우고 이웃을 사랑하는 것이 그의 수행에서 정신적 핵이 되었기 때문

---

38   《김교신전집》제1권, 35-36, 96쪽.

39   《김교신전집》제4권, 80-81, 85-86쪽.

40   앞의 책, 85쪽.

이다.

이렇게 유교로 대변되는 전통 사상을 김교신이 계승하는 방식은 엄밀하게 말하면 조선 시대 유교의 연장이 아니라 그 근본적 부정으로도 볼 수 있다.[41] 사실 정신적 이상주의에 근거한 수행이라는 것은 비단 유교에만 있는 특유의 것이 아니다. 그것은 참과 진리를 동경하는 인류의 모든 문화 공동체에 존재하는 보편적인 것이다. 김교신은 서구에 대항할 자신의 정체성을 재구축하기 위해 정신적 이상주의에 근거한 수행이라고 하는 인류의 보편적인 가치를 유교에서 발견해 낸 뒤 그 외의 유교적 요소는 가차 없이 버렸다. 이를 통해 인간으로서의 보편적 가치가 선교사의 서구나 지배국 일본에만 있는 것이 아니라 식민지인 조선에도 역시 있었음을 발견하고자 했던 것이다. 그는 이를 통해 서양인이나 일본인과 마찬가지로 조선인 역시 개나 돼지가 아니라 그들과 동등하게 영원과 무한과 절대를 동경하는 인간이었음을 말하고자 했던 것이다. 그리고 그러한 조선인으로서의 자기 연속성과 존엄성을 가진 기독교인이고자 했던 것이다.

물론 유교의 윤리가 과연 김교신이 생각한 것처럼 '외면적 예절'이라는 한계를 가진 것인가에 대해서는 많은 논의가 필요할 것이다. 그러나 그가 유교의 정신적 유산을 재발견하고, 전통으로

41   이 점은 우치무라가 자신의 기독교를 무사도와 자각적으로 연결시켜 계승하려 했지만, 그것이 에도 시대 무사도의 연장이 아니라 근본적으로 그것의 부정이었다는 점과 같은 구조라 하겠다. 가라타니 고진, 조영일 역, 《문자와 국가》, 도서출판 b, 2011, 28쪽.

　　　　경계에 선 신앙: 전쟁, 토착화, 여성, 공산주의

부터의 탈출과 배제의 매개가 아니라 전통을 창조적으로 계승하는 매개로 기독교를 파악하여 서구적 종속성으로부터 해방시키려고 한 점은 특기할 만하다. 즉 그는 서구 중심주의로부터 탈피하여 조선 기독교의 종교 문화적인 수평적 평등성을 확보하고자 했던 것이다.

한편 김교신은 기독교가 조선의 정신적인 전통을 창조적으로 계승하는 것만으로는 민족적 아이덴티티를 주체적으로 형성하는 힘이 되기에는 역부족이라고 보았다. 그는 기독교의 원리가 조선의 현재와 미래의 역사를 형성해 가는 역사 형성의 원동력이 되지 않으면 안 된다고 생각했다. 김교신은 역사란 "민족과 민족 사이에서 신의를, 사람과 사람 사이에서 경애"를 실현할 수 있게 하는 '도덕적인 진리'를 사람들에게 배우게 해서 역사의 근저에 감춰져 있는 신(神)을 깨닫게 하는 무대라고 생각했다. 따라서 세계의 역사는 '힘은 정의다'라는 비도덕적인 허위를 타파하고 '정의는 힘을 이긴다'는 신의 역사 지배의 철칙을 증명해 왔다고 인식했다.[42] 여기에서 그는 개인의 역사와 동일하게 국가의 역사를 심판할 때에도 '신의와 경애'라는 도덕적인 표준이 차별 없이 적용되어야 한다고 생각했다.

물론 김교신은 자신이 처한 시대가 약육강식이 정당화되는 제국주의 시대라는 것을 직시했다. 그러나 그는 제국주의 시대는

---

[42]　《김교신전집》제2권, 219쪽.

'힘이 정의다'라는 허망한 미몽에 취한 시대이며 국가와 민족의 죄악을 미화하고 칭송하는 집단 이기주의 시대라고 보았다. 따라서 개인의 범죄보다도 "민족 또는 국가의 범죄를 한층 더 엄혹하게, 상세하게 심판하여 세계 역사상에 이를 뚜렷이 제시"함으로써 세계사를 다시 신(神)의 '신의와 경애'를 지향하는 역사로 변혁해 가는 것이 바로 제국주의 시대에 기독교인이 감당해야 할 역사적 책임이라고 생각했다.[43]

그렇다면 김교신에게 역사 변혁의 구체적인 방법은 어떠한 것이었을까. 이 문제에 관한 그의 사고의 원점은 인간은 아무도 스스로 구원할 수 없다는, 신 앞에서 죄인으로서의 '무자격성'과 평등성을 각성하고 관철하는 것이었다. 이것은 구체적으로 자기 욕망을 실현하기 위해 타자를 소유와 지배의 대상으로 만들려는 인간의 자기 팽창적 권력의지를 끊임없이 내면에서 정화하는 것이었다. 그러나 김교신은 이러한 내면적 자기 정화로서 '무자격성'의 자각은 역사 변혁을 실현하는 데 있어서 상실되어서는 안 될 원점이지만, 그것은 어디까지나 변혁을 이루기 위한 소극적인 출발점에 불과하다고 생각했다.[44]

그는 역사 변혁을 가능하게 하는 '적극적인' 자세는 불의가 만들어 낸 고난 속에 있는 사람들과 스스로를 연대하는 '하향적 아

---

43   《김교신전집》제3권, 203쪽; 제5권, 114쪽.

44   《김교신전집》제1권, 171-172쪽.

    경계에 선 신앙: 전쟁, 토착화, 여성, 공산주의

가페'의 삶의 실천이라고 보았다. 예수 그리스도의 성육신은 "무한히 높았던 신의 아들이 가장 낮은 자리로 오시는" 것에 다름 아니라고 인식한 것이다. 그리스도의 삶을 "세상 사람들은 미꾸라지처럼 상층으로 상층으로 유영술을 부려 사교를 넓히고 지위를 높이며 세력을 펼칠 때에 예수만은 낮은 하수도로 하수도로만 향하였다. 거기서 병상(病傷)한 자와 패퇴한 자의 한숨을 들어 주시고 눈물을 씻어 주셨다. 그리고 나중에는 자신의 몸을 십자가에 달아 비천과 치욕의 극에까지 내려가셨다"라며, 그리스도는 이러한 '하향적 아가페'로 가치관을 역전시킬 것을 인류에게 호소하고 있다고 보았다.[45] 김교신은 신의 사랑에 의해서 세상을 이긴 자유를 "자발적으로 신에게 반상(反償)"하고 가장 가난하고 고독한 이웃 사람의 고뇌와 책무를 함께 짊어지는 삶, 다시 말하면 타자의 시점에서 하향적 아가페를 실천하는 삶에 그리스도의 생애가 계시되고 있다고 보았던 것이다.[46]

김교신은 불의가 집약적으로 나타나고 있는 식민지 조선의 모든 조선인은 이 하향적 아가페의 삶을 자각적으로 짊어지지 않으면 안 된다고 생각했다. 특히 조선 기독교인들에게 이것은 회피할 수 없는 책무라고 보았다.[47] 조선의 역사에 존재한 모든 불의에 저항함과 동시에 그 불의에 무방비적으로 상처받고 있는 '가장 빈

---

45   《김교신전집》제2권, 440, 442-445쪽.

46   앞의 책, 41쪽;《김교신전집》제5권, 130쪽.

47   《김교신전집》제2권, 26, 46쪽.

색궁천(貧塞窮賤)한 자'가 최후의 한 사람까지 '자기회복'을 실현할 수 있도록 기독교인은 자기를 바칠 열애(熱愛)의 책무를 지고 있다고 주장한 것이다.[48] 이러한 역사 창조적인 하향적 아가페의 자세가 망국의 슬픔을 체험한 조선인에게 걸맞은 애국심의 형태이고, 조선인 한 사람 한 사람이 이 애국심에 자각적으로 분투하는 것이 조선 독립의 길이라고 김교신은 주장했다.[49] 나아가 이것은 식민지 조선의 역사에 가중되고 있는 불의를 분쇄함으로써 동시에 세계사의 불의를 정화하는 길이라고도 그는 파악했다.[50]

이러한 김교신의 '조선' 재구축 논리는 조선이라는 구체적인 장에서 인간을 근저로부터 긍정하고 동시에 상대화시키는 절대자 신앙을 하향적 아가페의 삶에 의해 육화시키려 했던 치열한 신앙고백이기도 했다. 김교신은 이렇게 수평을 깨트리며 수직으로만 살려 하는 그의 신앙을 포플러 나무 예찬을 통해 다음과 같이 고백했다.

포플러는 하늘을 향하고 삽니다. 인간 살림에는 세력 투쟁이 있고 국가 생활에 영토 확장의 야망이 없을 수 없는 것처럼 무릇 거대한 수목은 그 수세를 널리 횡(橫)으로 펴서 '일장성공 백골고'(一將成功

---

48   《김교신전집》제1권, 171-172, 177-179쪽.

49   《김교신전집》제2권, 113-114쪽; 제3권, 94-95쪽.

50   《김교신전집》제5권, 114-118쪽; 함석헌《성서적 입장에서 본 조선 역사》, 성광문화사, 1950, 449쪽 참조.

白骨枯, 장수 한 사람 성공하는 데 수많은 군졸의 희생이 따른다)라는 셈으로 거수(巨樹)의 광활한 지엽(枝葉)이 임의로 무성을 극(極)하기 위해서는 그 전후좌우의 만초(萬草)가 고갈을 당하고야 맙니다. 오직 포플러 나무만은 횡으로 세력을 벌리려 하지 않고 종으로 하늘을 향하여 자라고 또 자라기만 합니다. 그 일직(一直, 언제나 한결같은)한 구간(軀幹, 몸통 부분)과 수직적으로 하늘을 행한 대기(大技, 큰 가지), 소기(小技, 작은 가지)는 호렙산 아래에서 기도하는 모세의 쾌(열 손가락을 바짝 낀 깍지)인가요, 겟세마네 동산에서 피땀 흘리시는 예수의 팔뚝인가요, 유한한 횡으로 살지 않고 무한한 종으로 하늘로 사는 포플러 나무야말로 고귀하도다! … 포플러 나무는 지평선을 깨뜨립니다. … 무릇 시기와 당쟁은 왜소에서 생깁니다. 홀로 운표(구름 위)에 두각(頭角)을 두고 미풍과 전광(電光)에 진동하여 책하는 자 없어도 스스로 통회하고 섰으니 그 민감, 그 고결함이여! 놀랍도다![51]

자기회복을 하지 못한 타자에 대한 사랑의 연대에 자신의 자유를 유보하고 하향적 아가페의 삶을 살려고 한 그의 신앙이 근대 세계의 서구 보편주의라는 수평적 권력 관계를 뚫고 스스로의 역사적 주체성을 회복하며 '조선'을 재구축할 수 있게 만든 것이다. 이러한 의미에서 김교신에게 복음은 참으로 기쁜 소식이었고 기독교는 "죽음을 이긴 종교"였다.[52]

---

[51] "포플러 나무 예찬 1", 〈성서조선〉, 1934. 11.

4) 야만의 세계사를 넘어서

이상에서 우리는 김교신이 서구적 '보편주의' 시각에 항의하면서 '조선'을 재발견하고 기독교를 통해 그것을 창조적으로 계승하면서 새롭게 재구축하려고 했음을 고찰했다.

이러한 김교신의 작업을 두고 혹자는 우치무라의 영향을 지적할지도 모른다. 우치무라는 1895년 《대표적 일본인》이라는 영문 책자를 저술했다. 그는 명치유신의 대표적 지도자의 한 사람인 사이고[西鄕隆盛]나 선정을 실시한 봉건 영주인 우에스기[上杉鷹山] 등의 삶을 예로 들어 사리사욕에 좌우되지 않고 정의를 위해 신명을 바치는 일본 무사도의 윤리적 우월성을 논했다. 그가 서구인을 상대로 하여 일본 무사도의 우수성을 논한 것은 '동양적 전제'라는, 서양이 규정한 동양 사회 일본의 역사적 성격 규정에 대한 항의의 일환이었다. 그는 서양의 비판에 항의하면서 무사도를 재발견하고, 이것을 접대로 하여 기독교와 접목을 이룬 새로운 일본을 구축하고자 했다. 그러나 이때 새로이 구축된 일본은 근대 유럽적 문명과 대등히 대우받을 것을 요구하는 또 하나의 근대 유럽으로서의 일본이었다. 우치무라의 대외 인식에서도 늘 문제가 된 것은 서구라는 타자와 일본의 동일성과 차이성이었던 것이다.[53] 따라서

---

52   김교신, "죽음을 이긴 종교", 〈성서조선〉, 1940년 11월 호.

53   양현혜, "함석헌과 우치무라 간조(內村鑑三)의 2개의 J", 양현혜, 《근대 한일 관계사 속의 기독교》, 이대출판부, 2009.

그의 타자 인식에서는 조선과 같은 비서구 지역의 식민지가 설 자리는 역시 없었던 것이다.

　　김교신에게 우치무라가 끼친 사상적 감화는 크다. 그러나 식민지 조선인인 김교신이 식민지 종주국 일본인인 우치무라의 사상을 충실히 계승한다고 했을 때 빠지게 될 심각한 자기소외는 자명하다. 따라서 중요한 것은 그가 우치무라에게 얼마만큼 사상적 영향을 받고 얼마나 충실히 계승했는가가 아니라 그것을 얼마나 철저히 주체화했는가이다. 김교신이 '조선'을 재구축하려고 했을 때 그가 근거한 궁극 원리는 자유인으로서 자신의 권리를 유보하고 약자의 자존을 보존하려는 '하향적 아가페' 정신이었다. 이 정신에 의거하여 그는 조선을 재구축함으로써 식민지 조선을 독립시키려 했고, 나아가 식민지 국민의 삶 위에 집약된 제국주의적 약육강식의 불의를 정화시킴으로써 새로운 세계사를 구상해 가려 했다. 이러한 그의 사고에는 제국주의적 세계 질서와 그것을 정당화하는 서구 보편주의 문명사관에 대한 통렬한 비판이 있었다. 즉 자기를 회복하지 못한 마지막 하나의 식민지 국가가 있음에도 불구하고 문명의 이름으로 약자의 자존을 외면하는 한, 세계사는 오직 야만일 뿐이라는 것이다. 이러한 그의 서구 보편주의 비판은 가깝게는 일본의 조선 식민 통치 전략인 '동화주의'에 대한 근원적인 비판이기도 했다. 아시아의 근대 유럽인 일본의 문명을 야만인 조선이 배워야 한다는 것이 동화주의의 핵심이었기 때문이다. 김교신은 하향적 아가페 정신에 근거하여 서구 문명 대 비서구 야만이라는 근대 서구 보편주의의 이분법을 넘어서는 새로운 세계사를 대망하고 있었다. 또한 그가 지닌 조선 독립에의 열망은 이러한 대망의 틀 안에 위치했다. 그가 꿈꾸는 '독립 조선'은 무엇보다도 약자의 자존을 보장하는 공동체였으며, 바로 그것을 통해 인류사에 공헌하는 세계사적 공동체였던 것이다.

한편 김교신의 이러한 시도는 서구의 자기 절대화의 종교적 도구로 전락한 기독교에서 그 본연의 세계관적 의미 내용을 해방시킨 작업이기도 했다. 그는 기독교에서 그 본질과 부차적인 형식을 준별하였고, 그 본질을 약자의 자존을 보존하는 하향적 아가페라고 인식했다. 그리고 이 원리에 근거해 기독교를 인간의 '서로 주체성'을 확립하고 보존하는 사상적 계기로 삼았다. 이러한 신학적 사유 속에서 기독교는 그에게 민족적 정체성을 재형성하는 사상적 계기가 될 수 있었던 것이다.

전통과 기독교를 지평 융합시킴으로써 민족적 정체성을 재구성하려고 한 김교신의 신학적 사유는 한국 근대사에서 기독교가 할 수 있는 가장 본질적인 기여의 하나라고 할 수 있다. 과거의 전통을 새로이 일깨움과 동시에 새로운 미래에 대한 구상을 함께 아우르는 민족적 정체성의 재형성은 식민지 조선의 저항과 자기 창조의 정신적 핵이기 때문이다. '조선'을 재발견하고 그것에 기독교를 연결시킴으로써 근대 조선의 민족적 정체성을 재확립하려고 한 김교신의 사상적 고뇌는 한국 기독교 사상사에서 아무리 높이 평가되어도 지나침이 없다 할 것이다.

　　경계에 선 신앙: 전쟁, 토착화, 여성, 공산주의

3. 기독교와 전통 사상의 관계 제 유형

한국 개신교 초기 역사에서 나타난 기독교와 전통 사상의
관계를 유형화해 보면 먼저 윤치호와 같은 '해체적 혼재형'이 있
다. 이미 고찰한 바대로, 윤치호는 1887년 세례를 받아 조선 최초
의 남감리교 세례 교인이 되었다.[54] 그는 유교에는 없는 무소부재
(無所不在)한 신의 감시가 윤리를 실천하지 않을 수 없게 강제한다
는 점에서 기독교의 윤리적 우월성이 있다고 보았다. 그러나 그 외
의 점에서는 유교가 기독교보다 훨씬 합리적이고 이성적인 종교
라고 보았다. 이러한 관점에 선 윤치호에게는 기독교에 많은 의혹
과 회의가 있었다. 그러나 그는 이러한 회의를 해결하지 않은 채
내세의 구원을 위해 세례를 받았다. 이후 윤치호는 미국 유학을 통
해 서구 자본주의 문명이 가진 부국강병의 위력을 직접 목도하게

[54]　양현혜,《신앙의 변증법: 김교신과 한국 개신교》, 홍성사, 2025, 제1장 3절.

되었다. 그리고 이것을 기독교의 윤리적 힘의 결과라고 보았다.

그는 기독교 윤리에 십계명과 사랑의 이중 계명 이외에 육체적 쾌락 금지, 노동 존중, 생활의 간소화, 절약, 시간의 유효한 사용, 근면, 계획적인 생활 등 유능한 산업사회 생활인의 덕목까지 포함시켰다. 그리고 이러한 윤리를 강제하는 기독교를 서구 근대 문명화의 필수불가결한 원동력으로 이해했다. 역으로 유교는 서구적 문명화에 실패한 '반(反)문명' 덩어리였다. 그는 조선을 서구적 문명국가로 만들기 위해서는 유교를 철저하게 파괴하고 해체시켜 기독교로 대체하는 것이 필수불가결하다고 생각했다.[55] 이러한 윤치호의 유교와 기독교 관계 구조는 내적 세계관에 있어서 길항과 극복보다 '자본주의화=문명화 달성' 여부로 종교의 우월성을 논하는 결과론적 논리 구조였다.

그러나 윤치호의 주관적인 생각과는 달리 그의 기독교 이해에는 유교적인 틀이 잔존해 있었다. 무엇보다도 무소부재한 신의 감시라는 강제력을 이용하여 윤리적 완성을 통해 구원을 얻으려는 그의 구원 이해에는 속죄 신앙이 보이지 않는다. 도덕적 완전에 이르려는 자신의 모든 노력의 파탄을 인정한 후에 비로소 가질 수 있는, 그래서 자신은 '죄인'이라는 인정이 그에게는 없었다. 따라서 '자기 밖에서 오는 낯선 의로움'으로서 그리스도의 '의'의 수용이라는 속죄 신앙도 그에게는 보이지 않는다. 그에게 구원은 '나'

---

55   양현혜,《윤치호와 김교신》, 37-41쪽.

라는 주체를 그리스도에게 양도하는 주체의 포기가 아니라, 신적 힘을 빌려 '나'를 완성해 가는 자기 확장이었다. 전형적인 유교적 성선설적 인간 이해였던 것이다.

한편 성과 속의 관계에서도 현세와 종교적 성의 세계가 연속해 있는 유교적 일원주의의 틀거리가 그에게 작동하고 있었다. '문명화=선=영원의 지복(至福)', '비문명화=악=영원의 멸망'이라는 그의 일원론적 이분법의 세계 이해는, 성의 세계와 분리되지 않으나 완전히 구별되는 다른 차원의 세계로 현세를 상정하는 기독교의 이원론적 세계관과 판이하게 다르다. 윤치호는 기독교의 신을 서구 근대 문명의 수호신으로 이해하고 하나님의 나라와 미국 문명을 동일시함으로써, 철저한 유교적 일원주의 세계관을 견지했다.[56] 따라서 그는 주관적으로는 유교 파괴와 해체를 주장했으나, 객관적으로는 유교적 세계관과 기독교적 서구 문명이 혼재된 일원주의적 세계관을 가졌다. 이러한 논리 구조를 '해체적 혼재형'이라고 할 수 있다.

그렇다면 윤치호에게 기독교는 새로운 정체성을 형성하는 사상적 계기로 작용했는가. 기독교를 서구 근대문명의 힘과 혼동한 그는 서구 문명의 힘에 압도되어 조선인이라는 자신의 태생을 '우환'으로 인식할 정도로, 극심한 자기 분열과 자기소외를 경험했다. 기독교는 그의 민족적 정체성을 해체시키는 매개로 작용했

---

56   앞의 책, 48–55쪽.

던 것이다.

두 번째로 최병헌과 같은 '대결적 연속형'이 있다. 앞에서 고찰한 바대로, 최병헌은 유교에서 개신교로 개종해야 할 당위성과 필요성이 무엇인가를 두고 숙고했다.[57] 그리고 그 정신적 씨름의 결과를 《성산명경聖山明鏡》, 《만종일련萬宗一臠》 등으로 정리해 출판했다. 그는 유교의 상제 이해에 연속하여 기독교의 하나님을 수용했다. 그리고 유교에 없는 자비와 사랑이라는 신의 속성을 더함으로써, 기독교의 하나님을 유교의 상제를 보완하고 완성하는 '참신'으로 수용했다. 또한 유교의 우주생성론에서 완전히 이탈하여 기독교의 창조론을 수용했다. 그러나 인간론과 윤리관, 내세론, 나아가 성과 속 혹은 종교와 정치의 관계에서는 큰 틀에서 유교적 세계관의 연속선상에 있었다. 그는 "대략 대도(大道)는 방국(邦國)에 국한되지 않고 진리는 중외에 통용 가능한 것"임으로 "서양의 하늘이 곧 동양의 하늘"이라고 보았던 것이다. 이렇게 최병헌은 유교를 해체시키지 않고 그 윤리적 연속선상에서 개신교를 수용하고자 한 것이다. 그 가장 강력한 동인은 서구적 보편주의에 압도당하는 당시 조선의 상황에서 절박하게 요청되는 '문명화'의 당위성이었다. 이러한 관계를 대결적 연속형이라고 할 수 있을 것이다.

해체적 혼재형이라 할 수 있는 윤치호와 달리 최병헌의 경우

[57]   양현혜, 《신앙의 변증법: 김교신과 한국 개신교》, 제2장 3절.

    경계에 선 신앙: 전쟁, 토착화, 여성, 공산주의

기독교가 그의 민족적 정체성을 해체시키지 않고 수용되었다는 점에서 양자는 차이점이 있다. 그러나 그에게도 역시 기독교는 새로운 주체 형성의 매개로 작용하지 못했음을 이미 앞에서 논했다. 문명사적 당위라는 결과론에 추동되어 유교적 일원주의의 틀거리 안에서 수용된 기독교는, 서구적 보편주의가 부가한 열패자라는 낙인을 거부하기에는 역부족이었다. 그러한 기독교는 오히려 '열등'이라는 낙인을 감내하게 하고 서구에 대한 모방을 추동하게 하는 강력한 추진력으로 작용할 수 있었기 때문이다.

세 번째로 박인덕과 같은 '무대결적 이식형'을 들 수 있다. 앞 권에서도 고찰한 바와 같이, 박인덕의 경우 '아버지의 부재'로 상징되듯 대결해야 할 전통 자체가 부재한 상태였으므로 기독교는 대결 없이 이식·확장되어 갔다.[58] 이렇게 이식된 기독교는 삶의 필요에 대한 고도의 충족 체계로 이해되었고, 그 충족의 현실적 주체는 서구 개신교인들이었다. 조선의 전통 종교는 기독교에 의해 정복되어야 할 대상이었다. 왜냐하면 삶의 필요를 충족시키는 데 한없이 무용했고 무능했기 때문이었다. 또한 박인덕의 세계 인식의 틀거리가 된 오리엔탈리즘의 강력한 운반체로 기능한 기독교는 그녀의 성 정체성과 민족 정체성을 분열시키고, 그녀를 민족으로부터 탈출시키는 매개로 기능했다. 결과적으로 기독교는 조선인이자 여성인 그녀의 통합된 정체성을 형성하는 사상적 계기

[58]   앞의 책, 제1장 4절.

로 작용할 수 없었다.

네 번째로 김교신으로 대표되는 '대결적 접목형'을 들 수 있다. 그는 기독교를 당대의 최강 문명인 서구 자본주의 문명과 준별한 뒤 기독교의 본질을 추구했다. 그리고 그 본질은 자신과 같이 세계사 서열 최하위에 있는 사람을 비롯한 모든 인간을 창조하고, 그들을 구원하여 어떠한 패자도 없이 약자의 자존을 보존하는 새로운 세계를 열어 가고자 하는, 절대자의 뜻에 자신을 일대일로 접속시켜 스스로의 삶을 형성해 가는 것이라고 이해했다. 그리고 그는 신에게만 접속함으로써, 모든 피조물적인 것으로부터 자립하고 무엇보다도 필멸(必滅)의 존재라는 죽음의 공포로부터 해방되어 살고자 했다. 또한 '구원받은 죄인'으로서 한없는 자기 존엄성을 가지고 살고자 했다. 이러한 김교신의 '자기 사랑'은 자기에게 연원을 둔 것이 아니었다. 하나님 때문에 자기를 사랑하는 것으로, 세상과 자기 자신을 벗어나 오직 하나님 앞에서 생기는 자기 사랑이었다. 그러므로 그의 자기 사랑은 무에서 생기는 생명이요, 죄인의 자기 긍정이며 비천한 자의 존엄이었다.[59]

이러한 '자기 사랑=존엄성'에 입각한 그의 주체성에는 제국주의적 세계 질서와 그것을 정당화하는 서구 보편주의 문명사관에 대한 통렬한 비판이 있었다. 즉 자기를 회복하지 못한 마지막 식민지 국가가 있음에도 '문명'의 이름으로 약자의 자존을 외면

---

[59]　　양명수, 《아우구스티누스 읽기》, 144쪽.

　　경계에 선 신앙: 전쟁, 토착화, 여성, 공산주의

하는 한, 세계사는 오직 야만일 뿐이라고 보았다. 그리고 그는 서
구 문명 대 비서구 야만이라는 근대 서구 보편주의 이분법을 넘어
서는 새로운 세계사를 대망하고 있었다. 그가 지닌 조선 독립에의
열망은 이러한 대망의 틀 안에 위치하고 있었다. 그가 꿈꾸는 '독
립 조선'은 무엇보다도 약자의 자존을 보장하는 공동체였으며, 바
로 그것을 통해 인류사에 공헌하는 세계사적 공동체였던 것이다.

3장

여성관

1. 김교신의 여성관

탁월한 사상가들도 오늘의 눈에서 보면, 성 인지 감수성에서 적지 않은 문제가 있음을 발견할 때가 종종 있다. 개신교 사상가역시 예외일 수는 없다. 김교신은 어떠한 여성관을 가졌을까. 이는 어쩌면 그의 가장 인간적인 모습의 한 단면을 볼 수 있는 주제이기도 하다. 이와 관련해 그가 쓴 "한양의 딸들아!"와 장녀의 결혼식에 붙인 "출가훈"(出嫁訓)을 읽어 보자.

한양의 딸들아!(1927년 7월, 1호)

나에게 한 가지 자랑이 있다. 그리고 그것은 나의 마음속 지극히 깊은 곳을 차지하고 있다. 내가 조선의 모든 외양(外樣)을 보고 낙심하여 머리가 떨구어질 때 그것이 나의 심장에 새로운 고동을 주어 나의 머리는 처들어지고 나의 눈에는 희망의 광채가 방사된 때가 몇 번이었던가!

나는 동북의 한쪽 구석에서 태어나 자라 견식이 좁은 자다. 그러나 그렇게 좁으니만치 그만치 확신이 강하였다. 즉 본 대로 신뢰한다. 나는 나를 낳아주신 친어머니의 품속에서 자랐고 농업을 주업으로 하는 소박한 이웃 사이에 거(居)하여 듣고 보고 하였다. 그리고 이렇게 생각하였다.

"조선을 망하게 한 것은 그 남성들이었다. 남성들 자신은 이제 멸망하여 다시 소망이 있는 것 같지 않다. 그러나 조선의 여성은 세계에 견줄 데가 없으리라. 조선의 희망은 과연 그 독특한 조선적 여성의 장점에 있으리라"고. 특히 일본의 풍기와 일반적으로 이를 비교하여 볼 때 누구나 할 것 없이 우리들의 이 같은 신념을 옳다 하여 주었고 우리들 또한 일본을 오래 목격함에 이르러 더욱 확신을 굳히게 되었다.

더욱 성서를 알게 됨에 이르러 정조 문제는 이것이 단순히 열녀불경이부 충신불사이군(烈女不更二夫 忠臣不事二君)에만 그치는 것이 아님을 알았도다. 과연 정조 문제는 인생을 일관하는 근본원리다. 단순히 여성의 문제가 아니요 동시에 남성의 문제이며, 단순히 현세의 제도가 아니요 내세에 걸치는 우주의 법칙이다. 그러므로 그리스도는 자기와 교회의 관계를 신랑 신부에 비유하셨고, 그러므로 여호와 하나님은 불경이신(不敬二神)을 백성에게 엄명하였다. 인류 중에 만일 가장 완전히 유일의 신을 믿은 민족이 있었다면 그것은 유대 민족이었으리라. 인류 중에 만일 가장 완전히 정조의 도를 지켜온 민족이 있었다면 그것은 조선의 여성이었으리라. 유대인의 장래에 희망을 가질진대 조선의 소생을 의심할 자 누군가? 조선의 남성 특히 그 신세대 청년들은 불신과 방종으로 점점 더 그 사멸의 속도를 더할는지 모르나, 오직 순수한 여성만은 진리에 살고 또 진리를 낳으리라. 이것이 나의 자랑이 높고 나의 확신이 굳은 바이다. 그러나 근일의 소문은 어떠한가? 만일 근일에 들리는바 서울을 중심으로 한 학생의 풍기, 각종 오락장에 나타나는 암흑의 형편들. 아! 이것이 사실이라면 우리는 두 길 중의 하나를 취해야 할 갈림길에 섰도다. 즉 선대의 조선 부녀와 현대의 조선 여성 사이를 엄밀히 분류하여 나의 자랑을 전자에게만 한하거나 아니면 나의 얼굴에 뜨거운 불을 놓고 자존(自尊)의 비(非)를 만국을 향하여 사과하고 확신의 거짓됨을 땅에 대고 뉘우쳐야 할 것이다.

오직 나는 지금도 책상머리에 앉아 있는 서생(書生)이요 실상에 어두운지라 경솔하게 상심치 않고 다만 묻노니, "아! 한양의 딸들아, 그대들은 우리들의 자랑을 배서(背書)하여 우리들의 머리를 더 높게 하여 주려는가, 아니면 우리들의 얼굴에 화로를 씌우고 조선의 앞날을 영원한 어두움으로 가리우려는가. 아, 조선의 딸들아. 아, 한양의 딸들아!"

출가훈(出嫁訓, 1938년 10월 18일 일기, 1938년 11월, 119호)

작은 칼〔小刀〕을 품고 가서 부모의 명예에 관한 때는 죽고 다시 오지

말라. 열녀는 두 남편을 섬기지 않는 법이요[烈女不更二夫], 정결이
제일이니라. 오늘로써 친정과의 관계는 싹 끊는 것이다. 다시 뒤돌
아보지 말고 가라. 출가는 배수지진(背水之陣)이다. 퇴각 불허. 길
흉화복을 오로지 시댁과 함께하라. 나와 너와 무슨 상관이 있느냐!

   경계에 선 신앙: 전쟁, 토착화, 여성, 공산주의

2. 과도기의 혼재

　　김교신은 1901년 4일 18일 함경남도 함흥의 전통 있는 유가
(儒家) 가문에서 태어났다. 아버지 김염희(金念熙)는 21세의 젊은 나
이에 폐 질환으로 병사했다. 김교신이 세 살 때 과부가 된 어머니
양신(楊愼)은 김교신과 유복자인 그의 동생 김교량 두 남매를 혼자
힘으로 길렀다. 김교신이 아홉 살이 되던 해에 조선은 일본의 식
민지가 되고 말았다. 그러나 어머니의 극진한 보호 아래 그는 여느
아이들과 같이 소에 여물을 먹이고 물맞이 목욕을 하는 보통 아이
로 자랐다. 그의 삶에 어머니는 중요한 영향을 미쳤다. 그는 평생
수절하며 동생과 자신을 기른 어머니를 마음 깊이 존경했다. 이때
체험한 어머니상은 강렬한 것이어서 그의 여성관에 절대적인 영
향을 미쳤다. 그가 열녀는 두 남편을 섬기지 않는 법[烈女不更二夫]이
라는 것을 신념으로 한 조선 여성들의 '정조관'을 칭송한 것도 이
러한 개인적 체험에서 우러나온 것이었다. 그는 이 정조관을 남녀

의 혼인 관계뿐만 아니라 신앙의 지조와 유비해 보고 있지만, 오늘날의 성 인지 감수성에서 보자면 역시 남성 중심적이라는 비판을 면치 못할 것이다. 그러나 정조를 여성에게만이 아니라 남성에게도 요구하는 철저한 일부일처주의자라는 의미에서 그의 여성관은 유교적 가부장제적 여성관과는 구별되어야 한다.

그는 나이 열두 살에 자신보다 네 살 연상인 한매(韓梅)와 결혼했다. 그의 아내는 전형적인 전통적 현모양처형 여성이었다. 신학문을 몰랐던 이 부인에 대한 김교신의 사랑은 각별했다. 시장이 멀어 찬거리 장만에 어려움을 겪는 부인을 돕기 위해 그는 집 주변에 손수 텃밭을 가꾸어 채소가 부족하지 않게 했다. 새로이 집을 지을 때도 자신의 서재보다 가사 일에 시달리는 아내의 동선을 가능한 한 줄여 주기 위해 먼저 고심하고, 부엌을 현대식으로 개량해 주곤 했다. 이들 부부 사이에는 2남 6녀가 있었다. 그는 어린 학생들에게 잠자리의 부부 생활을 소개하며 암놈이 호수나 늪의 풀잎에 매달려 꽁지를 물속에 묻고 알을 까는데 물에 빠질까 봐 수놈이 꼭 붙들고 있다면서, 이런 곤충도 해산의 고통을 부부가 분담하거늘 하물며 인간 부부에게 동고동락함은 당연지사라고 했다.

그러한 그이지만, 남존여비의 면모도 적지 않았다. 그가 첫아들을 낳은 것은 네 딸을 낳은 후였다. 김교신은 아들을 간절히 기다렸다. 네 번째로 딸을 보았을 때 적지 않게 실망한 모양이었다. 넷째 딸이 태어났을 때 그는, "집에 오니 … 일녀(一女)를 더하니, 이것으로 제4녀가 생겼다. 이제는 4부 합창이 가능하구나"라

     경계에 선 신앙: 전쟁, 토착화, 여성, 공산주의

고 간단한 느낌을 남겼을 뿐이다.[1] 그는 넷째 딸의 이름을 정옥이라고 지었으나, 그의 어머니 양신은 아들을 기다리는 마음에 '똥옥'이라고 부르기도 했다고 한다.

김교신은 1933년 그가 33세일 때 첫아들을 얻었다. 기다리던 아들이 출생하자 그는 '정손(正孫) 출생'이라 하고, "남자아이였다"라고 다시 한번 기록했다. 그리고 집안 어른과 친지 10여 명에게 즉시 그 사실을 통보했다. 그뿐만 아니라 아들이 출생한 날의 일기에 '제 11,922일. 정(正) 1일'이라고 기록했다.[2] 아들 정손이 자신의 삶에서 11,922일 되는 날 태어났음을 적은 이 글에서 그의 벅찬 기쁨을 느낄 수 있다. 이후에도 그는 장남이 뒤집기를 한다든가 이가 났다든가 발육 과정을 자세히 관찰하며, 그것을 일기에 적고 자신의 날수와 장남의 날수를 기록했다.[3] 대를 이을 아들을 기다리고 마침내 그 기쁨을 누리는 이 대목에서 그의 인간적인 모습을 엿볼 수 있는 한편, '시대의 아들'로서 그의 한계 역시 엿볼 수 있다.

그렇다고 그가 아들만 편애한 것은 아니었다. 딸들 전부 당시 신여성의 기준이었던 중등여학교를 졸업시켰다. 위의 '출가훈'(出嫁訓)을 주어 시집보낸 큰딸도 진명여고를 거쳐 이화여전에서 공부하게 했다. 그렇지만 그가 현모양처의 미덕을 실천했던 그

---

1   김교신,《김교신 일보》, 1932년 1월 30일 일기, 26쪽, 홍성사, 2016.
2   앞의 책, 1934년 12월 7일 일기, 207쪽.
3   앞의 책, 1934년 4월 24, 28일 일기, 248-249쪽.

의 어머니와 아내를 모범적인 여성으로 생각했다는 점 역시 분명하다. 그의 스승 우치무라가 구약의 룻을 가장 모범적인 여성으로 생각하고 그의 딸에게 '룻츠코'라는 이름을 지어 준 것처럼 말이다. 이러한 점에서 김교신의 여성관은 일부일처제라는 틀 안에서 좋은 아내이자 자식을 기독교 신앙 안에서 잘 성장시키며 집안을 잘 다스리는 '주부'로 키우는 빅토리아적 여성상이었다고 할 수 있을 것이다.

그러나 조선 여성들은 현모양처에 머물지 않았다. 그녀들은 민족 독립운동에 참여하면서 정치적·사회적 주체로서 각성하고 스스로 성장해 갔다. 이하에서는 그 대표적 인물의 하나인 김마리아가 독립운동을 통해 어떻게 스스로를 정치적·사회적 주체로서 자리매김해 갔는지를 살펴보자. 또한 한국 개신교의 역사가 여성 해방과 어떠한 관계를 맺으며 진행되어 왔는지도 고찰해 보자.

3. 대한민국애국부인회 사건에 대한 조선과 일본 언론의 반응[4]

1) 머리말

2000년대는 항일운동 연구사에 여성사적 전환이 일어난 시기였다. 종래의 엘리트 남성 중심의 독립운동사 연구에서 간과되어 왔던 여성 주도의 운동들이 본격적으로 조명되기 시작한 것이다. 구한말 및 1910년대의 경우, 의병 활동, 국채보상운동, 송죽회 등 비밀결사 활동, 3·1운동, 여성교육단체의 저항운동, 대한민국애국부인회 활동에 여성들이 적극적으로 참여했다는 점이 드러났다. 1920년대와 1930년대를 대상으로 각 지역의 민족주의, 사회주의 계열의 여성단체 항일운동, 근우회 운동, 여학생들의 학생운동

[4]   양현혜, "김마리아의 대한민국애국부인회 사건에 대한 조선과 일본 언론의 반응", 〈한국문화연구〉 39(2020) 전재.

참여, 여성 노동자들의 적색 노동조합운동, 여성 농민들의 적색 농민조합운동, 해녀들의 항일운동 등에 관한 연구가 축적되어 왔다. 많은 여성 항일운동가들에 관한 전기적 연구 또한 활발히 진행되었다.[5]

이러한 여성 중심의 항일운동사 연구의 흐름 가운데 특히 많은 주목을 받은 두 인물을 꼽자면 유관순과 김마리아일 것이다. 유관순은 3·1운동의 상징적 존재였으며,[6] 김마리아는 한국 여성독립운동사에 새로운 획을 긋는 운동이라고 평가받는 대한민국애국부인회를 주도한 인물이었기 때문이다.[7] 지금까지 관련 연구들은 현재적 관점에서 유관순과 김마리아의 생애를 재구성하고 그들의 행보를 사후적으로 평가하는 데에 대체로 집중했다. 그러나 괄목할 만한 선행연구 축적에도 불구하고, 1919년을 전후하여 주요 여성 독립운동가의 등장을 당시 일본 사회와 조선 사회가 어떻게 인

5　이준식, "대한민국임시정부와 여성 독립운동", 〈한국민족운동사연구〉 61(2009); 심옥주, "한국여성독립운동의 연구동향과 현대여성의 역할", 〈민족사상〉 5-3(2011); 이배용, "중국 상해 대한애국부인회와 여성독립운동", 〈이화사학연구〉 30(2003); 하희정, "3·1운동 이후 기독교의 사회적 실천과 여성 농촌운동: 감리교와 김노득을 중심으로", 〈한국기독교와 역사〉 48(2018); 김은실, "제주해녀의 주체성과 제주해녀 항일운동", 〈국가와 정치〉 16(2010); 3·1여성동지회 편, 《한국여성독립운동가》, 국학자료원, 2018; 신성환, "여성독립운동가 윤희순의 현실인식과 대응", 〈동양고전연구〉 71(2018); 강윤정, "여성독립운동가 남자현의 항일투쟁", 〈한국독립운동사연구〉 64(2018); 이영재, "남자현의 독립운동 前史: 이주와 행적을 중심으로", 〈한국독립운동사연구〉 68(2019); 황미숙, "이효덕의 항일민족운동과 절제운동", 〈한국기독교신학논총〉 114(2019); 박상준, "1920-30년대 평양 지역 여성운동의 전개와 성격: 평양여자 기독교청년회와 근우회 평양지회를 중심으로", 〈한국독립운동사연구〉 71(2020).

6　임성규, "유관순 연구 성과와 과제에 대하여", 〈유관순연구〉 11-11(2007).

　경계에 선 신앙: 전쟁, 토착화, 여성, 공산주의

식했으며, 또 그러한 여성 인식이 어떻게 변화해 갔느냐는 문제에
대해서는 다소간 연구의 공백이 존재한다고 생각된다. 추가적인
사료를 적극 발굴함으로써 이 부분을 보충할 필요가 있다는 주장
이 학계에 제기되고 있는 것도 주지의 사실이다.[8]

이러한 문제의식에 입각하여 이 글은 김마리아와 그가 1919
년에 주도한 이른바 대한민국애국부인회 사건을 일본과 조선의
주요 언론이 어떻게 보도했는지 분석하고자 한다. 특히 최근 새롭
게 발굴되어 사료집으로 간행된 일본 주요 언론들의 3·1운동 보도
를 중심으로 김마리아와 대한민국애국부인회 사건에 접근할 것이
다.[9] 이를 통해 김마리아와 대한민국애국부인회가 일본의 조선 여
성 인식에 균열을 내고 일본 사회가 주체적 독립운동가로서 조선

---

7   김마리아에 대한 연구로는 다음을 참고. 김영삼, 《김마리아》, 태극출판사, 1975; 박용
     옥, "김마리아의 망명생활과 독립운동", 〈한국민족운동사연구〉 22(1999); 노영희, "항
     일운동가, 김마리아의 민족혼에 대한 자각과 실천과정", 〈인문학연구〉 7(2001); 박용
     옥, 《김마리아: 나는 대한의 독립과 결혼했다》, 홍성사, 2003; 김호일, "기독교 교육가
     김마리아 연구", 〈人文學硏究〉 36(2003); 김경일, "식민지 시기 신여성의 미국 체험과
     문화 수용: 김마리아, 박인덕, 허정숙을 중심으로", 〈한국문화연구〉 11(2006); 윤정란,
     "황애덕과 대한민국애국부인회", 〈숭실사학〉 22(2009); 유준기, "김마리아의 생애와
     독립운동", 〈한국보훈논총〉 8(2009); 이선이, "선각자 김마리아에 대한 선교적 조망",
     〈선교신학〉 44(2016); 이달순, "독립운동과 김마리아", 3·1여성동지회 편, 《한국여성
     독립운동가》, 국학자료원, 2018; 유준기, "김마리아의 독립운동과 대한민국애국부인
     회", 3·1여성동지회 편, 《한국여성독립운동가》, 국학자료원, 2018; 황민호, "김마리아
     의 국내에서의 독립운동과 대한민국애국부인회", 〈한국민족운동사연구〉 99(2019).

8   이송희, "일제 강점기 국내 여성 항일운동의 연구현황과 과제", 3·1운동 100주년 기념
     이화여대 심포지움, 《3·1운동, 여성 그리고 이화》, 2019. 3. 15., 미발표 원고, 118쪽.

9   양현혜, 박은영, 김도형 엮음, 《3·1운동 일본 언론 매체 사료집 세트》(전6권), 홍성사,
     2019.

여성들의 존재를 자각하게 되는 계기가 되었다는 점 그리고 당시 조선 사회가 민족주의를 구상해 나가는 과정에서 여성들의 정치적 주체성을 사실상 처음으로 적극 포함되게 된 계기가 되었다는 점을 주장할 것이다. 여기서 다루어질 주요 일본 언론 사료는 〈고쿠민신문國民新聞〉, 〈도쿄아사히신문東京朝日新聞〉, 〈요로즈초호万朝報〉, 〈미야코신문都新聞〉, 〈요미우리신문讀賣新聞〉의 기사들이다. 조선의 관련 사료는 총독부 기관지 〈매일신보〉, 임시정부 기관지 〈독립신문〉, 〈조선일보〉, 〈동아일보〉, 민족지적 성격의 〈신한민보〉를 참고했다. 후술한 바와 같이 이들 일본과 조선의 언론은 각각의 속성에 따라 김마리아의 행보를 보도함에 있어서 상이한 논조를 드러냈다. 기존의 김마리아 연구에서 더 적극적으로 활용되지 못한 이러한 언론 자료를 면밀히 분석함으로써, 김마리아 연구의 지평을 확대하는 데에 기여할 수 있을 것으로 생각된다.

2) 김마리아와 대한민국애국부인회 사건

김마리아는 1892년 황해도 장연군 소래마을에서 태어났다. 한국 개신교 최초의 교회인 소래교회가 세워진 이 마을의 계몽적 분위기에 힘입어 그는 해서제일학교와 연동여학교에서 수학하게 된다.[10] 이어서 일본 유학길에 올라 히로시마여학교[広島女學校]를 거쳐 1915년 도쿄의 일본여자학원(현 도쿄여자대학교) 영문과에 진

 경계에 선 신앙: 전쟁, 토착화, 여성, 공산주의

학했다. 여기서 김마리아는 도쿄여자유학생회 제2대 회장이 되어 한국 여성들을 계몽·계발시키기 위해 잡지 〈여성계〉를 간행했다. 또한 이광수, 김도연, 백관수, 서춘, 최팔용 등과 함께 도쿄 유학생들이 주도한 1919년 2·8독립선언에 깊이 관여했으며, 이 과정에서 조선여자유학생친목회를 대표하여 30원을 헌납했다. 그럼에도 그는 선언서 말미의 재일본 도쿄 조선청년독립단 대표 11인 중 자신뿐만 아니라 그 어떤 여성도 이름을 올리지 못했다는 사실을 알게 되었다.[11] 이에 김마리아는 여성이 국민으로서의 의무를 다 하지 않으면 권리 또한 박탈당할 수밖에 없다는 점을 절감하게 되었다. 결국 목전에 앞둔 일본여자학원 졸업을 포기한 김마리아는 2·8독립선언서를 숨겨 귀국했으며, 곧이어 전국적으로 여성들을 규합하여 3·1독립운동으로 귀결되는 일련의 활동에 참여시키기 위해 분투했다.

3·1독립운동에 적극 가담한 김마리아는 3월 5일 보안법 위반 혐의로 체포되어 평양감옥에서 6개월간 취조를 받았다. 독립운동은 '정의의 길'이라고 생각한다며 소신을 굽히지 않던 그에게 제국 일본은 혹독한 고문을 가했다. 그 결과 그는 상악골 축농증과

---

10   선행 연구들이 잘 분석했듯이 김마리아의 가문과 소래마을에서의 기독교 수용은 훗날 김마리아의 생애에 큰 영향을 미쳤다. 상세한 내용은 다음을 참고. 전병무, 《한국 항일 여성운동계의 대모 김마리아》, 역사공간, 2013, 8-20쪽; 김정인, 소현숙, 예지숙, 이지원, 《3·1운동에 앞장 선 여성들: 김마리아, 권애라, 김향화, 박자혜》, 역사공간, 2019, 10-20쪽.

11   박용옥, 앞의 책, 146쪽.

귀 뒤의 뼈에 고름이 생기는 '메스토이'라는 평생의 지병을 얻게 되었다. 결국 병이 악화되자 김마리아는 1919년 8월 4일 증거불충분으로 예심면소(豫審免訴) 판결을 받고 출옥했다.[12]

김마리아는 대한민국애국부인회가 활성화되어야 비로소 조선 여성들이 상하이 임시정부를 지원할 수 있는 역량을 갖출 수 있다고 판단했다. 이에 1919년 9월 19일, 김마리아는 자신과 황애시덕의 출옥 환영 위로연을 구실로 정신여학교 구내에 있는 천미례(Lillian Dean Miller) 선교사 사택에 몇몇 여성 동지들을 불러 모았다. 참석자는 김마리아, 황애시덕, 장선희, 김영순, 신의경, 백신영, 유인경, 이혜경, 이희경, 홍은희, 유보경, 이정숙, 이성완, 정근신, 오현관, 오현주 등 16인이었다.[13] 이날 이들은 조선 여성들이 남성들과 동등하게 독립운동에 헌신하기 위해서는, 조선 전국 각 도에 대한민국애국부인회 지부를 설치하고 회원을 모집해야 한다며 의견을 모았다. 또한 이날 회의를 통해 김마리아는 대한민국애국부인회 회장직을 맡았고, 부회장 이혜경, 총무 및 편집원 황애시덕, 서기 신의경·김영순, 교제원(交際員) 오현주, 적십자 회장 이정숙·윤진수, 결사장 이성완·백신영, 재무원 장선희 등과 임원단을 이루어 조직을 재편했다.[14] 김마리아를 주축으로 한 새로운 대한민국애국부인회가 탄생한 것이었다. 비록 이 새로운 대한민국애국

---

12   "애국부인단의 상고는", 〈동아일보〉, 1921. 3. 29.
13   "可驚할 秘密結社", 〈每日申報〉, 1919. 12. 19.
14   "兩團體가 打擊을 受함", 〈독립신문〉, 1920. 1. 1.

     경계에 선 신앙: 전쟁, 토착화, 여성, 공산주의

부인회는 기존의 조직에 바탕을 두고 있었지만, 종래의 애국부인회와는 그 방향과 목적을 달리하는 조직이었다. 후자의 활동이 주로 임시정부를 후원할 목적으로 독립운동 자금을 수합하여 송금하는 것에 국한되었다면, 전자는 국내 여성들을 중심으로 결사부와 적십자부를 조직하여 더 적극적으로 상하이 임시정부와 발맞추어 독립 전쟁을 준비하고자 했다.[15]

대한민국애국부인회의 취지문은 회장인 김마리아가 직접 작성했다. 그 시작은 다음과 같다. "고어(古語)에 이르기를, 나라를 내 집같이 사랑하라 하였으니 가족의 집이지만 가족 중 한 사람이라도 제 집을 사랑하지 않으면 그 집이 성립하지 못하고, 나라는 국민의 나라이라 국민 중에 한 사람이라도 나라를 사랑하지 아니하면 그 나라를 보존치 못할 것은 우부(愚夫)·우부(愚婦)라도 밝히 알리로다. 개인이 집을 잃어도 이웃집의 수모가 막심하거든 민족이 제 나라를 잃으면 이웃 나라로부터의 수욕(受辱)이 어떠하리오." 더 나아가 김마리아는 다음과 같이 말하며 여성들이 독립운동에 참가하여 국민으로서의 의무를 다할 것과 인간으로서의 인권을 회복할 것을 촉구했다.

오호라. 우리 부인도 국민 중의 일분자로 본 회가 설립된 지 수년

15 　서굉일, "이혜경 지사의 항일 독립운동과 정신", 3·1여성동지회 편, 《한국여성독립운동가》, 국학자료원, 841쪽.

이래로 적의 압박을 입어 어떠한 곤란과 어떠한 위험을 무릅쓰고 은근히 단체를 이루며 비밀히 규모를 지켜 장래의 국가 성립을 준비하다가 독립국 곤란 중에 부인도 십(十)에 이(二)가 참가하여 세계의 공안(公眼)을 놀라게 하였으나 이것에 만족함이 아니오. 국권과 인권을 회복하기로 표준 삼고 전진하며 후퇴하지 아니하니 국민성 있는 부인은 용기를 함께 분거(奮擧)하여 이상을 상통(相通)할 목적으로 단합을 위주하여 일제히 찬동하심을 천만 위망(爲望) 하나이다.[16]

이 취지문에는 여성 또한 한 명의 국민이라는 자각과 여성이 남성과 동등한 인간으로서 가질 수 있는 권리에 대한 자각이 동시에 나타나고 있다. 요컨대 조선인으로서 김마리아의 민족적 정체성과 여성으로서 성적 정체성이 동시에 반영되어 있는 것이다.

이처럼 일신된 대한민국애국부인회는 첫째, 국내 각 중요 지점에 지회를 설립하고 회원 획득에 주력할 것, 둘째, 조선의 독립을 목적으로 문서를 인쇄해 전국에 배부할 것, 셋째, 결사대로 별동대를 조직해 상하이 임시정부를 적극 지원하기 위해 각 방면에서 금전을 모집하고 대한민국애국부인회 대표를 상하이로 파견해 임시정부에 건의서를 제출할 것, 넷째, 적십자사를 조직하고 세계에 대한민국애국부인회의 목적을 선전할 것 등을 당면 사업으로

16   박용옥, 앞의 책, 203-205쪽.

설정했다.[17] 이러한 핵심 활동을 중심으로 대한민국애국부인회는 3·1운동 이후 최대의 여성 조직으로 거듭났다.

그러나 몇 달이 채 지나지 않은 11월 말 이른바 대한민국애국부인회 사건이 발생한다. 즉 동지인 오현주의 밀고로 애국부인회 간부들이 일제히 검거되는 사건이 일어난 것이다. 1919년 11월 28일, 김마리아는 장선희, 김영순, 신의경, 황애시덕, 이정숙, 이성완, 김희옥, 성경애, 박순복, 김태복, 오현관 등 대한민국애국부인회의 핵심 간부들과 함께 대구경찰서 제3부로 압송되었다. 경상북도 도지사는 다음과 같이 대한민국애국부인회 검거의 전말을 보고했다.

본년 4월 이후 경성을 중심으로 각지의 예수교도로서 조직한 대한애국부인회(별명 대한독립애국부인회)라는 불온단체가 있음을 경상북도 제3부에서 탐지한 이래 수사 속행 중인 바, 이번에 유력한 증거품을 입수하고 또한 그 관계도 대략 판명함에 이르렀기 때문에, 11월 28일 관계 각 도 제3부와 연락을 가지고 일제 검거에 착수했으며, 또한 속행 중이다. 그 개황은 다음과 같으며 추가로 상세히 후보(後報)하고자 한다.[18]

---

17   "화제의 김마리아양(1)", 〈동아일보〉, 1932. 7. 29.

18   金正明 編, 《朝鮮獨立運動》 1, 東京: 原書房, 1967, 221-223.

또한 이 보고서의 '범죄의 개요'에는 애국부인회의 활동상황이 다음과 같이 상술되고 있었다.

> 1) 본 회는 본년 4월 설립 이래 소위 상하이 가정부[上海假政府] 및 재외 불량선인(不良鮮人)과 기맥을 통하여 경성에 본부를 각도 추요지(樞要地)에 지부를 설치하고 독립사상의 선전, 불온문서의 배포, 회원 모집 및 독립운동자금의 모집 등에 종사하였다.
> 2) 회원은 각지를 통하여 백수십 명이 있어 입회금이라 하여 금원(金員)을 갹출케 한 것이 56명에 미치고 그 금액은 1,174원에 달한다. 또한 동 회의 자금 중에서 약 6천 원을 독립운동 자금이라 하여 소위 상하이 가정부에 제공한 사실이 있다.[19]

경상북도 경찰국 제3부에 체포·연행된 애국부인회 관련자는 김마리아를 비롯해 총 52명이었다. 이 가운데 회장 김마리아는 석방 후 6개월 만에 재투옥된 중범(重犯)이었다. 일본의 연호를 모른다고 하며 서력으로 연호를 말하는 김마리아에게 일제는 재차 모진 고문을 가했다. 그가 들것에 들려서 겨우 재판에 출석했을 때, 담당 검사는 김마리아에 대해 '일본의 국적(國賊)'이라고까지 말하면서 '추상열일'(秋霜烈日) 같은 벌을 내려 박멸해야 한다고 주장했다.[20] 독방에 수감되어 혹독한 고문을 받은 결과, 김마리아

---

19   앞의 책, 224쪽.

    경계에 선 신앙: 전쟁, 토착화, 여성, 공산주의

는 '산송장'과 같은 위중한 상태에 이르게 되었다. 이에 3·1운동 이래 조선인이 당하는 참상들을 외국에 알리기 위하여 노력했던 세브란스 병원의 스코필드(Frank W. Schofield) 박사 등이 중심이 되어 대구지방법원 검사국과 보석 허가를 교섭하게 되었다. 결국 김마리아는 1920년 5월 16일에 보석되어 세브란스 병원에 입원해 7월 3일 수술을 받기에 이른다.

이러한 가운데 체포된 52명 중 43명은 불기소 방면되었으나, 제령(制令) 제77호 위반이라는 죄명이 붙은 김마리아를 비롯한 핵심 간부 9명에게는 6월 29일 제1심 판결이 언도되었다. 김마리아, 황애시덕에게는 징역 3년, 장선희와 이정숙에게 징역 2년, 김영순, 유인경, 이혜경, 신의경, 백신영에게 징역 1년이 각각 구형되었다. 병보석으로 요양 중인 김마리아를 제외한 다른 애국부인회 간부들은 혹독한 복역 생활을 버텨야 했으며, 장선희는 다음과 같이 회고했다. "겨울은 겨울대로 살을 에는 듯한 혹한을 견뎌내기에 힘겨웠지만 … 찌는 듯한 여름철에는 굴속 같은 감방 안의 변기통에서 풍겨 나오는 악취가 코를 찔러 숨통이 막히는 것만 같았다. 그리고 감방 벽 틈에 끼어 있는 빈대가 줄을 지어 사정없이 습격을 하는가 하면, 모기들의 공세가 제트기와 같았으며, 벼룩이 옷 사이로 뛰어 들어와 따끔따끔 물어뜯는데도 일어나서 털 수조차 없었다."[21]

20　　　"대한청년외교단과 대한애국부인단의 제1회 공판방청 속기록" 〈동아일보〉, 1920. 6. 11.

[표1] 김마리아 행보

날짜	사건
1919년 11월 28일	김마리아 체포.
1920년 5월 22일	고문에 의해 사경을 헤매게 되어 병 보석으로 출감, 대구 동산(東山)의 선교사 블레어 집으로 거주를 제한당함.
1920년 6월 7일	대구지방법원에서 제1회 공판이 열림. 김마리아와 황애시덕에게 5년 구형. 그 외 사람들에게는 3년을 구형함.
1920년 6월 29일	대구지방법원 언도 판결 법정이 재개. 김마리아는 병세 악화로 불참. 김마리아, 황애시덕은 징역 3년, 장선희, 김영순, 이혜경, 김원경은 징역 2년, 백신영, 유인경, 신의경, 이정숙은 징역 1년을 언도받음.
1920년 7월 1일	세브란스 병원 입원.
1920년 7월 8일	1차 수술.
1920년 7월 26일	2차 수술.
1920년 12월 15일	대구복심법원(지방고등법원) 제1심 공소 공판을 위해 대구로 감.
1920년 12월 16, 17일	제1심 공소 공판에 출두.
1920년 12월 27일	제1회 공판과 동일 판결.
1921년 1월 22일	경성고등법원(대법원)에 상고.
1921년 1월 31일	경성고등법원에서 사실 진술.
1921년 2월 12일	경성고등법원 형사부 재판장이 법리 착오가 있었다는 이유로 원판결을 취소하고 사건을 경성복심법원(서울고등법원)으로 반환.
1921년 4월 8일	경성복심법원에서 공판을 하려 했으나 김마리아의 병으로 연기.
1921년 4월 중순경	성북동 농가에서 요양.
1921년 5월 9일	경성복심법원에서 공판을 받다.
1921년 5월 13일	경성복심법원에서 징역 3년을 언도, 이에 김마리아는 판결에 불복하여 상고.
1921년 6월 20일	경성고등법원(대법원)에서 상고를 기각당함.
1921년 7월 21일	상하이 임시정부 교통부 참사 윤응념에 의해 중국 위해위(威海衛)에 도착함으로써 망명 성공.

21   단운 선생 기념 사업회, 앞의 책, 180쪽.

    경계에 선 신앙: 전쟁, 토착화, 여성, 공산주의

3) 대한민국애국부인회 사건에 대한 일본 언론의 반응

대한민국애국부인회 사건을 가장 먼저 보도한 일본 신문은 〈고쿠민신문〉이었다. 〈고쿠민신문〉은 1919년 12월 18일 자로 "독립 음모의 조선 부인 검거. 조선애국부인회라는 이름하에 13도에 비밀결사를 조직. 30명을 일망타진"이라는 제목으로 다음과 같이 보도했다.

경상도 제3부의 발표에 의하면, 조선 대구 예수교 부인 중 조선애국부인회라는 이름으로 사적으로 독립 분자를 모집하는 자가 있음을 알고 조사한 결과, 금년 9월경부터 그들은 경성에 본부를 두고 13도에 지부를 설립하여 독립운동을 하고 있음이 판명되어, 그들을 체포하여 취조했다. 그 결과, 그들은 조선인이 조직한 청년외교단이라는 비밀결사와 연결되어 있음이 판명되어 조선 부인 30명을 체포하고 이들을 대구지방법원 검사국에 송치했다. 그들의 배후에는 미국 여선교사 34명과 배일(排日)을 주장하는 유력한 조선인들이 있다.[22]

〈고쿠민신문〉은 1890년 도쿠토미 소호[德富蘇峰]가 발행한

22　"獨立陰謀の朝鮮婦人檢擧. 朝鮮愛國婦人會の名の下に 十三道に秘密結社を結ぶ. 三十名を一網打盡", 〈國民新聞〉, 1919. 12. 18.

신문으로 청일전쟁과 삼국간섭 이후부터 일본 군부와 밀접한 관계를 맺어 왔다. 어용신문이라고 불렸던 〈고쿠민신문〉은 당시 일본 정부의 입장을 대변하는 대표적인 언론이었다. 또한 도쿠토미 소호는 1910년 경술국치 이후 테라우치[寺內] 총독의 요청으로 조선에 와 총독부 기관지 운영에 관한 약정을 맺고 〈경성일보〉의 경영과 인사권을 통솔하는 감독이 되었다. 도쿠토미는 1910년 10월부터 1918년 7월까지 약 8년간 〈경성일보〉의 최고 책임자로서 조선총독부의 언론 정책 및 테라우치 총독의 식민 통치에 영향을 미쳤다. 더욱이 〈고쿠민신문〉의 기자와 경영자들은 도쿠토미의 결정으로 조선에 파견되어 〈경성일보〉에 깊이 관여하면서 일찍부터 조선에 관해 풍부한 정보를 확보할 수 있었다. 〈고쿠민신문〉이 조선의 〈매일신보〉보다 하루 앞선 12월 18일에 대한민국애국부인단 사건을 보도할 수 있었던 데에는 이러한 배경이 있었던 것으로 판단된다.[23]

아직 사건의 전모를 파악하고 있지 못한 이 기사는 애국부인회를 청년외교단과 연결되어 있는 조직으로 본 조선총독부의 초기 시각을 공유하고 있었다. 또한 조선 여성들의 정치적인 주체성을 간과한 채, 조선 여성들의 배후에 유력한 남성 조선인들과 미국인 여선교사 34명이 있다고 보도했다. 미국 '여선교사 34명'과 관

---

[23] 〈고쿠민신문〉의 특징과 관련된 더 상세한 논의에 대해서는 다음을 참고. 박은영, "고쿠민신문에 나타난 3·1운동", 〈일본비평〉 21(2019).

  경계에 선 신앙: 전쟁, 토착화, 여성, 공산주의

련된 오보를 통해서, 조선인들의 정치적 주체성을 저평가하는 동시에 재조선 선교사들의 존재를 식민 통치의 위험 요소로 간주했던 당시 일본 사회의 일반적인 통념을 다시 한번 확인할 수 있다. 그러나 다른 한편, 처음으로 여성들이 주체가 된 독립운동 단체를 거명하며 '결사조직'이라고 제법 비장하게 보도한 것 또한 눈에 띄는 점이라 할 수 있다. 종래 일본 언론들이 조선 여성들을 두고 '남녀학생'이라고 하며 남학생과 뭉뚱그려서 지칭하거나, 불특정 다수의 '여학생'이라는 집합명사로 취급해 왔다는 점을 감안할 때, 위와 같은 상세한 보도는 점차 일본 사회가 저항운동의 주체로서 여성의 위상에 대해 인식하기 시작했음을 반영한다고 해석할 수 있을 것이다.[24]

이어서 다음 날인 19일 〈고쿠민신문〉은 "조선음모의 부인 검거자 경상북도 경무부의 발표 혈사단장(血死團長, '결사대'의 오기誤記—이하 '오기'는 지은이) 등의 대조직"이라는 소제목으로 이 사건을 더욱 자세하게 보도하고 있다.

조선 대구 예수교 부인 중 사적으로 독립 분자를 모집하는 단체가 있음을 알고 혐의자를 체포하여 대구 지방법원 검사국에 송치한 것은 이미 보도한 바와 같다. 검거자는 다음과 같다.

---

24   예를 들어, "別動隊は 女學生", 〈東京朝日新聞〉, 1919. 3. 10; "女學生に 拘留狀", 〈東京朝日新聞〉, 1919. 3. 11. 등을 참조.

경성부 회장 정신여학교 교사(예수교 장로파) 김마리아(金瑪里亞, 26,
김마리아金瑪利亞의 오기)

경성부 서기 정신여학교 교사 신의교(辛義敎, 22, 신의경申義慶의 오기)

동 재무원 장선의(張善義, 24, 장선희張善嬉의 오기)

동 서기 동상 김영순(金英順, 25)

적십자 사원 경성 기독교 세브란스병원 간호원 이정숙(李貞淑, 22)

결사장(決死長) 경성기독교 남감리파 배화여학교 교사 이성완(李
誠完, 23)

편집원 경성 가정교사 황애시덕(黃愛施德, 26)

지부장 경상북도 대구 무직 유인경(兪仁卿, 25)

지부장 결사장 경상북도 부산 백배애(白培愛, 백신영의 오기)

지부장 전라북도 군산 이리아(李利亞, 이마리아의 오기)

지부장 경상남도 진주(晋洲) 박보교(朴寶喬)

지부장 동상 박순복(朴順福)

지부장 동상 박덕보(朴德寶)

지부장 전라북도 군산 이백희(李百喜)

또한 관계자로서 아직 체포되지 않고 검거 수사 중인 자는 다음과
같다.

…

통신원 전라북도 옥황군(沃潢郡) 이순길(李順吉, 여)

경성 이화학당(李花學堂, 梨花學堂의 오기) 학생 김백전(金百全, 여)

경계에 선 신앙: 전쟁, 토착화, 여성, 공산주의

동 김신애(金信愛, 여), 김원경(金元慶, 여)

대표자(현재 상하이에 있는 회원 총대표로서 여러 교섭을 행하고 있었다고
한다)[25]

비록 김마리아를 비롯한 주요 간부들의 성명과 이화학당을
오기하고 있지만, 조선 여성의 이름이 일본 언론 매체에 구체적으
로 거명된 것은 이 기사가 최초라고 할 수 있다. 조선 여성이 독립
운동가로서 일본의 시야에 비로소 포착된 것이다. 조선 여성을 독
립운동의 당당한 주체로 인식하게 된 일본 언론의 당혹감은 대한
민국애국부인회의 '결사대' 조직을 '혈사대'라고 잘못 칭하는 부
분에서도 엿볼 수 있다.

1919년 12월 19일에는 〈고쿠민신문〉 이외에 〈요로즈초호〉,
〈미야코신문〉, 〈도쿄아사히신문〉 등 세 신문이 대한민국애국부인
회 사건을 보도한다. 〈요로즈초호〉는 1892년 11월 구로이와 루이
코[黑岩淚香]에 의해 창간된 당시 대표적 대중지였고, 1894년 9월부
터 일본 신문으로는 최초로 영문 기사를 게재했다는 점에서도 독
자성을 지닌 매체였다고 평가되고 있다. 이 신문은 애국부인회에
대해 두 편의 기사를 실었다. 첫 번째 기사인 "독립 음모의 조선부
인검거"는 12월 18일자 〈고쿠민신문〉 기사와 대동소이하다. 그러

---

25 "朝鮮陰謀の婦人檢擧者 慶尙北道警務部の發表 血死團長等の大組織", 〈國民新聞〉,
1919. 12. 19.

나 곧 "조선독립의 음모"라는 사설을 통해 다음과 같이 애국부인
회 사건에 대해 새로운 인식을 드러냈다.

> 조선 독립의 음모를 획책한 조선 부인 30여 명은 체포되었다. 정부
> 는 조선에서 우리 정무(政務)에 다대한 혁신을 가함과 동시에 불량
> 선인에 대해서는 결코 용서해서는 안 된다. 단호하게 그 죄책을 규
> 탄하고 한 걸음도 양보하지 않기를 우리는 간절히 소망한다.[26]

이 기사는 3·1운동 발발 원인을 무단통치와 동화주의에서
찾으며, 일본의 식민정책을 재검토할 필요가 있다는 주장을 제
기하고 있다. 그러나 동시에 조선인들의 독립운동을 '음모' 혹은
'폭도들의 소요'로 규정하고, 군대를 동원해 이를 철저하게 진압
할 것을 주장하는 등 당시 일본 언론의 전반적인 논조와 일맥상통
하는 부분 또한 확인할 수 있다.[27]

한편 〈미야코신문〉은 1888년 창간된 신문으로 초기에는 연
예 방면으로 특화하는 특징을 보였다. 그러다가 1919년 이후 경제
분야 기사를 확충함으로써 도쿄 도심부 전역에 넓은 독자층을 확
보하고 25만 부의 발행 부수를 기록하는 신문으로 성장했으며, 애
국부인회 사건 당시에는 도쿄 지역 신문 가운데 가장 대중적으로

---

26 "朝鮮獨立の陰謀", 〈万朝報〉, 1919. 12. 19.

27 이규수, "3·1운동에 대한 일본 언론의 인식", 〈역사비평〉 62(2003).

 경계에 선 신앙: 전쟁, 토착화, 여성, 공산주의

보급된 신문 중 하나였다. 〈미야코신문〉은 애국부인회 사건과 관련하여 12월 19일 "음모선인검거"와 12월 20일 "조선비밀결사단 소탕"이라는 두 기사를 연이어 게재했다. 그 주된 내용은 전원 기독교인으로 구성된 불량한 부인들 집단이 애국회를 만들어 상하이 임시정부를 도왔으며 청년외교단과 깊은 관계가 있다는 것으로 〈고쿠민신문〉과 크게 다르지 않은 기조의 보도였다. 특히 기사들은 "3·1운동 이후, 늘 문제의 초점에 있는 미국인 경영의 세브란스 병원 간호원이 대거 관계하고 있어 평양 세브란스 병원이 문제"라고 전했다.[28] 여기에서도 전원이 기독교인인 점과 선교사가 그 배후에 있다는 점이 강조되었으며, 기독교와 재조선 선교사에 대한 강한 적대감과 조선인의 정치적 주체성에 대한 부정이 공통적으로 엿보인다. 그럼에도 불구하고 20일 기사에서 비록 한자명이 김마리아(金摩利亞)라고 잘못 표시되어 있지만 회장인 김마리아를 실명으로 보도한 것은 눈에 띈다.

한편 1888년부터 발간되기 시작하여 일본의 대표적인 일간지로서의 위상을 가진 〈도쿄아사히신문〉도 12월 19일 자에서 "기독교도로 구성된 조선부인 음모단, 청년외교단의 검거를 통해 폭로된 14명 체포, 수괴는 묘령의 여교사들"이라는 제목으로 보도하고 있었다.

28　　"陰謀鮮人檢擧", 〈都新聞〉(=〈미야코신문〉), 1919. 12. 19.; "朝鮮秘密結社團の掃蕩", 〈都新聞〉, 1919. 12. 20.

경성을 중심으로 조선 각지의 기독교도로 조직된 대한독립애국부인회는 올해 4월 설립 이후 소위 상하이 가정부(上海假政府) 및 내외 불량선인과 기맥을 상통하며 경성에 본부, 각 도 요지에 지부를 두고 늘 청년외교단이라 칭하는 비밀결사와 연락하여 독립 사상의 선전, 불온 문서 배포, 회원 모집 및 운동비 징발 등에 종사해 왔다. 회원은 백수십여 명으로 6천 원을 독립자금으로 상하이 가정부에 제공하는 등 은밀히 활약하고 있었다. 앞선 청년외교단의 검거, 증거 서류의 압수에 의해 발각된 이래 경상북도 경무부에서 내사하여 11월 28일 각 도 경무부와 일제 검거에 착수하여 7일까지 14명을 체포하고 계속하여 잔당을 조사하고 있다. 대강 이를 합하면 30명 내외를 검거할 것이다. 체포된 자 가운데 중요한 인물은 다음과 같고, 이외 많은 각 도의 지부장이 있다.

경성부 회장 기독교 장로파 정신여학교 교사 김마리아(金瑪利亞, 26), 동 서기 신의교(辛義敎, 22, 신의경의 오기), 동 재무부원 장선의(張善義, 24, 장선희의 오기), 동 서기 김영순(金英順), 세브란스 간호부 이정숙(李貞淑, 22), 택사장(澤死長, 결사장의 오기) 기독교 남감리파 배화여학교 교사 이성완(李誠完, 23).[29]

이 보도 역시 〈미야코신문〉과 대동소이한 기조를 이루고 있

29 "朝鮮の 大陰謀團, 根底より覆る. 秘密結社の内情暴露して 主謀者等檢擧する, 特に注目すべき婦人の活動", 〈讀賣新聞〉, 1919. 12. 20.

었다. 비록 신의경과 장선희의 성명 및 '결사장'을 '택사장'으로 오기했지만, 일본의 주요 일간지가 김마리아를 비롯한 조선 여성 개개인의 성명을 독립 운동의 주체로서 기재한 것은 특기할 만한 일이다.

〈도쿄아사히신문〉과 쌍벽을 이루는 일본의 주요 일간지로 1874년부터 발행되고 있던 〈요미우리신문〉 역시 애국부인회 사건에 대해 침묵하지 않았다. 〈요미우리신문〉도 12월 20일 "조선의 대음모단, 뿌리째 파괴되다. 비밀 결사의 내부사정 폭로하여 주모자 등 검거, 특히 주목해야 할 부인의 활동"이라는 소제목으로 이 사건을 보도했다.

조선 대구부 내 기독교인 부인 중 애국부인회의 명의로 비밀리에 조선 독립 자금을 칭하고 회원을 모집하고 있음을 알아내고, 총독부 경무국이 비밀리에 조사를 진행하였다. 이들은 올해 4월 이래 각도의 불량선인을 규합하여 비밀결사를 조직하고 본부를 경성에 두고 각도에 지부를 설치하여 독립운동에 힘썼다. 한편으로 이와 상관관계에 있는 불량선인의 남자 조직인 청년외교단이라 칭하는 비밀결사 역시 동일한 계획 아래 독립운동을 하고 있음이 판명되어, 관계자와 그 물증의 소재 파악에 진력했다. 경성의 기독교인 이겸규의 가택 조사 중 땅속 깊이 파묻은 항아리에서 유력한 비밀문서를 발견 압수하고, 27일부터 29일까지 청년외교단 총무와 기타 간부, 그리고 이하 8명의 애국부인회 회장, 지부장 등 기타 20

수 명을 체포하여 대구로 호송하고, 미체포자의 검거를 계속하고 있다. … 한편 애국부인회의 유력한 관계자로서 체포된 자는 총재 현재 부장 호원간(護元幹, 31세, 오현관吳玄觀의 오기), 회장 여학교 교사 김마리아(キンマリア, 26) 외 6명이다. 특기할 점은 소요 사건 이래 늘 문제의 초점에 있던 미국인 경영의 경성 세브란스병원 내의 간호부가 다수 관여되고 있다는 점이다. 경성은 물론 평양, 대구 등 각지의 운동에는 언제나 이들 간호부가 관계되고 있는 것이다(경성 전보).[30]

이상에서 확인할 수 있다시피 〈요미우리신문〉도 다른 신문과 그 논조에 있어서 대동소이하다. 재조선 선교사를 문제시하여 일본 내에서 기독교에 대한 적대감을 조장하고, 독립운동에 투신한 조선 여성의 주체성을 평가절하하려는 것이었다. 주목할 만한 점은 김마리아의 성명을 한자 표기가 아닌 'キンマリア'라고 가타카나로 표기하여 정확한 일본식 발음을 명기한 것이다.

이상과 같이 일본에서는 〈고쿠민신문〉, 〈도쿄아사히신문〉, 〈요로즈초호〉, 〈미야코신문〉, 〈요미우리신문〉 등 다섯 신문이 총 여덟 편의 기사를 통해 대한민국애국부인회와 김마리아에 대해 보도했다. 이들 다섯 언론은 그 지향점과 논조에서 차이가 없다고

---

[30] "朝鮮の 大陰謀團, 根底より覆る. 秘密結社の內情暴露して 主謀者等檢擧する, 特に注目すべき婦人の活動", 〈讀賣新聞〉, 1919. 12. 20.

할 수는 없지만, 김마리아 관련 보도에 영향을 미쳤다고 보기는 어렵다고 생각된다. 공통적으로 이들 기사는 주로 미국 선교사들이 설립한 세브란스 병원을 사건의 배후로 지목하며, 3·1운동 이래 지속적으로 제기되고 있는 선교사 배후설을 주장함으로써 조선인의 정치적 주체성을 직시하지 않으려는 일본인들의 뿌리 깊은 선입견을 드러냈다. 그러나 일부 인명과 단체명의 오기가 있었지만, 그럼에도 김마리아를 비롯한 조선 여성운동가들의 성명이 구체적으로 일본 주요 언론 매체 지면상에 거명되었다는 점은 특기할 만한 일이다. 이는 종래의 일본 신문이 조선 여성과 관련된 기사를 쓸 경우, 여성들을 개개인의 주체로서 호명하기보다는, '여학생' 혹은 소속 학교나 단체의 이름으로 탈개인화된 불특정 다수 집단으로 뭉뚱그렸던 것과는 대비되는 지점이다. 이러한 점에 착안할 때, 김마리아와 그가 주도한 대한민국애국부인회 사건은 일본 사회가 비로소 조선의 여성들을 항일 저항운동의 주체로서 인식하게 된 계기가 된 사건이었다.

4) 대한민국애국부인회 사건에 대한 조선 언론의 반응

위에서 살펴본 일본 언론의 경우 각 언론의 운영 철학과 특징이 상이했음에도 그러한 차이가 김마리아 관련 보도의 논조 차이로까지 이어지지 않았음을 확인했다. 반면 이제부터 살펴보는 조선의 언론은 각 언론사의 특징에 따라 김마리아의 행보를 보도하는 관점이 크게 달라졌던 것으로 보인다.

대한민국애국부인회 사건에 대해 가장 먼저 보도한 조선 신문은 당시 유일한 한글 신문이자 조선총독부 기관지 성격이 짙었던 〈매일신보〉였다. 〈매일신보〉는 "가경(可驚)할 비밀결사"라는 소제목을 달아 1919년 12월 19일 다음과 같이 보도했다.

> 경상북도 제3부에서는 지난 11월 상순 대구부내의 예수교 부인 중 애국부인회의 명의로 비밀리에 조선독립자금이라 칭하고 돈을 모집함을 탐지하고 비밀리에 조사를 시작하여 금년 4월 이래 각 도의 불온 부인으로서 애국부인회라 칭하는 일종의 비밀결사를 설립하여 근거〔지〕를 경성에, 각 도에는 지부를 설치하여 몰래 활동하여 독립운동에 분주하고 … 다음 날 29일 즈음에 청년외교단 총무, 그 밖의 간부이사 8명, 애국부인회 회장, 지부장, 그 밖의 20여 명을 체포하여 대구에 호송하고 계속하여 체포하지 못한 자의 검거를 계속하였는데 이 두 비밀결사는 다른 사건과도 관계가 있어서 사태가 극히 뒤엉켰을 뿐만 아니라 … 이병철은 예수교부인이 조직한 대한애국부인회의 고문이 되어 같은 모임과 자주 연락하여 불온사상의 선전에 노력하고….[31]

---

31   "可驚할 秘密結社, 男女의 獨立陰謀團, 大韓獨立靑年外交團, 大韓獨立愛國妄人會, 畢竟은 其根據根絶, 十六日慶北第三部發表", 〈매일신보〉, 1919. 12. 19.

     경계에 선 신앙: 전쟁, 토착화, 여성, 공산주의

〈매일신보〉 기사에는 애국부인회를 '예수교 부인'들을 중심으로 한 '불온 부인들의 비밀결사'로 규정하는 조선총독부의 시각이 그대로 반영되어 있다. 또한 여성들의 비밀결사에 대한 총독부의 당혹감과 경악도 '가경할 비밀결사'라는 제목에 잘 드러난다. 더불어 같은 시기에 검거한 청년애국단 총무 이병철이 대한민국애국부인회의 전신인 대조선부인회 고문인 것과 관련하여 두 단체를 상호 연관된 단체로 보도했는데, 이러한 논조에는 독립운동의 주체로서 여성들의 정치적 역량을 충분히 인지하지 못했던 당시 일본 지배자의 여성 인식이 반영되고 있었다고 판단된다.

한편 12월 27일, 상하이에서 발간되는 임시정부 기관지 〈독립신문〉도 이 사건을 다음과 같이 보도했다. "각지에 지부를 두어 사업의 진보가 날로 왕성하는 애국부인회는 요새 일부의 서류를 적에게 빼앗겨 대구 적의 경찰의 손에 그 간부의 일부가 체포되었다. 그중에는 유학한 황에스더, 김마리아 여사를 비롯하여 신의경, 장선희, 김영순, 이정숙, 이성완 등 30명 내외의 묘령의 부인이 있고 일본인은 그 후에 서양 선교사 부인이 있다고 말하였다."[32] 활발히 독립운동을 전개하던 애국부인회의 체포라는 안타까운 소식을 전하며 여성 독립운동가의 안위를 염려하는 이 기사는 12월 19일 자 〈매일신보〉와는 확연히 구별되는 시각을 보여 주고 있다. 그러나 이 기사 또한 청년외교단과 관련 있는 단체로 보는 일본 측

[32]　"愛國婦人會幹部被捉", 〈독립신문〉, 1919. 12. 27.

의 발표를 그대로 전하고 있었다. 이후 1920년 1월 1일 자 〈독립신문〉의 "양 단체가 타격을 수(受)함"이라는 제목의 기사를 끝으로, 애국부인회와 청년외교단이 긴밀한 관련이 있는 단체라는 시각은 자취를 감추게 되었다.[33] 이러한 관점의 변화를 통해 대한민국애국부인회가 김마리아에 의해 일신된 여성 주도의 조직이며, 독자적인 목적과 독립운동의 방향성을 지향한다는 사실이 점차 널리 인식되기 시작했다는 점을 알 수 있다.

더불어 〈독립신문〉은 대한민국애국부인회의 배후에 미국 여선교사가 있다는 일본 측의 주장을 조심스럽게 전하고 있었다. '선교사 배후설'은 3·1운동을 조직하고 진행했던 조선 민족의 주체성을 부인하며 이 운동을 미국 선교사들의 선동에 의해 발생한 운동이라고 폄하하려는 일본 측의 일관된 시각이기도 했다.

〈매일신보〉는 해를 넘긴 1920년 1월 19일, "대한애국부인회의 검거와 취조 종결"이라는 소제목으로 좀 더 상세한 기사를 실었다.

이미 보도한 바와 같이 대한애국부인 회원에 대하여는 대구지방법원 검사국과 기타에서 자세히 취조를 마치었는데, 그들의 계획은 매우 큰 규모이니 조직이 대단히 정돈되어 13도에 있는 본부 지부가 서로 연결되어 큰 활동을 하면 그 모임을 실로 말할 수 없었을 것

로 큰 죄를 범할 것이요, 더욱이 그들은 여자의 몸
러 가지를 생각하여 이러한 계획을 꾸몄다. … 사회의 상
는 이 운동에 종사하는 자를 렬녀(烈女)와 같이 칭찬함으로 허영
심으로 일시에 이렇게 되는 것이니 소위 시세의 경우가 가진 죄도
적지 아니하다. 총독 각하는 너그러워 부인회의 죄과에 대하여 우
려함이 매우 크며 또 사법당국자도 또한 그들의 죄상을 진실로 미
우나 그 심사는 대단히 가련함이 있음을 헤아리고 그들에게 대하여
형벌을 내림에는 상당히 고려할 여지가 있다고 하고 자비심으로 너
그럽게 처치하기로 하였다. 곧 김마리아, 황에스터 등 아홉 명의 죄
상이 가장 현저하므로 기소하고 다른 사람은 범죄 사실이 명백하나
특별히 용서하기로 하였다. 그리하여 본 건은 부인회 범죄인고로
체포는 물론이요 심문함에도 주의하여 친절하게 대우하고 온당하
게 심문하여 임의로 말을 하게 하였다.[34]

이 기사는 과거 독립운동을 남성들이 전담했던 것과 달리 애
국부인회 활동에 이르러서는 "여자의 몸으로 여러 가지를 생각하
며 계획을" 세운 점에 경악했다는 점과 이러한 여성들의 자각과
독립운동의 주체로서의 각성을 조선 사회가 "렬녀와 같이 상찬"
하며 환호하고 있었다는 점을 간접적으로 알려 준다. 또한 점차 조

---

34   "대한애국부인회원의 검거와 취조 종결, 황애스터 마리아 등 9명, 이외엔 모두 특히 용
      서해, 감읍하고 총독각하의 인자", 〈매일신보〉, 1920. 1. 19.

선 사회 내의 여성들까지도 독립운동의 주체[...] 점을 의식하기 시작한 조선총독부가 이 사건은 부[...] 므로 "너그러운 자비심"으로 "부드럽고 친절하게 대우하고 온당하게 심문했다"는 점을 홍보함으로써 민심을 진정시키고자 했다. 또한 이 기사는 대한민국애국부인회 지도자들이 미션스쿨에서 교육받았다는 점에 주목하며, "이후로 외국인이 조선인을 지도함에 더욱 간절히 하여 그들로 하여금 안녕 질서를 문란케 하는 일이 없도록 하며 … 기독교 선교사와 목사는 그 교도를 훈화할 적에 기독교와 같이 그 나라에 들어서는 국법을 지키어 선량한 백성을 양육하기에 노력하기를 바란다"는 총독부의 요구를 개신교 선교사들에게 전하고 있었다. 조선인에 대한 일본의 폭압을 주시하고 있던 재조선 외국 선교사들의 존재에 대해 총독부가 느꼈던 불편함이 잘 드러나는 대목이라고 할 수 있겠다.

3·1운동의 영향 속에서 1920년 3월 5일에 〈조선일보〉가, 또 같은 해 4월 1일에 〈동아일보〉가 각각 창간되면서 이 사건에 대한 조선 언론의 보도 내용은 더욱 풍부해졌다. 〈동아일보〉는 1920년 4월 24일 "애국부인회사건 예심을 마치고 공판에 부쳐"라는 제목의 기사를 통해 다음과 같이 약 5개월 전의 대한민국애국부인회 사건을 다시 한번 상기시키고자 했다.

작년 9월에 김마리아가 수령이 되어 대한애국부인회를 조직하여 대대적으로 조선독립운동을 계획하던 애국부인단은 당국에 체포

     경계에 선 신앙: 전쟁, 토착화, 여성, 공산주의

되어 대구로 압송되었다는 것은 세인이 기억하는 것과 같다. 그 후 대구지방법원 오이에〔尾家〕 예심 판사의 손에 오랫동안 취조 중이더니 이번에 필경 유죄로 결정되어 근간에 동(同) 법원 공판에 부쳐질 것인데 대한애국부인회는 대부분 20세 이상에서 30세 이하의 꽃 같은 여자로 그와 같이 대담하고 위태한 일을 계획하였으므로 세상의 이목을 놀라게 하던 문제여서 아래에 그 사실을 대강 보도한다.[35]

애국부인회 사건은 "20세 이상에서 30세 이하의 꽃 같은 여자로 그와 같이 대담하고 위태한 일을 계획"하여 세상의 이목을 놀라게 한 사건이라고 소개하는 이 기사를 통해, 당시 조선 사회가 정치 주체로서 각성한 여성의 정치적 역량을 확인하고 이에 놀라고 있었음을 다시 한번 엿볼 수 있다. 하지만 그와 동시에, '꽃'이라는 비유를 통해 당시 조선 언론인들이 김마리아와 같은 여성운동가의 존재가 여전히 남성들이 주류가 되는 독립운동의 흐름 속에 매우 희소하거나 혹은 장식적인 것이라고 파악하고 있음을 읽을 수 있다. 굳이 이러한 상황을 오늘날의 관점에서 소급하여 평가해 보자면, 분명히 여성의 주체성에 경탄하면서도 남성과 동등한 인격체로서는 인지하지는 못하고 있던 당시의 과도기적인 성 인지 감수성을 엿볼 수 있는 대목이라고 할 수 있을 것이다.

35　"애국부인회사건: 예심을 맛치고 공판에 부쳐", 〈동아일보〉, 1920. 4. 24.

이렇게 대한민국애국부인회 사건에 조선 사회의 이목이 집중될 때, 김마리아가 사경을 헤매고 있다는 소식이 전해진다. 〈동아일보〉는 1920년 5월 19일 "대구 옥중(獄中)의 김마리아 위독"이라는 제목의 기사를 통해 다음과 같이 전했다.

대한애국부인단 수령 김마리아는 작년 9월에 체포된 후로 여러 달 동안 옥중에서 신음한 결과 영양이 불량하여 병이 나서 그동안 미음과 우유로만 겨우 목숨을 이어가더니 근래에는 병세가 더욱 심해져서 미음도 먹지 못하고 아무것도 먹지 못하게 되었다. 이로 벌써 이틀 동안이나 절식을 하였다는데 생명이 위태하다고 한다(대구 18일 특전).[36]

〈동아일보〉는 곧이어 "병상에 누운 김마리아"라는 제목으로 6월 2일에서 6월 6일까지 총 5회에 걸쳐 연재 기사를 내기도 했다. 여성들의 정치적 각성에 놀란 조선 사회는 김마리아의 옥중 투쟁과 위중한 병세에 뜨거운 관심과 동정을 보냈던 것이다. 비단 국내에서뿐만 아니라, 해외 조선인 사회 내에서도 김마리아에 대한 관심은 지대했다. 1920년 6월 1일 자 〈독립신문〉 기사는 그의 병세에 대해 다음과 같이 상세히 보도했다.

---

36   "大丘獄中의 金瑪利亞 危篤", 〈동아일보〉, 1920. 5. 19.

 경계에 선 신앙: 전쟁, 토착화, 여성, 공산주의

내지(內池)에서 오는 소식에 의하면 애국부인회 수령으로 지난겨울에 체포되어 대구감옥에 수감 중이던 김마리아 여사는 옥중에서 적의 악행으로 인하여 중병을 얻음으로 방금 보석되어 대구병원 입원 치료 중인데 그 병의 원인은 심문당할 때 머리뼈를 몹시 맞아 피와 고름을 쏟았고 그 후에 다시 거듭 난타를 당하여 뇌의 일부까지 고름이 생겨 도저히 회복의 가망이 없는데 여사는 병석에서 혼수상태 있다고.

여사는 올해 29세인데 정신여학교, 여자대학(동경) 등의 출신이라. 여사와 같이 수감 중이던 백신영 여사도 병으로 보석 치료 중이라고, 국내 각 신문지는 김 여사를 위하여 애석의 뜻을 표하였으며 일본인의 가혹한 형벌에 대하여 강경한 비난을 향하다.

여사와 면회한 이의 말에 의하면 여사의 신체는 쇠약의 극에 달하여 차마 보지 못하겠으며, 이에 따라 정신도 전혀 혼미 상태 있어 도저히 살길이 없다 하며, 그 말을 전하는 자마다 눈물로써 하지 않음이 없다.[37]

심지어 1909년 미국 샌프란시스코의 한인 교민단체 '대한국민회'의 기관지 〈신한민보〉도 이역만리 떨어진 고국에서 김마리아가 겪는 고통에 대해 보도하며 뜨거운 공감을 표하고 있었다.

---

[37] "愛國婦人會首領 金마리아女史 敵의 惡刑으로 重病을 得하야 大丘病院에 入院 治療中", 〈독립신문〉, 1920. 6. 1.

우리의 원한과 우리의 치욕과 우리의 영광과 우리의 희망을 우리는 잊을 수 있는가? 잊히지 아니하고 잊을 수도 없느니라. … 이 불법 수단으로 법률에 형식을 꾸며 무죄한 사람을 유죄인 듯이 학살하고 악형하는 것은 일본 법정에 유일한 살인 수단이라. 실상 이것은 일본 외교의 유일한 변호점이라. 작년 이후에도 지금까지 날로 쓰는 것이 다만 이 수단이며 죄가 있든지 없든지 간에 죄로 한 번 얽히기만 하면 그 죄를 쓰든지 그렇지 아니하면 죽임을 당하니 이 같은 일을 하는 일본도 능히 문명의 이름을 자처하는가.

최근 일에도 일인은 밤낮으로 한인에게 자유를 주나니 자치를 허락한다느니 야단스럽고 요란히 떠들고 자랑하는 동시에 최재형 선생의 부음과 김마리아 여사의 병보가 우리의 귀에 달하였도다.

최재형 선생과 아령, 중령 다른 여러 입국자들은 일병의 무도한 칼 밑에서 강도와 난당(亂黨)의 이름을 쓰고 학살을 당하였으며, 김마리아 여사 등은 머릿속과 전체가 곤죽이 되는 악형을 당하여 그 생명이 구원하기 어려운 지경에 달하였다는데 이는 억지 자복도 주지 아니한 까닭이라.[38]

이처럼 김마리아의 병세에 대한 보도가 연일 계속되는 가운데, 여론의 관심, 선교사들의 도움 그리고 일본 측의 국가적 이미지 고려 등으로 인해 김마리아가 보석으로 출감하게 되었음은 앞

---

[38]　"잊을 수 없다", 〈신한민보〉, 1920. 6. 29.

　경계에 선 신앙: 전쟁, 토착화, 여성, 공산주의

서 살펴보았다. 신문들은 석방 이후 대구의 선교사 블레어(W. N. Blair) 목사 집으로 거주를 제한당한 채 치료에 임하며 재판을 받게 된 김마리아의 근황에 대해 [표 2]에서 보는 바와 같이 다대한 관심을 가지고 보도했다.

[표2] 대한민국애국부인회 사건에 대한 신문 기사 자료

날짜	기관지	제목
1919.12.19.	매일신보	가경할 비밀결사
1919.12.27.	독립신문	애국부인회간부 피착
1920.01.01.	독립신문	양 단체가 타격을 수함
1920.01.19.	매일신보	대한애국부인회원의 검거와 취조 종결
1920.04.24.	동아일보	애국부인회사건 예심을 마치고 공판에 부쳐
1920.05.19.	동아일보	애국부인단 공판 연기
1920.05.19.	동아일보	대구 옥중(獄中)의 김마리아 위태(危殆)
1920.05.24.	동아일보	철창에 병이 중(重)한 김마리아
1920.05.26.	동아일보	김마리아 보석
1920.05.27.	매일신보	허무한 인생의 일상이냐 김마리아 병 들었네
1920.06.01.	독립신문	애국부인회 수령 김마리아 여사 적의 악형으로 중병을 얻어
1920.06.02.	동아일보	병상에 누운 김마리아 (1)
1920.06.03.	동아일보	병상에 누운 김마리아 (2)
1920.06.04.	동아일보	병상에 누운 김마리아 (3)
1920.06.05.	동아일보	병상에 누운 김마리아 (4)
1920.06.06.	동아일보	병상에 누운 김마리아 (5)
1920.06.07.	동아일보	오늘은 대한청년과 애국부인의 공판
1920.06.08.	동아일보	대한외교단과 애국부인회의 제1회 공판 개정
1920.06.10.	동아일보	대한청년외교단과 대한애국부인단의 제1회 공판 방청 속기록
1920.06.10.	조선일보	대한애국부인단과 대한청년단 제1회 공판
1920.06.12.	동아일보	대구에 갔던 일을 김마리아 형(兄)에게

1920.06.13.	동아일보	대구에 갔던 일을 김마리아 형에게
1920.06.14.	동아일보	대구에 갔던 일을 김마리아 형에게
1920.06.15.	동아일보	대구에 갔던 일을 김마리아 형에게
1920.06.17.	동아일보	애국부인단 상고재판
1920.06.18.	동아일보	대구에 갔던 일을 김마리아 형에게
1920.06.19.	동아일보	대구에 갔던 일을 김마리아 형에게
1920.06.21.	동아일보	대구에 갔던 일을 김마리아 형에게
1920.06.22.	동아일보	대구에 갔던 일을 김마리아 형에게
1920.06.23.	동아일보	대한청년외교단과 부인단의 판결연기
1920.06.23.	조선일보	애국부인단, 청년단사건 판결언도는 오는 29일
1920.06.24.	독립신문	청년외교단과 애국부인단의 제1회 공판
1920.06.29.	신한민보	잊을 수 없다
1920.06.30.	동아일보	대한청년단과 애국부인의 재판
1920.06.30.	매일신보	대한애국부인회와 대한청년외교단의 판결언도, 김마리아는 3년
1920.06.30.	조선일보	김마리아 일파 애국부인단 사건과 청년외교단
1920.07.03.	동아일보	애국부인단 수령(首領) 김마리아 내경(來京)
1920.07.03.	매일신보	세브란스병원에 입원한 김마리아의 병상
1920.07.03.	조선일보	애국부인단 사건 피고인 김마리아 병이 위중
1920.07.09.	조선일보	어제 8일 이른 아침, 수술을 받은 김마리아
1920.07.15.	매일신보	정신에 이상이 생긴 작금의 김마리아
1920.07.27.	매일신보	작금에 용모가 급변한 김마리아 병세
1920.07.29.	조선일보	병상에 누워 있는 김마리아와 백신영
1920.08.01.	매일신보	김마리아, 백신영은 점차 회복
1920.08.14.	매일신보	병세가 점점 쾌차되는 김마리아
1920.09.02.	동아일보	병이 쾌(快)하여 김마리아 퇴경(退京)
1920.11.09.	매일신보	감옥 속의 김마리아
1920.12.01.	매일신보	김마리아 사건 공판기일
1920.12.02.	조선일보	애국부인단의 김마리아
1920.12.16.	조선일보	15일 아침 급행열차로 김마리아가 대구로 감
1920.12.18.	매일신보	김마리아 공소 공판
1920.12.18.	조선일보	비밀결사 애국부인회 김마리아 사건 공판

1920.12.19.	매일신보	검사는 공소기각을 구형 – 애국부인회 김마리아사건
1920.12.20.	조선일보	계속 개정되는 애국부인단의 공판
1920.12.28.	매일신보	대한애국부인단 오는 7일 판결언도
1921.01.23.	매일신보	애국부인단의 상고 공판
1921.01.24.	조선일보	애국부인회 김마리아의 상고
1921.01.27.	독립신문	애국자의 아픈 생활
1921.02.02.	조선일보	대한애국부인단 김마리아의 상고 공판
1921.02.03.	매일신보	김마리아 사건 상고공판
1921.02.14.	조선일보	김마리아 사건 판결
1921.02.20.	조선일보	김마리아 사건
1921.03.05.	매일신보	김마리아 공판기
1921.03.29.	조선일보	김마리아의 전지 요양
1921.03.29.	동아일보	애국부인단의 상고는
1921.03.30.	조선일보	김마리아의 공판은 4월 8일
1921.04.07.	매일신보	김마리아 공판기
1921.04.09.	동아일보	애국부인단 사건 공판 연기
1921.04.22.	동아일보	김마리아 공판은 다음 달 9일에
1921.05.10.	동아일보	오래간만에 열린 김마리아의 공판(公判)
1921.05.10.	매일신보	김마리아의 공판
1921.05.13.	조선일보	김마리아의 언도는 오늘
1921.05.14.	동아일보	김마리아는 결국 3년
1921.05.14.	매일신보	김마리아는 징역 3년
1921.05.19.	동아일보	김마리아 상고(上告)
1921.05.28.	동아일보	김마리아 상고 공판 기일(期日)
1921.06.17.	매일신보	김마리아 상고 공판
1921.06.18.	동아일보	김마리아 판결은 오는 20일에
1921.06.20.	조선일보	김마리아의 판결언도는 오늘이지만 병 때문에 출두하지 못해
1921.06.21.	동아일보	김마리아는 상고 기각(棄却)
1921.06.21.	매일신보	김마리아는 결국 3년
1921.08.05.	동아일보	김마리아에게 돌연(突然) 입옥(入獄) 명령
1921.08.05.	동아일보	김마리아는 상하이(上海)에

1921.08.06.	매일신보	김마리아 탈주설에 대하여, 묻노니 너는 지금 어디 있는가?
1921.08.06.	조선일보	김마리아 탈주설에 대하여, 묻노니 당신은 지금 어디에 있는가?
1921.08.08.	매일신보	상하이에서 서신이 도착
1921.08.08.	조선일보	상하이에서 서신이 도착
1921.11.19.	독립신문	김마리아 환영회

그 사이 병이 위중해진 김마리아는 세브란스에 입원하여 두 차례에 걸쳐 수술을 받아야 했다. 그리고 미처 회복되지 못한 몸으로 판결에 불복하고 '새벽 급행열차'로 대구로 내려가 백신영과 함께 상고했으며, 인력거를 타고 들어가 대구복심법원 공판 법정에 출두했다. 이러한 김마리아의 모습을 조선의 신문들은 [표 2]에서처럼 지속적으로 동행하며 보도했다. 결국 동일한 판결을 받은 뒤, 김마리아는 백신영과 재차 경성고등법원에 상고했다. 백신영의 상고는 끝내 기각되었다. 그러나 법원은 김마리아에 대해서는 법리 착오가 있었다는 이유로 원판결을 취소시키고 사건은 다시 경성복심법원으로 반환되었다. 김마리아는 투병 중에도 법정투쟁이라는 형태로 저항운동을 이어가고자 했던 것이다.

한편 3·1운동 당시 취조 검사로서 김마리아에게 모진 고문을 가해 그로 하여금 평생의 지병인 메스토이 병을 갖게 했던 가와무라[河村静水] 검사가 굳이 대구지방법원으로 전근을 가 대한민국애국부인회 사건을 담당한다는 소식이 조선 사회에 전해지며 이목을 끌었다. 가와무라 검사의 뜻은 "조선에도 교육이 발달되어

경계에 선 신앙: 전쟁, 토착화, 여성, 공산주의

여자로서 무슨 일을 하려고 하는 현상"이 팽배하여 위험한 수위에 이르렀으므로 자신이 애국부인회 사건을 직접 맡아 일벌백계 하겠다는 것이었다.[39] 그는 이 공판에서도 김마리아를 혹독하게 취조한 끝에 다음과 같이 말하며 3년형을 구형했다.

> 무릇 조선인이라도 일본의 신민이 된 이상 일본의 기반을 벗어나가고자 하는 것은 국적(國賊)이라. 더욱이 김마리아는 여자로서 대학교까지 졸업하고 인격과 체질이 비범한 천성을 가졌으므로 그 대담한 태도와 거만한 모양은 이루 말할 수 없는 중, 더욱 가중한 것은 본직에게 신문을 당할 때 거만하게 "나는 일본의 연호(年號)는 모르는 사람이라" 하면서 서력(西曆)의 천구백 몇 넌이라고 하는 것을 보면 그의 눈에 일본 제국이라는 것은 없고 일본의 신민이 아닌 비국민적(非國民的) 태도(態度)를 가진 것이다. 이러한 대역무도한 무리에게는 특히 추상열일(秋霜烈日) 같은 형벌을 내려 그러한 인물을 박멸치 아니하면 도저히 치안을 유지할 수 없는 것이라.[40]

이렇게 거의 1년에 달하는 그의 법정 투쟁의 일거수일투족이 신문의 지면을 통해 전해지는 가운데, 김마리아는 "독립운동 사건 중에 꽃에도 비하기 어려운" 인물로 높이 평가되며 독립운동

39　　"애국부인단의 상고는", 〈동아일보〉, 1921. 3. 29.
40　　"카와무라(河村静水) 검사의 논고와 구형", 〈동아일보〉, 1920. 6. 11.

을 상징하는 여성으로 조선 사회에 각인되었다.[41] 당시 대한민국
애국부인회 사건이 통상적으로 '김마리아 사건'이라고 불리고 있
었다는 사실은 이러한 김마리아의 위상을 반영하는 것이었다.[42]

그러나 김마리아의 법정 투쟁은 결코 녹록하지 않았다. 그
는 1921년 5월 12일 경성복심법원에서도 징역 3년형을 언도받았
고, 이에 불복하여 다시 경성고등법원에 상고한다. 뒤이어 같은 해
6월 19일 최종적으로 상고가 기각되어 [표 2]에서 보는 바와 같이
3년형이 확정되었다. 다시 말해, 보석으로 요양 중이었지만 언제
든지 다시 투옥될 수 있는 상황에 처하게 된 것이다.

이러한 김마리아를 두고 보지 못해 그를 탈출시키려는 사람
들이 있었다. 북장로교 선교사 맥큔(George Shannon McCune)과 상하
이 임시정부가 바로 그들이었다.[43] 상하이 임시정부 기관지인 〈독
립신문〉은 대한민국애국부인회의 활동과 김마리아를 다음과 같
이 높이 평가하고 있었다.

대한의 여자는 독립운동의 모든 부문에 빠짐이 없었다. … 점점 자
기에의 실력과 지위를 자각하게 되어 '우리는 남자의 부속물이 아
니요 독립한 인격이다' 함을 사실로 증명하게 되었다. … 애국부인

41　"감옥 속의 김마리아", 〈매일신보〉, 1920. 11. 9.

42　예를 들어 다음 기사를 보라. "김마리아 사건", 〈조선일보〉, 1921. 2. 20.

43　"金瑪利亞密航의 參謀長은", 〈대한매일신보〉, 1923. 5. 20.; 유준기, 앞의 논문, 536-
537쪽.

회는 아마 대한부인이 조직한 최초요 최대한 정치적 결사일 것이
다.[44]

결국 맥큔의 제자이자 임시정부 교통국 참사였던 윤응념의
도움으로 김마리아는 상하이 망명을 시도했다.[45] 그러나 기력이
쇠할 대로 쇠한 김마리아에게 이 망명 시도는 "배 안에서 정신을
잃은 적이 많았고, 배에 오를 때나 내릴 때 사람들이 들것에 담아
옮길 정도"로 목숨을 건 거사였다.[46] 천신만고 끝에 김마리아는 상
하이 망명에 성공하여 대한민국 임시정부와 더불어 항일 독립운
동을 이어 가게 된다.

조선총독부가 이 사실을 안 것은 1921년 8월 1일이었다. 병
으로 인해 요양 중이었던 그에게 8월 1일 경성복심법원 사토[佐藤]
검사장이 입옥 명령을 내려 이를 집행하고자 했으나 행방이 묘연
했기 때문이었다.[47] 김마리아의 행방이 갑자기 묘연해져 사찰 기
관들이 당황해하자 언론에서도 그의 행방을 추적하기 시작했다.
〈매일신보〉는 1921년 8월 6일에 "김마리아 탈주설에 대하여, 묻노
니 너는 지금 어디 있는가?"라는 소제목의 기사를 실었다.

44   "婦人과 獨立運動", 〈독립신문〉, 1920. 2. 17.

45   "籌備團長 尹應念", 〈조선일보〉, 1927. 1. 25.

46   "김마리아 선생의 3·1운동과 감옥생활", 〈신한민보〉, 1923. 7. 19.

47   "김마리아에게 突然 入獄 명령", 〈동아일보〉, 1921. 8. 5.

본정서(本町署) 고등주임의 말: 김마리아 행적이 알려지지 않음에 대해서 각 경찰서에서는 수색을 매우 고심으로 활동하는 중인데 상하이로 건너갔다는 것은 풍설이요 아직까지 서울에 있는 모양인데, 혹은 본정 관내에 있는지도 알 수 없다 함으로 본정 경찰서 영목(永木) 고등계 주임을 찾아보고 물어본즉 김마리아가 행방이 불명한 것은 사실이므로 지금 각서에서 대대적으로 활동하는 중인지 그의 자취를 확실히 알겠는바 본정 관내에 있는 사실상 있지를 아니하며 혹은 동대문 관내에나 있지 아니한가 생각하오. 세상에는 지금 상하이로 건너갔다는 설이 있으나 나의 생각으로는 아직까지 병이 완쾌치 못한 사람으로 과연 상하이로 건너갔는지는 의문이오. 김마리아는 요전까지 정신의 이상을 띄고 있었은즉 혹은 수감 명령이 내린 것을 겁을 내어 잠깐 자취를 감추는지도 모르겠다고 말하더라.[48]

이렇게 일본 경찰이 우왕좌왕하고 있는 사이에 김마리아가 상하이에 도착한 것을 확인해 준 것은 임시정부의 〈독립신문〉 1921년 11월 19일 자 "김마리아 환영회"라는 기사였다.

재작년 3월 이래 국내에서 대한애국부인회를 조직하고 독립운동을 위하여 많이 활동하다가 적에게 잡혀 무수한 악형을 당하고 마

의 왜곡된 조선 인식이 반영된 결과였다. 그럼에도 일본 주요 언론들이 김마리아를 비롯한 조선 여성운동가들의 성명을 구체적으로 거론했다는 점은 특기할 만한 일이다. 이는 3·1운동 이전 일본 신문들이 조선 여성들을 단순히 '여학생'으로 지칭하여 소속 학교나 단체의 이름으로 뭉뚱그려 다루었던 것과 대조된다. 이러한 점에서 김마리아는 일본 사회가 가진 종래의 조선 여성관에 균열을 일으켰으며, 그가 주도한 대한민국애국부인회 사건은 일본인들로 하여금 조선 여성들을 조선 남성들에 버금가는 독립운동의 주체로서 자각하게 만든 최초의 계기 중 하나였다고 평가할 수 있다.

한편 국내외 조선인들은 〈매일신보〉 24편, 〈조선일보〉 19편, 〈동아일보〉 37편, 〈독립신문〉 6편, 〈신한민보〉 1편 등 총 87편의 관련 보도를 통해 대한민국애국부인회와 그 회장 김마리아에 대한 이해를 쌓아 가고 있었다. 이상의 기사를 통해 살펴본 바, 대한민국애국부인회 사건이 발발한 직후 언론은 애국부인회의 전신인 대조선부인회의 고문이 청년외교단 총무인 이병철이었음에 주목하여 대한민국애국부인회가 남성들의 지도를 받으며 청년외교단과 모종의 관련을 갖는 단체로 보는 남성 중심적인 종래의 인식을 답습하고 있었다.

그러나 1920년이 되어 사건의 전말이 분명해지자, 조선의 언론들은 이 단체가 김마리아를 주축으로 한 여성들이 주도하는 단체일 뿐만 아니라, 종래의 여성 단체와는 달리 임시정부의 독립 전쟁론에 적극적으로 호응하는 독자적이고 자율적인 단체임을 인정하게 되었다. 김마리아를 '독립운동의 꽃'이라고 불렀던 것에서도 알 수 있듯이, 한편으로 여성의 주체성에 대한 인식이 제고되었으면서도, 다른 한편으로 독립운동이란 어디까지나 남성이 주도하는 거시적 사회운동이며 여성은 보조적인 역할을 수행할 뿐이라는 관념이 조선 사회 내에 여전히 광범위하게 존재하고 있었음을 알 수 있다. 과도기의 조선 사회가 갖는 성 인지 감수성을 엿볼 수 있는 대목이다. 하지만 이러한 한계에도 불구하고, 김마리아와 대한민국애국부인회가 향후 여성운동과 독립운동이 교집합을 이루어 가며 전개될 한국 근현대사의 전개 과정 속에서 하나의 원점으로 부상했으며, 이러한 의미를 당대의 조선 언론들이 포착하고 있었음을 확인해 보았다는 데에 일정한 의의를 부여할 수 있을 것이다.

4. 한국 개신교의 성차별 구조와 여성운동[52]

1) 서론

한국 개신교는 '자주적 근대'를 모색하는 근대 한국의 역사와 교착하면서 스스로를 형성·전개해 왔다. 특히 초기 역사 속에서는 조선 정부의 해체 및 식민지화 과정과 관련하여 새로운 사회 형성을 위한 계몽적 사회사상으로서 적지 않은 영향력을 행사하였다. 근대적 언론, 출판, 교육, 의료운동과 백정 등 천민 계급의 해방을 중심으로 한 사회적 수평 운동 그리고 자주 독립국가 건설을 위한 민족운동에 커다란 족적을 남겼다. 이러한 과정을 통해 획득한 사회적 공신력은 개신교 초기의 교세 확장으로 재환원되기도 하였다.

52　양현혜, "한국개신교의 성차별구조와 여성운동", 〈여성신학논집〉 2(1998) 전재.

또한 한국 개신교는 여성의 평등과 해방에 관해서도 한국 사회에 커다란 기여를 하였다. 저명한 사학자 문일평은 개신교가 여성의 지위 향상에 미친 영향에 대해서, 첫째, 여성도 남성과 같이 영혼의 소유자임을 발견하여 신 앞에 남녀가 평등하다는 것을 알게 되었고, 둘째, 여성들이 옥내 생활에서 해방되어 일요일에 교회에 나가 남성들과 마찬가지로 청강할 권리를 얻게 되었고, 셋째. 성서를 읽는 과정에서 여성들 사이에 문자가 크게 보급되었으며, 넷째, 여성들이 교육을 받고 유학을 가기도 하여 여성의 생활에 커다란 변동을 주었다고 평가한다.[53]

이러한 한국 개신교의 긍정적 역할에도 불구하고 제도화 과정에서 가부장제적 요인들이 구조적으로 형성됨으로써 교회 내부에서 여성의 통전적 인간성이 현저하게 억압·왜곡되어 온 것도 사실이다.

최근 한국 교회사 연구에서 새롭게 제기되고 있는 문제의식 중 하나는 남성 중심의 역사 서술에 묻힌 여성들의 역사를 발굴하여 한국 교회사의 전체상을 재구성해야 한다는 것이다. 각 교단의 여성사와 여성 단체사가 간행된 것도 이러한 문제의식에 근거한 일련의 성과라 할 수 있을 것이다.[54] 그러나 이러한 성과에도 불구하고 기존의 연구는 한국 여성 해방에 미친 개신교의 영향을 긍정적인 측면뿐 아니라 부정적인 측면까지 주목하여 종합적으로 분

---

53   문일평, 이기백 옮김,《호암사논선》, 탐구당, 1975, 150쪽.

    경계에 선 신앙: 전쟁, 토착화, 여성, 공산주의

석하고 있지 못하며, 또한 한국 개신교와 여성이라는 문제를 개신교사 전체 맥락과의 충분한 연관 속에서 고찰하지 않는다는 아쉬움을 남긴다.

이 글은 이러한 문제의식에 의거하여 기존의 연구를 비판적으로 수용하면서 한국 개신교사에 나타난 그리스도교와 여성들의 관계를 분석하는 데 목적을 둔다. 즉 그리스도교의 복음이 한국 여성들의 자기 인식에 어떠한 영향을 미쳤고, 여성들은 평등과 해방이라는 과제를 어떻게 모색해 나갔는지, 한국 개신교가 가부장제 성차별의 문화에 대해 어떻게 이해하고 대처했으며, 그 과정에서 형성된 여성상은 어떤 것이었는지를 분석해 보기로 한다.

2) 가부장제적 사회규범과 그리스도교 여성

그리스도교가 수용될 당시의 한국 사회는 철저한 남존여비

54 이효재,《한국 YMCA반백년사》, 대한YMCA연합회. 1976; 장병욱,《한국 감리교 여성사》, 성광문화사, 1979; 주선애,《장로교 여성사》, 예수교장로회 여전도회 전국연합회, 1981; 이우정,《한국 기독교 여성 백년의 발자취》, 민중사, 1985; 한국기독교 100주년기념사업협의회 여성분과위원회 엮음,《한국기독교여성백년사》, 대한기독교출판사, 1985; 이현숙·이우정 함께 지음,《한국기독교 장로회여신도회 60년사》, 기독교장로회 전국연합회, 1989; 이덕주,《한국감리교 여선교회의 역사》, 기독교 대한감리교 여선교회 전국연합회, 1991; 이순해《전국 여교역자회 20년사》, 대한예수교장로회 전국여교역자회, 1992; 이현숙,《한국교회 여성연합회 25년사》, 한국교회 여성연합회, 1992 등이 있다.

성차별 사회였다. 한국 개신교 초기의 여성 선교사 가운데 한 사람인 릴리어스 언더우드(Lilias H. Underwood)는 1888년 3월 서울에 도착하였는데, 그녀는 자신이 본 조선 여성을 다음과 같이 서술하였다.

> 조선 여자는 대체로 아름답지 않다. … 슬픔과 절망, 힘든 노동, 질병, 애정의 결핍, 무지 그리고 흔히 수줍음 때문에 그들의 눈빛은 흐릿해졌고, 얼굴은 까칠까칠해졌으며, 상처투성이가 되었다. 그래서 스물다섯이 넘은 여자에게서 아름다움 비슷한 것을 찾으려는 것은 헛일이다. 다만 아직 무거운 걱정거리나 힘든 노동에 시달리지 않는 나이 어린 소녀들과 젊은 부인들 중에는 종종 예쁘고 깜찍한, 그리고 가끔 드물기는 하나 아름답기도 한, 활짝 핀 우아한 모습을 한 이를 볼 수 있다.[55]

물론 이 글을 기록할 때 언더우드는 '한심한 나라' 조선에 '서양 문명의 효모'를 발효시킨다는 사명감에 불타는 전형적인 오리엔탈리스트(orientalist)의 감각을 가지고 있었다.[56] 그럼에도 이 서

---

[55] Lilias H. Underwood, *Fifteen Years among the Top-Knots.* 김철 역, 《언더우드 부인의 조선 생활》, 23쪽.

[56] 여기에서 오리엔탈리스트(orientalist)라는 용어는 사이드(E. Said)에 의거한다. 즉 동양을 무력으로뿐 아니라 지적으로도 억압하기 위한 양식을 만들어 그 허구의식의 체계에 의해 동양을 스스로의 모습으로부터 소외시키고 지적으로 지배하려 하던 근대 서구의 건설 체계인 오리엔탈리즘의 형성, 전파·재생산에 관여한 인물이라는 의미이다. 자세한 내용에 대해서는 E. Said, *Orientalism*(Georges Borchardt Inc., New York, 1978)을 참조하라.

  경계에 선 신앙: 전쟁, 토착화, 여성, 공산주의

술은 이차적인 성(性)으로서 억압당하는 당시 조선 여성의 슬픔을 잘 전해 준다. 조선 시대 여성들은 자기를 잃어야 본래적인 인간성에 도달할 수 있다는 가부장제적 기제에 의해 관리·억압되고 있었다.

일반적으로 가부장제는 조선 시대 중기에 완결되어 사회제도화되었다. 가부장제에서 남성의 역할은 국가 구성원인 민(民)의 일원으로서 사회, 경제, 정치적 영역으로 확대되는 반면, 여성은 좋은 아내, 며느리, 어머니라는, 즉 남성에 부속되는 존재로서 역할이 한정되었다. 여성들의 이러한 종속적 성격은 어렸을 때는 아버지에게, 성인이 되어서는 남편에게, 늙어서는 아들에게 종속하라는 '삼종지도'(三從之道)로 극단적으로 강화되었다. 민법에 의하면 여성에게는 호주가 될 권리, 제사를 계승할 권리, 재산을 상속할 권리가 부정되고 있었다.[57]

한편 여성들을 가부장제적인 질서 속에 구속하는 이데올로기적 기제로서 삼종지도 이외에 '내외법'(內外法)과 '절열관'(節烈觀)이 있었다. 내외법은 여성의 생활 영역을 가정 내로 한정하여 가정 이외의 모든 생활을 철저히 금지하였다. 따라서 혼인 관계로 구성된 가정생활이 여성의 유일한 존재 양식이었으나, 혼인 제도 자체도 여성에 대한 억압의 원칙으로 일관되었다. 혼인은 부계의 계승을 목적으로 하기 때문에 일부다처제였다. 그 결과 여성에게만

---

57   김도수,《한국 근대 여성의 법률상의 지위》, 숙명여대출판부, 1978, 14-39쪽.

정조를 지킬 것과 남성의 성적 방종을 인내하라는 이중적 규범이 강조되었다. 나아가 남성은 '칠거지악'(七去之惡)을 이유로 아내를 일방적으로 버릴 수도 있었지만 여성은 이혼을 청구할 권리조차 없었다. 이러한 여성 억압의 상황에서도 '여필종부'(女必從夫)의 명분론을 내세운 정절 이데올로기는 과부의 재가 금지를 법제화하고 '절열관'을 확립하여 여성 억압을 극대화하였다.[58]

따라서 한국 개신교 역사의 여명기 속에서 여성들과 그리스도교의 해후는 가부장제적인 질곡으로부터 탈출하려는 여성들의 원망(願望)이 그 계기를 이루고 있었다. 그리스도교에 입신한 여성들은 첩을 둔 남편을 인내하며 오로지 시부모 공양에 전념해야 하는 삶 속에 갇혀 있든지, 아들을 낳지 못한다는 이유로 남편과 시집의 학대 속에 고통받고 있든지, 또는 가난과 모진 시집살이로 인해 정신질환까지 앓기도 하는 생활 경험의 소유자들이었다. 특히 가부장제 사회에서 여성이 가질 수 있는 유일한 소속 의식이자 보호이기도 했던 남편과 가계로의 연결이 이완된 과부 신분의 여성들이 많았다.[59]

이런 여성들은 인간으로서의 권리를 박탈당한 채 억압 속에서 소모되는 자신의 생을 "금수보다 낫다 하랴" 하고 주야로 탄식

---

58   한명숙, "조선시대 유교적 여성관의 원리론적 고찰", 이화여자대학 석사학위 논문, 1986, 46쪽.

59   노블 부인 엮음,《승리의 생활Lives Early in Korea》, 조선예수교서회, 1927, 5-113쪽. 이 책은 초기 한국 그리스도교 지도자들의 신앙 약력을 모아 편집해 놓은 것으로, 초기 한국 그리스도인의 생활상을 비교적 생생하게 전하는 귀중한 자료이다.

하며 세월을 보내고 있었다.[60] 이때 여성들에게도 입교를 허락한다는 전대미문의 신기한 종교인 그리스도교를 접하게 된 것이다. 존재를 거부당해 온 자신들에게 입교를 허락한다는 사실 하나만으로도 그리스도교에 기대를 걸게 되었던 것이다. 여성들은 그리스도교를 더 알고 싶은 호기심에서 몇십 리 길을 왕복하며 선교사를 찾아가 〈신덕경〉, 〈세례문답〉, 〈미이미교회문답〉 등의 책자를 받아와 구도의 생활을 시작하였고 마침내 세례를 받기에 이르렀던 것이다.[61]

그러나 전통적인 가부장제 사회는 여성들의 새로운 신앙생활을 쉽게 인정하지 않았다. 아버지나 남편 또는 아들과 관계없이 스스로 종교를 선택한다는 것 자체가 이미 삼종지도에 위배되는 것이었고, 나아가 반대를 개의치 않고 신앙을 고수하겠다는 것은 가장권에 대한 묵과할 수 없는 도전으로 비추어진 것이다. 양반 부인으로서 그리스도교에 입신한 김덕선은 다음과 같이 증언한다.

나의 남편이 내게 온갖 핍박을 다하여 예수를 못 믿게 하다가 끝끝내 듣지 아니하니까 나중에는 나의 손목을 끊어버리겠다고 하고 칼을 들고 내게 달려들어 손목을 쳐서 피를 말할 수 없이 많이 흘렸으되 나는 조금도 그를 원망치 않고 그를 위하여 기도하였다.[62]

60   앞의 책, 96쪽.

61   앞의 책, 8쪽.

62   앞의 책, 113쪽.

여성들은 남편과 시댁으로부터 비난과 구타, 심지어는 강제 이혼을 당하는 박해를 받았을 뿐 아니라, "예수를 따를 것인가, 아비를 따를 것인가? 예수를 선택한다면 나의 딸이 아니다"라는 양자택일을 강요당하며 전통적 가부장제 규범과 충돌하였다.[63]

생명까지도 위협받는 박해 속에서 여성들은 왜 전통적인 가치관과 결별하고 그리스도교 신앙을 고수하였을까. 초기 그리스도교 여성들은 예수 그리스도가 자신을 위해 죽음으로써 '새사람'이 되게 했으므로 자신들은 '예수를 위해 죽을 것'이라고 고백했다. 자신들과 같이 무지하고 차별받는 존재를 위하여 죽은 그리스도의 사랑에서 여성들은 모든 존재에 대해 근원적인 근거와 약속을 부여하는 절대자의 사랑을 체험했던 것이다. 여성들은 이 사랑을 어머니의 사랑과 같다고 고백하기도 한다.[64]

그리스도의 대속(代贖)에 의해 '거듭난 사람'이 되었다는 사실은 여성들에게 자신들이 본래적인 충만한 인격 상태로 회복된 새로운 존재라는 확신을 주었다.[65] 이 확신은 과거에는 결코 느껴 보지 못했던 자기 긍정과 자긍심 그리고 스스로의 권위를 자각하게 하였다. 이것은 많은 초기 그리스도교 여성들에게 나타나는 하나의 '계시적인 경험'이었다. 일상적인 단편적 의식을 넘어서서 삶 전체의 방식들을 조명하는 해석학적인 상징들을 제공하여 주

---

63   정석기, 《서마전동 예수꾼》, 혜선출판사, 1982, 34쪽; 노블 부인, 앞의 책, 89-90쪽.

64   노블 부인, 앞의 책, 87, 120쪽.

65   앞의 책, 22, 87, 120, 138쪽.

었던 이 획기적인 경험은 여성들로 하여금 자기 정체성을 재구성하도록 강력하게 추동하였다.

정체성(identity)이라는 말은 자기 자신과의 영속적인 동일성(자기 동일성)과 어떤 본질적 성격을 타자와 영속적으로 공유하는 것을 포함한 상호 관계를 가리키는 개념이다.[66] 따라서 정체성은 근본적으로 누구와의 관계 속에서 자기 자신을 정립하느냐 하는 관계 개념인 것이다. 종래와 같이 여성들이 남성을 매개로 인간성을 실현할 수밖에 없는 이차적 존재라면 여성의 정체성은 필연적으로 아버지, 남편, 아들과의 관계 속에서 형성될 수밖에 없다. 그러나 그리스도교에 입신한 여성들은 '이 세상 누구에게도 아버지, 주인, 또는 주라고 불러서는 안 된다'(마 23:9)는 예수 그리스도의 가르침에 따라 '주 안에 굳세게 서라'는 말씀을 자기 삶의 원점으로 삼았다.[67] 인간이 아니라 하나님께 복종하라는 것, 즉 절대자와의 직접적인 관계라는 새로운 원리를 발견해 낸 것이다.

남성을 매개로 하지 않는, 절대자와의 직접적인 관계라는 원리는 가부장제적 권위를 근저로부터 상대화한다. 평양 남산현교회의 전도사 백인숙은 다음과 같이 가부장제적 의무로부터 스스로를 해방하고 있었다.

---

66   Erik H. Erikson, "Identity and the Life Cycle", Psycholgical issues, vol. 1, no. 1, monograph 1 (N.Y.: International University Press Inc., 19), 109.

67   노블 부인, 앞의 책, 22쪽.

아버지, 저는 아버지의 딸로서 부모에게 효도를 다하려고 해요. 하지만 하나님 말씀에 위배되는 그런 효도는 할 수 없어요. … 이 딸은 주 안에서 부모에게 효도를 하는 것입니다.[68]

절대자가 자기의 왕이며 아버지인 것이다. 하나님께 일차적으로 귀속되어 있다는 의식은 의무에 충실한 딸이나 부인 또는 어머니로서 집안에 머물러 있으라는 부덕(婦德)의 윤리를 압도하는 것이었다. 이 인식을 통해 여성들은 전통적인 가부장제적 속박으로부터 스스로를 해방할 수 있는 계기를 획득하게 되었다. 따라서 여성들은 가부장제적 사회를 향하여 "하나님이 세계 인생을 지으실 때에 사람은 다 한 가지라. 여자도 남자와 동등권을 가져 인생에 당한 사업을 다 각기 하는 것이 당연한 도리"라고 주장하기 시작하였다.[69] 종속적인 존재 규정에서 자기를 해방하고 독립적인 자율적 존재로서 스스로를 재정립하게 된 이 체험을 두고 서북 지방 여성으로서 최초로 세례를 받은 전삼덕은 "예수를 안 후 나는 자주한 인간이 되었다"라고 고백하고 있다.[70]

한편 정체성은 사회와 공동체를 상대로 '나는 어디에 속하는가'라는 귀속 의식을 문제시한다. 자기를 독립적인 자율적 존재로서 자각한 여성들의 정체성은 귀속 집단을 확대하여 더 넓은 자

---

68   정석기, 앞의 책, 57-58쪽.

69   〈독립신문〉, 1898. 1. 4.

70   장병욱, 앞의 책, 194-196쪽.

기 정체성을 구성할 필요가 있었다. 여성들은 "누구든지 하나님의 뜻대로 하는 자는 내 형제요 자매요 모친이니라"(막 3:35)라는 예수의 말씀에 의거해, 보편적 타자를 자신의 형제자매로 받아들임으로써 스스로를 타자에 대한 책임적 주체로서 확대해 갔다.

여성들의 보편적 타자에 대한 책임의식은 먼저 그리스도교 신앙을 전파하는 형태로 나타났다. 초기 그리스도교 여성들 대부분이 자신들이 만난 절대자와 해방 체험을 증거하려는 신앙적 희열뿐 아니라 타자에 대한 관심에 의해 추동되어 '전도부인'이라는 새로운 삶의 양식을 선택하였다. '자기 일신만 구원받는 것'에 그치지 않고 오지까지 들어가 격리되어 있던 다른 여성들에게 복음을 전하였던 것이다. 대표적인 전도부인이던 김서커스에 의하면, 그녀의 전도 영역은 평안남도에서는 평양, 강서, 증산, 함종, 삼화, 용강, 진남포, 중화, 순안, 숙천, 안주, 성천, 순천이었고, 평안북도에서는 영변, 대천, 운산, 회천, 정주, 박천이며, 황해도에서는 수안, 신개, 서흥, 봉산, 황주에 이르고, 총 도보 여정은 2,900리에 이르렀다고 한다.[71] 실로 초인적인 전도 여정이라 말하지 않을 수 없다.

이러한 전도여행 중 전도부인들은 성서와 찬송가를 천으로 싸서 이 집 저 집 돌아다니며 팔기도 하고 간단한 성서 이야기를 들려주기도 하였다. 글을 모르는 여성들에게는 읽는 법을 가르치며 듣기를 원하는 여성들에게는 읽어 주고 노래를 불러 주었다. 어

---

[71]　노블 부인, 앞의 책, 73-74쪽.

느 전도부인의 개인적 보고에 의하면, 그녀는 연간 6,730명의 여성을 만났고 그들에게 구원에 대해서 말했으며 성서를 4,491권이나 팔았다고 한다.[72]

전도부인들은 헌신적 선교 활동을 통해 수많은 교회를 개척하였으며, 또 교역자가 압도적으로 부족한 상황에서 100여 리나 되는 각 지방에 흩어져 있는 수십 교회를 순회하며 주일 설교를 담당하였다. 또한 주일학교의 책임자 겸 교사가 되었고, 기성 교회 자치회의 인도자가 되었으며, 수십 교회를 순회하며 연간 200회 이상의 사경회를 이끌어 교회 공동체 교육을 담당하기도 하였다. 동시에 야학을 열어 국어, 산술 등 교육자 역할을 하며 지역 사회의 계몽 운동가로서도 활약하였다. 한국 초기 개신교 역사에서 전도부인들의 역할은 오늘날과 같이 목사의 단순한 보조자라기보다 일상적인 교회생활 전반의 지도자이고 아픔을 같이 나눈 친구이며 조언자였다고 말할 수 있다.[73] 편협한 가부장제적인 가족 공동체에 속박되어 딸, 아내, 어머니의 역할만을 강요당하던 여성들이 복음을 매개로 하여 교회라는 자원적 공동체의 책임적 구성원으로서 스스로의 역할을 확대해 간 것이었다. 이 점은 비단 전도부인에만 한정된 것이 아니라 평신도 여성들에게도 공통된 현상이었다. 전국 교회 대부분의 건축이 여성들의 헌신으로 말미암아 가능

---

72   이우정, 앞의 책, 52쪽.

73   앞의 책, 66쪽; 노블 부인, 앞의 책, 92, 109쪽.

했다. 여성들은 교회에 사재를 털어 헌납하기도 하였고, 교회당 건축에 남자와 똑같이 흙을 져 날라 노동으로 봉사하기도 했다. 장미제도(藏米制度)를 통해 교회의 재정을 보조한 것도 외국에서는 찾아볼 수 없는 한국 여성 특유의 헌신이라 하겠다. 고정 수입이 없었던 당시의 여성들은 그들의 경제적 재량권하에 있는 유일한 재원인 쌀을 매일 한 숟가락씩 모아 교회의 재정을 지원했던 것이다.[74]

또한 여성들은 자기 시간의 십일조를 하나님께 바치는 방법으로 전도에 임했다. '십일조 부인'이라고 불리는 이들은 1년 52주 중에 10분의 1인 5주를 하나님의 일, 즉 전도하는 일에 쓰기로 서약한 사람들이었다. 당시 사료에 의하면 십일조 부인들은 1년에 총 1,719명이 2,840회의 가정 방문을 하여 총 5,647명을 만났으며, 그중에 830명이 신입교인으로 등록하여 15퍼센트의 전도 성공률을 보였다고 한다.[75] 번잡한 가사와 가부장제적 규범 속에 있었던 당시의 여성으로서 1년에 5주를 전도 봉사한다는 것은 결코 쉬운 일이 아니었다.

초기 한국 개신교는 이른바 네비우스(Nevius) 방식에 의해 운영되고 있었다. 자립(self-support), 자치(self-government), 자전(self-propagation)의 3자 원칙에 의거한 이 방식은 한국 개신교인의 주체

---

74 〈그리스도인 회보〉, 1905. 7. 18.; 한국교회사학회 엮음, 《조선예수교장로회사기 상》, 연세대학교출판부, 1968, 30쪽; 노블 부인, 앞의 책, 116쪽.

75 이덕주, "초기 한국 그리스도교 여성 역사 이해", 〈세계의 신학〉 28(1955 가을), 123-124쪽.

적 헌신과 자율성에 근거하여 한국 교회를 형성한다는 입장이었다. 이 원칙이 실효를 거두어 한국 교회가 형성될 수 있었던 바탕에 교회 인구의 과반수를 넘는 여성 교인들의 주체적인 신앙적 결단과 헌신이 있었음을 기억할 필요가 있다.

해방 공동체인 교회를 유지, 형성해 나가려는 노력 속에서 여성들 자신들만의 합목적적인 단체가 탄생하게 된 것은 필연적인 결과였다. 1897년 한국 개신교 최초의 여성 단체이자 나아가 한국 최초의 여성 단체인 '조이스회'가 이화학당의 교사인 여메레를 중심으로 조직되었다. 조이스회는 구세주의 이름을 전하기 위해 여성들이 동심합력(同心合力)하자는 취지 아래 조직되어 전도에 힘을 기울이는 한편, 토론회 등을 통하여 "남녀를 같은 학문으로 가르치고 동등인으로 대접할 것"을 주장하며 남녀동등권의 계몽 활동도 전개하였다.[76] 조이스회는 곧이어 중년 여성을 중심으로 하는 '보호여회'로 발전하였고. 이것이 '북감리교 여신도회'의 전신이 되었다. 이후 각 교회 단위로 여전도회가 조직되어 '전국연합 여전도회'로 발전하였는데 이렇게 훈련된 여성들의 단체 조직과 운영, 관리 역량, 독자적인 지도력으로 마침내 1923년 국제적인 조직 체계를 갖춘 조선 YWCA를 조직하기에 이른다.[77] 이것은 여성들만의 합목적적 자원 단체 조직을 통한 상호 연대 운동과 국

76　〈대한그리스도인회보〉, 1897. 12. 29.

77　이효재, 앞의 책, 12-32쪽.

　　경계에 선 신앙: 전쟁, 토착화, 여성, 공산주의

제적 교류가 전통 사회의 가부장제적 규범을 개혁하는 강력한 문화 변혁력으로 작용하고 있었다는 것을 의미한다. 나아가 개신교 여성들의 자율적 활동은 '자주적 근대'를 모색하는 근대 한국 사회의 민족해방 운동과도 연대하여 민족운동에 적지 않은 공헌을 하였는데, 그 결과 3·1운동을 계기로 해외에 설립된 상하이 임시 정부 헌법에서 여성의 동등권이 보장되기에 이르렀다.[78]

절대자와의 직접적인 관계 속에서 자기의 주체성을 확립한 여성들은 자신의 귀속 집단을 자발적인 지원 단체와 사회 및 민족 공동체로 확대함으로써 자신들을 사회 공동체의 책임적 주체로서 형성해 갔던 것이다. 따라서 초창기의 한국 교회 형성 과정은 여성들의 정체성 재정립 과정과 밀접하게 관련되어 있었고. 또한 그에 힘입은 바 크다고 할 수 있다. 그런데 그리스도교 여성들의 이러한 정체성 확립 과정에서 하나의 일관된 특징을 읽어 낼 수 있다.

앞에서 암시한 대로 여성들의 자기 형성을 위한 모든 활동은 가부장제적 사회규범과의 극심한 충돌 속에서 행해졌고 결과적으로 많은 박해를 초래했다. 교회 활동을 하는 여성들은 사악한 외국 종교에 빠져 내외법을 어기는 '미친 여자'나 규범 일탈자 취급을 당하여 심한 욕설과 돌팔매질을 당하기가 예사였고, 돈을 내어도 음식을 팔지 않아 배를 주렸으며, 때로는 지방 관리에 의해 구금되

---

78   개신교 여성들과 민족해방운동과의 관련에 대해서는. 졸고 "한국 교회사에 나타난 여성과 교회",《교회와 여성신학》, 대한기독교서회, 1997 참조.

는 일도 있었다. 그뿐만 아니라 교통 시설과 도로가 발달하지 않은 상황에서 몇 천 킬로미터에 이르는 전도 및 순회 목회 과정에서 육체적인 한계를 경험하면서 맹수나 홍수 등 자연환경의 위협과도 싸우지 않으면 안 되었다. 이러한 어려움 못지않게 그녀들을 괴롭힌 큰 문제는 교육의 혜택을 전혀 받지 못했던 '무식한 아녀자'에 불과한 자신들의 해방 체험과 그리스도교의 진리를 많은 사람들에게 전해야 한다는 것이었다.[79]

악전고투의 상황 속에서 대다수 교회 여성들이 인간적인 한계와 좌절감을 경험한 것은 이상하지 않았다. 그럼에도 두려움 속에서 그녀들을 분투하게 만든 힘은 '자신의 약함'을 오히려 그리스도의 능력을 체험하게 하는 은총의 계기로 전환시키는 신앙이었다. 전도부인들은 "내 은혜가 네게 족하도다 이는 내 능력이 약한 데서 온전하여짐이라"(고후 12:9)라는 바울의 신앙고백을 재체험하며 자신들의 인간적 한계를 돌파해 갔다고 한다.[80]

이와 같이 여성들은 자신들을 철저하게 '사회적 불우자'로서 인식하고 있었다. 그러나 이 인식은 피억압자의 존재가 억압에 의해 규정당하지 않도록 보호하면서, 또 한편으로 고난과 대결해 싸우도록 해방시켜 주시는 그리스도의 구원의 능력에 의해 초극되어 나갔다. 이러한 해방 체험에 근거하여 여성들은 '사회적 약

---

79   노블 부인, 앞의 책, 73, 75-76, 91-92쪽.

80   앞의 책, 72-73, 115, 118쪽.

    경계에 선 신앙: 전쟁, 토착화, 여성, 공산주의

자'의 위치에 있는 타자의 운명에 스스로를 무조건적으로 연대하여 투신하는 자발적인 봉사의 삶을 살 수 있었다. "거저 받았으니 거저 주어라"라는 어느 전도부인의 말에 잘 대변되는 이러한 삶의 지향성이 없었더라면 교회 형성 그리고 변혁과 민족 독립을 요구하는 근대 한국 사회의 요청에 그리스도교 여성들이 광범위하고도 헌신적으로 투신할 수 없었을 것이다.[81] 초기 그리스도교 여성들의 모든 활동 속에는 불우 의식에 출발점을 둔 보편성으로의 지향이 '자발적 봉사'라는 실천적 의지로 일관되게 추구되고 있었다.

다음 장에서는 그리스도교 신앙에 근거를 두며 재정립된 여성들의 정체성이 한국 개신교의 제도화 과정에서 어떠한 형태로 체제화되어 갔는지를 고찰해 볼 것이다.

3) 교회의 제도화 과정과 여성 억압 구조

한국 개신교의 제도화 시기는 1900년대 후반경으로 볼 수 있다. 제도 정비를 가장 먼저 추진한 것은 최대 교파인 장로교였다. 장로교의 본격적인 신학 교육은 1901년 평양신학교를 통해 시작되었다. 평양신학교는 1907년에 길선주, 이기풍, 양전백, 방기창 등 7명을 최초의 졸업생으로 배출하였고, 이들은 목사 안수를

[81] 정석기, 앞의 책, 167쪽.

받아 한국 장로교 최초의 목사가 되었다. 이를 계기로 33명의 선교사와 한국인 회원 40명이 모여 장로교의 정치 기구인 '독노회'(獨老會)를 조직하였다.

구성원 전원이 남성이던 독노회는 "목사와 장로는 세례받은 남자여야 한다"라고 규정하였고, 동시에 당회 회원을 각 교회의 목사와 장로로 한정하였다. 그리고 노회 회원은 목사와 각 당회에서 총대로 파견된 장로 한 사람으로 규정하였다.[82] 여성이 배제된 형태로 독노회가 조직된 것이다.

이러한 여성 배제의 제도화를 이해하려면 이 시기 한국 교회 전체의 흐름을 시야에 넣을 필요가 있다. 저명한 교회사학자 이만열 교수는 1893년부터 1983년까지 한국에서 활동했던 개신교 선교사들의 국적을 조사하였는데, 개신교 선교사의 총수는 1,952명으로, 이 가운데 미국인이 87.6퍼센트인 1,710명을 차지한다고 한다.[83] 압도적 다수를 차지한 이들 미국인 선교사들은 한국 개신교의 성격 조형에 커다란 영향력을 미쳤다. 그들은 '근본주의'(fundamentalism)라는 보수주의적 신앙의 소유자들로 한국 선교의 목적을 근대주의에 물들지 않는 근대적 시민의 양성에 두었다. 그들은 미국주의와 탈정치적 보수 신앙의 결합을 선교지인 조선

---

82 대한예수교장로회총회 사회부 엮음,《대한예수교장로회 회의록》제1권, 1981, 32-34쪽.

83 이만열,《한국 기독교와 민족의식》, 지식산업사, 1991, 445쪽; 강인철,《한국 기독교회와 국가·시민 사회》, 한국기독교역사연구회, 1994, 124쪽.

에서 추구하였던 것이다.

이러한 선교사들의 지향성과 식민지화의 심화에 따른 국권 해체의 좌절감이 연동하여 1907년에 저 유명한 '대부흥운동'이 일어났다. 이 대부흥운동은 한국 교회를 성장시켰다는 긍정적 요소도 있으나, '사회 부재의 영혼 구제, 정치 무관의 정숙주의' 흐름을 한국 개신교에 결정적으로 각인한 사건으로서 이후 한국 교회사에 적지 않은 후유증을 남겼다.[84]

1907년의 독로회 설립은 이러한 한국 교회의 탈사회화, 보수적인 분위기와 결코 무관할 수 없는 것으로 여성 배제의 교회 조직화도 보수화 움직임과 보조를 같이한다고 볼 수 있다.

감리교의 제도화 과정도 장로교와 크게 차이가 없다. 1908년에 북감리회가 15명의 안수 목사를 근간으로 하여 '한국연회'를 조직하였고, 10년 늦게 선교를 시작한 남감리교도 1918년에 '남감리회 한국매년회'를 구성하였으나 역시 여성을 배제한 제도화 과정이었다.[85]

단지 미국 감리교 내에서는 20세기 초 여성 참정권 운동에 자극받아 1920년부터 여성들에게 지역 설교를 할 수 있는 자격을 허용하고, 1926년에는 여성들에게 설교하고 예배를 주관하여 성사를 집행하고 결혼 주례를 할 수 있는 장로 임명이 실시되고 있었

---

84 손규태, "분단 상황에서의 기독교의 역할", 〈신학사상〉 1988년 여름 호.

85 이성삼, 《한국감리교회사》, 기독교대한감리회 교육국, 1985, 127, 141쪽.

다.[86] 이러한 조류는 한국 감리교에도 영향을 미쳐 1930년 남북 감리교가 합동하여 단일의 '조선그리스도교감리회'를 만들 때, '교리와 장정'에 교직자의 자격에 남녀의 구별이 없음을 명시하여 여목사 제도를 승인하였다.

이것은 목사 안수가 없어서 연회의 정회원이 되지 못한 재조선 감리교 여선교사들의 입장을 우선적으로 고려한 조치라고 말할 수 있는데, 이 제도에 의해 한국 감리교회가 배출한 여목사는 외국인 여선교사 14명에 불과했다. 한국인으로는 유일하게 여선교회 회장 홍에스터가 1932년 중부연회에서 준회원으로 입학한 이후 준회원 3학년까지 진급하였으나 목사 안수는 받지 못하고 중도에서 퇴회하고 말았다. 또한 여목사 안수의 길을 열어 놓았음에도 1934년 기독교 조선감리회 제2회 총회에서 조선 사회의 현재로서는 여목사의 담임을 환영할 형편이 되지 못하므로 '여집사'라는 직임을 새로 설치할 것을 제안한다는 수정 방안이 제시되었다.[87]

따라서 여목사에 관한 제도적 정비 면에서는 감리교가 장로교보다 선구적이었으나, 그 내용은 미국 감리교의 여목사 안수 운동의 성과를 재조선 미국 여선교사에게 한정, 적용한다는 소극적 수용의 성격이 강했다고 말할 수 있다. 나아가 이 수정 방안은 여

---

86   Barbara J. MacHAffie, *Her STORY: Women in Christian Tradition*, 손승희 역, 《기독교 전통 속의 여성》, 이화여자대학교출판부, 1995, 186쪽.

87   〈감리회보〉, 1934. 10. 1.

    경계에 선 신앙: 전쟁, 토착화, 여성, 공산주의

교역자의 지위를 여집사, 전도부인, 서리 등 세 가지로 구분하고, 그 자격을 일괄하여 가정의 책임이 없는 자로 규정함으로써, 여성 교역에 대하여 중대한 규제를 가하였다. 가장이면서 목사의 직임을 갖는 남자 목사에 비해 여성의 경우 미혼이나 과부 등 독신이어야 교역에 종사할 수 있다는 것은 여성의 성을 포기하라는 중대한 성차별적 규정이었다.

또한 이러한 자격 제한이 가족 부양의 의무가 없는 자라는 의미로 해석될 때, 여교역자들의 만성화된 저임금과 연관될 가능성은 지극히 높았다. 1910년 스활른(Olivette Swallen) 여사의 보고에 의하면 전도 부인의 월급은 7원에 불과했고, 1922년에도 5원을 받는 사람이 있을 정도로 저임금이었다고 한다. 1921년의 어느 보고서에 의하면 한국인 교역자의 월급은 목사 48원, 조사 30원, 전도 부인 18원이었으며, 이에 비해 선교사의 월급은 179원 이상이었다고 한다. 성차별과 인종차별이 뚜렷이 반영된 임금이라고 말할 수 있는데, 1922년 남감리회 소속 여전도사 300여 명이 집단적으로 임금 인상을 요구한 것도 이러한 상황을 배경으로 한 것이었다.[88]

한편 교회의 조직화가 진행됨에 따라 여성 교역자의 교역 내용에서 설교, 교육, 집회 인도자 등 교사·지도자로서의 역할이 점

---

[88]　이우정, 앞의 책, 66쪽; Roscoe C. Coen, "Economic Limitation of the Church in Korea," *The Korea Mission Field*, Apr. 1927.

차로 모습을 감추고, 주부와 같은 보조 일과 여성과 아이들의 영역 전담자 역할이 주류를 이루게 된다. 1934년에 시행된 감리교의 전도부인 역할 규정을 보면 여자들과 유년들을 위한 특별 모임을 기획하고, 그 지역 내 환난을 당한 자들이나 빈궁한 자들을 심방하는 것으로 규정하고 있다.[89] 한 남성 교직자는 전도부인의 역할에 대해 다음과 같이 주장한다.

> 전도부인은 간판 그대로 전도하는 것이 본업이요, 전도할 어린 양을 돌보는 것이 부업이다. ○○목회상 남교역자는 첫째, 진리를 먹이고 가르치는 일, 둘째, 교회 치리하는 일, 셋째, 교회 경제에 관한 일 등이며, 전도부인들은 이 일을 위하여 기도할 의무는 있으되 발 벗고 나서거나 깊이 간섭함은 자타의 불리한 것이니 이상에 말한 설교, 정치, 재정 문제는 직원과 목사에게 일임하고 마음을 단순히 하여 자기 본분에 충성하면 늘 승리의 생활을 보낼 것이다. 정치 문제와 관련되어 시비를 사는 전도부인도 있고 성전 건축을 위하여 전도부인을 내세워 활동케 하는 목사도 있으니 내용의 어떠한 사정이든지 피차에 크게 유의할 문제이다.[90]

89　〈감리회보〉, 1934. 10. 1.

90　한성과, "교회 부흥과 남녀 교역자와의 관계", 〈기쁜 소식〉 1936년 10월 호; 양미강, "참여와 배제의 관점에서 본 전도부인에 관한 연구", 〈한국기독교와 역사〉 6, 한국기독교역사연구회 165쪽 재인용.

위 글은 전도부인의 고유한 역할을 전도로 규정하고 설교, 치리, 경제 영역은 남성 목회자의 전담 영역이므로 그 권리에 간섭해서는 안 된다고 주장하고 있다. 이렇게 여성 교역자 역할을 '허드렛일을 하는 걸레'적인 존재로 고정해 놓으려 하였고, 그것이 "우월감을 버리고 오만심을 버리고 오직 사랑, 겸손, 온유한 정서"를 소유하여 봉사의 선상에 서기를 좋아하는 여성의 본질과 합치한다고 오도하였다.[91] 초기 전도부인들의 자발적 가난과 봉사의 삶의 지향성이 성차별적 제도화의 구조 속으로 수렴되면서 억압과 강제적 역할 분담의 형태로 왜곡되어 감을 알 수 있다.

그러나 교회 내에서 여성을 왜곡하고 억압하는 가장 큰 기제는 설교와 신학 교육에 만연된 성차별적 담론들이라 하겠다. 개신교의 최대 교파인 장로교의 경우, 초기부터 보수주의적 근본주의 신학이 그 대세가 되었으며, 그 신학의 보급과 파수의 중심에 있었던 인물은 평양신학교 교수를 역임한 박형룡이었다. 그의 신학적 입장은 주저인 《교의신학》 머리말에 잘 나타나 있다.

필자의 본의는 칼빈주의 개혁파 정통신학을 그대로 받아 전달하는 데 있고 감히 무엇을 창작하려는 것이 아니다. 이것을 옛사람이 말한 술이부작(述而不作)의 태도라 할 것이다. 팔십 년 전 이 땅에 서양 선교사들이 와서 전해준 그대로의 바로 그 신학을 새 세대에게

---

91   문선호, "여전도사론", 〈신학세계〉 1938년 5월 호.

전달하는 것이 필자의 염원이기 때문이다.[92]

박형룡은 1884년 한국에 개신교를 전한 미국 선교사들의 근본주의적 신학을 일점일획도 틀림없이 고수하는 것을 자신의 신학적 임무로 생각하였는데, 그의 '그리스도교적 여성관'이라는 것도 80년 전 근본주의적 선교사의 가르침에 충실한 반복적 성격이라고 말할 수 있다. 장로교 총회가 위탁한 여성의 교권(敎權) 문제에 대한 연구 보고서에서 그는 다음과 같은 주장을 펼친다.[93] 즉 바울이 고린도전서와 디모데전서에서 여자의 교권을 불허한 말씀은 2천 년 전의 한 지방 교회의 풍습을 의미하는 것이 아니라 만고불변의 진리라고 주장하면서, 여자는 장로가 될 수 없다고 논한 것이다.

박형룡은 그 이유로 두 가지를 들고 있다. 첫째 이유는 창조 과정의 순서 문제이다. "창조의 차서에 있어서는 하나님이 남자를 먼저 짓고 여자를 후에 지어 남자의 협조자로 삼으셨으니 협조자

---

92 김경재, 《해석학과 종교 신학》, 한국신학연구소, 1994, 194쪽 재인용. 박형룡은 청교도적인 경건주의와 신학적으로는 근본주의적이고 칼빈주의적인 보수주의적 개혁파 신학 전통을 물려받았으며, 한국의 초기 선교사들이 세운 숭실대학을 졸업했다. 그 후 그는 중국 남경에 있는 금릉대학을 졸업하고, 도미하여 프린스턴 신학교에서 조직신학을 전공하였다. 미국 루이스빌 신학교에서 대학원 과정을 밟고 학위를 취득한 후 귀국하여 평양신학교 교수로 취임하였다. 박형룡이 신학 수련을 받던 1925년 전후 미국 프린스턴 신학교는 메첸(Gresham Machen), 윌슨(Robert Dick Wilson), 알리스(Oswald T. Aliss), 반틸(Cornelius Vantil) 등 근본주의 신학과 칼빈주의적 보수주의 개혁파 신학자들이 지배하고 있었으며, 박형룡은 그들의 신학 영향을 결정적으로 받았다고 할 수 있다.

93 "조선예수교장로회 총회의 태도", 〈기독신보〉, 1935. 10. 16., 10. 23., 10. 30.

라는 종속적인 지위에 있을 것이외다. 그래서 여자는 남자가 섞여 있는 교회 회중을 가르치거나 주관함이 불가하다는 의미외다"라고 한다. 둘째 이유로 그는 여성들의 죄에 대한 친화성에 근거한 선천적 결함을 든다. "바울이 이브가 아담보다 먼저 유혹을 받아 죄에 빠진 것을 말하며 선천적으로 여자는 남자보다 교도(敎導)의 재능이 결핍함을 지적하였으니, 그것은 여성의 교권을 금함에 보다 강한 이유였나이다"라고 한다.

박형룡은 후에도 이 의견을 고수하였다. 1978년에 간행된 저작 중에서 그는 "여자는 교수하지도 말고 배울 것이요. 공식 석상에서 묻지도 말라고 하셨다" 하면서 여자의 교권이 옳지 않다는 이유로, "그가 솔선해서 범죄하였다는 점에 있다"라고 주장한다. 즉 악마가 남자 대신 여자 이브를 유혹한 것은 그가 '연약한 그릇'임을 알았기 때문으로 "솔선 범죄한 형벌로서 여필종부의 명령이 내렸으니 교회도 그러해야 한다. 여자의 범죄에 대한 형벌로써 여자가 종속적인 지위"에 서게 되었다고 주장했던 것이다.[94]

박형룡의 여성관은 여성들을 악의 출현에 대한 속죄양으로 삼고 그것을 이용하여 역사적 예속화를 통해 여성들을 처벌해야 한다는 서구 신학의 전형적인 남성 중심주의적 타락 개념을 축으로 전개되고 있었다. 이러한 타락 개념은 악이 이 세상에 생기게 된 것을 여성의 책임으로 전가시키고 있을 뿐 아니라 이것을 다시

---

[94] 《박형룡저작집》제16권, 한국기독교교육연구원, 1978, 62-63쪽.

존재론적으로 이전시키고 있다. 성의 차이를 불의(不義)한 지배와 예속의 구조로 왜곡시키는 이러한 성차별적 논리야말로 인간 타락의 근원이라 하겠다.

이 논리의 연장선상에서 박형룡은 여성들이 스스로의 구원과 덕을 달성할 수 있는 영역이 가정이라고 주장한다. 고린도전서에서 바울이 "여직(女職)은 가정생활"이라고 했다는 것이다. 덧붙여 여성 교권에 대해 긍정적인 범례를 제공하는 신·구약의 여성 지도자 및 선지자의 존재에 대해서는 하나님의 '비상 행동'에 해당하는 것으로, 이러한 것은 칼뱅이 말한 바와 같이 "정치의 통상 법칙을 전복하지 않는" 예외적인 경우라고 논외로 처리하였다.

물론 모든 개신교인이 박형룡류의 여성관을 가진 것은 아니었다. 그 대표적인 예로 1933년 조선장로회 함남여전도회 회장을 지낸 최영혜의 견해를 소개할 수 있다.[95] 최영혜는 고린도전서의 경우는 고린도 교회 여성들이 "너무 질서 없이 권리를 남용할 뿐 아니라 하나님의 말씀이 자기들에게서만 낳는다고 주장"하여 이에 바울이 교훈으로 준 말씀이지, 후세의 여성들의 언권(言權), 치리권과는 무관한 구절이라고 보았다. 그리고 바울의 여성관 하나만을 볼 경우에도 고린도전서나 디모데전서 이외에 갈라디아서 3장 26절의 '예수 그리스도 안에서는 남자도 여자도 없다'는 남녀 평등의 구절이 무시되어서는 안 된다고 지적한다. 나아가 예수가

95　최영혜, "채정민 목사의 여자에게 언권 없다에 대하여", 〈기독신보〉, 1934. 9. 5.

마리아의 발언권을 적극적으로 인정하였고, 또한 예수의 수난과 부활에는 여성 제자들이 동행하여 그를 배신하던 남자 제자들과 극명한 대조를 이루었으며, 따라서 "땅 끝까지 복음을 전하라"는 명령이나 오순절의 성신(행 2:4)도 남녀에게 차별 없이 내렸다는 것이 함께 고려되어야 한다고 주장한다. 아울러 구약 시대에도 여선지자이며 통치자인 드보라나 미리암 같은 존재가 있었음을 지적한다. 최영혜는 여성의 침묵과 종속에 상반되게 여성 비하를 비판할 수 있는 성서의 전거들을 다시 상기시킨 것이다.

문제가 되고 있는 창조의 순서 차이와 죄업론에 대해서도 최영혜는 다음과 같이 주장한다. 창조의 순서에 있어서 "먼저 지음 받은 자가 권위 있는 것이 아니요, 생존할 수 있는 자가 귀하고 권위 있다"고 인식하고, "도움받는 자가 용사가 아니요, 남을 도울 수 있는 자가 용사요 권위자라 인정합니다. 하나님께서 아담을 먼저 지으셨으나 아담은 도저히 홀로 생존을 유지할 수 없음을 아시고 이브를 돕는 짝으로 지으셨은즉, 짝이라 함은 쌍방이 동일함을 이름이요 결코 도움을 받는 남자보다 지위가 낮음을 의미하는 말씀이 아닙니다" 라고 논한다. 사실 창세기 2장은 남녀의 구별을 이야기하고 있으나, 남녀의 종속을 논할 근거는 어디에서도 읽어 낼 수 없다는 주장이다.

최영혜는 여성의 출산이 범죄에 대한 죄벌이라는 논리에 대해서도 반박한다. 범죄가 인류의 역사에 들어오기 전에도 이미 여자가 출산을 담당하여 왔었다며, 이것은 결단코 죗값이 아니요,

"생자(生者)에게 모(母)요, 구원의 표"로서 복된 사업이라 하여 생명의 논리로 전환시키고 있다. 나아가 최영혜는 이 죄업론의 연장선에서 가정과 출산이라는 여성의 직무를 유기한 채 남성의 영역에 침범하면 여성의 직무는 담당자를 잃어버리게 된다는 견해에 대해서도 "남성은 목사가 되었다고 지아비 직분을 버리고 교역하는가"라고 되묻고, 여목사도 여성으로서의 고유한 성을 살리며 교역할 것이니 지나치게 염려하지 말라고 말하였다.

최영혜는 이러한 여성관에 근거하여 여성 장로를 세울 것을 제안하였다. 그녀의 제안은 많은 교회 여성들의 지지를 받아 104명이 함남노회에 여성 장로 장립을 총회에 헌의하도록 제의하는 여성 장로 장립 운동으로 발전하기에 이르렀다. 이 운동은 조용기, 김춘배, 장서만 등 일부 남성 목회자들의 지지까지 얻어냈다. 그럼에도 불구하고 장로교 총회는 1935년에 "조선 예수교 장로회 총회의 태도"라는 공식적인 견해를 발표하여 박형룡류의 여성관에서 일탈하는 모든 견해를 정서의 신성과 권위에 대한 막대한 능욕으로 정죄하였다. 그리고 이러한 '이단적'인 견해를 가진 자들은 "임직을 거절케 할 것이오며 이미 임직을 받았던 교역자가 그런 교훈을 하거든 노회는 그 교역자를 권종 조례 제6장 42조에 의해 처리"하라고 하여 여성 장로 장립 운동을 원천적으로 봉쇄하려고 하였다.[96]

<hr>

96   "조선예수교장로회 총회의 태도", 〈기독신보〉, 1935. 10. 16., 10. 23., 10. 30.

그러나 여성장로 장립운동을 일시적으로 후퇴하지 않을 수 없게 한 결정적인 원인은 총회의 봉쇄 전략이 아니라 한국 개신교에 대한 조선총독부의 탄압이었다. 1935년 중반부터 조선 사회에서는, 중일전쟁을 준비하기 위한 전시체제 정비의 일환으로 종교에 대한 더 철저한 국가 관리를 목적으로 한 '종교단체법'의 국회 통과가 진행 중이었다.[97] 종교계의 관심은 이 문제에 집중될 수밖에 없었다. 더구나 그리스도교계에서 설상가상으로 1935년 말부터 신사참배 문제가 터져, 1936년 숭실고등학교의 교장 맥큔이 신사참배를 거부하다 조선총독부에 의해 전격 해임되는 사건이 벌어졌다. 신사참배는 일본의 국가 종교인 신도를 조선 그리스도인에게 강요한 것으로, 그리스도교에 대한 탄압임과 동시에 민족적 정체성에 대한 탄압이기도 했다.

최영혜가 소속된 함남노회 등도 신사참배 문제의 회오리에 휘말리지 않을 수 없었다. 신사참배 강요에 전력을 다해 대처해야 했던 교회의 상황 속에서 여성 장로 장립 문제도 후일의 과제로 유보되지 않을 수 없었다.[98]

저항을 계속하던 조선 기독교는 1938년 9월에 감리교 그리

---

[97]　村上重良, 《国家神道》, 東京: 岩皮新書, 1970, 204-205.

[98]　해방 후 1946년 6월 12일 서울 승동교회에서 열린 한국장로회 남부총회는, 헌법은 남북이 통일될 때까지 개정하지 않고 그대로 사용하며 여자 장로직의 설정 문제도 남북통일 총회 시까지 유보한다고 결의함으로써 여자 장로직 설정 문제가 여전히 교회 내의 중요한 이슈로서 제기되고 있음에도 불구하고 결실을 보지 못하고 있음을 말해 준다. 손규태, 앞의 논문, 345쪽.

고 이어서 장로교 총회의 이름으로 신사참배를 솔선 시행하고, "국민 정신 동원에 참가하여 비상시국하에서 총후(銃後) 황국신민으로서 적성(赤誠)을 다하기로 다짐함"이라는 성명서를 발표하여 일제에 굴복하고 말았다.[99] 이후 1945년 해방에 이르기까지 한국 그리스도교는 총체적인 친일 협력의 길을 걷게 되었다.

그러나 교단 지도자의 이러한 어용화와는 달리 저변의 교회 여성들은 저항을 포기하지 않았다. 부산에서 활동하던 여전도사 최덕지는 신사참배를 반대하며 평양 감옥에 수감되었으나, 감옥 안에서도 하루 세 번의 예배를 드리며 저항을 계속하다 해방을 맞이하여 출옥하였다. 그녀는 이 신앙적 저항으로, 출옥 후 '재건파'를 조직하여 한국 최초의 여목사가 되는 결실을 맺기도 하였다.[100] 유명한 산정현교회 주기철 목사의 저항 운동을 도와 신사참배 거부 운동에 투신한 그의 부인 오정모 집사, 백인숙 전도사 그리고 경남노회 전도사로서 옥사한 이현숙의 저항도 기억할 필요가 있다.[101] 또한 박관준 장로와 함께 일본 국회 본회의장에서 한국 그리스도인에 대한 조선총독부의 신사참배 강요 실상과 그 부당성을 알리는 공식 항의 사건을 일으켜 이 문제를 세계에 알린 안이숙 역

---

99 대한예수교장로회총회 사회부 엮음,《조선예수교장로회총회 제27회 회의록》, 1938, 9쪽.

100 《기독교대백과사전》제11권, 기독교문사, 1984, 479쪽.

101 정석기, 앞의 책, 152–158쪽; 김성준,《한국 기독교 순교사》, 한국교회교육연구원, 1981, 142–143쪽.

시 특기해야 할 것이다.

안이숙의 수기《죽으면 죽으리라》는 사건과 관련한 그녀의 갈등을 잘 전하고 있다. '그 유명하고 경력이 많은 훌륭한 부흥가와 유창한 학식 많은 목사'들이 다 굴복한 이때 '이름도 경험도 없는 약한 믿음을 가진 평신도'이며 과약한 여자에 불과한 자신이 이 운동에 헌신할 수 있겠는가 갈등하던 안이숙은 자신의 행동의 모델을 멸망의 위기에 있는 이스라엘 민족의 구명에 목숨을 걸고 탄원해 끝내 민족을 구해 낸 에스더에서 찾았다. 항의 사건 전날 그녀는 에스더 4장 16절 "규례를 어기고 왕에게 나아가리니 죽으면 죽으리이다"를 좌우명으로 삼았다고 한다.[102] 안이숙의 이 체험은 일제라는 이민족의 지배와 교회 내 성차별적 억압이라는 이중의 억압을 뚫고 한국 교회 여성들이 여전히 자신의 고통과 소망 그리고 소명의 한복판에서 성서를 읽고 그 말씀을 통해 자산과 현실을 변혁시켜 나가는 자기 해방의 한 범례라 할 것이다.

남성 중심의 교단 지도부가 모두 어용화된 상태에서 그리스도교적 주체성에 근거한 여성들의 신앙적·민족적 저항은 한국 교회에 여성의 저력을 다시 한번 상기시키는 계기가 되었다. 그러나 이러한 여성의 각성은 냉전체제 확립과 깊이 맞물린 조국 분단의 과정에서 또다시 심각하게 왜곡되어 갔다. 남북 분단의 고정화라는 현실 속에서 한국 개신교는 친미와 반공을 그리스도교와 동일

102　안이숙,《죽으면 죽으리라》, 기독교문사, 1976, 575쪽.

시하면서 이승만 정권을 맹목적으로 지지하는 단체의 선봉이 되었고, 그 결과 국가 종교와 같은 특권적 혜택을 누리게 되었다. 진보적인 교회 여성들도 이러한 상황에 매몰되어 해방 직후부터 '여자 국민당', '한국 애국부인회', '독립 촉성 중앙 부인단', '독립 촉성 애국부인회' 등 친이승만 계열의 우파 여성운동이 사실상 독점하다시피 하였다. 또한 '낙랑 클럽'처럼 그리스도교 여성 일부가 미국과의 대외 교섭에 비공식적으로 매우 중요하게 개입하기도 하였다. 낙랑 클럽은 1948년 YWCA 회장이던 모윤숙에 의해 결성되어 1952년 12월에 해체될 때까지 약 5년간 주한 외교 사절단과 미군 고위 관리들을 접대하는 일을 담당하였다. 클럽 구성원 150여 명이 대부분 이화여대 출신으로 접대 과정에서 얻은 정보를 자유당 정부에 전달하였다고 한다.[103]

한편 감리교 여선교회, 장로교 여선교회, 기독교장로회 여선교회 등은 6·25전쟁으로 인해 대량 발생한 전쟁 미망인, 윤락 여성, 유엔군 마담 등을 구제하고 선도하는 데 그 힘을 집중하였다.[104] 그러나 이러한 자선 활동도 국가의 복지 정책 부재라는 상황 속에서 그리스도교 세계봉사회(CWS), 감리교 해외 구제위원회(MCOR) 등 해외 그리스도교 조직의 원조에 결정적으로 의존하고

---

103 〈중앙일보〉, 1995. 1. 18. 이승희, "미군정 좌익 여성운동사", 《80년대 한국 인문사회과학의 현단계와 전망》, 역사비평사, 1988 참조.

104 이현숙, "분단 후 민중 여성의 고난과 한국 교회 여성운동", 《전환기의 민중신학》, 한국신학연구소, 1992, 121쪽.

　　경계에 선 신앙: 전쟁, 토착화, 여성, 공산주의

있었다. 미국 정부의 대외 원조 예산과 미국 신자들로부터 모금한 후원 금품, 미국 잉여 농산물을 주된 자원으로 삼아서 내한한 미국의 민간 구호 단체들은 1952년에 '외국 민간 원조기관 한국 연합회'(Korea Association of Voluntary Agencies, KAVA)를 결성하였다. 한국 정부의 보건사회부(보사부)보다 더 많은 재원을 보유함으로써 '제2의 보사부'라고 불릴 정도였던 KAVA 등의 후원하에 한국 개신교 교회들은 많은 복지 시설을 상설적으로 운영할 수 있었다. 1957년 당시 개신교 계통에서 운영하는 사회복지 기관은 539개소, 수용 인원은 무려 6만 3,787명에 달했다.[105]

교회 여성들의 윤락 여성 구제 사업도 이러한 원조 사업의 일환이었다. 그들의 자선 활동은 재정적으로 대외 의존을 탈피하지 못했을 뿐 아니라, 사업의 대상인 윤락 여성의 존재를 타락한 영혼으로 보고 영혼 구제에 전념하는 접근 방식에 기초했다는 점에서 적지 않은 문제를 안고 있었다. 윤락 여성들이나 유엔군 마담 등은 주부이기를 거부한 '타락한 영혼'이라기보다, 냉전 체제가 빚은 민족적 비극과 모순의 구체적 모습이었기 때문이다.

기본적으로 1950년대의 연장선상에서 확대를 지향하며 전개된 1960년대의 교회 여성운동도 한국 개신교의 민족 정체성 상실과 대외 종속 흐름에 편승함으로써, 초기 개신교 여성사를 관통해 왔던 불우 의식에 출발점을 둔 보편 지향성이 점차 '향상적 승

리주의'로 변형되어 갔다. 여성 의식의 이러한 변형은 여성 억압적 교회 정치와 성서 해석, 신학적 담론 확대 재생산에 이의조차 제기하지 못하고 방관하는 결과로 이어졌다.

어느 대형 교회의 강단 설교 중 "하와 때문에 아담이 범죄했습니다. 이세벨 때문에 아합 왕이 범죄했습니다. 여자 때문에 다윗도 범죄했습니다"라는 묘사가 등장한 점에서 알 수 있듯이, 오늘날에도 여성은 죄의 근원이자 죄악으로 유혹하는 음녀의 이미지로 자주 등장한다.[106] 이와 동시에 가정이 지상천국으로 규정되면서 "여자의 일생은 자기를 희생하여 남편을 도와주고 자식을 도와주다가 끝나는 고귀한" 존재이며, 어머니는 살림을 위해 하늘이 보낸 천사라는 논조의 설교도 끊이지 않고 있다.

이러한 설교에서 행해지는 '사랑'과 '모성'이라는 종교적 상징 언어들은 여성의 희생과 인내만을 강요하며, 또 그것을 미화하는 도구로 오용된다. '사랑'과 '헌신'을 공급하는 전문가이자 이 관계는 일방적이어야 한다는 주장은 여성은 대가를 요구해서는 안 되는 천사 같은 존재여야만 한다는 것이다. 나아가 여성의 공적, 사회적 활동을 "가정에 있는 것을 싫어하고 가정에서 탈출하여 남성의 영역을 침범"하는 것으로 보고, 현대인의 가정 부재 위기의 원인을 전가하고 있다.[107] 한국 교회에서 여성은 남성의 보조

---

106   기독교여성평화연구원,《여성이 바라는 설교: 새로운 교회, 설교》, 평화사, 1992, 64쪽.

107   앞의 책, 107쪽.

　　경계에 선 신앙: 전쟁, 토착화, 여성, 공산주의

자로서 주어진 신분에 순응하고 부엌과 아이들 방을 지키는 주부의 일과를 처리함으로써 '착한 여자'가 되어 원죄에 대한 면죄부를 받는다는 성차별 논리가 일정한 세력을 점하며 오늘에 이르고 있다.

여성 억압 구조가 한국 교회에서 일정 부분을 점유하고 있음은 부정할 수 없는 사실이나, 한편 1960년대 후반부터 그리스도교적 여성 주체성을 모색하려는 시도가 활성화되고 있다. 여기서는 이러한 시도를 고찰해 보기로 한다.

4) 한국 그리스도교 여성의 주체성 모색

분단 정권과의 유착 속에서 사회 부재의 영혼 구원만을 추구하던 한국 개신교에 커다란 변화의 계기가 된 것은 한일회담 반대 운동이었다. 5·16 군사 쿠데타를 통해 정권을 장악한 박정희 정권은 한일회담을 추진하여 굴욕적 대일 외교를 개시하였다. 야당, 종교·문화 단체들이 치열한 반대 운동을 전개하는 속에서 한국 개신교도 비판적 정치 참여의 필요성을 자각하기 시작하였다.

1965년 10월 1일 한경식, 김재준, 이태준 등이 포함된 166명의 '기독교 목사 교역자 연대'로 발표된 성명서는 한국 교회의 반독재 운동에서 중요한 의의를 갖는다. 이 성명서를 통해 교회 지도자들은 "그리스도인으로서 조국의 운명에 대하여 방관할 수 없다.

… 온갖 형태의 독재와 모든 불의, 부정, 부패에 항거한다"는 사회·역사 참여의 원칙을 선포하였다.[108] 1970년대 초반부터 한국 사회 전반에는 '선건설 후분배' 정책과 유신 강압 정치의 제 모순이 분출하기 시작하였는데 개신교는 한국 사회의 인권과 민주화 운동에 중요한 역할을 담당하기에 이르렀다.

이러한 교회의 흐름은 '영혼 구원과 자선'에 일관하면서 주부적 자아상 속에서 졸고 있던 그리스도교 여성들에게도 경종이 되었다. 1966년 산업선교에 투신한 감리교 여선교사 조화순은 동일방직 여성 노동자들의 민주 노조 투쟁이 똥물 세례와 용공으로 탄압되고 있는 상황에서 그리스도교가 말하는 구원의 의미를 재숙고하지 않을 수 없었다.[109] 이들 산업선교 실무자들의 선교 활동에 촉발된 감리교 여선교회는 "고답적인 자세로 불쌍한 이웃에게 선심 베풀듯이 전도하는 형태로는 산업화되어 가고 기계화되어 가는 산업사회 속에서 병들고 소외되어 있는 노동자에게 복음을 전할 수 없다고 판단하고, 그리스도교의 사명이 우선 인간 각자에게 '하나님의 피조물로 태어난 천부의 인권을 되찾아 주는 것'에 있다고 주장하면서 선교적 입장을 수정해 갔다."[110]

기독교장로회 여신도회도 민주화운동을 지원하며 구속자

---

108   森岡巖·笠原芳光,《キリスト戰爭責任》, 東京: 敎館文, 1974, 300-305.

109   한국여신학자협의회,《고난의 현장에서 사랑의 불꽃으로—조화순 목사의 삶과 신학》, 대한기독교서회, 1992, 70-79쪽.

110   이덕주, 앞의 책, 579쪽.

가족 돕기 운동을 전개하는 한편, 계급 및 성의 이중 억압 상황에 투쟁하는 여성 노동자들의 노조운동과 연대 투쟁에 나서면서, 여성을 인간화하기 위한 운동이 절실히 필요함을 인식하기에 이르렀다. 한국 사회에 거의 알려지지 않고 있던 재미·재일 교포의 인권과 복지를 위한 투쟁에 눈을 돌리게 된 것도 이때였다.[111]

민주화와 인권운동에 연대하는 일련의 활동 속에서 각 교파 교회 여성들은 여성의 정체성을 재확인하고 주체적인 활동을 전개할 수 있는 초교파적 여성 조직의 필요성을 절감하게 되었다. 6개 교단인 예수교장로회, 기독교장로회, 구세군, 감리교, 루터교, 성공회의 여성들이 연합하여 1967년에 발족한 '한국교회 여성연합회'는 이런 노력의 결과였다고 말할 수 있다. 한국 개신교사에서 최초의 목적의식적인 초교파 여성 조직이 된 이 단체는 "교회 일치와 연합, 현재 사회 문제에 대응하는 연합 선교, 여성 개발과 세계 평화에의 기여"를 목적으로 했으며, 한국 사회의 제반 문제에 대해 선교적 대응을 모색하였다.[112] '한국교회 여성연합회'는 매춘 여성들을 고도성장 속에서 사회의 최저변에 몰린 가난한 여성들로 재규정하고, 매춘 관광을 주도하던 일본에서 교회 여성 단체와 연대 투쟁을 벌여 기생관광 철폐운동을 통해 매춘 여성 문제의 실태와 심각성을 사회문제화하고 국제 여론화하였다. 매춘 여성의

---

111 이우정·이현숙 함께 지음,《한국기독교장로회 여신도회 60년사》, 한국 기독교장로회여신도회 전국연합회, 1989, 259-265쪽.

112 이현숙,《한국교회여성연합회》, 한국교회여성연합회, 1992, 21쪽.

존재를 사회제도적 문제로 파악한 것은 종래의 자선 사업적 운동 방법과는 질적으로 구별되는 특징이었다.

또한 사회와 정부의 무관심 속에 가난과 원자병으로 고통받고 있는 원폭 피해자의 존재를 알리고, 이를 한일 외교 현안으로 부각시켜 일본의 전후 처리를 촉구하기도 하였다. 원폭 피해자에 대한 인권복지운동은 이후 반전, 반핵, 평화운동으로 확대되어 간다.

한편 이러한 활동의 현장에서 교회 여성들은 한국 여성들의 삶의 고통과 희망 속에서 '예수 그리스도는 주님이십니다'라는 고백이 어떠한 의미를 가지는가를 신학적으로 성찰하기 시작하였다. 이 문제의식에 추동되어 여신학자들이 주축이 된 '여신학자협의회'(이하 '여신협')가 1980년에 창립되었다. 여신협은 "여신학자들이 여성신학을 정립하고 확산함으로써 교회 선교에 이바지함과 동시에 평화와 정의의 사회를 이 땅 위에 건설하는 데 기여하는 것"을 목적으로 하고 있었다.[113] 여신협의 한국 여성신학 정립 작업에 고무되어 1980년대에는 많은 그리스도교 여성 연구 단체 설립이 잇달았다. 통일과 평화의 문제를 분단 구조 속에서 가장 크게 희생당하는 여성들의 관점에서 이론화함으로써 교회 여성들의 평화 의식과 여성 의식을 확산시키려는 연구 단체인 '기독교 여성 평화연구원'이 1986년에 개원하였다. 이어 여성 지도력 육성, 여성신학 확산과 보급, 아시아 여성 간의 공동 신학 정립 등을 목적으

---

113   한국여신학자협의회,《제17차 총회보고서》, 76쪽.

로 '아시아 여성 신학 선교원'이 1989년에 등장한다.

　　이러한 연구 활동 단체들은 한국 여성신학의 정립을 모색하여 왔는데, 이 작업을 정초한 공으로 특별히 박순경 교수와 이우정 교수, 두 여성신학자를 들지 않을 수 없다.

　　이우정 교수는 여성들의 삶의 경험들을 소재로 한 귀납적인 이야기 신학을 전개한다. 그는 여성들의 이야기 신학의 해석학적 전거를 여성들 개인의 이야기, 이 이야기가 부분성을 넘어서 전체성을 획득했을 때의 형태인 사회 전거, 다른 한편으로는 성서에 나타나는 여성의 이야기, 이렇게 세 요소에 둔다. 이우정 교수가 분석한 바에 의하면 이야기, 민담, 사회 전거들은 가부장제적 사회에서 자신들의 삶의 경험을 개념화할 수 없었고 오직 이야기만 할 수 있었던 여성들의 삶과 경험, 거기에서 얻어진 지혜를 직접적으로 보여 준다. 또한 성서에도 가부장제적인 이데올로기 색채가 적지 않지만 그것을 넘어서는 여성 해방적인 복음의 메시지를 성서가 동시에 함축하고 있다고 주장한다. 즉 여성의 이야기와 성서 속에는 여성이 당하는 억압과 한의 경험만이 아니라 그것을 극복해 나가는 여성의 지혜를 동시에 만날 수 있으며, 이 점은 오늘날 여성의 자기 회복을 위한 실천 활동에 역동성을 부여하는 것이라는 주장이다.[114]

　　이우정 교수의 귀납적 이야기 신학은 논리만이 아니라 땀 흘리고 노동하며 인간의 삶을 떠받치는 가운데 감각, 감성 등과 더불어 통전적으로 진리를 파악하는 여성들의 인식 체계에 가장 쉽게 접근할 수 있는 형식이다. 이 점에서 커다란 장점을 지닌다고 말할 수 있다.

한편 박순경 교수는 한국 여성신학이 여성 문제를 다루면서 동시에 한국 신학의 과제, 즉 민족 문제를 다루지 않으면 안 된다고 주장한다. 그가 본 한국 신학의 과제는 사회의 계급 불평등과 민족 분단이라는 두 가지 근본 모순을 안고 있는 민족의 문제를 해결하는 것이었다. 즉 한국 사회에서 여성 문제는 이 두 문제와 분리될 수 없기 때문에 이것의 극복 없이는 여성 문제의 해결도 불가능하다는 것이다. 따라서 그에게 민족 문제는 여성 문제보다 더 큰 범주였다. 이러한 맥락에서 그의 여성신학은 한민족의 통일이라는 역사적 책임을 담당하는 민족의 어머니로 여성을 규정한다.[115] 민족 분단의 문제를 한국 신학의 중심 과제로 세우고 이 지평에서 통일 문제를 여성 신학의 주요 과제로 설정하자는 박순경 교수의 주장은 매우 의미 깊은 제안이라 하겠다.

박순경 교수와 이우정 교수의 주장과 활동에 촉발된 한국 여성신학자들은, 남존여비적 차별, 성폭력, 아내 학대 같은 사회문제

114　이우정, "한국 전통 문화와 여성신학",《한국 여성신학의 과제》, 한국 기독교가정생활협의회, 1983; "한국 속담과 여성의 비인간화",《신학과 여성》, 한국여신학자협의회, 1983. 이우정의 여성신학에 관해 자세한 것은 김희은, "여성신학과 민중신학",《민중신학 입문》, 한울출판사, 1995 참조.

115　박순경,《민족 통일과 기독교》, 한길사, 1986, 262쪽. 박순경의 여성신학에 관한 자세한 것은 박경미, "민중신학과 여성신학", 이우정 선생 고희기념논문집 편찬위원회,《여성 평화 생명》, 경세원, 1993.

를 본격적으로 고발함과 동시에 민주화와 통일 문제, 경제 정의 실
현, 생태계 파괴 문제 등을 제기했다. 이러한 여성신학자들의 주장
과 활동에서 공통된 특징은 '한국 그리스도교 여성의 주체성' 모
색이라고 말할 수 있다. 이것은 종래의 교회 여성운동을 어떻게 창
조적으로 극복·계승해 갈 것이냐는 문제와도 결코 무관하지 않다.

　　종래의 한국 교회 여성운동은 서구의 자유주의적인 여성 해
방 사상에 기초하여 모든 구성원에게 동등한 권리와 기회를 주어
야 한다는 가정에 깊이 결합되어 진행되어 왔다. 이 과정에서 여성
들은 남성과 동일시되는 이성 능력, 지배 능력, 공적 영역 등을 규
범적인 인간 본성으로 규정하고, 이러한 인간 본성에 대하여 성적
구별을 이유로 여성을 배제하는 것은 부당한 것이라 생각하였다.
이 점에서 종래의 교회 여성들의 자기 회복운동은 공적인 영역에
서 여성이 남성과 똑같은 기능을 할 수 있는 경우에만 해방될 수
있다는 가정하에 진행되었다고 하겠다.

　　여성신학자들은 남성의 영역을 인간 규범으로 만들어 여성
을 그 속에 동화시키려 했던 서구의 자유주의적인 전제의 한계를
자각하고 그 정반대 방향을 지향하려 하고 있다. 즉 인간 생명의 창
조 및 유지 활동을 중심점으로 설정하여, 소외된 남성상을 그 속에
재통합하는 방향을 지향하면서 한국 여성의 고통과 소망에 응답
하려는 '한국 그리스도교 여성의 주체성' 확립을 모색하고 있다.

　　이러한 여성신학의 활성화는 교회 내 민주화운동에도 커다
란 영향을 미쳐 여목사 안수 문제에도 적지 않은 진전이 있었다.

한국 여성으로서 최초로 목사 안수를 받은 이는 1951년에 재건교회에서 목사안수를 받은 최덕지였다. 감리교회에서는 1955년에 이르러 전밀라와 명화용을 효시로 여성 목사가 탄생한다. 기독교장로회에서도 치열한 투쟁의 결과 1977년에 양정신을 필두로 여목사를 탄생시켰다.[116]

특히 대한예수교장로회(이하 '예장') 통합의 경우 여목사 안수는 1933년 함남노회 최영혜의 헌의가 기각당한 이래 실로 장구한 세월의 운동을 필요로 했다. 예장 여전도회는 전술한 대로 해방 직후인 1946년 여장로 장립 청원을 했으나 총회는 통일이 이루어질 때까지 보류할 것을 통보하였다. 그러나 여전도회는 1961년에 여장로 장립을 재차 청원하고 1977년부터는 여목사 안수를 동시에 청원하였다. 이에 대해 총회의 반응은 32년 동안 22번의 헌의에 대해 6번의 연구위원회 결성 보고, 14번의 투표로 부결, 1991년에는 향후 3년간 다루지 않는다는 결정을 내리는 등 거부 반응으로 일관해 왔다. 이러한 완고한 남성 우월주의적 교권자들에 대해 예장 여전도회, 예장 여교역자협의회, 여신학생 조직은 진보적인 남성들의 후원과 여신학자협의회, NCC 여성위원회, 교회여성연합회, 각 교단 여교역자회, YWCA 등의 단체들과 연대하면서 깊은 인내로 투쟁을 전개하였다.

마침내 1995년에 여성 안수법이 통과되어 1996년에 박진숙

---

116   이덕주, 앞의 책, 528쪽.

을 필두로 19명의 여목사가 탄생되고, 12명의 여성 장로가 안수를 받을 수 있었다. 최영혜의 헌의 이래 60년 만의 성사였다.[117] 중도 보수 성향인 통합 측이 이렇게 여목사법을 통과시켰으나 현재 고신파장로회, 성결교회, 침례교회 등에서는 여성에 대한 목사 안수를 여전히 거부하고 있다. 여목사가 탄생한 교파의 경우에도 여전히 '치마 입은 여성에게는 축도를 받고 설교를 들을 수 없다'는 완고한 거부 반응이 계속되는 상황 속에서 여성 목회를 어떻게 정착시켜 나갈 것인가, 나아가 어떠한 질과 내용의 여성 목회를 할 것인가는 지금부터의 과제로 남겨져 있다.

이 점과 관련하여 여성이 주체가 되는 대안적 신앙 공동체를 모색하는 일환으로써 1989년에 설립된 '여성교회' 실험은 적지 않은 시사점을 준다. 여성교회는 "이 땅 위에 인간 평등 공동체 사회를 실현하기 위해 모인 예배 공동체로서 하나님은 인간을 하나님의 형상으로 동등하게 창조하셨고, 예수 그리스도는 억눌린 인간들, 특히 여성들을 해방시키고자 이 세상에서 그의 사명을 다하셨으며 그리고 지금도 성령이 눌린 자들의 편에서 그들의 고난을 이기게 하시고 약한 자를 강하게 하시며 여성들을 깨우치게 하여 하나님 뜻을 이루게 하신다는 신앙을 고백하고 실천함"을 목적으로 내걸고, 새로운 예배 공동체의 모델을 제시하기 위해 여러 가지 실험적인 시도를 하고 있다.

117   고애신, "예장통합여성 안수 활동사", 〈한국 여성 신학〉 1996년 겨울 호, 29-31쪽.

여성교회는 예배에 참석한 모든 사람들이 피라미드 조직이
아닌 평등 공동체를 체험하도록 모든 구성원이 둥그렇게 앉아서
예배를 드리고 공동체 축도와 원형 기도를 시작하고 있다. 설교 대
신 이성과 감각, 직관, 감정에 통전적으로 호소하는 드라마나 음
악, 그림, 시 낭송, 대화 등으로 말씀을 전하고 한국 문화의 특징을
살린 성례전의 모색, 상징과 몸으로 드리는 찬양과 헌신 등을 실험
하고 있다.

　여성교회가 특히 주의를 기울이는 것은 공동체 의식에서 사
용되는 절대자 지칭이나 언어, 설교, 찬송가 등에서 여성 비하나
배제의 성차별적 언어를 폐지하는 것이었다. 이러한 관심은 1995
년에 여성교회가 기존의 찬송가를 개사, 편찬한《우리 찬송가》에
잘 나타나 있다. 이 찬송가는 여성 해방의 기쁨을 대변해 주고, 그
들의 신앙을 고백하기에 알맞은 찬양을 드리려는 목적에서 기존
의 찬송가 가사 가운데 기부장제적이고 계급적인 언어인 "아버
지, 주, 교회의 머리" 등을 평등의 언어인 "하나님, 예수" 등으로
바꾸었고, 권위적이고 군사문화를 대표하는 언어라고 생각되는
"개선가, 승리의 주, 승전가" 등을 평화적인 언어인 "사랑, 화해"
등으로 대체하고 있다.[118]

　교회 공동체 내에서 평등하고 온전한 여성의 참여를 실현하

118　정숙자, "여성교회는 왜 여성을 위한 찬송가를 만들어야 했나", 〈기독교사상〉 1995년 5
　　월 호, 158-159쪽.

기 위해서 인간의 의식세계를 반영할 뿐 아니라 동시에 규정하기도 하는 언어에 대한 검토 작업이 앞으로 더욱 심화되어야 할 것이다.

대안적 신앙 공동체 모색의 일환으로서 여성 민중목회 시도도 특기할 만하다. 여성 민중목회란 주로 공단 지역, 빈민 지역, 기지촌, 농촌 등에서 공부방, 탁아소와 같은 지역 선교 센터나 이러한 일을 병행하는 교회에서 여성 민중들과 가장 가까이 만나고, 그들의 요구와 밀접하게 결합되어 일하면서 여성 민중들을 하나님 나라 건설의 주체가 되도록 의식화하는 목회를 말한다.[119]

이상과 같이 1980년대 이후 한국 개신교 여성운동은 한국 그리스도교 여성의 주체성을 자각적으로 추구하며 한국 사회의 민주화 및 통일운동, 한국적 여성신학의 모색과 대안적 신앙 공동체 모색 등 여러 측면을 포괄하면서 비약적인 진전을 보이고 있다.

5) 결론

그리스도교가 한국 여성의 자기 회복이라는 과제와 어떻게 교착하면서 오늘날에 이르렀는지를 검토해 보았다. 그리스도교사에서 '인간이 아니라 하나님에게 복종하라'는 것은 기존의 권위에

---

119 한국여신학자협의회,《한국 여성 민중 목회자》, 여성신학사, 1994, 17-18쪽.

저항하는 모든 이반 집단들을 위한 지속적인 신학적 지주가 되어 왔다. 이것이 가부장제적 부조리의 삶을 살고 있던 조선 시대 말의 한국 여성들에게 적용되었다.[120] 여성들은 그리스도교를 통해 모든 권위를 상대화하는 절대자를 만나고, 신과의 직접적인 관계 속에서 자신들을 재정립하게 되었다. 남성과 동등하게 신의 형상대로 지음받은 자신들의 인간적인 권위와 자율성을 회복한 것이다. 이러한 여성들의 자기 재정립 과정에는 불우 의식에 출발점을 둔 보편으로의 지향을 자발적인 봉사를 통해 추구해 간다는 정향성이 일관되게 움직이고 있었다.

그러나 한국 개신교사에서 이러한 지향성은 교회의 남성 우월적 제도화라는 내재적 요인과 일제의 그리스도교 탄압, 그리스도교와 세계 냉전 체제의 유착 등 외부적인 요인에 크게 영향받으며 적지 않은 왜곡과 변용을 거치기도 하였다.

현재 한국 개신교 여성운동은 한국 그리스도교 여성의 주체성 모색을 자각적으로 추구하는 다양한 실험적 시도를 통하여 크게 비약하려 하고 있다. 이후의 추이를 결정하는 관건은 두 문제에 달려 있다고 생각된다. 하나는 불우 의식에 출발점을 둔 보편성을 '자발적인 봉사'를 통해 추구한다는 초기의 교회 여성들의 지향성을 한국 그리스도교 여성의 주체상이라는 문제의식을 통해 어떻

---

120   Rosemary R. Ruether, *Sexism and God-Talk*, 안상임 역,《성차별과 신학》, 대한기독교출판사, 1985, 74쪽.

게 창조적으로 계승·발전시켜 갈 것인가이고, 또 하나는 '한국 그리스도교 여성의 주체성' 모색이라는 급진적인 시도의 질을 유지하면서도 주부적인 자아상에 안주하고 있는 많은 기성 교회 여성들을 대상으로 이것을 어떻게 확대, 대중화해 갈 것인가이다.

4장

공산주의

1. 김교신과 공산주의

오늘날 우리 사회에서 '공산주의'처럼 무서운 말은 없다. 언제부터 이것이 가장 무서운 단어가 되었을까. 김교신 당시 가장 무서운 단어는 '조선총독부'였고, 그가 공산주의에 대해 본격적으로 논한 글은 없다. 단지 일기의 몇 부분을 읽으면서 이 문제에 대해 추론해 볼 수는 있을 것이다.

일기(1931년 8월 8일, 1931년 10월, 34호)

오전에 서대문형무소에 들러 ML당 사건으로 입옥(入獄)한 모 군을 면회했다. 저가 최초에는 저 장벽 속에서 나사렛 예수가 구주 그리스도라는 확신을 파지(把持)하고 출옥하였더니, 이제는 공산당원으로서 재입옥(再入獄)했다. 지금부터 10년 전에는 우리가 예수의 사생아인 것을 조롱하면, 저는 흥분한 기색으로 그리스도의 신성

(神性)을 변호했다. "먼저 된 자로서 나중 되고 나중 된 자로서 먼저 될 자가 많으니라"(마가 10:31). 생각하면 감개무량이라 할까. 차라리 인생이 두렵다고 하는 게 더 절실할까.

김교신 일보(1932년 5월 22일)

간밤 꿈에 한림 군을 보다. 건강하고 쾌활한 모습을 치하했다. 혹시 무슨 병환의 징조가 아닌지 염려되기도.

살랴 죽으랴(1932년 5월, 40호)

… 그러나 먹는 일과 사는 일에 관하여는 기독교보다 더 유력한 종교와 사조가 많다. 보라, 현대에 유행하는 모모주의자들이 그 소신을 전파함에 씩씩하고 진실됨에 비하여 소위 기독교도들의 그러한 종류의 사업이란 것이 얼마나 미온적인가? 나는 단언하기를 주저치 않는다. 인생의 주요 목적이 먹고살려는 것이라면 어서 기독교를 버리고 모모주의자들로 개종할 것이라고. 적어도 저들은 그 주의의 현실성이 적확하고 그 언행이 진지하다. '조문도석사가'(朝聞道夕死可, 아침에 도를 들으면 저녁에 죽어도 좋다)라 함은 기독교에서 멀지 않다. 원래 기독교는 죽는 길을 가르친 것이다. 기독교를 현세 살림에 이용하여 윤택을 가(加)하려니 무능력하게 되어 버렸다. 그리스도의 일생은 골고다까지의 직행이었다. 베드로, 바울 그밖에

초대 신도들의 기독교는 살고 더 잘살려는 기독교가 아니었다. 루터는 살려고 보름스 의회에 임한 것이 아니었다. 생명을 구하는 자는 잃으라고 경고하신 주 예수는 무엇보다도 먼저 생명을 바치기를 요구하신다. 특히 기갈에 임한 반도의 크리스천은 모름지기 죽기를 지원할 것이다.

김교신 일보(1933년 9월 6일)

5시 전에 기상하여 한림 군을 생각하면서 또 위하여 기도했다. 아침 식사를 일찍 마치고, 4년 반의 형기(刑期)를 마치고 출옥(出獄)하는 군을 맞으려고 서대문형무소 문 앞에 가니 7시 10분. 한인숙, 한진헌, 한홍, 류승흠, 주종선 외 친족과 친구 수십 명이 모여서 기다리고 있다. 8시까지 시간을 끌면서 나오지 않으므로 나는 등교 수업 후에 다시 경일여관에 가서 그를 만나 악수하다. 전후 6년 동안이나 부자유한 생활을 보내고도 그 심신(心身)이 모두 건강함에 놀랐다.

김교신 일기(1933년 9월 6일, 1933년 11월, 58호)

9월 초순에는 6, 7년 만에 출하는 H군을 옥문에 맞다. 소위 ML당 사건의 거두라 하는 이다. 그 희망이 양양한 것과 그 태도의 천진한 모양이 자연히 나에게 루터 부인의 일화를 연상케 한다. H군을 백두산 기슭에 성장한 거목(巨木)에 비한다면, 오늘 기독교 신자의 대부분은 고층 건물의 옥상 분재(盆栽)에 방불한 것을 부인하기 어려웠다. 만일 루터 부인이 오늘 조선 기독교의 가련한 자태를 보았다면 또 한 번 상복을 입어야 할 것이다. 하나님이 별세한 모양이니까.

김교신 일기(1934년 9월 30일, 1934년 11월, 70호)

꿈에 H형을 보니 노한 듯함은 나의 태만을 책함인가.

김교신 일기(1940년 6월 19일, 1940년 7월, 138호)

저녁에 한림 형 댁에 부름을 받아 쾌담수각(快談數刻). 형은 본래 ML당 사건의 거두요 지금도 물론 유물론자이지마는, 여(余)의 심경을 가장 깊이 통찰하며, 준순(逡巡)할 때가 아니라고 역설하며 책망하다시피 독촉함을 받았다. 주의와 사상을 위하여 목숨을 던져 본 경험을 가진 사람인지라, 그 심지가 비열하지 않음이 가경가애(可敬可愛). 기독 신도가 안 한다면 자기가 후사(後事)를 돌보아 줄 터이니 전진하라고. 신앙의 세계와는 별천지로 의기(意氣)의 세계가 따로 있음을 발견하다.

내 눈을 열어주신 은사 김교신 선생(노평구 편,《김교신을 말한다》, 2001, 부키, 382쪽. 김헌직의 글)

(김교신 선생의) 개인적 교우관계를 보면 ML당 사건 주모자급 한림 씨가 있다. 두 분은 같은 고향 함흥 태생으로 죽마고우였다. 두 사람의 역사관과 인생행로는 정반대였지만 그 사귐은 관중(管仲)과 포숙(鮑叔)의 사이 같았다. … 한림은 천재에 가까운 인물이어서 소학교에서 대학까지 수석만 차지했다고 했다. 대학 시절 공부할 때 2등을 하는 친구가 어찌나 공부를 열심히 하던지 조금 방심하다가는 수석을 빼앗길 것 같아 비결을 썼다고 했다. 그 비결은 학교 수업이 끝나는 즉시 자기는 하숙에 돌아가 단시간에 예습 복습을 해치우고, 그 친구 하숙을 찾아가 정구 시합을 하자고 유인해 서너 시간 죽살이치게 운동하여 피로하게 만드는 작전을 써서 그의 공부 시간을 줄이게 하는 방법이었다고 했다. 선생님께서 껄껄 웃으시며 "그 비결은 좀 비열했어!" 해서 우리도 웃었다.

2. 김교신과 한림의 우정

　김교신과 한림(韓林)은 고향 함흥에서부터 죽마고우였다. 두 사람은 3·1운동 당시 함흥에서 독립선언서를 배포하고 만세를 불렀다. 당시 함흥의 만세 시위 사건을 담당했던 함흥지방법원 이시카와 검사의 조사 자료에 의하면, 김교신은 기소유예로 풀려난 것에 비해 한림은 정식으로 기소되었다. 그리고 감옥에서 한림은 기독교 신앙을 가졌다. 김교신은 이런 한림의 기독교 신앙을 조롱하며 예수는 '사생아'라고 했다. 그런데 이로부터 10년 후 두 삶의 입장이 바뀌었다. 한림은 와세다 대학에서 공부하면서 공산주의자가 되었다. 반면 김교신은 기독교에 입신하여 우치무라에게서 성서를 공부한 후 귀국하여 〈성서조선〉을 발간했다. 그 사이 한림은 1926년 고려공산청년회 중앙후보위원, 1927년 고려공산청년회 일본부 초대 책임비서를 지냈고 신간회 도쿄지회 책임을 맡았다. 1928년 조선공산당 일본총국 책임비서로 활동하던 중 일본 경찰에 검거되어 1930년 10월 경성지법에서 징역 4년 형을 선고받고 복역한 후, 1933년 9월 만기 출옥했다.[1] 이 사건이 '제4차 공산당 사건'으로, 이후로 조선공산당은 다시 재건되지 못하고 종언을 고했다. 한림은 4년 6개월 형을 구형받았으나, 예심 기간은 형기에 포함시키지 않는 일제의 관행에 따라 실제 구속 기간은 5년 3개월이었다.

1931년 4월 발행된 〈삼천리〉 14호는 세상의 이목을 놀라게 했던 ML당 사건을 다루며, 한림은 함흥의 대부호의 아들이자 와세다 대학 학사 출신이지만 귀족의 아들인 레닌이 변호사의 길을 버린 것처럼 노동자 계급의 지도자가 된 공산주의자라고 소개했다. 그리고 《자본론》을 원어로 다 읽은 사람은 오직 그뿐이라고 했다. 이러한 한림의 발걸음을 지켜보면서 김교신은 "먼저 된 자가 나중 되고 나중 된 자가 먼저 될 이들이 많을 것"이라는 마가복음 10장 31절을 생각하며, "인생이 참으로 두렵다"라고 기록했다.

김교신은 한림이 공산주의의 거두가 된 이후에도 여전히 그와 우정을 이어 갔다. 옥중에서 고투하고 있을 그를 걱정하여 꿈을 꾸기도 하고, 한림의 아버지 장례식에는 그의 가족들과 함께했다. 한림의 어머니가 아들을 면회하러 서울에 오면 함께 면회를 따라가고 자기 집에 유숙하게 해드렸다. 한림이 5년 3개월의 수형 기간

---

1 박상익, "김교신과 한림", 제8회 김교신선생 기념 학술대회 자료집, 2023년 11월, 62-63쪽.

을 마치고 출옥할 때는 감격의 재회를 하고 그의 기개가 꺾이지 않았음을 보고 안심했다. 그리고 그에 비하면 조선 개신교는 '고층 건물의 옥상에 있는 분재'같이 허약해 보인다고 토로했다. 구조악을 청산하려는 사회주의가 '백두산 기슭에서 성장하는 거목'이라면, 미국 개신교에 의존하며 개인 구원만을 강조하면서 현실 도피적 엑스터시를 탐닉하는 부흥회적 신앙이나, 토지 문제 등 식민지 경제의 근원적인 구조악은 도외시한 채 체제 내에서 정신적 계몽 차원에서만 농촌 문제를 접근하는 기독교 농촌운동 등은 '옥상에 심은 분재'에 지나지 않는다는 것이었다.

그는 공산주의에 목숨을 건 한림의 사상적 진실됨과 투철함에 미치지 못하는 '옥상 분재' 식의 왜소한 기독교인이 되지 않기 위해, 더욱 정진해야 한다는 각오를 새롭게 했다. 그러한 의미에서 공산주의자인 친우 한림은 그에게 기독교인으로서의 자신의 진실됨과 투철함을 비추어 보게 하는 거울이었다고 할 수 있다.

1930년대 후반부터 "황국신민의 서사" 등을 실으라는 일제의 출판법에 따를 것인가 잡지를 폐지할 것인가를 두고 매달 고민하며 일본과 조선의 무교회주의자들과 상의를 거듭할 때에도, 김교신은 '뜻'에 '목숨을 걸어 본' 사람인 한림에게서 가장 깊은 위로와 격려를 받았다. 이 점은 한림도 마찬가지였나 보다. 해방을 4개월 앞두고 김교신이 병사했을 때, 우인(友人) 대표로 분향한 사람은 다름 아닌 한림이었다. 두 사람의 이러한 우정은, 사상을 달리하는 두 사람이 각자의 사상적 정체성을 유지하면서도 서로를 존중한 예라고 할 수 있다.

　이하에서는 식민지 시대 개신교와 공산주의의 관계를 살펴보고, 오늘날 공산주의에 대한 한국 개신교의 두 갈래 사유를 대변하는 한경직과 함석헌의 견해를 조명해 보자.

3. 식민지 시대의 개신교와 공산주의의 관계 유형 연구

1) 들어가며

한국 개신교의 이데올로기적 지형이 '반공과 친미'라는 것을 부정하는 사람은 거의 없을 것이다. 2차 세계대전 이후 세계가 냉전 체제로 재편성되는 가운데 한반도는 냉전 체제의 최전선에 위치했다. 이로 인한 해방 정국의 극한적인 이데올로기적 대립과 한국전쟁을 거치면서 한국 개신교는 자신을 자본주의, 반공산주의, 친미주의와 동일시했다. 이 가운데 '반공'은 거의 신적 명령으로 신학화되기까지 했다.[2] 그러나 한국 개신교와 공산주의의 관계를 역사적으로 연구한 최초의 연구자인 사와 마사히코[澤正彦]는

2　자세한 것은 김흥수,《한국 전쟁과 기복 신앙 확산 연구》, 한국기독교역사연구소, 1999 참조.

1983년 그의 논문 "한국 개신교의 공산주의에 대한 역사적 연구"
에서 한국 개신교의 반공은 해방 이후의 과정에서 생겨난 '역사적
산물'로, 해방 전의 공산주의에 대한 인식과는 단절이 있다고 분
석했다.[3]

　　이후 해방 전의 개신교와 공산주의의 관계에 대한 연구가 좀
더 본격적으로 진행되었다. 이준식과 김권정이 식민지 시대 개신
교인들의 공산주의 인식과 공산주의자들의 반기독교 운동에 관해
연구했고,[4] 공산주의에 적극적으로 반응하고자 한 인물로 이대위
를 발굴한 채현석과 김권정의 연구가 이어졌다.[5] 공산주의에 대한
개신교의 대응이라고 할 수 있는 YMCA의 농촌 사업에 대해서 노
치준과 장규식의 연구도 이어졌다.[6] 이외의 관련 연구로서 개신교
인이었다가 공산주의자가 된 이동휘와 여운형에 대한 연구가 있
고,[7] 정치외교학적 관점에서 당시의 정치 이데올로기인 공산주의
와 파시즘 그리고 개신교의 관계를 분석한 연구 등이 있다.[8]

3　　澤正彦, "韓國敎會의 共産主義에 대한 태도의 歷史的 硏究", 〈기독교사상〉 1983년 8월 호.

4　　이준식, "일제 침략기 기독교 지식인의 대외 인식과 반기독교 운동", 〈역사와 현실〉,
　　1993; 김권정, "1920-30년대 기독교인들의 사회주의 인식", 〈한국기독교와 역사〉
　　5(1996); 김권정, "일제하 사회주의자들의 반기독교 운동에 관한 연구", 〈崇實史學〉
　　10(1997).

5　　채현석, "李大偉의 생애와 활동", 《일제하 한국기독교와 사회주의》, 한국기독교역사연
　　구소, 1992; 김권정, "1920-30년대 李大偉의 기독교 사회운동", 《한국민족운동사연
　　구》57(2008).

6　　노치준, "일제하 한국 YMCA의 기독교 사회주의 사상 연구", 《일제하 한국기독교와 사
　　회주의》, 한국기독교역사연구소, 1992; 장규식, "1920-30년대 YMCA 농촌사업의 전
　　개와 그 성격", 〈한국기독교와 역사〉 4호, 1995.

이상의 연구를 통해 해방 전의 개신교와 공산주의의 관계가 당시의 역사적 상황과 연동하며 어떻게 변화해 왔는지, 그 시대별 양상이 무엇인지가 규명되었다. 또한 이대위가 개신교와 공산주의의 접점을 찾아보려는 YMCA 계열의 움직임을 대표하는 인물이었으며, 그의 사유가 '합작주의'를 중심으로 하는 기독교 사회운동으로 귀결되었음도 확인되었다.

그러나 1920년부터 시작된 식민지 시대 개신교와 공산주의의 관계에 대한 연구는 전체적으로 볼 때 여전히 공백이 많은 상황이다. 본 연구는 이러한 연구의 공백을 메우는 작업의 일환으로, 공산주의의 반종교 운동과 이에 대한 개신교 내의 반응 유형을 분석해 보고자 한다. 이를 통해 식민지 시대 개신교와 공산주의의 관계에는 다양한 스펙트럼이 있음을 규명하고자 한다. 또한 식민지 시대의 개신교와 공산주의의 관계 유형 가운데 해방 이후까지 지속된 관계 유형은 무엇이고, 단절된 유형은 무엇인지도 검토하고자 한다. 그리고 이러한 단절과 지속이 갖는 함의가 무엇인지도 생각해 보고자 한다. 지나간 역사 속에서 관찰되는 양자의 다양한 관

---

7   이기훈, "강화도에서 이동휘의 계몽운동", 〈도서문화〉 33(2009); 한규무, "이동휘와 기독교사회주의",《일제하 한국기독교와 사회주의》, 한국기독교역사연구소, 1992; 김방,《이동휘》, 역사공간, 2013; 서정민,《이동휘와 기독교》, 연대출판부, 2007; 변은진,《여운형》, 역사공간, 2018; 몽양여운형선생 전집발간위원회,《몽양여운형 전집》, 한울, 1991.

8   김명섭, "공산주의 대 파시즘의 관념 충돌과 기독교", 〈한국정치외교사논총〉 39-1 (2017).

계 유형을 보면 개신교와 공산주의는 오직 '적대와 대결'만이 있을 뿐이라는 우리 시대에 팽배한 선입견을 재고하게 될 것이다. 또한 금후 양자의 관계 양상을 모색하는 데 중요한 상상력의 자산으로 활용될 수도 있을 것이다.

2) 공산주의와 반기독교 운동

조선의 공산주의는 먼저 국외에서 시작되었다. 한국인 공산주의 조직은 1918년 1월에 러시아령 이르쿠츠크에 거주하는 한국인을 중심으로 창립되었다. 이것이 이르쿠츠크 공산당 한국인 지부이다. 그 후 동년 4월에 볼셰비키의 지원 아래 하바롭스크에서 이동휘가 '한인사회당'을 조직했다. 이동휘는 안동영장(安東營將), 강화도참령(江華島參領)을 역임한 대한제국의 무관이었으나, 1907년 7월 정미 7조약으로 군대가 해산되자 개신교로 개종하고 전도사로서 교육 구국 운동에 주력한 기독교 민족주의자였다. 그러한 그가 공산당의 당수가 된 것은 오늘날의 시각에서 보면 매우 기이한 일이다. 그러나 "대한국 국민으로서 모국민에 대하여 길가에서 만나면 머리를 숙여 경의를 표하고 그들의 말에 대하여 일의 선악을 논하지 않고 이에 복종하는 일이 있기 때문에, 그들은 더욱 성장하고 가끔 구실을 붙여 우리 동포의 생명과 재산을 빼앗고 있다. 실로 극히 유감이다. 이것을 구하는 길은 달리 없고 야소교 신도가 되는 데 있다. 야소교는 문명국의 종교로서 이렇게 신도가 되면 전술한 바와 같이 참화를 입을 염려가 없고 우리 대한 국민으로서 야소교가 되지 않는 자는 자기를 알지 못하고 스스로 사지로 나가는 것과 같다. 우리는 속히 각성하여 모국의 보호를 벗어나 야소교에 의뢰하지 않을 수 없다"고 주장한 그의 개신교 입신은, 문명화의 당위로서의 성격이 강했다.[9] 즉 개신교 수용을 통해 문명화를 이루어 독립해야 한다는 것으로, 그에게 개신교는 문명화의 필연성을 제시하면서도 반일을 유지하게 하는 이념적 장치였다고 할 수 있다.[10] 개신교는 그에게 독립을 위한 중요한 정치적 방편의 성격이 강했던 것이다. 그러한 그에게 공산주의 역시 "일반 민중을 도덕적으로 끌어올리고, 조국을 부강시키는 유례없는 방법"으로 이해되었다.[11] 따라서 이동휘는 마르크스 이론에는 밝지 못했지만, 공산주의 운동으로 파고들어 갈 수 있었다. 그에게 개신교나 공산주의는 궁극적으로 조선 독립을 위한 정치적 방편으로 이해되었던 것이다.

러시아혁명 이후 제정러시아가 식민지나 반식민지 상태의 민족과 국가들에게 강요했던 불평등조약과 러시아의 이권 포기를 선포한 소비에트 러시아의 부외무위원인 카라한(Lev Mikhailovich

---

9　김승태, "이동휘에 관한 일제 경찰의 기밀 보고서(2)", 〈한국기독교역사연구소 소식〉 42(2000. 5.), 20쪽.

10　이기훈, "강화도에서 이동휘의 계몽운동", 285쪽.

11　洪思重,《한국지성의 고향》, 탐구당, 1966, 77쪽.

Karakhan)의 선언은, 중국과 조선의 혁명가들에게 크게 영향을 미쳤다.[12] 레닌을 비롯한 러시아혁명 세력이 제국주의의 침략성을 비판하며 피압박 민족의 해방을 지지했던 것이다. 이에 이동휘는 러시아혁명의 성공이야말로 일제를 분쇄하고 조선의 독립을 가져올 절호의 기회라고 파악했다.[13]

이동휘는 한인사회당 당수로서, 3·1운동 이후 성립된 임시정부에 초대 국무총리로 임명되어 상해로 갔다. 그리고 여운형, 조완구, 신채호, 안병찬, 이춘숙, 선우혁, 최창식 등 임시정부 관계자들 다수와 함께 1920년 8월 한인사회당을 확대하여 '고려공산당'으로 개칭했다.

임시정부의 외무차장인 여운형이 고려공산당에 가입하게 된 동기 역시 이동휘와 비슷했다. 그는 평양신학교에 재학하면서 승동교회 전도사로 일하다 상해로 망명하여 '신한청년당'을 조직해 3·1운동을 준비했고 임시정부 수립의 주역의 한 사람으로서도 기여했다.[14] 또한 1920년 8월 동아시아를 방문한 미국 의원단을 상대로도 활발한 외교활동을 전개했으나, 파리강화회의 등의 실패를 보고 미국 등의 열강에 기대는 '외교 독립론'에 한계를 느꼈다. 그가 새로운 돌파구로 찾은 것이 조선의 독립과 항일운동에 대

---

12   반병률, "呂運亨의 활동을 통해 본 상해 지역 초기 한인 공산주의 조직의 형성과 변천에 관한 재해석 1919-1921", 〈한국 독립운동사연구〉 45(2013), 208쪽.

13   김방, 앞의 책, 87쪽.

14   변은진, 앞의 책, 58-59쪽.

한 소비에트와 코민테른의 동정과 지원이었다. 후일 일제에 체포되었을 때, 여운형은 공산주의 운동에 발을 들여놓게 된 이유에 대해 "우리가 독립운동을 개시한 후 미국 등은 우리의 거사를 동정하고 있다지만 그 동정은 단순한 도덕적 원조에 그치고 물질적으로 하등 원조한 일이 없다. 그러나 노동 정부는 이백만 원이나 원조한 사정으로 보아 독립을 위해서는 노동 정부와의 악수가 필요하고 그 악수하는 데는 공산당에 참가하는 것이 지름길이라고 자각했다"고 진술했다.[15]

레닌은 극동에서 광범위한 민족 연합, 즉 공산주의와 민족주의 세력이 동맹하여 반제국주의 투쟁을 전개하는 것을 지원함으로써 러시아혁명의 동맹 세력을 확보하고자 했다. 이러한 레닌의 필요와 조선 독립운동가들의 필요가 맞아떨어진 것이었다. 당시 조선 독립운동가들이 소비에트 러시아에 얼마나 많은 기대를 걸었는지는 1922년 1월 모스크바에서 개최된 '극동피압박민족대회'에 조선, 일본, 몽골, 인도 등 극동의 여러 나라들이 파견한 144명의 공식 대표 중 김규식을 비롯한 조선 대표단이 3분의 1이 넘는 54명이나 된 점에서도 알 수 있다.[16] 이동휘, 여운형, 김규식에게 공산주의는 궁극적으로 민족 독립을 위한 정치적 방편이었던 것이다.

15   몽양여운형 선생 전집 발간위원회, 《몽양여운형 전집》 1권, 489쪽.
16   김방, 앞의 책, 141쪽.

    경계에 선 신앙: 전쟁, 토착화, 여성, 공산주의

　　한편 국내에서는 3·1운동 실패 후 새로운 사상이 모색되었다. 파리강화회의뿐만 아니라 미국에 기대를 건 워싱턴 회의에서는 주최국 미국의 거절로 인해 조선 독립 문제가 의제로 상정되기는커녕 진정서조차 제출되지 못했다. 이에 미국이 '정의와 인도의 나라'가 아니라 제국주의 열강의 하나에 불과하다는 실망감이 확산되었다. 이러한 가운데 공산주의 사상이 국내에도 소개되어 청년과 지식인들 사이에서 '거친 들불'처럼 번져 갔다.[17] 마침내 1925년 1월에는 해외 사회주의 단체와 국내 단체가 하나가 되어 '조선공산당'이 성립되었다. 노동자, 농민 중심이라기보다 인텔리와 소시민, 학생층이 중심이었다. 조선공산당은 공산당선언에서 당면 투쟁의 목적은 "일본 제국주의의 압박으로부터 반드시 조선을 해방시키는 것에 있다"고 하고 노동자, 농민 계급을 위한 자유·평등을 꾀하는 것을 사회적 요구로서 천명했다.[18] 이 선언서에서는 조선 독립과 함께 계급 해방이라는 공산주의 노선이 선명하게 제시되고 있었다.

　　이에 조선 사상계는 요동치지 않을 수 없었다. 당시 〈조선일보〉 1926년 2월 27일 자 사설은 당시의 분위기를 잘 전해 주고 있다.

　　자본벌의 아성에 근거를 박은 미국민은 … 기독교를 신봉하고 또

17　　박찬승, 《한국 근대 정치 사상사》, 역사비평사, 1992, 173-175쪽.

18　　姜德相/梶村秀樹 編, 《韓國現代史資料集》29, みすず書店, 1972, 419-420.

정의 인도를 역설한다. 그들은 현실을 향락하려는 피상적인 인도 주의자들이다. … 많은 소유물을 배경으로 관념적 인도론을 제창하는 기독교 선교자의 생활은 저들의 국민적 처지와 국민성의 특점을 설명하는 바이다. 하물며 직업적 설교자의 절규가 심각한 반응을 민중의 심령에 넣어주지 못 하는 것은 더욱 저들의 본색을 표명한 바이다. … 노농노서아의 대중이 동방으로 진출하려는 일면에 미합중국의 제국주의적 전진이 바야흐로 그 정면충돌을 준비하고 있다.[19]

미국을 모델로 하는 민주주의, 자본주의에 의거해 개신교와 천도교 등의 종교 세력이 한 축이 되어 반일 민족주의운동을 전개하고 있던 조선의 정치 사상계에 공산주의라는 또 다른 사상이 유입되어 요동치고 있었던 것이다. 이러한 시대적 조류 속에서 공산주의자들의 '반종교운동'이 일어났다. 공산주의자들은 자본주의적 계급 사회를 옹호하는 '종교'와 '인간 해방'은 병존할 수 없고, 과학이 발달하여 모든 사람이 종교에 대해 정당한 지식을 갖게 되면 종교는 필연적으로 소멸될 것이라는 '종교사멸론'을 주장했다. 국내 공산주의자들의 공식적인 반기독교운동은 1923년 3월 24일에 열린 전조선청년당대회(全朝鮮靑年黨大會)에서 시작되었다. 공산주의 단체 외에 9개의 종교단체가 여기에 참가했다. 이 대회 1분

19　　〈조선일보〉, 1926. 2. 27. 사설면.

　　　　경계에 선 신앙: 전쟁, 토착화, 여성, 공산주의

과에서는 격렬한 논쟁 끝에 종교의 존재 의의를 부인할 것이 가결되었다.[20] 여기에 반발하여 개신교를 포함한 종교계 단체들이 이탈했다.

이에 1924년 4월 23일에 개최된 '조선청년총동맹' 임시대회에서는 다음 두 가지 중요한 사항을 결의했다. 첫째는 종교 청년단체에 대해 적대적 태도를 갖지 말고 계급의식을 고취해 청년운동의 근본적 정신에 관한 이해를 갖게 할 것, 둘째는 종교를 원리적으로 부인하나 적극적으로 배척하지는 말고, 민중을 마춰시켜 계급적 각성을 저지하는 종교의 폐해를 일반 청년에게 이해시킬 것이었다.[21] 즉 민족 문제에 대해 타협적 민족 운동은 배척하되 적극적 민족운동은 찬성한다는 입장에서, 민족운동의 중요한 담당 주체였던 천도교와 개신교 등의 종교를 완전한 적대세력으로 간주하지 않으면서도 종교에 대해 사상투쟁을 벌인다는 방침을 공산주의 진영은 세웠던 것이다.[22] 이는 이들의 반종교운동이 천도교나 개신교가 아닌 혹세무민적인 친일 종교단체인 보천교에 집중된 점에서도 드러난다.

그러나 1925년 4월, 조선공산당 결성을 전후로 반기독교운동은 본격적으로 전개되기 시작했다. 대표적인 것이 1925년 10월 22일부터 28일까지 약 3천 명의 개신교인들이 모여 개최하는 '제2

20   한규무, 《일제하 한국 기독교 농촌 운동》, 한국 기독교역사연구소, 1997, 37쪽.
21   김권정, "일제하 사회주의자들의 반기독교 운동에 관한 연구", 205쪽.
22   이준식, "일제 침략기 기독교 지식인의 대외 인식과 반기독교 운동", 29쪽.

회 조선 주일학교 대회'에 대항하여, 한양청년연맹이 10월 25일과 26일 양일에 걸쳐 반기독교 대회와 반기독교 강연회를 열고자 한 사건이었다. 이들은 '기독교는 미신이다', '양면랑심'(羊面狼心), '김익두 목사는 고등 무당', '현하(現下) 조선과 기독교의 해독', '지배 계급의 기독교' 등의 강연을 준비하였으나, 일본 경찰의 탄압과 개신교 측의 방해로 무산되었다.[23] 이러한 강연 제목에서도 알 수 있듯이 개신교의 미신성, 제국주의와 자본주의 옹호 등이 비판의 주요 초점이 되었다.

이렇게 전개되던 반종교운동은 1926년 초에 막을 내리게 되었다. 일제가 1925년 6월부터 '치안유지법'을 실시하면서 제1차 공산당 검거와 제2차 공산당 검거 사건이 일어났기 때문이었다. 이에 공산주의 세력은 비타협적 민족주의 세력과의 정치적 제휴가 필요하다고 인식했다. 제휴는 천도교를 기초로 하고 일부 개신교계 인물을 대상으로 할 것이나, 교회 자체를 통일전선의 대상으로 생각하지는 않았다. 천도교는 '민족 해방 관념을 지닌 단체'로 보았으나, 개신교에 대해서는 "단체 내의 개인으로서는 민족 해방 관념을 지닌 자도 있지만 단체로서는 그 관념이 없는 것"으로 간주했기 때문이었다.[24] 3·1운동의 실패 이후 33인 가운데 한 사람

---

23   "反基督運動禁止 漢陽靑年聯盟主催 반긔독교운동은 경찰이 금지", 〈동아일보〉 1925. 10. 27. 5면.

24   高等法院檢事局思想部, "朝鮮共産黨事件重要書類證據物", 《朝鮮思想運動調査資料》 1집, 1932. 34쪽.

이었던 길선주나 정춘수 목사 등을 비롯해 많은 개신교계 인물들이 민족운동 대열에서 이탈했던 점을 염두에 둔 평가였다.[25]

이러한 판단 아래 1926년 비타협 민족주의 진영과의 협동전선을 제창하는 '정우회' 선언이 발표되었다.[26] 이에 민족주의자들과 공산주의 세력이 합동한 민족 통일전선으로서 '신간회'가 성립되었다. 1927년 2월 '민족유일당 민족 협동전선'이라는 표어 아래 성립한 신간회는 1. 조선 민족의 정치적 경제적 해방의 실현 2. 전 민족의 현실적 공동이익을 위해 투쟁함 3. 모든 기회주의의 부인을 정강(政綱) 정책으로 하고, 기독교인 이상재와 천도교인 권동진을 각각 회장과 부회장으로 하였다. 신간회는 전 민족적인 호응을 얻어 1927년 7월까지 전국에 134개의 지회를 설립하고, 도쿄와 오사카 같은 일본의 대도시에도 지회가 설립되어 회원이 4만여 명에 달했다.[27]

이렇게 비타협적 민족주의자들과 공산주의자들의 민족 협동전선인 신간회가 활발히 활동하기 시작하자, 반기독교운동도 '제휴 기독교운동'으로 전환되었다. 그러나 1931년 5월 민족통일

---

25 "길선주는 3·1운동의 재판 과정에서 이후 독립운동을 하지 않고 정치상의 일에는 일절 관여하지 않겠다고 진술했고, 임시정부 연통 사건에 관련된 김인서도 '독립보다 더 큰 문제가 있다'며 전도에만 집중하겠다고 했으며, 정춘수도 최초 목적을 달성하지 못했으니 종교 사업이나 하겠다고 밝혔다." 이병헌 엮음, 《3·1運動秘史》, 時事時報社, 1966, 114, 553쪽.

26 이균영, 《신간회연구》, 역사비평사, 1993, 63-64쪽.

27 강명숙, 《이상재》, 역사공간, 2014, 149쪽.

당인 신간회는 대의원 77명이 참석하여 그 해체를 결정함으로써 발족한 지 4년 만에 해체되고 말았다. 이에 따라 공산주의자들은 '종교비판 유보'라는 종래의 입장에서 다시 적극적인 공세로 선회했다.

이 시기 반종교운동은 두 가지 논점으로 요약될 수 있다. 첫째는 이론적 무신론에 근거한 종교 비판이었다. 그들은 "신(神)은 사람이 생의 고민에서 절망적 위압을 느낄 때 그의 두뇌 속에서 창출된 일종의 환상의 표현이며 천국은 이 '신'(神)관념의 구체적 연장에 불과한 것으로 신과 천국에서 '행복'이란 현실적 효과가 생긴다는 것은 무(無)에서 육(肉)이 산출되는 것과 같은 망상에 불과한 것"이라고 주장하며, 종교 자체를 본질적으로 '허구'라고 규정했다.[28] 또한 "종교는 일정한 물질적·사회적 근거로 하고 그곳에 환상적으로 산출된 것이지만, 그 물질적·사회적 근거가 제거되더라도 기계적으로 소멸되는 것이 아니라 사회주의 사회의 건설과 같이 건실한 반종교 투쟁을 통해서 점차 소멸되는 것"이라고 주장하며, 적극적인 반종교운동을 촉구했다.[29]

요컨대 제1차 반종교운동이 주로 제국주의와 자본주의를 옹호한다면서 종교의 역기능을 비판한 것이라고 한다면, 이 시기의 반종교운동은 두 가지 점에서 1920년대 중반의 반종교운동과

---

28   編輯局, "宗敎時評", 〈新階段〉 1-2(1932. 11.), 54쪽.
29   宋榮會, "宗敎의 階級的 本質", 〈新階段〉 1-7(1933. 4.), 62쪽.

는 분명한 차이가 있었다. 첫째는 종교 그 자체는 허구이나 자연적 소멸은 기대할 수 없고 적극적인 투쟁에 의해만 소멸된다고 주장하며 '종교 박멸'을 호소한 점이다. 두 번째는 민족운동 노선의 관점에서 천도교 등의 종교 집단이 민족개량주의 노선을 취한 것을 반동적이라고 규정하고 반종교운동을 종교 일반에까지 확대한 점이다. 당시 최린을 중심으로 하는 '천도교 신파'가 〈동아일보〉의 김성수 등과 함께 '자치운동'을 재개하며 친일적인 성향을 드러내자, 이에 대해 공산주의자들이 반발한 것이었다. 따라서 이 시기 반종교운동은 개신교뿐만 아니라 천도교에도 집중되었다. 공산주의자들은 '민족개량주의'에 대한 투쟁 차원에서 천도교의 정체를 대중 앞에 폭로하기 위해 "자본(資本)의 종교적(宗教的) 용병(傭兵) 천도교적(天道教的) 제운동(諸運動)을 타도(打倒)하라!", "푸로레타리아적 종교비판의 완전한 자유!", "천도교 우상(偶像)의 성금(誠金)·헌금(獻金)을 거부(拒否)하자!"라는 구호를 내걸고 '천도교 정체 폭로 비판회'를 결성하여 천도교에 대한 조직적인 반대투쟁을 전개했다.[30] 공산주의자들의 반종교운동은 종교 자체에 대한 문제뿐만 아니라 각 종교 단체들의 민족 독립운동 노선에 대한 판단과도 밀접한 연관이 있었던 것이다. 이는 조선에 있어서 공산주의와 종교의 관계가 독립변수가 아니라 민족 독립운동과의 관련성 안의 종속변수였기 때문이었다. 따라서 반종교운동도 실제적으로는 일제

---

30   김권정, "일제하 사회주의자들의 반기독교 운동에 관한 연구", 219쪽.

의 엄혹한 탄압 아래에서 직접적 운동으로 표출되지 못하고, 주로 〈신계단新階段〉이나 〈비판〉 등 사회주의 잡지를 통한 지면상의 사상 비판 작업으로 진행될 수밖에 없었다.

그러나 1931년 만주사변을 계기로 중요한 전환이 다시 한번 일어난다. '문화정치'라는 일제의 지배 정책이 '군국주의적 파시즘'으로 전환되었을 뿐만 아니라, 국외적으로도 1935년 코민테른 제7차 대회에서 제국주의 침략전쟁에 맞선 반파시즘·반제국주의 통일전선을 목표로 한 광범위한 통일전선인 '반제국주의 인민민주전선론'이 제기되었기 때문이다. 또한 1928년 7월 제4차 공산당의 대량 검거로 조선공산당은 종말을 고하고 합법적인 활동이 불가능할 정도로 위축되어 버렸다. 이에 국내 공산주의자들도 국제 공산주의의 통일전선 노선을 적극적으로 수용하면서 반종교운동은 종료되었다.[31] 국내 공산주의자들은 중일전쟁 이후 일본의 군국주의적 파시즘에 대항하기 위해 광범위한 '민족연합전선'을 지향하게 되었고 종교적 차이까지도 넘어서고자 했다. "전 민족의 계급·성별·지위·당파·연령·종교의 차별을 묻지 않고 백의(白衣) 동포는 반드시 일치단결하여 구적(仇敵)인 일본 놈들과 싸워 조국을 광복할 것"이라고 하여 종교단체와의 직접적인 연합을 주장하며, 천도교 일부 세력과도 제휴했다.[32]

31   정영훈 외,《근현대 한국 정치 사상사 연구》, 한국학중앙연구원, 2006, 149쪽.

32   姜德相/梶村秀樹 編,《韓國現代史資料集》30, みすず書店, 1972, 315.

이렇게 전개된 공산주의의 반종교운동, 특히 반기독교운동
에 대한 개신교의 반응은 어떠했는지를 이하에서 살펴보자.

3) 조선 개신교의 공산주의에 대한 반응

수용 후 40년이 지난 1920년대 한국 개신교는 이미 다양한
위기를 노정하고 있었다. 각각의 위기를 서술하기보다, 1925년 7월
〈개벽開闢〉지에 실린 "'에루살넴의 조선(朝鮮)'을 바라보면서, 조선
(朝鮮) 기독교(基督教) 현상(現狀)에 대한 소감(所感)"이라는 글을 통
해, 당시의 조선 교회가 봉착한 문제를 살펴보는 것이 더 현장감
이 있을 것이다. 상당히 길지만, 해당 부분만을 인용하면 다음과
같다.

> 기독교(基督教)가 조선(朝鮮)에 드러온 지 40년(구교舊教는 7, 80년)
> 동안에 만흔 박해와 핍박을 바더 오면서 조선(朝鮮)의 문화계발에
> 공헌한 공적이 실로 위대하엿다. … 기독교(基督教)가 드러온 것은
> 민지계발(民智啓發)과 외국문명 수입상에 실로 큰 도움을 주엇다.
> … (그러나) 오늘날의 기독교회는 현상 긍정과 참고서 복종하는 것
> 을 미로 추장(推獎)하고 잇다. **모든 권세는 하나님에게 나온 것이라
> 하야 권세잇는 상등인(上等人)에게 복종하는 것을 복이 잇는 것으로
> 써 설도(說道)한다**(이하 강조는 지은이). 교회는 재물에 의지하는 자와

권력잇는 자에게 지배되어 낙타가 바눌구녕으로 드러가기보다 어려운 권력자의 천국 드러가는 길은 부지런이 개척하여 주는 기구가 되여 잇다.

… 가튼 교역자가 되기는 일반이로되 금발벽안(金髮碧眼)의 하나님 일꾼은 놉흔 양옥에 풍족한 생활을 질기고 백의황면(白衣黃面)의 하나님 일꾼은 추옥(醜屋) 실(室)에서 악의악식(惡衣惡食)으로 근근히 끄니를 이어간다. … 선교사 또 미국 출신의 목사가 백멧 십원의 생활비를 바들제 3, 40원 4, 50원의 생활비를 밧는 하등 교역자들의 얼골이 상등 교역자와 가튼 영양을 갓는 것이 아니라 형용초췌(形容焦悴)의 영양부족에 걸닌다.

… 기독교 포교의 효과(效果)는 재래의 미신을 깨친 것은 사실이나 … 묵시록(黙示錄)으로 정감록과 당사계책(唐四桂冊)으로 대용하지 안는가. 또 기적전매특허자(奇蹟專賣特許者) 김익두(金益斗)를 보라! 그는 일즉이 과자(菓子)에 타액(唾液)을 발너춤으로써 병을 고친다고 하는 소위 채동지(蔡同知)의 제2세가 되어 교회의 열광적 환영(歡迎)을 얼마나 만히 바덧는가. 신흥의 조선(朝鮮)을 위하야는 이와 가튼 **선양절쇠(鮮洋折衰)의 개명(開明)한 미신은 재래 순 조선식 미신보다도 도로혀 위험성과 해독이 만흔 것이다.**

… 선교사들이 조선 합방 전은 물론, 합방 후 몃 해 동안까지는 총독정치(總督政治)에 대한 불호감(不好感)이 끈이지 안엇슬 뿐 아니라 총독부에서도 외국 선교사에게 대하야 맛당치 못한 눈을 보내고 잇섯다. 그런데 … 근년에 와서 **선교사들의 총독 시정에 대한 태도**

경계에 선 신앙: 전쟁, 토착화, 여성, 공산주의

는 호감(好感) 내지(乃至) 구가(謳歌)를 부르게까지 되엿다. 개중에 오부관언(吾不關焉)의 태도를 갓는 이도 잇지만 그래서 그의 일비말 (一飛沫)로서 미(美) 감리감독(監理監督) 웰치의 총독정치구가담(總督政治謳歌談)이 잇게 되여 그 아레에 잇는 기독교 청년으로 하여금 일시 문제를 일으키지 안엇는가. 조선(朝鮮)의 외국 선교사들도 인제 와서는 로마〔羅馬〕 13장 1-12절의 거룩한 구절을 곳 잘 직히여간다. 그리고 그 아래에 잇는 신도에게 향하야 정치운동과 종교는 다르다는 것으로 부지런히 설도(說道)하면서 현상을 긍정케 하며 모든 권세는 한우님에게서 나온 것이니 상등인(上等人)에게 굴복하라고 일너준다.

이와 가티 그 예루살넴의 조선(朝鮮)은 권위 추종자, 가난한 이를 짓밟는 외식적, 소경이 되여 남을 인도하는 위선자들의 준동(蠢動)하는 곳이 되엿다. 기독교회여! 회(灰)칠한 무덤과 가튼 예루살넴의 조선(朝鮮)이여! 복(福)잇슬진저 너의 집이 터만 남으리로다.[33]

저자 견지동인(堅志洞人)은 성서에 대해 상당한 지식을 가지고 있을 뿐만 아니라 조선 개신교의 현황에 대해서도 잘 알고 있는 사람이라 추측되는데, 그가 지적한 조선 개신교의 문제점은 네 가지로 요약될 수 있다. 첫째, 개신교가 식민지 조선의 현실을 외

---

[33] 堅志洞人, '에루살넴의 朝鮮'을 바라보면서, 朝鮮 基督教 現狀에 대한 所感", 〈개벽〉 61(1925. 7. 1.), 55-61쪽.

면하고 부흥회를 통한 심령주의로 도피함으로써 현실 순응의 종교적 기제로 작동하고 있다는 점이다. 둘째는 기독교가 초기의 사회 계몽적 기능을 잃고 미신적 집단으로 전락했다는 점이다. 셋째는 선교사들의 백인 우월주의가 불러오는 인종주의적 불평등이다. 넷째는 3·1운동 이후 일제의 회유책에 의해 선교사들이 보인 친일적 경향이었다. 요컨대 당시의 조선 개신교는 조선 사회의 변혁을 추동해 가는 선진적 계몽 세력이라는 종래의 지위를 잃어 가고 있었다. 이러한 때에 공산주의자들의 반종교운동은 조선 개신교에 커다란 충격이었음에 분명하다.

이러한 충격에 가장 먼저 반응한 개신교 세력은 개신교 청년 운동가들이었다. 이 시기 기독교와 공산주의에 대한 많은 논설들이 YMCA 기관지인 〈청년靑年〉을 통해 개진되었다. 공식적인 반기독교운동이 시작된 1923년에는 "현대 사상 문제에 대하여", "사회 개조와 기독교", "사회주의와 기독교 사상", "나의 이상(理想)하는 바 민족적(民族的) 교회(敎會)", "사회주의자 예수", "사회주의와 기독교의 귀착점이 엇더한가", "비종교주의와 조선사회의 장래", "나의 고찰(考察)한 바 사회개조운동(社會改造運動)의 정서(程序)" 등 8개의 논문이 있었다. 이 가운데 5편의 글을 쓴 사람은 YMCA 청년부 간사였던 이대위(李大偉)였다.

이대위는 북경대학 정치학과 재학 시절 중국에서 일어난 반제국주의 운동과 이를 위한 사상적 모색 및 그 대결상을 주목해 볼 기회를 가졌다.[34] 1921년 귀국 후 신설된 YMCA 청년부의 초대 간

경계에 선 신앙: 전쟁, 토착화, 여성, 공산주의

사로 취임한 그에게 공산주의와 개신교의 관계를 어떻게 정립할 것인가는 초미의 관심사 가운데 하나였다. 그는 전 세계의 조류가 '중생'(重生) 곧 '사회 개조'라고 보고, 공산주의는 생산과 소비, 분배의 불공정의 문제와 그로부터 파생된 노동자의 빈곤을 해결하려는 사회 개조 사상이라고 이해했다.[35] 그리고 이러한 주장은 마태복음 19장 23절에서 부자가 천국에 들어가는 것은 낙타가 바늘귀에 들어가는 것만큼이나 불가능에 가까운 일이라고 하며, '하나님 나라'를 그 이상으로 한 예수의 사상과 다르지 않다고 보았다. 그는 "불만 불평한 세계를 부인하고 오인(吾人)이 동경하는 무삼 신세계를 조성코저 함에는 기독교사상과 사회주의가 상동(相同)하다고 사유(思惟)한다. 하고(何故) 요하면, 그 양자는 현 사회 정서(程序)의 제반 폐해를 각(覺)할 뿐 아니라 그것을 개조하기로 목적하는 자(者)"인 한에서, 기독교와 공산주의는 '사회 개조'라는 목적을 공유한다고 보았다.[36] 또한 그는 종교는 그 시대의 요구에 부응해야 살아 있는 종교일 수 있고 기독교는 그 시대의 요구에 부응하며 성장해 온 종교라는 의미에서 '변화의 종교'라고 보았다.[37] 그럼에도 불구하고 현재의 조선 개신교가 사회의 계급 문제와 노동 문제를

34　김권정, "1920-30년대 李大偉의 기독교 사회운동", 94쪽.

35　李大偉, "民衆化할 今日과 理想的生活의 實現", 〈靑年〉 4-3(1924), 12-18쪽; 李大偉, "나의 理想하는 바 民族敎會", 〈靑年〉 3-6(1923), 11-16쪽.

36　李大偉, "社會主義와 基督敎思想", 〈靑年〉 3-5(1923), 9-4쪽.

37　李大偉, "非宗敎主意와 朝鮮社會의 將來", 〈靑年〉 3-10(1923), 5-10쪽.

해결하라는 조선 사회의 요구에 부응하지 못하고 오히려 '미신이 횡행'하고 '종교가의 타락'과 '악도(惡徒)가 연이어 출현'하여 '종교 파산론'이 나온다고 보았다.[38] 그는 공산주의의 종교 비판을 개신교가 사회의 요구에 부응하지 못한 것에 대한 당연한 결과로 인정하면서, 이를 '개신교 개조'의 기회로 삼고자 했다.

그는 '예수의 이상적 천국 정신을 사회에서 실현하기 위해 운동하는' 영국의 기독교 사회주의 운동이나 조시아 스트롱(Josiah Strong), 톨스토이(Leo Tolstoy), 러스킨(John Ruskin) 등이 주장한 것처럼, "기독교가 오늘 반도 인민의 인격과 사회를 개조할 만한 능(能)이 있을진대 그는 진가치적(眞價値的) 종교가 될 것"이라고 역설하며 개신교가 개혁되어 '민중화'되어야 한다고 주장했다. 그리고 '사회개조하는 것으로써 목적'을 삼는 '민중화'된 교회는 사회 구조에 대해 다음과 같은 태도를 가져야 한다고 주장했다.

1. 누그던 물론(勿論)하고 억지로라도 놀고먹지 아니하게 할 것이니, 이것은 기독(基督)의 실행(實行)과 바울의 교훈(敎訓) 중(中)의 '노(勞)치 안으면 식(食)지 말나'는 것이요, 2. 각인이 다 노작(勞作)할 만한 기회와 공작(工作) 담보(擔保)하게 할 것. 3. 공가(工價)에 한(限)하여는 공구(供求)의 리(理)에 접(接)하여 정할 것이 아니라 공

38　李大偉, "人類社會를 改造하는 根本的인 方針", 〈靑年〉 4-1(1924), 20-25쪽; 李大偉, "民衆化할 今日과 理想的生活의 實現", 4-10쪽.

경계에 선 신앙: 전쟁, 토착화, 여성, 공산주의

평(公平)의 리(理)에 접(接)하여 정(定)할 것이니 의사(醫師), 교원(教員) 그 외의 정신노력자(精神努力者) 등(等)을 대우(對偶)하는 것과 갓흐니 맛당히 최고솔(最高率)에 안(按)하여야 할 것이요, 4. 천연 물산, 예를 들면 토지(土地), 광산(鑛山), 수력(水力), 교통(交通) 등(等)은 가급적(可及的)으로 사유물(私有物)임을 피(避)할 것이요, 5. 사회계급(社會階級)은 직무(職務)로써 분(分)하고 그 인격(人格)으로써 준(準)을 삼고 배금주의(拜金主義)는 절대(絶對)로 타파(打破)할 것, 6. 보통교육(普通敎育)은 맛당히 굉장히 주종(注重)히 여길 것이요 애의복무희생(愛義服務犧牲)의 정신은 애(愛)와 희망(希望)으로써 주지(主旨)를 삼을 것이다.[39]

이대위는 '민중화'된 교회가 사회 구조를 개건하기 위해서는 만인의 노동, 만인에게 직업과 생산 시설의 보장, 공산물의 가격 조정과 노동자 처우 개선, 천연자원과 교통 시설 등의 국유화, 계급은 직무와 인격을 기준으로 할 것, 사랑과 정의와 희생의 정신을 기반으로 한 인격 교육의 실시가 요구된다고 보았다. 이러한 그의 이해에는 생산과 분배의 불균등을 시정하기 위한 공산주의의 주장이 어느 정도 반영되어 있는 한편, 사랑과 정의와 희생의 정신을 기반으로 한 인격 교육이라는 기독교적 주장이 공존하고 있었다.

---

39   李大偉, "民衆化할 今日과 理想的生活의 實現", 4-10쪽.

한편 그는 공산주의의 사회 개조 방법에 대해서 다음의 세 가지 의문점을 제기했다. 즉 사회주의 및 공산주의는 물질 구조 개선에서 출발하지만, 거기에는 "1. 인류가 물질에만 매여 살겠는가, 2. 물질문명이 극도에 도달하는 때에는 과연 인류의 물질욕이 만족될 것인가, 3. 인류와 그 외 동물 생활의 분별이 어디에 있겠는가"라는 세 가지 의문점이 있다는 것이다. 이러한 문제점을 안고 있는 공산주의의 사회 개조 방법에 반해, 기독교의 사회 개조 방법은 "사회를 개조함에는 개인의 인격을 개선하여야 하겠고 개인의 인격을 개선함에는 개인의 영성을 완만(完滿)이 함"에 두는 '정신적 개조 방법'이라고 주장했다. 구체적으로 이를 위해 1. 개인의 신앙 제고, 2. 개인의 희망 증진, 3. 개인의 정신생활을 발전시킬 것, 4. 개인의 인격 수양, 5. 개인적 애심(愛心) 확장을 통해 자아의 인격을 완만히 함으로써 사회개조 사업의 개척자가 되고 인류 생활 향상의 지도자가 되어야 한다고 보았다.[40] 즉 사회 개혁은 도덕적 각성을 통해 그 사회에 영웅적인 헌신과 희생을 다할 기독교 엘리트에 의해 가능하다고 보았던 것이다.

그리고 그는 구체적인 사회 개조의 전략으로 '합작주의'를 주장했다. 그에게 합작주의는 덴마크 등에서 시행하고 있는 공동 경작, 생산 협동조합 등으로, '경쟁과 질시가 없이 만인의 합작으로 만인이 천국의 행락(幸樂)'을 누리는 것을 의미했다. 그는 합작

40　　李大偉, "나의 考察한 바 社會改造運動의 程序", 〈靑年〉 3-11(1923), 5-10쪽.

주의를 실현할 구체적 조직은 다름 아닌 교인과 청년회 회원이라
고 보았다.

> 각 교회가 합작회에 가입하여 교인이 되면 합작회의 회원이 되게
> 한다. … 청년회와 합작회는 상호 협력하여 합작의 발전을 도모한
> 다. 청년회는 완전한 교회도 아니요, 그렇다고 완전한 사회도 아니
> 요 그 중간에 위치하여 교회와 합작하여 사회에 복음이 되는 것이
> 니 그 성질이나 운동이 어느 방면으로 보든지 합작회 성질과 부합
> 되는 것이다. 고로 청년회가 있는 지역에서는 필히 이 운동을 일으
> 키어 행복을 도모해야 한다.[41]

이대위는 합작주의를 실현할 구체적 주체를 청년회에서 발
견하고 있었다. 청년이야말로 기독교적 엘리트로 육성할 수 있는
미래 세대였고, YMCA 청년부 간사로서 자신의 맡은 바 소임도
다름 아닌 이 일이었기 때문이다. 합작주의를 실천할 주체로서 개
신교 청년 엘리트를 육성하는 것이야말로 그에게 사회 개조 운동
의 성패를 가르는 가장 중요한 일이었다.

한편 이대위는 개신교가 가장 먼저 사회 개조 운동을 시작
할 곳은 농촌이라고 보았다. 조선 인구 중 8할을 차지하는 농민은
'사회의 근본이요 우리에게 생(生)을 주며 오인(吾人)의 아버지'와

---

41   李大偉, "民衆化할 今日과 理想的生活의 實現", 7-8쪽.

같은 존재이기 때문에 이들을 제외한 이론과 실천은 허구라는 것이다. 그는 '만인이 합동협작(合同協作)하여 합리(合理)의 생산(生産)을 요(要)함으로써 민중(民衆)에게 복리(福利)를 끼치는' '민중화 농촌'을 건설하기 위해서는, 토지의 민중화와 다수가 협작하여 대농장을 경영하는 '직할제도' 및 농업 생산 조합 등 '협작 운동'이 필요하다고 주장했다.[42] 그러나 그는 토지의 민중화 등은 수백 년간 내려오는 조선의 관습으로 보아 수백 가지의 난관이 예상된다고 보았다. 따라서 그는 현실적으로 농촌운동의 성패는 도덕적 각성을 이룬 개신교 청년 엘리트에 의한 합작운동에 달려 있다고 보았다.[43]

이상과 같이 이대위는 공산주의가 제기하는 경제적 불평등과 계급 문제 해소를 위한 사회 개조의 필요성에 공감하고, 개신교

---

42 李大偉, "民衆化할 今日과 理想的生活의 實現", 4-9쪽.

43 김권정은 그의 논문인 "1920-30년대 李大偉의 기독교 사회운동", 127쪽의 결론으로, "1920년대 전반 개인 개조와 사회 개조를 통한 기독교 사회주의를 통해 이를 달성하고자 했고, 이를 기반으로 1920년대 후반 흥사단·동우회에서 주장한 인격 혁명과 단결을 통한 민족 개조론에 크게 공명하여 면려청년운동을 통해 이를 적극 펼치기 시작했다. … 이대위가 주장한 합작주의는 천국을 이 땅에 건설하는 구체적인 방향으로 제시되었다"고 했다. 이러한 결론에 대해 본 필자는 기본적으로 동의하면서도, 이대위가 생각하는 사회 개조 방향에서 주체는 도덕적으로 각성한 개신교 청년 엘리트이고 그 방법은 합작주의였다고 생각한다. 따라서 굳이 양자 중 더 중요한 것을 논한다면 도덕적으로 각성한 개신교 청년 엘리트의 육성이었다고 생각된다. '도덕적으로 각성한 개신교 청년 엘리트'만이 이대위가 주장하는 '경쟁과 질시 없이 만인의 합작으로 만인이 행락(幸樂)'을 누리는 '합작주의'를 실현할 주체가 될 수 있기 때문이다. 또한 '기독교 사회주의'는 그 개념 규정을 더 명확히 하고 사용되어야 할 용어로, 본 필자는 이대위를 '기독교 사회주의자'라고 규정할 수 있는지 의문이다.

  경계에 선 신앙: 전쟁, 토착화, 여성, 공산주의

가 사회적 공신력을 회복하기 위해서는 신비주의적 부흥회나 비과학적 미신에 몰두하는 스스로의 체질을 개조하여 ‘민중화’되어야 한다고 보았다. 그리고 ‘민중화된 사회’를 만드는 개신교의 전략은 도덕적으로 각성한 개신교 청년 엘리트들에 의해 주도되는 농촌 합작운동이라고 보았다.

이러한 이대위의 사유는 개신교와 공산주의의 만남에서 촉발되는 개신교 측의 생산적인 반응을 대변하는 전형적 유형이라고 할 수 있다. 즉 ‘예수 천당, 불신 지옥’이라는 구호에서 보이듯 개인 구령에 치중하던 조선 개신교가 공산주의의 비판에 촉발되어 자본주의의 모순과 사회 개혁의 필요성을 자각하고, ‘도덕적 각성과 합작운동’이라는 해결 방식을 제시하며 사회를 개혁해 가는 ‘사회적 기독교’로서 거듭나고자 했던 것이다. 이는 노동과 토지 및 자본에 대한 사회과학적 분석에 근거한 계급투쟁을 통해 경제적 불평등 문제를 해결하려는 공산주의의 도전에 대해, ‘도덕적 계량주의 노선’으로 대응하려는 개신교 측의 반응이었다.

조선 YMCA 연합회 총무로서 YMCA의 농촌 운동을 주도한 신흥우의 사유 역시 이대위와 동일 선상에 있었다. 그는 공산주의자들의 반기독교 운동에 대해 “정말로 민중을 위하야 잇을 교회가 되지 안으면 안 되지며 그저 민중을 위하야 잇을 것이라 하기보다 무산 계급의 압 운명을 개척키 위하야 잇는 것이 아니면 안 될 것입니다. … 오늘의 반기독교운동은 현재 조직되여 잇는 기독교 단이나 또는 개인 개인에 대하야 절요(切要)한 반성제(反省劑)가 되

는 동시에 사실로 반성하지 안으면 안 될 것이며"라고 하고, 1925
년 YMCA 연합회에 농촌부를 신설하고 농촌운동에 매진했다.[44]

1926년에는 학생 YMCA에도 농촌부가 신설되고 1928년에
는 장로교와 감리교에 각각 농촌부가 설치되어 농촌운동에 주력
했다.[45] 1920년대 중반부터 시작되어 1930년대 후반에 폐지되기
까지 개신교의 농촌운동은 공산주의에 대한 YMCA를 중심으로
한 개신교 엘리트들의 응답에서 촉발된 것이라고 볼 수 있다. 일
제도 개신교 농촌운동을 두고 "사회주의자들의 일파가 치열하게
반종교의 열기를 일으켜 그 세력을 무시할 수 없게 되자 그에 대
한 대책에 부심·연구한 결과 … 농촌 교화에 힘을 경주하여 영육
양용(靈肉兩用)의 구제를 위함과 아울러, 현재 왕성하게 창도(唱導)하
는 산업의 진흥, 실력양성의 사조에 영합하여 민심을 얻어 쇠퇴하
는 교세를 유지·신장하려고 계획"한 것이라고 분석하고 있었다.[46]

한편 이러한 YMCA계의 반응과 달리 공산주의의 문제 제
기에 대해 방어적 자세로 일관하며 기존 개신교의 체제를 고수하
려는 반응도 있었다. "그들은 그들이오 우리는 우리외다. … 따라
서 대책이니 무엇이니 하는 말도 할 것이 업는 것이 아닙니까"라
는 주장처럼 사회주의자들의 '경거망동'에 대답할 필요도 없다는
것이 일반 교회 목회자들의 주된 반응이었다.[47] 이들은 사회 구조

---

44   申興雨, "反基督敎運動에 對하야", 〈靑年〉 1925년 11월 호, 4쪽.

45   한규무, 《일제하 한국 기독교 농촌 운동》, 82쪽.

46   朝鮮總督府警務局 保安科, 《朝鮮の治安狀況》, 1927, 362-363쪽.

적 부조리와 농민과 노동자의 빈곤에 대한 공산주의자들의 문제 제기를 외면한 채 기독교의 교리적 방어만을 강화하고자 했다. 그러한 반응의 대표적인 예로서 박형룡을 들 수 있다. 미국 남침례교 신학교 박사이자 평양신학교 교수이며 한국 개신교 보수주의 신학의 대부인 박형룡은 "무신론의 활동과 기독교의 대책"을 1930년 〈신학지남〉에 기고했다.[48]

그는 '죄악 중의 죄악'인 무신론이 러시아뿐만 아니라 전 세계적으로 유행하고 미국에서도 1925년 '아메리카 무신론 조장회(助長會)'가 설립되어 합법적으로 활동하고 있다며, 조선에서 "아직 무신론의 조직적 활동이 일어나지 않았다고 방심하는 것은 안이한 생각"이라고 경고했다. 그리고 무신론에 대처하기 위한 조선 교회의 방안을 세 가지로 제안했다. 그는 첫째로 신앙적 용기를 가질 것을 제안했다. 기독교 역사의 초기 박해 시기에도, 18세기 프랑스 혁명기에도 기독교에 대한 박해가 있었으나 기독교는 살아남았으니, 낙심하지 말고 기도와 성경 통독으로 신앙의 용기를 가지고 대처해야 한다는 것이다. 둘째로 그는 열성적 선교를 제안했다. 무신론자에 맞먹는 열성으로 모든 방법을 동원하여 선교하라는 것이었다. 세 번째로 그는 변증신학 연구와 활용을 제안했다. 불신자를 감화, 회개시키는 것은 성경의 능력이나 변증신학의 조

---

47   墨峯, "反宗敎運動과 이에 對한 基督敎會의 態度를 回顧하는 나의 所見", 〈靑年〉 7-1(1927), 60쪽.

48   박형룡, "無神論의 话動과 基督敎의 對第", 〈신학지남〉 20-4(1930), 12-18쪽.

력이 필요하다며, 조선 교회는 종래와 같이 변증신학에 냉담하지 말고 장려하여 교역자들이 이를 활용하게 해야 한다는 것이었다.

　　마지막으로 그는 공산주의에 대한 가장 강력한 무기로 선행과 봉사를 들었다. 그는 "무신론이 철학적 변증보다는 사회적 공리(公利)에 호소해 기독교의 유해무익(有害無益)함을 주로 성토하니 이에 대항할 만한 무기는 신자의 선행과 봉사"로, "기독교의 아름다운 이름을 모독하고 그 도덕적 이상을 위반하는 단체와 사람들이 다수 존재하여 온 결과" 무신론자의 '박멸 운운하는 능욕을 당하게 되었다'고 한다. 그는 "나무는 그 열매로 안다"는 성서 구절을 인용하며, 기독교인이 선행과 봉사로 사회적 요구에 응답하는 것이 "적의 공격을 방어하고 천국의 승리를 지래(持來)하는 최유효(最有效)한 전술"이라고 재차 강조했다.[49]

　　'공산주의의 조직적 활동이 활발하지 않음에 방심하지 말라'는 경고로 시작하는 박형룡의 이 논문에서, 우리는 오늘날 우리가 상상하는 만큼 당시 양자의 갈등은 첨예하지 않았음을 알 수 있다. 또한 박형룡의 공산주의 비판은 그가 변증신학 장려를 주장했음에도 불구하고, 무신론에 대한 감정적 반발 이외에 공산주의에 대한 어떠한 체계적 분석도 제시한 것이 없음을 알 수 있다. 그리고 공산주의의 기독교 비판이 '사회적 공리에 대한 기독교의 유해무익'임을 인식하고 있었음에도 불구하고, 그 대처 방안으로 신앙

49　　박형룡, 앞의 논문, 352쪽.

　　경계에 선 신앙: 전쟁, 토착화, 여성, 공산주의

적 용기와 열성적 전도 그리고 선행과 봉사의 실천이라는 교리적 자기동의어의 반복으로 공회전하는 것을 볼 수 있다. 당시의 일반 개신교인이나 목회자들의 반응을 대변하는 박형룡의 이러한 방어적 태도는 조선 개신교계의 전반적인 신학적 미성숙성을 보여 준다 하겠다.[50]

한편 교회가 구원의 관리 기관이 되는 것에 반대하며 일상성 안에서 그리스도와 일치를 증거하는 것이 기독교 신앙이라고 보고 개신교의 개혁을 주장하는 무교회 측에서도 공산주의에 대한 반응이 나왔다. 1931년 2월 함석헌은 "러시아에 감사함"이라는 글을 〈성서조선〉에 다음과 같이 게재했다.

> '종교는 아편'이라던가. '종교는 지배계급의 특권을 옹보(擁保)하기 위하여 민중에게 씌우는 정신적 질곡(桎梏)'이라던가. '하나님은 사람이 발명한 것'이라던가 이런 말을 들을 때마다 우리는 이 세대를 위하여 슬퍼한다. 때로는 모욕을 당하는 것이라 하는 생각에 분개한다. … (그러나) 도리어 그렇게 하는 러시아를 위하여 감사할 필요가 있다. … 그들이 불가결의 요역자(要役者)라고 생각하기 때문이다. … '종교는 아편'이라고 통매(痛罵)를 들어도 영국, 미국, 독일,

---

50 그와 동시대를 살았던 미국의 기독교 윤리학자 라인홀드 니버(Reinhold Niebuhr)는 자본주의에 대한 공산주의의 사회과학적 분석과 비판은 수용하되, 공산주의가 주장하는 '분배의 정의' 실현을 저지하는, 인간 안에 내재한 '죄성'을 간과한 공산주의의 낙관주의는 거부했다(고재식, "라인홀드 니버의 공산주의 이해에 관한 한 연구", 〈기독교사상〉 29, 1985년 10월 호 참조).

불란서의 교회는 일언의 답변이 있을 수 없는 것이 사실이다. '종교는 특권계급을 위하여 민중을 그들의 한정 없는 착취에 언제까지든지 인내케 하기 위한 정신적 마취제'라고 매도를 당하여도 러시아의 종교가들은 반사(半辭)의 변명이 있을 수 없는 것이 사실이다. '하나님은 사람이 발명한 것'이라고 모욕을 당하여도 정신적 중간계급에 처하는 신학자, 종교가, 도덕가는 편구(片句)의 대론(對論)이 있을 수 없는 것이 사실이다.

기독교와 황제가 혼인을 하였다. 기독교와 자본가가 혼인을 하였다. 기독교와 학자가 혼인을 하였다. 그 사이에서 모든 인류를 탄진(呑盡)하려는 종종(種種)의 괴물이 나왔다. 역사는 일시 그들의 손에서 내여준 것인 듯하였다. 그러나 하나님은 언제까지 그대로 방임하지 않았다. 문득 대시련의 날이 왔다. 그리하여 가장(假裝)한 괴물들의 정체와 빛나는 혼합금속의 성질을 들어내기를 명령하였다. 여기 응하여 일어난 것은 러시아였다. 그들은 이 백주의 괴물을 용적(容赦)없이 해부대에 올려놓았다. 이 찬란한 합금을 주저 없이 레도루도(용광로) 안에 집어넣었다. 면양과 산양을 가른다. 알곡과 쭉정이를 가른다. 순금과 불순물을 가른다. 모든 잡색과 잡종은 이 테스트에 의하여 제거되고 말 것이요 일곱 번 단련한 정금은 이 뒤 끓는 레도루도 속에서 찬연히 빛날 것이다.[51]

51   함석헌, "러시아에게 감사함", 〈성서조선〉 25호, 1931년 2월, 1-3쪽.

함석헌은 조선뿐만 아니라 세계적으로 당대의 기독교가 오염되고 타락하여 정화와 쇄신을 필요로 한다고 보았다. 그는 러시아를 위시한 공산주의의 기독교 박해를 본연의 정신을 잃고 타락한 기독교 스스로가 초래한 '자업자득'의 결과로 받아들였다. 기독교 박해는 역사적 기독교 안의 모든 불순물을 제거하고 정화하여 기독교를 그 본연의 정신으로 회복시키기 위해 필요한 시련이라고 보았다. 그리고 러시아에게 이러한 기독교 정화의 임무를 부여한 존재는 다름 아닌 기독교의 신 자신이라고 이해했다. 기독교의 신은 기독교인들이 역사 안에서 자본가나 권력자 혹은 학문적 기득권을 주장하는 학자들과 결탁하여 '하나님 사랑, 이웃 사랑'이라는 기독교 본래의 정신을 잃고 타락한 것을 바로잡기를 원하기 때문이라는 것이다. 그는 공산주의의 기독교 박해를 두려워하기보다 그것을 신의 역사적 경륜 안에서 신적 목적을 수행하는 일로 수용하고자 했던 것이다. 여기에서 신은 모든 일을 통해 인류와 역사를 구원으로 이끌어 가고 종국에는 그 목표를 완성한다는 그의 확고한 신(神) 신앙을 확인할 수 있다. 이러한 신 신앙 안에서 그는 기독교 박해를 통해 오히려 '복음이 성장'할 것을 기대하며, 자신의 '슬픔과 분개'라는 자연적인 감정을 내려놓고 오히려 감사로 받아들이고자 했던 것이다.

복음은 역시 성장할 것이다. 한층 더 명료하여 질 것이요 한층 더 순수하여 질 것이요, 일층 더 영화할 것이다. 인제는 그 안에 형식이 깃들래야 깃들 수 없이 되었고 그 안에 바알세불이나 맘몬이 숨어 있을래야 숨어 있을 수 없이 되었다. 러시아는 유물론의 철추를 들어 모든 우상들을 미진(微塵)으로 만들고 있다. … 모든 사각(死殼)과 모든 녹(碌)과 모든 허식이 없어지고 순백의 그리스도상만이 인류 위에 서는 때 그때를 상상할 때 나는 러시아의 대업이 완성하여지이다 하고 빌고 싶다. 종교박멸의 쓰라린 사명을 다하고 있는 러시아는 우리의 미안한 공로자요 가련한 공작자다.[52]

함석헌은 러시아 공산주의의 '반기독교운동'을, 특권계급을 옹호하는 이데올로기로서의 기능을 하거나 형식주의에 빠져 자신의 조직유지에 급급한 '거짓 기독교'와 신의 뜻에 자신을 봉헌하며 사랑의 삶을 사는 '참기독교' 사이에서 참기독교만이 살아남게 하는 엄혹한 '용광로'로 보았다. 그리고 이 엄혹한 용광로를 통과하여 모든 거짓의 껍데기를 벗어버리고 나타날 기독교 본연의 모습을 기대했다.

한편 자본주의 경제의 분배 모순을 해결하여 경제적 평등을 실현하겠다는 러시아 공산주의의 실험에 대해서는, "정치 경제적으로 소위 문명국인 다른 동반(同伴)보다 적어도 일보(一步)를 내여디딘 러시아가 종래 유치(幼稚)한 인류에 대하여 가장 유혹적이고 난관이었던 물질생활의 제 문제를 비교적 완전히 해결하는 날이

52   앞의 글, 1-2쪽.

오면(또 해결하노라면) 도리어 누구보다도 먼저 새로운 도덕, 새로운 생활, 새로운 종교의 원리를 체득할 것이 아닌가라는 생각도 있다. 그를 아는 이는 하나님이요 자기의 경륜대로 행할 것이다"라고 전망했다.[53] 그는 러시아 공산정권이 그들이 표방하는 대로 경제적 평등을 실현할 정치 경제적 제도를 구현할 가능성도 있다고 보았다. 그러나 그것은 러시아의 실험이 신의 경륜 안에서 실제로 어떠한 역사적 결과로 귀착되는지를 지켜봄으로써만 알 수 있다고 최종적인 결론을 유보하고 있었다.

함석헌의 이러한 반응은 박형룡류의 체제 유지적 방어적 반응이나 '사회적 기독교'가 되어 종교의 순기능을 감당하자는 YMCA 계열의 반응과도 다른 것이었다. 그는 기독교의 사회적 기능 이전의 본질 회복의 차원에서 문제를 보았다. '죽음과 죄의 문제'를 해결한 자유인으로서 일상생활 속에서 사랑의 삶을 사는 것을 가능하게 해주는 기독교 본연의 해방력을 되찾는 계기로서, 공산주의의 기독교 박해를 오히려 환영하고자 했던 것이다.

한편 일제에 타협을 거부했던 공산주의자들과 개신교인들의 개인적 우정도 있었다.[54] 그 대표적인 예로 무교회 월간지 〈성서조선〉의 주필인 김교신과 그의 죽마고우인 공산주의자 한림과의 우정을 들 수 있다. 한림은 1926년 고려공산청년회 중앙후보위원, 1927년 고려공산청년회 일본부 초대 책임비서를 지냈고 신간

회 도쿄지회 책임을 맡았다. 1928년 조선공산당 일본총국 책임비
서로 활동하던 중 일본 경찰에 검거되어 1930년 10월 경성지법에
서 징역 4년 형을 선고받고 5년 3개월을 복역한 뒤 1933년 9월 만
기 출옥했다. 한림은 국내 공산주의자들 가운데《자본론》을 독일
어 원문으로 읽은 유일한 사람이라고 한다.[55]

김교신은 출옥하는 한림을 마중하고 난 후 그 소감을 〈성조
통신〉에 다음과 같이 남겼다.

9월 초순에는 6, 7년 만에 출하는 H군을 옥문에 맞다. 소위 ML당
사건의 거두라 하는 이다. 그 희망이 양양한 것과 그 태도의 천진
한 모양이 자연히 나에게 루터 부인의 일화를 연상케 한다. H군을
백두산기슭에 성장한 거목(巨木)에 비한다면, 오늘 기독교 신자의
대부분은 고층 건물의 옥상 분재(盆栽)에 방불한 것을 부인하기 어
려웠다. 만일 루터 부인이 오늘 조선 기독교의 가련한 자태를 보았
다면 또 한 번 상복을 입어야 할 것이다. 하나님이 별세한 모양이

---

54 1931년 만주사변이 발발하고, 신간회 해산으로 조선 민족운동의 좌우합작이 해체되는
가운데 1932년 장로교와 감리교 양 교파로 구성된 ‘조선예수교연합공의회’는 ‘사회신
조’를 작성했다. 그 전문에 “일체의 유물교육, 유물사상, 계급적 투쟁, 혁명 수단에 의한
사회 개조와 반동적 탄압에 반대”한다는 내용이 언급되었다. 이것은 미국 기독교연합
회가 미국에서 세력을 얻고 있던 사회주의 운동에 대한 ‘방어적 대안’으로 만든 ‘사회신
경’을 모델로 작성된 것이었다. 따라서 당시의 한국 개신교가 어느 정도로 공산주의와
의 대결을 자각적으로 의식하고 있었는지는 분명하지 않다. 또한 해방 전야까지 만주 등
국경 지역에서 공비들에 의해 개신교 목사 한경희 등이 살해되는 일은 있었으나(《조선
예수교 장로회 제24회 회의록》, 190쪽), 국내에서 양자 간 무력 충돌 사례는 없었다.

55 박상익, “김교신과 한림”, 62-63쪽.

   경계에 선 신앙: 전쟁, 토착화, 여성, 공산주의

니까.[56]

　　5년 3개월의 수형기간을 마치고 출옥하는 한림과 감격의 재
회를 하고 그의 기개가 꺾이지 않았음을 본 김교신은 안도했다. 그
리고 수감 생활에서도 목숨을 걸고 자신의 신념을 견지한 한림을
'백두산 기슭에서 성장하는 거목'에 비유했다. 그는 평소 "네가 차
든지 덥든지 하기를 원하노라"라는 요한계시록의 성서 구절을 즐
겨 인용하며, 자신의 신념에 충실할 것을 요구했다. "사상으로나
행동으로나 중성적인 인물에게는 크게 기대할 것이 없다. 유물론
주의자라도 반드시 우리의 적이 아니다. 우선 범사에 철저하고 볼
일이다"라고 생각한 김교신은 스스로의 신앙에 철저하고자 했던
만큼이나, 자신의 신념에 철저한 사람에게 경의를 표한 것이다.[57]

　　그는 일제에 의한 혹독한 박해 속에서도 자신의 신념을 견지
해 가는 조선 공산주의자들에 비해, 개신교는 '고층 건물의 옥상에
있는 분재'같이 허약하다고 토로했다. 그는 미국 개신교에 의존하
며 개인 구원만을 강조하는 부흥회적 신앙이나 농촌 사업을 함으
로써 '사회화'되자는 YMCA 계열의 기독교를 비판했던 것이다.
그런데 평소 개인적 영역뿐만 아니라 사회적 공적 영역에서도 신
앙적·시민적 책임을 다할 것을 주장한 김교신이 개신교의 농촌 사

56　　김교신 일기, 〈성서조선〉, 1933년 9월 6일.

57　　김교신 일기, 〈성서조선〉, 1935년 1월 18일.

업을 비판한 이유는 무엇일까.

그것은, "먹고사는 일에 관하여는 기독교보다 더 유력한 종교와 사조가 많다. 보라, 현대에 유행하는 모모주의자들이 그 소신을 전파함에 씩씩하고 진실됨에 비하여 소위 기독교들의 그 종류의 사업이란 것이 얼마나 미온적인가. 우리는 단언하기를 주저치 않는다. 인생의 주요 목적이 먹고살려는 것이라면 어서 기독교를 버리고 유행하는 모모주의자로 개정할 것이라고. 적어도 그들은 그 주의의 현실성이 적확하고 그 언행이 진지하다. … 원래 기독교는 죽는 길을 가르친 것이다. 기독교를 현세 살림에 이용하여 윤택을 더하려니 무능력하게 되어 버렸다. 그리스도의 일생은 골고다까지의 직행이었다. 베드로, 바울 그밖에 초대 신도들의 기독교는 살고 더 잘살려는 기독교가 아니었다"라는 이유에서였다.[58]

김교신은 토지 문제 등 식민지 경제의 근본적 모순을 도외시한 채 체제 내적인 정신적 계몽의 차원에서만 농촌의 빈곤 문제에 접근하고자 하는 개신교의 농촌운동을 불철저하고 미온적일 뿐만 아니라 실효성도 적은 운동이라고 보았다. 그는 자연인으로서의 자아를 죽이고 '죄와 죽음'을 극복한 자유인으로서 거듭나는 것을 목적으로 하는 기독교의 농촌운동은, 식민지 체제 내에서 '살고 더 잘 살자'는 향상주의적인 보신적(保身的) 정신에서가 아니라 '기꺼이 죽는' 정신으로 치열하게 전개되어야 한다고 보았다. 그

---

58   김교신, "살랴, 죽으랴", 〈성서조선〉, 1932년 5월 호.

가 수원 샘골에서 농촌운동을 하다 26세로 요절한 최용신에 대한 전기를 제자 유달영에게 집필하게 하여,《농촌 계몽의 선구 여성 최용신 소전》을 1939년 성서조선사에서 1천 부 발행한 것도 이 때문이었다.[59] 이러한 김교신에게 한림은, "꿈에 H형을 보니 노는 듯함은 나의 태만을 책함인가"라는 일기에 엿보이듯 스스로 신앙을 얼마나 철저하게 살아 내고 있는가를 비추어 보는 '거울'이기도 했다.[60]

1930년대 후반부터 "황국신민의 서사" 등을 실으라는 일제의 출판법에 따를 것인가 잡지를 폐지할 것인가를 두고 매달 고민할 때 김교신이 가장 큰 격려를 받은 사람도 다름 아닌 한림이었다. 김교신은 잡지 속간을 독려하는 한림을 두고, "주의와 사상을 위하여 목숨을 던져 본 경험을 가진 사람인지라, 그 심지가 비열하지 않음이 가경가애(可敬可愛). 기독신도가 안 한다면 자기가 후사(後事)를 돌보아 줄 터이니 전진하라고" 하여, 다시 한번 "신앙의 세계와는 별천지로 의기(意氣)의 세계가 따로 있음을 발견"했다고 한다.[61] 이 점은 한림도 마찬가지였다. 해방을 4개월 앞두고 김교신이 병사했을 때, 우인(友人) 대표로 분향한 사람은 다름 아닌 한림이었다. 김교신과 한림은 본질적으로 지향점이 다른 자신들의 신념에 철저했고, 또한 그렇기 때문에 다른 사람이 자신의 신념에

---

59   양현혜,《김교신의 철학: 사랑과 여흥》, 이대출판부, 2013, 182쪽.
60   김교신 일기,〈성서조선〉, 1935년 1월 18일.
61   김교신 일기,〈성서조선〉, 1940년 6월 19일.

충실한 것에 대해 커다란 존중을 보냈던 것이다. 김교신과 한림은 자신의 신념에 철저하면서도 타인의 사상을 어떻게 존중하며 함께 살아갈 수 있는가를 보여 준 사례라고 하겠다.

그렇다면 오늘날로서는 상상도 할 수 없는 이러한 관계는 당시로서도 예외적인 것이었을까. 다음의 특고경찰(特高警察)의 보고를 보자.[62]

조선 기독교 신자의 불경사건

요지: '야마구치켄(山口縣) 해항경비과'는 1940년 5월 불경·불온문서를 기재한 23세의 춘천 출생인 한호당(漢鎬當)을 검거했다. 조사 결과 천황·황후·황태신궁에 대한 불경 사실이 판명되었다는 이유로 송치되었다. 한은 민족의식이 농후하며 1938년까지 춘천시에서 국민학교 교원으로 있었는데, 그 당시 기독교를 믿게 되어 민족의식이 더 한층 강해졌다. 그 후 일본에 건너가 여기저기 돌아다니다가 체포되었다. 그가 평소에 사용하고 있던 수첩에는 다음과 같은 불경·불온한 낙서가 쓰어 있었는데, 그것은 반역사상을 표현하고 있었다. "천황, 황후, 이세의 황태신궁(皇太神宮), 조선신궁, 가미다나(神柵, 집안에 신을 모셔놓은 방), 신령 … 얼마나 바보 같은 짓인가", "공산주의가 그리고 사상이 왜 나쁜 것일까? 끌고 가서 징역

62　金正明,《朝鮮獨立運動 Ⅲ》, 原書房, 1967, 740-741쪽.

　경계에 선 신앙: 전쟁, 토착화, 여성, 공산주의

20년, 금고 15년 철창 속에 데리고 들어가 버린다. 아! 얼마나 어리석은 짓인가", "내선일체(內鮮一體), 조선총독부의 통치정책은 아무런 가치도 없다. 내선일체는 불가능한 것이다. 기름과 물은 영원히 섞이지 않는다."

일본의 국체인 천황제를 어리석다고 비판하여 '치안유지법'에 의해 검거된 개신교인인 한호당은, 공산주의자들에 대한 일제의 탄압 역시 어리석다고 인식하고 있었다. 이 시대의 일제의 군국주의적 파시즘에 대한 저항과 민족 독립의 염원을 개신교인과 조선인 공산주의자들은 공유하고 있었던 것이다.

1945년 초 회령에서 독립운동에 가담했다는 혐의로 체포된 강원룡 목사는 감옥에서 많은 공산주의자들을 만났다. 그 경험은 그에게 새로운 고민거리를 던져 주었다. 즉 "나를 고민에 빠지게 만든 또 하나의 문제는 감방에 수감된 대부분의 사람들이 민족주의자나 공산주의자를 불문하고, 비록 하나님은 믿지 않지만, 나라와 민족을 위해 한 몸을 위험에 던진 선량한 사람들인데, 기독교 신자가 아니라는 이유로 지옥에 가야 하느냐 하는 것"이었다.[63] 그는 감옥에서의 체험을 통해 기독교의 구원론과 관련된 새로운 질문을 갖게 된 것이다. 비록 이 질문에 대한 해답은 얻지 못했지만, 공산주의자들과의 만남은 그의 공산주의에 대한 인식을 변화시키

---

63   강원룡,《빈 들에서》1, 열린문화, 1993, 133쪽

는 계기가 되었다.

> 나는 감방 안에서 공산주의자들을 꽤 많이 만났는데, 이들과의 접
> 촉을 통해서 그 동안 박해 때문에 형성되었던 공산주의에 대한 거
> 부 태도가 상당히 수정하게 되었다. … 그들은 '너는 옛날 공산주의
> 를 말하고 있는데 지금은 그렇지 않다' 면서 '소련에서 1936년 12월
> 스탈린 헌법을 제정했는데 그 헌법은 종교 신앙의 자유를 허용하고
> 있다' 고 설명해 주는 것이었다. 공산주의가 기독교를 배척하지 않
> 는다면 나 역시 공산주의를 거부할 이유가 없었다. 그렇다고 내가
> 공산주의자가 될 것은 아니었지만, 나는 감방 안에서 그들과 싸우
> 거나 적대시하는 일 없이 사이좋게 지냈다.[64]

강원룡 목사의 이 체험은 공산주의자들과의 직접적인 접촉
을 통해 민족 독립이라는 공통의 목표를 확인하며 공존을 도모한
사례라고 할 수 있다.

마지막으로 '반공과 방공'을 주장하는 일제 파시즘에 협조
해 '반공'을 소리 높여 주장한 유형도 있었다. 신사참배를 지지하
고 총독부의 정책에 협조한 성결교의 지도자 이명직(李明稙)은 다
음과 같이 논했다.

---

64   앞의 책, 133-134쪽.

묵시록 12장 3절 "하늘에서 또 다른 이적이 나타나니 한 큰 붉은 용이 있어 머리가 일곱이요, 각이 십이라" 하였으니 이는 곧 사탄의 화신이다. … 이와 같이 사탄이 무형하게 숨어 있어서 활동을 하였거니와 장래에는 구체적으로 나타날 터인데, 곧 붉은 용으로 나타나게 될 것이다. 붉은 용이 한 일과 적색 러시아의 하는 일을 비교해 보아 이 적용(赤龍)이 적색 러시아를 이용하여 자기의 뜻을 이루고자 하는 줄 가히 알 것이다. 이 붉은 용이 하는 일을 보면, 종교 박해, 인명 살상, 사상 혼란의 큰 운동을 일으킨 것이다. … 이상에서 말한 종교 파멸, 윤리와 도덕을 멸시하는 사상은 다 공산주의라는 커다란 보자기 속에서 흘러나오는 적사상(赤思想)이라. 이제 우리는 이러한 시국을 당했다. 우리는 어떠한 태도를 취할까? 현하(現下), 일, 독, 이 3국은 방공협정을 맺어 무력으로 반공을 실시하고 있으니 공산주의라는 사상은 무력으로만 넉넉지 못하다. … 우리는 진리의 말씀으로 이 사탄 즉 적용래(赤龍來)의 사상과 건전한 싸움을 해야 하겠다.[65]

이명직은 공산주의를 요한계시록에 나오는 '사탄'이라고 규정하고, 일본과 독일 그리고 이탈리아의 파시즘 진영의 상호동맹을 맺어 공산주의와 싸우는 시국에 개신교가 파시즘 진영이 승리를 돕는 사상투쟁을 전개해야 한다고 주장했다. 그런데 개신교가

---

65 李明稙, "赤龍은 무엇인가", 〈活泉〉 191(1938), 1-2쪽.

반공 투쟁에 나서야 한다는 이명직의 주장은 개신교 내부에서 자체적으로 형성된 것이라기보다, 조선총독부의 '방공·반공' 정책에 협력하려는 친일적 동기에서 나온 것이었다.

소련이 유럽 전선에 참가하는 등 국제 정세가 급변하자, 일본은 1936년 말 독일, 이탈리아와 함께 소련을 중심으로 한 코민테른 관련 정보를 서로 교환하고 그에 대한 방위 수단을 협의·협력할 것을 규정한 '독·이·일 방공협정'을 체결했다. 소위 베를린·로마·도쿄의 추축(樞軸)이 형성되어, 파시즘적 전체주의 국가군이 집결한 것이었다.

이에 따라 일본은 1937년 '국민정신총동원운동'의 일환으로 국가적 차원에서 반공주의를 강화하고자 하는 한편, 식민지 조선을 사할린과 함께 '국방의 제1선'이라고 천명했다. 그리고 다음 3가지 차원에서 조선의 반공 체제를 구축하고자 했다. 첫째, 사상범 보호관찰제도를 통한 사상범에 대한 감시, 통제 및 전향 강요, 둘째, 사상정화 공작 등을 통해 사상범을 양산하는 조선 사회에 대한 통제 및 강화, 셋째, 조선 사회 전반에 대한 감시 등이었다.[66]

식민지 조선에 대한 이러한 강압적인 사상 통제와 더불어 일제가 동의(同意)의 기제로 조직한 것이 '조선방공협회'였다. 일제는 "공산주의 사상 및 운동의 박멸·방위를 강화함과 동시에 일본 정신의 앙양을 꾀한다"라는 목적하에 1938년 8월 15일 '조선방공

---

[66]　김명섭, "공산주의 대 파시즘의 관념 충돌과 기독교", 197쪽.

　경계에 선 신앙: 전쟁, 토착화, 여성, 공산주의

협회'를 조직했다. 조선방공협회의 취지는 다음과 같다.

원래 소련이 선전하는 공산주의 사상은 무익해 유물론의 편견에 사로잡혀 계급투쟁을 선동하고 민심을 혼란시켜 문화를 파괴하며, 국제정의를 무시해 세계혁명을 음모하고 후방교란을 기도하는 사상전략에 불과하다. 그러나 코민테른의 세계적화 정책의 날카로운 기세는 서구에서는 스페인 동란을 유발해 유럽 전역에서 일대 어두운 그림자를 던지고 있으며 더욱 세력을 차츰 동쪽으로 뻗어 이웃나라인 중국을 부추겨 항일인민 전선의 결성을 꾀하고 장개석 정권을 통해 동양 평화의 교란자가 되기에 이르렀다. 이 일은 일본과 중국의 사변에 의해 그 전모가 명확해졌지만, 얼마 전 일본·독일·이탈리아가 삼국 간에 세계역사상 획기적인 방공협정을 성립한 것은 먼저 이 코민테른의 세계적화 위협에 저항하여 공동방위전선의 강화를 시도하려는 것이며, 또 하나는 혁신적 발흥 기운에 있는 일본과 독일 그리고 이탈리아 3국이 서로 제휴하여 공산주의적 파괴 공작을 배격하여 국가안녕과 사회복지의 증진을 기하는 동시에, 자진해서 방공정신을 국제적으로 앙양하여 세계평화의 유지확립에 공헌하려고 하는 까닭이며, 특히 동아시아의 안정세력인 우리 일본은 이 방공정신을 확충해, 서서히 현실에 적용함으로써 동양 평화의 확립자인 신성한 국가적 사명의 실현에 매진하는 일의 중요성을 확신하고자 한다. … 이러한 이유로 시국을 감안해 일본과 독일, 이탈리아가 방공협정의 취지를 기반으로, 진정한 국방의 결실을 맺기 위해 조선방공협회를 조직하고 일반 대중을 총동원하여 공산주의 사상 및 공산주의 운동의 오류를 주지시키고, 박멸·방위를 기함과 동시에 나아가 일본정신의 앙양과 사상 국방의 완벽을 기하려 한다.[67]

이렇게 설립된 조선방공협회는 기관 잡지, 간행물 발행, 강연회, 전람회, 좌담회 등을 통해 공산주의자 선도 및 전향을 주요 사업으로 삼은 단체였다. 실제로 조선방공협회는 '전향자들의 취직 알선' 창구 역할을 함으로써 그들의 '선도'를 이끌기도 했다. 설립 1년 만인 1939년, 협회는 조선 전국에 253개의 지부와 하위 조직으로 3,100개의 방공단(防共團), 18세부터 30세까지의 청년 19만여 명을 단원으로 거느린 거대한 조직으로 성장하게 되었다. 조직은 지역적, 직업별로도 이루어졌으며 학교나 교화 시설에도 하부 조직을 두고 있었다. 협회가 창간한 기관지 〈조선의 방공朝鮮の防共〉은 월간지 형태로 발간되었으며, 창간 당시 3만 5천 부가 발행되었고, 일본, 만주, 대만, 중국, 남양군도 등에도 배포망을 정비했다. 기관지 발행과 함께 조선방공협회는 부정기적으로 '방공의 밤'을 개최했으며, 설립 1주년을 기념해 부민관에서 개최된 '방공의 밤'에서는 음악, 연극, 영화를 통해 대중의 참여를 유도하고자

67　朝鮮總督部警務局 編,《最近における朝鮮治安狀況》, 朝鮮總督部警務局, 1938, 466-479.

　경계에 선 신앙: 전쟁, 토착화, 여성, 공산주의

했다.[68]

개신교가 공산주의와의 사상투쟁에 앞장서야 한다는 이명
직의 주장은 조선방공협회를 지지하는 친일 논설의 전형이었다.
이명직은 1939년에는 "완전한 성서와 숭고한 종교와 세계 무비(無
比)의 국체(國體, 천황제)를 가진 우리 기독교는 공산의 정신, 사상, 제
도, 조직을 반대, 방지에 노력하지 않을 수 없다"고 주장했다.[69] 이
러한 친일 개신교인의 반공 논리에서 특기할 것은, 기독교가 공산
주의와 대결해야 했기 때문에 반공을 주장한 것이 아니라는 점이
다. 그들은 일제의 사상 통제에 부응해야 했기 때문에 일제에 보조
를 맞춰 반공을 주장했고 기독교의 수사학을 자신의 친일 행위를
위해 이용하고 있었다.

조선방공협회는 1940년 10월 '국민총력조선연맹'으로 흡수
되어 역사 속으로 사라졌다. 중일전쟁이 확대되면서 주적이 소련
이 되기보다 오히려 영국, 프랑스, 미국에 대항하는 방향으로 성격
이 바뀌어 갔기 때문이었다. 1941년 4월 일소중립조약 체결과 같
은 해 12월 일본의 진주만공습을 계기로 반앵글로색슨주의가 표
방되자, 이들의 논설은 '천황을 위해 영미를 타도하는 성전'을 수
행하자는 담론으로 변화되었다.

68   조선총독부 경무국 보안과 1939년 편찬, 이정욱, 가나즈 히데미, 유재진 공편역,《사상
      전의 기록—조선의 방공운동》, 학고방, 2014, 4-5쪽.

69   李明植, "反共防諜", 〈活泉〉 192(1939), 2-3쪽.

4) 결론을 대신하여

식민지 시대 조선의 개신교와 공산주의의 관계는 독립변수로 작동하는 것이 아니었다. 그것은 당시의 민주주의, 공산주의 그리고 파시즘이라는 정치사상적 관념 충돌과 그에 의한 국제정치세력 간의 힘의 역학 그리고 이에 대한 지배국 일본의 정책과의 연관성, 나아가 일본에 대한 조선 민족 내부의 반일/친일이라는 범주가 맞물려진 광범위한 맥락 속에서 작동하는 종속변수였다. 해방 전 한국 개신교와 공산주의는 '항일 독립'이라는 공통의 정치적 목표 아래 때로 갈등하고 때로 연합하는 관계였다고 할 수 있다.

이러한 맥락 속에서 전개된 개신교와 공산주의의 관계 유형에는 이미 고찰한 바와 같이, 개신교의 사회적 기능을 변화시키는 계기로서 공산주의를 수용한 유형, 체제 유지적 방어로 일관한 유형, 개신교의 본질 회복을 위한 정화의 계기로서 공산주의를 승인한 유형, 상호 정체성을 유지하면서도 존중 속에서 양자의 공존을 도모하는 유형, 공산주의와의 사상투쟁을 주장한 유형이 있었다. 이러한 다양한 관계 유형의 스펙트럼 가운데, 해방 정국의 극한적 이데올로기적인 대립과 한국전쟁을 거치면서 공산주의와의 사상투쟁을 주장하는 유형 이외의 모든 유형은 역사 속에서 소멸해 갔다. 특히 한국전쟁은 '체제 유지적 방어'의 유형 속에 있던 일반 목회자들과 신도들을 대거 '사상 투쟁적 유형'으로 전환시킴으로써, 해방 이후의 '전 교회적 전투적인 반공'의 흐름을 주형했다고 할 수 있다.[70] 이러한 점에서 해방 전과 해방 후의 개신교와 공산주의의 관계에는 어떤 상관성이 있는가를 굳이 묻는다면, '단절적 연속'이라고 할 수도 있을 것이다.

세계 유일의 분단 국가인 한국의 개신교인들에게 '공산주의를 어떻게 볼 것인가', '그것과 어떠한 관계를 맺을 것인가'는 여전히 현재의 문제이자 미해결 과제이다. 이 과제를 해결하기 위해, 한국 개신교는 먼저 반공이라는 '역사적 산물'을 '신적 명령'으로 신학화하는 우상숭배에서 탈각해야 할 것이다. 그리고 지나간 역사 속에서 나타난 양자의 다양한 관계 유형을 발굴하여 새로운 관계 모색의 자산으로 활용해야 할 것이다.[71]

70 박형룡은 한국전쟁에서 공산주의는, 신사참배라는 우상숭배의 죄를 지은 민족을 벌하는 '하나님의 검'이라고 이해하고 있었다. 그러나 한경직을 중심으로 한 대한예수교장로회 통합측과 세계교회협의회(WCC) 가입 여부를 둘러싸고 주도권 경쟁을 벌이면서 장로교 합동측으로 분열하는 과정에서, 세계교회협의회에 대해 '용공' 세력이라는 이데올로기적 색깔론을 전개하며 철저한 '냉전 이데올로기적 반공주의자'로 변모했다(홍인표, "김재준의 공산주의 이해", 〈한국교회사학회지〉, 34, 2013, 343쪽).

71 '존중 위에서의 공존'의 유형인 김교신은 해방을 4개월 앞둔 1945년 4월 25일 사망했다. 기독교의 정화의 계기로 공산주의를 본 함석헌은, 〈사상계〉 1956년 1월 호에 "한국 기독교는 무엇을 하고 있는가"라는 글을 게재하여, 한국전쟁이 '미국과 소련의 꼭두각시 놀음'에 불과했다고 자성하고, "역사를 세우려 기독교적인 입장에서 높은 입장을 주장하는 커다란 사상적인 노력"이 필요하다고 역설했다. 분단과 한국전쟁은 그의 사상적 지평을 좁은 의미의 기독교적 세계에서 탈피하게 하여 비약적으로 확대시켰던 것이다. 한편 강원용의 경우, 베트남전쟁에 대한 반전운동을 지지하는 WCC의 '교회와 사회에 관한 세계 회의'에 다녀온 후, 〈기독공보〉 1966년 8월 27일자의 "평화 문제에 대한 한국 대표와의 이견"에서 "WCC가 이대로 가면 용공적인 편에 서지 않을까 자못 분위기가 위태롭다"라는 염려를 피력했다. 한국전쟁 체험은 해방 전의 그의 '존중 위의 공존'이라는 입장을 변화시켰다고 할 수 있다. 물론 이후의 그의 공산주의에 대한 사고의 변화는 더 추적해 보아야 할 과제이다.

4. 한경직의 '퓨리턴적 신앙'과 정치의식 연구[72]

1) 서론

한경직이 한국 장로교 통합 측의 체계를 주형한, 한국을 대표하는 목회자라는 것에는 이견이 없을 것이다. 한국 개신교에 그가 끼친 영향력은 그가 아직 생존했던 1971년에서 1977년 사이에 대한예수교장로회총회 교육부에서 그의 설교집이 전 12권으로 출간된 사실에서도 알 수 있다. 그의 청빈한 인품과 지도력은 국외적으로도 인정받아 1992년 종교계의 노벨상이라고도 일컬어지는 템플턴 상을 수상했다.

그가 소천한 2000년을 기점으로 그에 대한 연구도 활성화되었다.[73] 그러나 이들 연구에서는 한경직의 신앙에 대하여 혹은 그

---

72   양현혜, "한경직의 '퓨리턴적 신앙'과 정치의식 연구", 〈신학사상〉 204(2024) 전재.

의 사회·정치 의식과 역할에 관하여 일정한 합의에 도달하고 있지 않다. 목회자로서 그의 인품과 공헌에 대해서 압도적인 찬사가 있는 한편, 그의 사회·정치 의식의 보수성 비판은 병존하고 있다.[74] 일방적인 찬사나 비판을 넘어서는 비판적 재평가가 필요한 시점이라 하겠다.[75]

여기서는 그의 신앙의 구조와 정치 의식을 분석하고, 나아가 양자의 상관관계를 검토하고자 한다. 이를 통해 향후 한국 개신교

[73] 한경직을 연구한 대표적인 연구로는 최종고,《영락교회의 부흥》, 한국문화사, 1974; 한숭홍,《한경직의 생애와 사상》, 장로회신학대학출판부, 1993; 이신형, "최근의 논의에서 바라본 한경직의 신학 사상", 〈한국 조직신학 논총〉 4(1999. 6.); 이신형, "한경직 다시 그리기", 〈한국 조직신학 논총〉 6(2001. 6.); 임걸, "한경직의 교회 신앙론", 〈한국기독교 신학논총〉 24(2002. 4.); 임걸, "겸손과 간절한 기도, 인격이 담긴 설교", 〈기독교사상〉 47(2003. 9.); 임걸, "한경직 목회윤리와 한국교회에서의 비판과 전망", 〈기독교사상〉 46(2002. 12.); 임걸, "한국교회 '참 목자상'의 원형", 〈기독교사상〉 46(2002. 11.); 최태연, "한경직 신학의 이해", 〈인문과학: 숭실대논문집 2〉 29(1999), 숭실대학교출판부; 정성구, "한경직의 설교를 논함: 한경직의 설교론", 〈목회와 신학〉 37(1992. 7.); 김운용, "강단의 거성 한경직의 설교 세계", 〈장신 논단〉 18(2002. 12.); 맹용길, "한경직의 윤리사상", 〈목회와 신학〉 40(1992. 10.); 이혜정, "한경직의 기독교적 건국이념", 〈종교연구〉 39(2005. 6.), 한국종교학회; 이혜정, "한경직의 기독교적 건국론과 복음화 운동", 박사학위논문, 한국학중앙연구원, 한국학대학원, 2006; 이승준, "한경직 목사와 한국전쟁", 〈한국기독교와 역사〉 15(2001. 8.); 양현혜, "한경직의 신앙적 특징과 그 내적 구조", 〈종교연구〉 46(2007. 3.); 박명수, "한경직과 대한민국 건국 운동 1945-1948", 〈한경직목사기념사업회〉 4(2012. 4.); 김일석, "해방정국기 한경직의 건국신학 연구: 전도입국론을 중심으로", 〈한국기독교와 역사〉 59(2023. 9.) 등이 있다.

[74] 사회정치적 역할에 대한 비판적 연구로서는 대표적으로 최종고의《영락교회의 부흥》과 양현혜의 "한경직의 신앙적 특징과 그 내적 구조" 그리고 강인철, "월남 개신교·천주교의 뿌리", 〈역사비평〉 19(1992년 여름), 역사문제연구소; 강인철, "남한사회와 월남 기독교인: 극우 반공체제 하의 교회활동과 반공투쟁", 〈역사비평〉 23(1993년 여름), 역사문제연구소; 양봉철, "제주4·3과 서북기독교", 〈4.3과 역사〉 9, 10(2010. 12.) 등이 있다.

[75] 이러한 의미에서 최근에 나온 김일석의 "한경직의 건국 신학연구: 전도입국론을 중심으로"는 한경직의 공과 과를 객관적으로 보려는 좋은 시도의 하나라고 하겠다.

가 한경직의 사상을 창조적으로 계승해 나가기 위한 방향성을 전
망해 보고자 한다.

2) 한경직의 사상적 배경

한경직은 1902년 평안남도 평원군 공동면 간리에서 태어났
다. 그가 태어나기 전, 이미 그곳에는 북장로교 선교사인 새뮤얼
모펫(Samuel Moffet)이 세운 교회가 있었다. 그는 교회 앞마당에서
놀았고 '키 큰 방 목사'라는 선교사에게서 〈기쁘다 구주 오셨네〉
라는 찬송가를 배우며 자랐다.[76] 그리고 서당 교육이 아니라 교회
가 운영하는 진광(眞光)학교에 들어가 성경과 신학문을 배웠다. 그
에게 교회와 선교사는 익숙한 환경의 일부였다. 통계에 의하면,
1930년대 말 서북 지역의 교세는 계속 상승하여 전체 개신교의 60
퍼센트를 상회했다. 일제 말 기독교는 대략 30만 명이었고 이 가
운데 서북 개신교가 전체의 48퍼센트를 차지했으며, 그 중 장로교
인의 비율이 전체의 4분의 3을 점하고 있었다고 한다.[77] 한경직은
이렇게 융성했던 서북 지방의 미국 북장로교적 환경에서 성장하
였고 미국 북장로교회와의 친화성은 그의 생애 마지막까지 지속

---

[76] 김병희,《한경직 목사》, 규장문화사, 1982, 267-268쪽.

[77] 강인철,《한국 기독교회와 국가·시민사회: 1945-1960》, 한국기독교역사문제연구소,
2003, 141쪽.

　　　경계에 선 신앙: 전쟁, 토착화, 여성, 공산주의

되었다.

소학교를 마친 그는 1917년에서 정주의 오산학교에 진학했다. 여기서 "다른 사람은 어떻게 하든지 나 이승훈은 조선 사람으로 살다가 조선 사람으로 죽는다"던 이승훈과 '모든 일에 솔선수범을 보여 주심으로 실천 교육'을 한 조만식을 만나, 애국과 과학, 기독교라는 우선순위를 가진 평생의 모토를 배웠다.[78] 그러나 오산학교에서 품게 된 이 모토는 그의 전체 이력 가운데 이례적인 것이라고 할 수 있다.

1922년 숭실전문학교 이과에 진학하면서 그는 다른 노정을 걷기 시작했다. 자연과학을 공부하는 한편, 교장 배위량(William M. Baird) 선교사의 가정에서 숙식하며 개인 비서로 일했고 숭실전문에서는 기독청년회(YMCA) 회장으로도 활약하며 순회전도 여행 때는 설교도 맡았다. 1924년 여름, 배위량의 여름 별장이 있는 구미포 해변을 걷다가 '주의 종이 되어 민족을 구하라'는 소명 체험을 했다. 숭실에서의 이 시기에 그는 오산의 모토를 폐기하지는 않지만 그 순서를 수정하게 된다. '먼저 기독교를 말하고 그다음에 애국심'을 말하는 것이 올바른 순서라고 보기 시작했고, 이 순서는 이후 평생 지속되었다.[79]

숭실을 졸업한 그는 배위량의 주선으로 미국 캔자스주에 소재

<hr>

78 김병희, 앞의 책, 12-19쪽.
79 이만열, "한경직 목사를 만남", 〈한국기독교와 역사〉 1(1991/1), 137-138쪽.

한 엠포리아 대학(Emporia College)에 입학해 인문과학(Human Science)을 공부하고 이어서 미국 북장로교 소속의 프린스턴 신학교(Princeton Theological Seminary)에 진학하여 신학을 공부했다. 함께 공부한 한국 유학생으로는 윤하영, 김재준, 송창근 등이 있었다. 아르바이트를 해야만 했지만, 엠포리아 대학의 벤더빌드(Vandervelde) 박사 그리고 그의 소개로 프린스턴에서 학비를 후원해 준 필립스 여사 덕분에 생활고에 허덕이지는 않았다. 프린스턴에서 석사 과정을 순조롭게 마치고 철학 박사학위를 목표로 예일 대학(Yale University)에 진학하려던 그에게 돌연 폐결핵 2기가 선고되었다. 그는 학업을 중단하고 뉴멕시코주 앨버커키(Albuquerque)와 콜로라도주 덴버(Denver)에서 요양하지 않으면 안 되었다. 두 요양 기관 모두 미국 북장로교가 운영하는 곳이었고 그는 무료로 치료를 받을 수 있었다. 외국인이라 투병 생활이 더욱 고단하겠다며 어느 미국 간호원이 극진히 간호도 하면서 병세는 점차 호전되었다. 이 과정에서 그는 삶의 진로를 바꾼 결심을 한다. 박사가 되겠다는 야망의 '죄 됨'을 회개하고 고국에서 '3년만 봉사하고 죽게 해달라'는 기도를 드리며 학업 중단과 귀국을 결심한 것이다. 약 7년간의 미국 생활은, 비록 학업을 도중에 중단하고 투병 생활을 하는 고투는 있었으나, 모두 북장로교의 자장 안에서 따뜻한 호의로 보호받는 생활이었다고 할 수 있었다. 유학 생활에 관한 언급 중 다른 사람들과 달리 인종차별 등의 쓰라린 체험은 전혀 이야기가 없고 두터운 호의에 '빚진 자'라는 고백만이 나오는 것도 이 때문이라고 할 수 있다.[80]

     경계에 선 신앙: 전쟁, 토착화, 여성, 공산주의

어릴 때부터 친숙했던 미국 북장로교는 이때에도 그 이후에도 언제나 커다란 호의를 베푸는 상대였다.

귀국한 한경직은 1933년부터 신의주 제2교회 목회를 시작했다. 이는 1973년 영락교회를 은퇴하기까지 지속된 목회자로서 삶의 시작이었다. 일제 말인 1942년부터는 특별히 가혹한 시기였다. 신사참배를 강요하며 신의주 제2교회에서 강제로 사임시킨 일제를 피해 자신이 설립한 고아원에서 그는 숨죽이며 지내야 했다. 종교의 자유와 나라의 독립의 소중함을 뼈저리게 실감한 시간이기도 했다.

그러던 그에게 1945년 8월, 해방이 도둑같이 찾아왔다. 신의주는 개신교가 주도하는 도시였다. 한경직은 교회에 복귀하지 않고 경찰서에서 무기를 인수하고 치안을 확보했다. 교회 청년들과 함께 '신의주 자치위원회'를 구성하고 8월 17일 대회장을 맡아 8·15 경축 군중대회를 열기도 했다.[81]

당시 대다수 북한 기독교인들이 '하나님의 군대'인 미국이 오기를 고대했으나, 8월 21일 소련이 원산을 시초로 진입하여 8월 30일에 신의주에 입성했다.[82] 신의주에는 공산주의 단체가 있었

<hr>

80   김병희, 앞의 책, 108-109, 272쪽.

81   윤경로, "광복, 교회창립 50주년을 맞이하며 한경직 원로 목사님으로부터 듣는다", 〈만남〉 253(1995. 2.), 14쪽.

82   정하철, "우리는 왜 종교를 반대하는가?", 김흥수 편, 《해방후 북한 교회사: 연구, 증언, 자료》, 다산글방, 1992, 352쪽.

으나 세력은 미약했다. 그러나 소련군을 힘입어 공산당의 급속한 조직화가 시작되자 그는 '애국 일념'과 기독교적인 사명으로 공산주의에 대항하기 위해 신의주 제1교회 윤하영 목사와 함께 평안북도의 개신교인을 기반으로 1945년 9월 기독교사회민주당을 조직했다.[83] 이후 더 많은 사람들에게 호소하기 위해 사회민주당으로 개칭했으나 사회주의적인 정당 강령과 혁신 계획은 없었다는 의미에서 감상적인 사회민주주의였다고 할 수 있다.[84] 지방마다 교회를 중심으로 지부를 조직하자 소련군과 북한 공산주의자들의 정치적 탄압이 시작되었다. 신변을 걱정하는 신도들의 권유로 한경직은 윤하영과 함께 9월 27일 신의주를 떠나 10월 1일 서울에 도착했다.[85] 기민당 용암포 지부 결성대회와 신의주 학생 사건이 발생하기 전, 즉 공산당의 본격적인 탄압이 시행되기 전에 월남한 것이다.[86] 그와 북한 지역 개신교인들의 공산주의에 대한 두려움이 어느 정도인지를 엿볼 수 있다.

---

83   이만열, "한경직 목사를 만남", 154-155쪽.

84   양봉철, "제주 4·3과 서북기독교", 188쪽.

85   영락교회35년사편집위원회, 《영락교회 35년사》, 영락교회홍보출판부, 1984, 18쪽.

86   소련 군정은 민중들의 동요를 고려해서였는지 1945년 10월 12일 '북조선 주둔 소련 25군 사령관 성명서'에서 "교회에서 예배하는 일을 허가한다"고 선포하고 혁명에 동참하는 종교집단과는 통일전선을 형성하여 지원함으로써 이에 반대하는 종교집단을 자체 내에서 정리하도록 한다는 종교 정책을 구사했다. 사와 마사히코, "해방이후 북한지역의 기독교", 김흥수 편, 《해방 후 북한교회사: 연구, 증언, 자료》, 다산글방, 1992, 20쪽; 양봉철, "제주 4·3과 서북기독교", 190쪽. 참고로 오산학교 졸업생이며 오산학교에서 10년간 역사교사를 한 경력을 가진 함석헌은 11월 23일에 벌어진 신의주학생 사건의 주모자로 투옥되어 석방된 후 월남했다. 이치석, 《씨올 함석헌 평전》, 시대의 창, 2015 참조.

   경계에 선 신앙: 전쟁, 토착화, 여성, 공산주의

월남한 그는 남한의 상황도 그리 낙관적이지만은 않음을 알았다. 미국은 한반도를 태평양의 안전과 관련하여 생각한다는 기본적 원칙 이외에 한반도에 대한 구체적 점령 계획을 세우지 못한 채 남한에 주둔하게 되었다. 이러한 미 군정에게 한국에서의 풍부한 생활 경험을 가진 미국 선교사들과 그 2세들은 중요한 인적 자원이 되었다. 미 군정은 일제가 강제 추방한 윌리엄스 목사(Frank Earl Cranton Williams)와 그의 아들 조지 윌리엄스 소령(George Zur Williams), 윔스 목사의 아들 클레런스 윔스(Clarence N. Weems Jr.), 전략사령부 요원으로 근무하고 있었던 언더우드(Horace H. Underwood)와 피셔(J. Earnest Fisher) 선교사, 감리교의 저명한 선교사인 노블 목사의 아들 헤럴드 노블(Harold Noble) 등 많은 선교사들과 2세들을 미 군정 고문으로 초빙했다. 이들은 미국 유학파인 개신교 인사 여운홍, 조병옥, 윤보선, 장덕수, 김도연, 임영신, 박인덕 등을 미 군정에 참여시켰다. 이들의 활동이 미 군정에 결정적인 영향을 미친 탓에 당시 미 군정은 '통역 정치'라고도 불렸다.[87]

미 군정에 대한 개신교의 영향력은 컸으나, 한경직은 당시 남한의 분위기에 대한 경계를 게을리할 수 없었다. 당시 미 군정이 실시한 여론 조사에 의하면, 남한의 정치 성향은 자본주의 지향 17퍼센트, 공산주의 지향 13퍼센트, 사회주의 지향 70퍼센트

---

87   양현혜, "해방 정국하의 개신교회의 역사 인식", 《근대 한일 관계사 속의 기독교》, 이화여자대학교출판부, 2015, 378쪽.

로, 개량주의, 사회주의, 좌파 사회주의를 포함한 좌경화 경향이 팽배해 있었다.[88] 이러한 좌경화 경향에 대해 연희전문 교수였던 정인보는 미 국무부의 조선사찰단으로 입국한 웨드마이어(Albert Wedemeyer)에게, 일본을 증오하고 항일 운동을 공유하던 러시아의 방식을 수용한 애국적 민족주의에서 비롯된 것이라는 분석을 제시한 바 있다.[89] 그러나 공산정권을 피해 월남한 한경직에게는 '낮에는 대한민국이, 밤이면 공산당'이 지배할 정도로 '공산당이 남한에 많았던' 것으로 비추어졌다.[90]

그는 미 군정 통치라는 '천재일우의 기회'를 활용하여 개신교가 반드시 건국의 주도권을 잡아야 한다고 생각했다.[91] 그 모델은 물론 미국이었다. 그것은 미국이 세계 최고의 부강한 나라라는 단순한 이유에서가 아니었다. 실제로 그는 술과 담배 등을 하는 등 '타락한' 기독교인이 많은 미국의 현실을 비판하기도 했다. 그가 미국을 모델로 한 것은 특별한 이유에서였다. 한경직은 현재 미국의 부강은 지난날 청교도들이 '주권의 근본은 하나님'이라는 씨를 뿌린 열매라고 보았다. 즉 그 나라와 그 의를 먼저 구하는 자에

---

88 이경남,《분단시대의 청년운동》, 삼성문화개발, 1989, 48쪽.

89 정용옥 편,《해방의 공간, 점령의 시간》, 푸른역사, 2018, 237쪽.

90 김병희, 앞의 책, 54쪽.

91 해방 직후인 1945년 8월 과거 '일본기독교조선교단'의 중심 인물들이 중심이 되어 새문안교회에서 소집한 남부대회에서 "장래 건국의 주도권을 가질 이승만 박사, 김구 선생, 김규식 박사 등이 모두 기독교 신자이기 때문에 그들을 적극 지원해야 할 의무가 있다"고 했다. 전택부,《한국 에큐메니칼 운동사》, 한국기독교교회협의회, 1979, 224-226쪽.

게 이 모든 것을 더하여 주신다는 것이 실현된 실례라고 본 것이었다.[92] 그가 미국을 모델로 한 이유는 미국이 다름 아닌 청교도 신앙의 결과 세계 최강의 국가가 되었기 때문이었다.

그는 이러한 사실은 다른 나라의 패망을 통해서도 입증된다고 보았다. 일본의 패망은 '주권의 근본은 하나님'이라는 것을 알지 못한 자의 말로에 다름 아니었다.[93] 독일은 성경을 과학적 견지에서 분석해 '예수는 역사적 사실이 아니고 신화'라고 주장하다가 무신론자가 되어 생을 마친 슈트라우스(David Strauss)의 성서 비평을 도입했고, 이에 독일 교회가 무력화되어 결국 비스마르크와 히틀러의 손에 좌우되는 교회로 전락했기 때문에 패망했다고 보았다.[94] 또한 민주주의 국가 중에서도 무신론적 '인민주권설'에 근거한 프랑스는 테러가 횡행하고 반혁명 봉기가 일어나는 등 19세기에 가장 수난이 많은 나라가 되었다고 인식했다.[95]

이러한 그의 논리는 사회과학적 역사 이해와는 적지 않은 괴리를 보인다. 어쨌든 그는 새로운 나라는 '퓨리턴적 신앙'이라는 정신적 기초 위에 세워져야 한다고 확신했다. 이하에서는 한경직이 생각하는 퓨리턴적 신앙에 대해 살펴보자.

---

92   한경직,《한경직 목사 설교집》1권, 기문사, 1959, 50, 82쪽.

93   앞의 책, 26쪽.

94   앞의 책, 86-87쪽.

95   앞의 책, 25쪽.

3) 한경직의 '퓨리턴적' 신앙

한경직은 영락교회에서 설교를 통해 퓨리턴적 신앙을 많이 언급했다. 그중 가장 체계적인 언급은 1947년 4월 20일 영락교회에서 행한 "청교도의 신앙"이라는 설교일 것이다. 먼저 그는 "청교도라 함은 17세기 영국의 제임스에서 찰스 2세까지 거의 1세기 동안 영국 안에서 당시 로마 교회로 기울어지는 경향과 영국 국교를 상대로 한 순수한 신앙을 위하여 투쟁한 교도들과 또 이들 중에서 핍박을 피하여 미 대륙에 이주하여 뉴잉글랜드주에 교회를 세우고 미국을 건설한 교도들의 총칭"이라고 규정한다. 그리고 다음과 같은 설명을 부언한다.

> 영국의 종교개혁은 독일이나 스위스의 그것과는 그 성질이 달라 16세기 헨리 8세 시에 로마 교황과 관계를 끊고, 영국 국교를 설립하고 왕이 교회의 수장(首長)이 되고, 캔터베리 대감독이 교회를 지도했으나, 로마 교회의 잔재 중 사제의 복장, 예배 의식 같은 것은 그냥 답습하였던 것입니다. 그러므로 독일과 제네바의 개혁을 아는 자 중에는 이에 불만을 품고 이 잔재를 일소하고 순수한 기독교의 확립을 원하는 이들이 있었던 것입니다. 그리하여 그들은 당시 국교의 의식주의 복장, 성례전, 감독 정치 등을 반대했기 때문에 많은 핍박을 받았으니 북미주에 이주하여 새 나라를 건설한 것은 이들 청교도들이었고, 크롬웰을 중심으로 한 국내 혁명도 이들의 손을

경계에 선 신앙: 전쟁, 토착화, 여성, 공산주의

통하여 된 것이었습니다.

이어서 그는 청교도들의 신학을 논한다. 먼저 청교도의 신학 사상은 '바울과 어거스틴 그리고 칼뱅을 통해 정립된 것'으로, 그 특징은 '오직 믿음으로만 구원을 얻을 수 있다'는 '하나님 중심의 신학'이라고 한다. '오직 믿음으로만 구원받는다'는 이신칭의 (以信稱義) 사상은 루터가 제시한 것으로 개신교의 기본적 교리라고 한다면, 이에 더한 칼뱅 신학은 주지하다시피 '모든 것은 하나님의 영광을 위해' 있다는 강렬한 '하나님 중심주의'라고 할 것이라고 한다. 한경직은 이 두 테제를 합성하여 논하고 있었다. 그러나 그의 설교에서 빈번히 나오는 '모든 것은 하나님의 영광을 위해'라는 '하나님 중심주의'가 그의 퓨리턴적 신앙의 첫 번째 특징이라고 할 것이다.

그의 퓨리턴적 신앙의 두 번째 특징은 하나님께 영광을 돌리는 선한 '청지기'로서 인간을 이해하는 인간관이라고 할 것이다. 그는 말한다.

하나님 앞에서는 누구든지 문자 그대로 거지입니다. 우리는 벗은 몸으로 세상에 왔습니다. 무엇을 가졌든지 다 하나님께로부터 받을 수밖에 없는 거지입니다. 우리가 이 진리를 언제나 잊지 말고 내게 어떠한 은혜를 하나님께서 주셨든지 겸손하게 그 은혜를 사용할 뿐입니다.[96]

그는 선한 청지기라는 인간 이해가 청교도의 모든 삶을 규정하는 원리가 된다고 보았다. 그들은 모든 의식주의를 배제하고 신령과 진정으로 드리는 '하나님 중심'의 단순한 예배를 드린다. 예배 후에도 전도와 위문(慰問)에 힘쓰고 오락이나 노동을 금지함으로써 주일을 엄수한다. 그들은 십일조를 엄수했고 도덕적으로도 지극히 엄숙 경건하여 '오락과 향락'을 버리고 '세상과 타협하지 않고 건전하고 깨끗한, 세속에 물들지 않는 생활'을 이상으로 했다. '질박검소(質朴儉素), 근면, 정직, 엄숙·경건하며 절제된 삶을 통해 하나님께 영광 돌리는 삶을 지향했다'는 것이다.

이러한 삶의 양식은 특별히 목회자들에게 더 치열하게 요구된다. 한경직에게 목회자란 (1) 자기 뜻이 없는 사람 (2) 자기 말이 없는 사람 (3) 자기의 재산이 없는 사람 (4) 자기 몸이 없는 사람 (5) 스스로에게 영광 돌릴 수 없는 사람 (6) 몸에 그리스도의 화인(火印, stigma)이 있는 사람이어야 했다.[97] 그 누구보다도 한경직은 그 자신이 온전한 헌신과 완전한 포기를 통해 그리스도를 위해 '죽도록 충성'하는 '종'이 되고자 노력했다.[98]

선한 청지기로서 삶을 성실히 실현해 내기 위해 그가 얼마나 노력했는가에 대해서는 너무나 많은 아름다운 이야기가 남아

---

96 김병희, 앞의 책, 244쪽.

97 임걸, "한국교회 '참 목자상'의 원형", 278-279쪽; 한경직, 이영헌 엮음, 《참목자상》, 48-65쪽.

98 양현혜, 《근대 한일 관계사 속의 기독교》, 413쪽.

있다. 평생 '돈을 모르는 목사'로서 개인 명의 통장 하나 없이 청렴성빈(淸廉聖貧)하게 산 것, 이승만 정부를 비롯하여 정계와 많은 인맥이 있었음에도 오직 목회자로서 삶을 완주한 것, 빌리 그레이엄(Billy Graham), 밥 피어스(Bab Pierce) 등과 함께하는 해외 전도 일정과 많은 교회 밖의 바쁜 일정에도 불구하고 교인들의 장례식만은 본인이 직접 집전한 것, 일요일이면 아침 일찍 교회 계단에 나와 교인 한 명 한 명에게 인사를 건넨 일, 한 번도 같은 설교를 하지 않은 일, 언제나 나는 '부족한 사람'이라 말하며 타인의 의견을 경청하는 겸손이 몸이 배도록 산 것, 템플턴상 수상금인 102만 달러 전액을 북한 선교헌금으로 기탁한 일 등 그야말로 선한 청지기로서 '죽도록 충성하는 삶'을 살고자 했다.

그의 퓨리턴적 신앙의 세 번째 특징은 성서를 개인적 신앙의 중심일 뿐만 아니라 '국가와 정치의 표준'으로 삼은 점이다. 그는 "하나님의 뜻은 그들의 지상명령이었습니다. 그들은 어떤 문제를 작정할 때 다른 사람이 어떻게 할까가 문제가 아니라 하나님의 뜻이 문제여서, 만약 그들이 하나님의 뜻이라 생각하면 어떠한 희생도 아끼지 않고 이를 감행하며, 인간의 권위에 대항한 것이 그들의 정신이었습니다. 그들의 염원은 하나님의 뜻이 가정에, 사회에, 국가 정치에 이루어지는 것이었습니다"라고 말했다.[99] 그는 성서에 나타난 기독교적 원리가 개인의 신앙과 생활의 원리만이 아니라

---

99   한경직, 앞의 책, 85–86쪽.

사회와 국가라고 하는 공적 영역에서도 실현되어야 하며, 이를 위해서 '인간적 권위'에 대한 저항도 불가피하다고 보았다.

　　이 점은 개신교 내에서도 루터와 구별되는 칼뱅 신학의 특징이라 하겠다. 주지하다시피 루터는 개인의 내면의 영역은 하나님의 성령이 직접 말씀하시고 지배하시는 자유의 영역이지만, 사회와 정치 등의 공적 생활은 국가라는 세속 정부의 법질서에 의해 지배된다는 '두 왕국론'을 주창했다. 루터는 권력의 지배에 대한 저항을 종교 문제에 대해서만은 인정했으나, 그 방식은 '따르지 않되 저항하지 말라'는 것이었다.[100] 이에 반해 칼뱅주의는 부당한 권력의 지배에 대해서 평범한 개인들은 저항해서는 안 되나 관헌의 경우 저항하지 않으면 오히려 '배임'이 된다고 하며 강력한 저항을 촉구했다.[101] 한경직은 미국의 독립 역시 '주권은 하나님의 것'이라는 것임을 알고 올바른 예배를 드리라는 '하나님의 뜻'을 실현하기 위해 '인간의 권위에 저항'하여 '자유가 아니면 죽음을 달라'고 한 청교도들의 정치적 저항이 이루어 낸 성과라고 보았다.[102]

　　또한 그에게 있어서 기독교는 가장 좋은 경제 원리였다. 인간은 청지기이고 인간의 모든 재산은 "하나님께서 우리에게 바로 쓰라고 맡겨 둔 것"에 지나지 않기 때문에, 가난한 자는 하나님을 대신하여 하나님의 것을 청구하는 '대리자'였고, 그의 수납에 응

100　양명수, 《아무도 내게 명령할 수 없다》, 이대출판부, 2018, 328-330쪽.

101　이양호, 《칼빈: 생애와 사상》, 한국신학연구소, 2010, 301쪽.

102　한경직, 앞의 책, 61쪽.

하지 않는 것은 '죄'였다.[103] 한경직에게 교회는 경제적인 관점에서 보면 무엇보다도 '상부상조 단체'였다. "교회의 첫 일곱 집사는 봉사를 위하여 선택되었던 것이요, 교회에서 하는 헌금은 본래 구제를 목적으로 하였던 것입니다. 사도 바울이 말한 이 중 첫날 하는 헌금은 오직 구제 헌금이었고, 오늘날 같은 교회 재정을 위한 경상 헌금이 아니었습니다. 그리고 목사와 제직의 근본 사명도 오직 전도와 구제였습니다"라며 스스로의 목회 생활에서도 가난한 자를 보호하기 위한 '구제와 봉사'를 중요시했다.[104] 그뿐만 아니라 청지기론에 근거한 구제는 약자 보호의 정신을 실천하는 구체적인 방법으로, "스스로는 도저히 살 수 없는 다른 한 사람을 경제적으로 도와 같이 살아간다면 우리 사회는 그만큼 명랑하여지고 사실 복지국가의 이상이 실현될 것"이라고 보았다.[105]

그는 예술이나 과학 역시 성서적 원리에 기초할 때만 융성을 기대할 수 있다고 보았다. 예술은 먼저 위대한 인격과 고상한 신앙을 가지는 심령이 되어야 하겠고, 최고의 예술가인 하나님을 알아야 하겠고, 미의 최고 전형인 천국을 알아야 함으로 기독교적 원리에 근거했을 때만 최고의 예술 작품을 기대할 수 있다고 보았다.[106] 과학 역시 "연구와 탐구의 완전한 자유, 과학의 전체적 신앙, 과학

---

103   앞의 책, 7쪽.

104   앞의 책, 6-9쪽.

105   김병희, 앞의 책, 225-226쪽.

106   한경직, 앞의 책, 12-17쪽.

자의 품격"이라는 세 가지 조건이 구비되어야 발달하는 것인데, 그와 같은 것 역시 기독교 신앙 안에서만 가능하다고 보았다.[107]

한편 성서적 원리를 사회, 정치라는 공적 영역에 실천할 주체를 교회라고 보는 데에 그의 퓨리턴적 신앙의 네 번째 특징이 있었다. 한경직은 교회는 보이는 교회와 보이지 않는 교회로 나뉘는데, 양자는 상호 밀접한 관계에 있다고 한다.

> 이 집은 곧 살아 계신 하나님의 집이요 … 교회는 우리가 볼 적에 인간적인 듯하지만, 그것은 실로 신적인 것입니다. 지상의 교회란 사람이 모이고 사람이 조직하고 사람의 힘으로 성장하고 변체(變體)되고 부흥되는 사람의 기관 같지만, 실은 하나님의 것이요, 하나님이 하시는 일입니다. … 고로 교회는 가견적(可見的)이나 또한 불가견적인 기관입니다. 즉 교회는 보이는 부분과 보이지 않는 부분이 있는바, 보이는 부분이란 교파로 나누인 모든 지상의 교회입니다. … 이 지상의 현실 교회가 비록 결함이 있으나 보이지 않는 실체 교회의 외부 기관이 되는 것입니다. 그리하여 이 현실 교회는 실체 교회와 불가분리의 밀접한 관계를 가지게 되고, 보이지 않는 실체 교회는 보이는 지상 현실 교회를 통하여 진리를 전파하고 천국을 건설합니다.[108]

---

107   앞의 책, 30, 110-111쪽.

108   앞의 책, 19-20쪽.

    경계에 선 신앙: 전쟁, 토착화, 여성, 공산주의

　　그는 교회의 부조리를 인정하면서도 현실 교회가 기독교의 진리를 전파하고 천국을 건설하는 유일한 기관임을 주장한다. 그는 천국이나 구원을 피안적이라고 생각하는 견해를 비판하면서 '내세의 구원은 교회를 통해 현실에서 시작'된다고 본다. 그렇다면 교회가 어떻게 하여 내세와 현세의 구원을 연결시키는지를 그는 다음과 같이 설명한다.

> 교회가 서 있는 곳에 개인의 중생과 구원이 있으니 이 개인적 구원이 점차로 사회적 중생과 개혁에 미치는 것입니다. 그러므로 교회가 서는 곳에 사회의 정치, 경제, 문화, 도덕, 각 방면에 새로운 부흥과 정화가 일어납니다. 이렇게 교회는 건전한 국가의 초석이 되는 것입니다. 보시오! 불미주 황야에 청교도들의 세운 교회 없이 이제 오늘의 미국의 부강을 몽상할 수 있겠습니까? 교회야말로 국가의 정신적 간성(干城)이며, 황야에 헤매는 대중을 인도하는 진리의 구름기둥이며, 암야(暗夜)의 행로를 밝히는 광명한 등대이며, 거친 세해(世海), 죄악의 파도에 빠져 죽어가는 인생들의 구원선이며, 피곤한 자의 안식처이며, 수난자의 피난처입니다. 교회야말로 인간의 최고 이상의 상징이니 여기서 인간은 인간 이상의 존재인 하나님의 자녀가 되는 것입니다.[109]

---

[109]　앞의 책, 20-21쪽.

교회가 회개와 중생을 통해 인간을 '인간 이상의 신의 자녀'로 변화시킴으로써 사회의 제반 영역의 정화와 개혁을 이룩해 내기 때문에 내세의 구원과 현세의 구원은 연속적이라는 것이다. 한경직은 '교회'라는 매개를 통해 내세와 현세의 구원을 연속적으로 파악하고 있었다. 그러므로 교회야말로 그에게는 인간 사회의 기초이며 모든 것이 파생되어 나오는 가치의 중심이었다.

이 같은 이유로, 건국의 순서 역시 '선 교회, 후 국가' 건설이어야 했다. 그는 '회개와 중생'을 통해 신앙인을 양성하고 그들의 공동체가 되는 교회를 '기독교적 원리'로 세상을 형성해 가는 주체라고 보았다. 이렇게 한경직에게 퓨리턴적 신앙은 개인적 경건과 성화의 중심이자 사회, 경제, 정치의 제반 원리가 그 중심으로부터 파생되어 나오는 한편, 역으로 모든 것이 퓨리턴적 신앙이라는 중심으로 수렴·환원되는 단일 중심적 구조를 가지고 있었다.

이 때문에 한경직은 인문주의(Humanism)를 위험시한다. 그는 '인문주의'를 '인본주의'로 번역하고, 그 개념을 "문명의 혼(魂)인 윤리 사상만은 붙잡되 그 원리의 기초인 기독교 신앙에 대해 태만하거나 무시하는 태도"라고 규정한다. 그리고 "신앙은 무시하나 그 윤리만을 잘 지키면 된다고 해서 사해동포주의(四海同胞主義), 기타 민주주의 사상으로 교육만 잘하면 된다"는 이 사상이 영미의 사조 가운데 팽배해 있다고 한다. 그는 이러한 인문주의는 일견 퓨리턴적 신앙과 유사해 보여 많은 기독교인들을 미혹하게 하나 실은 지극히 위험한 파괴적인 사상이라고 보았다. 왜냐하면, "종교적 신앙은 뿌리요, 윤리는 줄기와 가지요. 문명의 혜택은 열매"임을 무시하고 뿌리인 신앙을 거세한 채 윤리만을 강조하는 인문주의는 비기독교적 사회 사조와 싸워서 기독교적 윤리를 사수해야 할 때 하염없이 허약하기 때문이라고 주장했다.[110]

모든 것을 파생시키는 중심이자 모든 것을 수렴하는 중심인 그의 퓨리턴적 신앙은 인간의 보편적 이성과 자연법에 근거한 인문주의와도 결코 함께할 수 없었다는 점에서 배타적이고 독선적이기도 했다. 이러한 그의 퓨리턴적 신앙이 이후 한국 사회에 대한 그의 정치의식을 형성하는 렌즈가 되었음은 물론이다.

4) 한경직의 정치의식

(1) 기독교적 건국론

해방 정국과 건국 과정에서 한경직이 지향하는 정치적 목표는 물론 퓨리턴적 신앙에 근거한 국가 건설이었다. 그에게는 지극히 자명한 것이었으나, 이에 대한 대중적 공감을 얻기 위해서는 많은 논리적 설명이 필요했다. 그는 '기독교적 건국'이 필요한 이유를 다음과 같이 제시했다.

---

110   김병희, 앞의 책, 227-228쪽.

먼저 기독교만이 민주주의 국가를 건설할 수 있기 때문이다. 그에 의하면 민주주의 사상의 핵심은 개인의 인격 존중, 개인의 자유, 만인 평등인데, 역사적으로 그 사상의 연원은 신·구약 성서에 있다.[111] 두 번째로, 새 나라에 필요한 개인윤리, 사회윤리는 타락한 지 오래된 유교와 불교에서는 기대할 수 없고 오직 기독교만 제공할 수 있다. 이 점을 그는 한국의 역사를 회고하면서 다음과 같이 덧붙인다. 불교는 고려조 이후 부패하여 생명을 잃은 지 오래이고 유교의 경우 세종대왕의 한글 창제 등 문화 창제가 있었으나 문약(文弱)과 당쟁의 가열로 '인습만 남아 대중은 미신에 빠지고 조상 숭배 등 사신(邪神) 우상의 종'이 되었다. 이리하여 "장차 무너질 운명에 직면하고 있을 때 하나님께서는 그 남은 자를 구원하시고 죽은 나무 그루터기에서 새 가지가 나올 준비로서 기독교를 반도에 보내셨다. … 기독교는 구원의 도를 가르쳐 개인으로 영원한 생명과 소망을 가지게 하고 민족적으로 망국의 절망적 비애 중에서 위안을 얻고, 사회적으로 부활의 희망"을 가지게 했다.

식민지 시대 기독교는 배재학당, 이화학당 등을 설립해 이승만 등을 교육시킴으로써 신학문의 선구자가 되었고, 한글로 성서를 번역하여 민족 문화를 보존, 발양하게 했으며, 농촌운동, 소비조합 등의 사회운동과 사회사업의 선구자가 되었고, 축첩 제도를 혁파하여 성 윤리를 혁신하였으며 여성 교육을 실시하여 남녀

---

111   한경직, 앞의 책, 106-108쪽.

평등을 주장하였다. 또한 3·1운동을 주도했고, 안창호, 이승훈, 이승만, 김구, 김규식 등 기독교인 애국자를 배출하여 독립운동의 중심이 되었다. 실로 기독교는 '장차 무너질 운명에 직면'한 '죽은 나무'인 한국의 '남은 그루터기에 난 새 가지'로 민족의 유일한 희망이었다는 것이다.

이와 같은 역사적 사실에서도 증명되듯이 '진리만이 최후의 승리'를 하는데, 기독교만이 '달과 별의 광명을 무용'하게 하는 태양과 같은 참진리라는 것이다.[112] 이것이 '기독교적 건국'이 되어야 하는 세 번째 이유라고 한경직은 말한다.

마지막으로 한경직은 기독교만이 조선에서 유일하게 민주주의 정치를 훈련한 집단이라는 것이 이유라고 주장한다.

장로교회는 문자 그대로 민주주의 정치를 각 지교회, 노회와 총회에서 실행하여 왔습니다. 지교회에서 장로와 집사를 선거하는 것, 목사를 청빙하는 것, 노회에서의 모든 정치는 민주주의 원칙에 의한 것입니다. 미국이 1776년 독립선언을 한 후에 헌법과 모든 정치를 민주주의로 한 것은 그들은 이미 각자 교회에서 그러한 정치 훈련이 있었기 때문입니다. 사실 금일 대한에 있어서 민주주의의 정치 훈련을 받은 이는 기독교 신자밖에 없습니다.[113]

112   앞의 책, 106-108쪽.
113   앞의 책, 119쪽.

　‘기독교적 국가’가 왜 유일한 건국의 청사진이 되어야 하는 가에 대한 한경직의 이러한 논증에는 다분히 객관적 사실과는 동떨어진 기독교 중심적 시각이 산재해 있다. 민주주의의 사상적 기원은 서구 계몽주의 이후의 사회계약론에서 출발한다는 것이 오늘날의 상식적 견해이고, 불교와 유교 그리고 조상숭배 등에 대한 한경직의 평가에는 일제의 식민사관과 선교사들의 자민족 중심주의 영향이 엿보인다. 3·1운동을 개신교가 주도했다는 것도 자의적으로, 1919년 당시 일제가 3·1운동의 지도자로서 손병희를 주목한 점에서도 알 수 있듯이 당대 200만 명의 교세를 가진 천도교의 역할이 기독교를 능가할 만큼 컸다.[114] 또한 식민지 시대의 독립운동사에 대한 한경직의 이해는 국내뿐만 아니라 중국과 블라디보스토크 등 해외에서 벌어진 독립운동의 다양한 주체들을 도외시한 기독교 편향적인 ‘왜곡’이라고 해도 과언이 아닐 것이다. 이러한 점은 당시의 정치적 상황을 보는 그의 렌즈가 퓨리턴적 신앙에 고착되어 있음에서 오는 필연적 결과라고도 할 수 있을 것이다.

　그가 한민족의 역사를 ‘장차 무너질 운명에 직면’한 ‘죽은 나무’의 역사로 이해하고 기독교만이 구원할 수 있는 결핍과 빈곤의 총체로 조국을 인식했다는 사실 역시 중요하다. 그는 오산학교에서 배양된 애국심을 가졌지만, 존중되고 보존되어야 할 어떠한 가

114　朝鮮騷動と天道教 一, 二, 〈東京朝日新聞〉, 1919. 3. 14., 3. 17., 양현혜 편, 《3·1운동 언론 매체 사료집》 제1권 도쿄 아사히신문 편, 홍성사, 2019, 77, 82쪽.

치도 가지지 못한, 오직 외부에 의해 보충·보완되어야 할 결핍과 빈곤의 총체라고 사랑하는 조국을 인식했다. 그에게 있어 애국해야 한다는 의무감만 있으되 사랑할 어떠한 가치도 가지지 못한 대상이 조국이라면, 결과적으로 그의 애국은 기독교 이식 이외에 다른 방법이 있을 수 없었다.

이 때문에 기독교적 건국을 위한 구체적인 방법은 한경직에게 있어서 기독교를 이식하는 일, 즉 '전 국민 복음화'였다. 그는 "전도는 최대의 정치운동이요, 누구나 다 할 수 있는 일입니다. 우리가 기독교적 이상을 가지고 적극적으로 이 전도운동을 개시하여 전 대한민족의 사상을 기독교사상으로 순화(馴化)한다면 공의의 나라, 기독교 독립 대한이 속히 이루어질 것을 확신"한다고 하며 전도 운동을 호소했다.[115] 전도가 최대의 정치운동이라는 그의 생각은 건국 과정에서뿐만 아니라 평생 변함이 없었다.

한국전쟁 기간 중에도 그는 당시 포로수용소에서 군종 목사로 있었던 옥호열(Harold Voelkel), 권세열(Francis Kinsler) 등과 함께 군종 제도 도입을 논의한 후, 1950년 9월 12일 한국 장로교, 감리교, 천주교, 구세군, 성결교와 연합하여 군종 제도 추진 위원회를 조직하고 이를 청원했다. 1951년 2월, 대통령 이승만이 이를 재가함으로써 군종 제도가 창설되었다. 이로써 한국은 비기독교 국가에서 군종 제도를 도입한 유일한 사례가 되었다. 이후 군 선교에 대

---

115   한경직, 앞의 책, 30쪽.

한 그의 관심은 '전군 신자화운동'으로 확대되었다. '전군 신자화
운동'의 전성기는 1971년부터 1974년까지로, 군대 내 개신교 신자
수는 1970년 11만 명에서 1974년에는 34만 명으로 대폭 증가되었
다.[116] '대한민국 군 선교의 선구자'라는 평가는 한경직에게 결코
과장된 것이 아니었다.

한국전쟁기인 1952년 12월에도 한경직은 미국이 낳은 세계
최대의 부흥사로 불리우는 빌리 그레이엄 목사와 함께 부산에서
대규모 전도 집회를 가졌다. 휴전 후 1956년 2월, 서울에서도 대규
모 전도 집회를 가졌다. 이러한 대규모 전도 집회에서 한경직 목사
는 사회를 맡았고 1973년 5월, 12만 평의 서울 여의도 광장에서 51
만 6천여 명이 운집한 전도 집회로 이어졌다.[117] 이러한 대형 전도
집회는 이후 1974년 8월 엑스플로 성회 등 대중 전도 집회의 모델
이 되었다.

한편 한경직은 1964년 12월 6일, 신·구교 인사 75명과 함께
'전국 복음화운동 위원회'를 조직했다. 한경직과 김활란이 명예위
원장을 맡은 이 운동은 가톨릭까지 아우른 국내 교단의 연대 속에
서 1965년 12월까지 추진되었다. 교파적 다양성에도 불구하고 '민
족의 복음화'를 위해 에큐메니컬적 연합 전도를 추진한 이 운동은

116   김흥태, "군신자화 운동이 군전력에 미치는 영향", 석사학위 논문, 감리회신학대학교,
       1985 참조.
117   장석정, "한국 개신교에 나타난 반공주의", 석사학위 논문, 숭실대학교대학원, 2008,
       41-42쪽.

    경계에 선 신앙: 전쟁, 토착화, 여성, 공산주의

이후 각 교단별 또는 교단 연합 복음화운동 패러다임의 선구가 되었다.

전 국민의 복음화를 지향한 한경직에게 1966년 베를린 전도 대회에서 영감을 받은 '황금 어장' 전략은 특별히 중요했다. 이 전략은 전도 효과를 극대화하는 가장 효과적 전략으로서, 사람이 가장 많이 모이는 곳을 선택하고 전도에 적합한 기술을 습득하며 전도에 효과적인 장비를 구비해야 한다는 것이었다. 그는 황금 어장 전략과 더불어 십일조와 청지기 원리를 통해 복음화운동의 재정 지원 체계를 조직화하고자 했다.[118]

(2) 반공 투쟁

한편 한경직의 정치운동으로서 전도운동에는 강력한 대항 세력이 있었다. 다름 아닌 공산주의 세력이었다. 한경직은 이론과 실천 양면에서 강력한 반공 투쟁을 전개하지 않으면 안 되었다.

이론 투쟁에서 한경직은 공산주의의 문제점을 다음과 같이 지적했다. 먼저 공산주의의 종교관에 대해 "종교는 자본주의의 결과로 생겨진 생활고에서 도피하기 위해 생겼다. 그러므로 종교는 아편과 같다. 노동자로 하여금 곤란한 현실에 무감각하게 만들어

---

118   이혜정, "한경직의 기독교적 건국론과 복음화 운동", 박사학위 논문, 한국학중앙연구원 대학원, 2006, 106쪽.

버린다. 또 자본가의 양심을 마비케 한다. 그러므로 자본주의가 없어지고 생활고가 없어지면 종교는 필요하지 않다"라고 주장한다 했다.[119] 그리고 이에 대해 종교는 인간과 우주의 문제를 해결하고 인생의 의의를 발견하고자 하는 데서 발생했으며, 인간의 고통은 생활고뿐만 아니라 다양한 이유에서 발생한다며 공산주의의 종교관은 지나치게 피상적이라고 논박했다.

두 번째로, 공산주의 역사관은 인류 역사를 '계급투쟁의 기록'이라고 하지만, 이는 인류사에서 생존 경쟁이나 계급투쟁만이 아니라 '상부상조와 협조'가 있음을 도외시했을 뿐만 아니라, 그들에게는 계급의식만 있을 뿐 민족의식이 없어 민족 분열을 기도하는 '민족의 반역자'라고 비판했다. 세 번째로, 공산사회 건설의 방법으로 공산주의는 '혁명'을 주장한다며, "여론과 의회를 통해 점진적으로 진화적으로 사회제도를 개조함이 희생이 적고 유리한 것"이라고 한다. 또한 "대한의 현실은 정당한 입법기관과 정부만 수립되면 얼마든지 의회를 통해 노농(勞農)계급의 권익을 확보"할 수 있다고 주장한다. 마지막으로 그는 공산주의가 주장하는 계급 없는 사회는 인간의 성품이 변하지 않는 한, '무자비한 독재' 없이 불가능하기 때문에 언제까지나 결코 달성될 수 없고 독재만이 영속될 것이라고 논한다. 그는 "독재 없는 공산 사회를 이루려면 그 사회를 형성하고 있는 인민 각자가 서로 사랑하면 가능합니다. 가

119　한경직, 앞의 책, 94-95쪽.

　경계에 선 신앙: 전쟁, 토착화, 여성, 공산주의

정은 일종의 공산 사회입니다. 또는 각자가 지선(之善)하면 됩니다. 수도원이나 원시 기독교가 그러하였습니다"라고, 기독교적 사랑이 계급 없는 사회를 이룰 수 있는 유일한 방안이라고 제시했다.[120]

결론적으로 그는 공산주의는 "사회정의와 무산자 해방이라는 간판을 내걸고 인간의 최대 본능인 물욕에 호소하여 인간을 동물로 환원(還元)케 하며, 하나님도 모르는 유물론적 견지에서 인간 생명을 보아 때로 방축(放逐) 약탈(掠奪) 등을 일삼고, 기독교를 멸하려는 자"라며, "유신론이냐 무신론이냐, 민주주의냐 독재주의냐, 기독교 사회주의냐 공산주의냐, 건설이냐 파괴냐, 문명이냐 야만이냐, 이러한 사상적 기로에서 청년과 학생과 노동자, 농민, 소시민, 일반 대중들은 갈팡질팡하고 있습니다. 어느 노선이 우리가 취할 진실한 노선인가를 알고자 대중은 갈망하고 있습니다. … 오늘의 기독교인은 잠잠합니다. 최선의 정치 이념이 우리에게 있음에도 불구하고 왜 이다지도 퇴영적(退嬰的)입니까? 좀 더 주도성을 가집시다. 십자가를 지고서 노동운동도 좋고 정치운동도 좋습니다. 전후에 있어서 각국에 기독교민주당이 일어나 주도성을 가지고 활발히 움직이는 것을 보세요, 일어나 일하세요"라고 호소했다.[121] 이러한 한경직의 공산주의 비판은 기독교와 공산주의 쌍방의 이론적 토론이라기보다 '공산주의=반기독교'로 단순화시킨

---

120   앞의 책, 92-99쪽.

121   앞의 책, 30, 87-88쪽.

전제 위에 선 기독교 측의 일방적인 비판이었다고 할 수 있을 것이다.

공산주의에 대한 한경직의 사상투쟁 장은 일차적으로 교회의 설교 강단이었다. 그는 군정청과 교섭하여 영락정에 있던 천리교 경성제일교회 건물을 접수하고 1945년 12월 베다니전도교회(후일 영락교회)를 창립했다. 교인들은 대부분 월남 개신교인들이었다. 시간이 흐를수록 월남 개신교인들의 수는 늘어갔다. 통계에 의하면, 월남 개신교인들의 수는 개신교인 7-8만, 천주교인 1만 5천에서 2만 정도로 추정된다.[122] 대다수가 장로교인이었던 개신교인들이 영락교회에 모이기 시작하자 한경직은 그들에게 삶의 터전을 마련해 주고자 동분서주했다. 창립 후 불과 1년 만인 1946년 12월 말에 영락교회는 출석 교인 총 1,438명에 이르는 대형 교회가 되었다.[123]

그뿐만 아니라 한경직은 월남한 이북 개신교 교역자들을 조직하여 1947년 8월 1일 월남 이북 신도의 신앙 지도와 교육, 원호 및 이북 교회 복구 사업을 목적으로 '이북신도 대표회'를 발족시켰다. 이 회는 1952년에는 180-190명의 회원을 가지고 10개 부서와 남한의 경기도, 경상남·북도, 전라남·북도, 제주도 등 9개 지역에 지회를 가진 전국적 조직이 되었다.[124] '이북신도 대표회'를 한

---

122   강인철, "월남 개신교·천주교의 뿌리", 134-135쪽.
123   영락교회,《영락교회 창립 10주년》, 영락교회, 1955, 29-35쪽.

    경계에 선 신앙: 전쟁, 토착화, 여성, 공산주의

경직이 이렇게 성장시킬 수 있었던 것은 미국 북장로교 선교부의 전폭적인 지원 덕분이었다. 그는 미 북장로교회에 비축되었던 북한 교회 선교비를 월남 북한 교인들을 위한 교회 건립 자금으로 사용할 수 있도록 교섭하는 데 성공했다. 이리하여 이북신도 대표회는 미 북장로교 선교부로부터 교회 설립비로 10만 달러, 학교 설립비로 5만 달러를 대여받았다. 이 가운데 교회 건립 지원금으로 베다니 교회에 2만 달러, 성도 교회에 1만 달러, 그 외 개척 중인 교회에 300만 원, 개척 착수 중인 교회에 200만 원, 장차 개척할 교회에 100만 원씩 원조할 수 있었다.[125] 미 북장로교 선교사였던 프린스턴 신학교 출신의 권세열이 협동 총무로 활약한 바에서도 알 수 있듯이 이 회는 북장로교 선교부와 긴밀한 유대를 이어 갔다.

이렇게 재조직된 월남 장로교인들은 남한 교회에 편입되었다. 1947년 4월 개최된 '제2차 남부총회'에서 월남한 수백 명의 교역자들을 해당 노회 목사 3인의 추천으로 노회에 가입시킨다는 것이 결정되었다.[126] 월남한 장로교인 교회는 서울과 인천에 밀집해 있었는데 이곳은 경기노회 지역이었다. 서북 출신 장로교인들은 전국 최대의 노회인 경기노회 내에서 다수를 확보함으로써 기존의 '서울파 경기노회원'과 쌍벽을 이루게 되었다. 이로써 한경

---

124 이북신도대표회문집간행위원회 편,《이북신도대표회 문집》, 이북신도대표회편집위원회, 1984, 34쪽.

125 양현혜, 앞의 책, 370쪽.

126 김양선,《한국기독교 해방 10년사》, 예장 총회교육부, 1956, 53-54쪽.

직은 월남 장로교의 지도자만이 아니라, 남한 개신교 지도자로 부상하였으며, 그의 공산주의에 대한 사상투쟁의 장도 그만큼 확대되었다.

한편 월남한 20대 전후 청년들을 회원으로 한 '기독 청년면려회 서북연합회'와 '영락교회 청년회' 등 월남 개신교 청년단체도 활성화되었다. 전자는 1946년의 평양 장대현교회의 3·1운동 사건 이후 월남한 황은균 목사가 장로교 청년들을 조직한 단체였다. 기독교 자유당을 결성하려다 체포를 피해 남하한 청년들로 구성된 이 회는 1951년에 '북한기독교 청년면려회'로 확대 개편되었다. 1950년에는 회장이었던 김윤실 목사가 '이북 신도대표회'에 건의하여 청년부가 신설됨에 따라 이 회는 이북 신도대표회와 긴밀한 관계를 유지하여 이북 신도대표회 청년 조직의 성격도 강했다.[127] 이 단체가 지향하는 바는 그 지도자인 황은균 목사가 "조선도 내란은 불가피의 단계에 이르렀습니다. ⋯ 유신론과 유물론 프롤레타리아 독재와 민주주의 전쟁은 반드시 있을 것인즉, 우리 기독청년은 거저 보고만 있든지 우리의 건국을 공산주의 유물론자에게나 어느 정당에게 맡기고 말 것입니까? 아닙니다. 아닙니다. 우리도 중세기 기사들과 같이 신앙과 자유를 위하여 의의 싸움을 하지 않으면 안 됩니다"라고 주장한 것에서 알 수 있듯이, 기독교

127　강인철, "월남 개신교·천주교의 뿌리", 92쪽; 이북신도대표회문집간행위원회 편, 《이북 신도대표회 문집》, 22쪽.

　경계에 선 신앙: 전쟁, 토착화, 여성, 공산주의

적 국가 건설을 위해 공산주의의 멸절이 필요하다면 동족상잔도 불사한다는 것이었다.[128]

'영락교회 청년회'는 1946년 229명을 창립 회원으로 조직 되었고 1949년에는 남녀 학생을 포함하여 '영락교회 대학생회'로 확대되었다. 당시 대표적인 우익 청년단체로 '서북청년회'가 있었다. 반공을 숙명으로 월남한 서북 지방 청년들로 조직된 이 단체는 기독 청년면려회 서북연합회나 영락교회 청년회와 인적 구성이 중복되었다. 유기적인 협조 관계 속에서 활동한 이들 개신교 우익 청년단체들은 1947년 2월 김창준, 이만규 등이 결성한 좌파 지향적인 '기독교민주동맹' 결성 식장에 난입하여 민주동맹을 해산 시키는 등 개신교 내 사상 투쟁에 앞장섰다.[129] 그뿐만 아니라 이들은 활동을 남한 사회 전체로 확대시켜 나갔다. 섬이라는 폐쇄적인 공간에서 좌익과 우익 대립으로 30만 명이 희생된 1948년의 제주도 4·3항쟁에도 서북청년단은 우익의 주요 행동대로 활동했다.[130] 반공 투쟁에서 무력도 불사했던 서북청년단의 이러한 활동에 대해 한경직은, 영락교회 청년이 중심이 되어 서북청년단을 조직하여 대공 투쟁을 한 탓에 세간의 미움도 많이 받았다고 후일 회상했

---

128 이덕주·조이제 편, "황은균의 3.8선과 기독청년", 《한국 그리스도인들의 신앙 고백》, 한들출판사, 1997, 230쪽.

129 김흥수, 《해방후 북한 교회사: 연구, 증언, 자료》, 223-224쪽; 한승홍, 《한경직의 생애와 사상》, 134-138쪽.

130 한승홍, 앞의 책, 138쪽; 이경남, 《분단시대의 청년운동》, 117쪽.

다. 그리고 이에 대해 자신은 공산주의에 대해 "절대 반대니까 아예 타협을 안 했다"라고 회상했다.[131]

여순사건 이후 지리산을 중심으로 유격전이 벌어지자 한경직을 선두로 한 이북 신도대표회는 기독교 구국운동을 전개하기로 하고, 1950년을 '구국 전도의 해'로 결정했다. 이에 43명 목사 전원을 2개 조로 나누어 지리산 지역 13개 군민들에게 전도와 선무를 실시했다. 1950년 1월에 1차, 2월에 2차를 실시하였는데, 이때 한경직은 직접 〈십자군 전도가〉를 작사했다. "하나님의 크신 은혜 이 강산에 나리시사 자유의 종 크게 울려 새 나라가 되었도다. 십자가의 정병들아, 진리의 띠 굳게 매고 성신의 검 높이 들어 악마 화전 소멸하자"라는 가사에서 알 수 있듯이 그는 반공 투쟁을 십자군 전쟁이라고 생각했다.[132]

남한의 단독 정부 수립 과정에서 한경직은 개신교인들과 함께 이승만의 행보를 지지했다. 왜냐하면 다른 우익 애국자들은 "민주주의 사상을 신봉하지만 그 사상을 기르는 교회는 별 필요로 느끼지 않고 신앙을 무시하는" 인문주의자들이기 때문으로, 참지도자란 "무엇보다도 먼저 자기가 신앙에 들어온" 자라야 하고 "민족을 위해 생명을 내걸고 전도하는 인물"이어야 하기 때문이었다.[133]

남북의 이데올로기적 대치와 분단은 결국 한국전쟁을 불러

131　김병희, 앞의 책, 55-56쪽; 양봉철, "제주 4·3과 서북기독교", 181-182쪽.

132　양현혜, 앞의 책, 381쪽.

133　김병희, 앞의 책, 112-113쪽; 한경직, 《건국과 기독교》, 보린원, 1949, 107쪽.

왔다. 1950년 6월 북한군의 남침 소식이 전해지자, 그는 "내가 공산당과 대립되다가 여기까지 왔는데 이제 저놈들이 여기까지 따라오니 내가 이 이상 더 피할 수 있느냐? 피할 필요가 없다"라고 생각했다. 물러설 수 없고 타협할 수 없는 전쟁을 결의한 것이었다. 일찍이 "공산주의야말로 일대 괴물입니다. 이 괴물이 지금은 삼천리강산에 횡행하며 삼킬 자를 찾습니다. 이 괴물을 벨 자가 누구입니까? … 이 용을 멸할 자 누구입니까?"라고 호소한 바 있었던 그는 피난 후, 즉각 국군을 돕고 피난민을 구호하자는 취지에서 7월 3일 '대한기독교 구제회'를 결성했다.[134] '기독교 대한 구국회'로 확대된 이 단체는 대구, 부산 등 30여 도시에 지회를 설치하고 국방부 및 사회부와 협력하여 선무, 구호, 방송, 의용대 모집 등 중요한 전시 지원 사업을 맡아 성과를 거두었다. 약 600여 명의 선무 공작대원들은 지방과 도시에 흩어져 선무에 진력했고, 약 3천 명의 기독교 의용대를 모아 전투에 참가시켰다.[135]

또한 1951년 3월 '기독교 전시 연합 비상대책위원회' 위원장 자격으로 감리교의 유형기 감독과 함께 방미하여 한국 원조의 국

---

134 한경직,《한경직 목사 설교집》1권, 86, 148쪽. 한경직과 반공주의에 대해서는 강인철, "남한사회와 월남 기독교인: 극우 반공체제 하의 교회활동과 반공투쟁", 한국전쟁과 한경직에 대해서는 이승준의 "한경직 목사와 한국전쟁"을 참조할 수 있다. 또한 김재준과 함석헌의 정치사상과 비교해서 본다면, 김경재, "김재준의 정치신학", 〈신학사상〉, 2004년 봄호; 양현혜, "역사철학적으로 본 함석헌의 통일에 관한 사유", 〈신학사상〉, 2020년 봄호; 해방 이후 북한 교회에 대해서는 연규홍, "해방후 북한사회 건설과 교회 박해; 1945-1948", 〈신학사상〉 11(2001년 가을).

135 최종고,《영락교회의 부흥》, 126쪽.

제적 여론을 환기시키는 한편, 밥 피어스 목사와 함께 전시 긴급 구호 단체인 '월드 비전'을 창립했다. 공산주의자 멸절을 주장하면서 휴전을 반대하는 개신교인들이 쓴 반공 혈서와 '휴전 반대성명서'를 빌리 그레이엄이 아이젠하워 미국 대통령에게 전달하여 한국 교회가 세계적인 반공의 보루로 떠오른 그 중심에 한경직이 있었다.[136] 한국전쟁을 계기로 한경직은 세계적인 개신교 지도자요 반공산주의 운동의 지도자로 부상했다. 피어스 목사와 세계 순회 전도를, 빌리 그레이엄과 홍콩, 대만, 텍사스 등으로 순회 전도를 한 것도 이때였다.[137]

1953년 휴전 이후에도 한경직의 이승만 정부 지지는 변함없었다. 이승만은 반공주의를 내세웠고, 형목 제도, 군목 제도 등 개신교에 특혜를 주어 전도에 안정적인 환경을 제공하였기 때문이다. 이러했던 한경직에게 4·19는 충격적인 사건이었다.

4·19는 이승만 정권의 부패와 부정 선거에 대한 민중과 학생들의 혁명이었다. 부패한 이승만 정권을 지지하고 이승만, 이기붕을 대통령, 부대통령으로 당선시키려 했던 개신교계에 대한 국민의 심판이기도 했다. 4·19 주동자들은 YMCA를 습격할 정도로 개신교를 혐오했고 희생자 추도식에서도 목사가 싫다고 스님을 모셔 갔을 정도였다.[138] 이승만 정권이 붕괴되자 한경직은 그해

---

136   앞의 책, 58쪽.

137   김병희, 앞의 책, 83-86쪽.

    경계에 선 신앙: 전쟁, 토착화, 여성, 공산주의

5월 22일 '회개와 새로운 날'이라는 제목의 설교를 했다.

> 우리는 믿는 사람들은 너나 나나 할 것 없이 과거 부패한 정권 아래 살면서 부패한 사회 가운데 참으로 빛과 소금이 되지 못한 죄를 회개해야 되겠습니다. 불법과 불의에 대하여 강하게 싸우지 못한 죄도 회개해야 되겠습니다. 강하게 싸우지 못할 뿐더러 이런 죄를 묵인하고 동참한 모든 죄도 회개하지 아니하면 안 되겠습니다.[139]

이승만 정권의 독재와 부패를 '묵인하고 동참한 모든 죄'를 회개할 것을 촉구한 것이었다. 그러나 4·19 이후 기독교가 소수 종교로 몰리는 사회적 상황 속에서 각 분야에서 일어난 민주화운동과 남북 분단을 해소하려는 통일운동은 그에게 반공주의의 근간을 뒤흔드는 위험한 일로 비추어졌다. 1961년 4월 30일 영락교회 설교단에 선 한경직은 당시 사회를 '패역한 세대'라고 말하기를 주저하지 않았다.[140]

이어서 5·16이 일어났다. 박정희는 비기독교인이었다. 그러나 한경직은 그가 내건 반공과 경제 개발 계획을 지지했다. 1965년 박정희 정부가 경제 정책을 발표하자, "또 어제 대통령 교서에

138　강원용, "4·19와 기독교", 《4·19 십주년 종합보고서》, 한국기독학생 총연맹, 1970; 최종고, 앞의 책, 135쪽 재인용.

139　한경직, 《한경직 목사 설교집》 제3권, 428쪽.

140　최종고, 앞의 책, 136쪽.

서 분명히 목표를 정해서 발표했습니다. 금년에야말로 어떻든지 증산을 하고 수출을 힘쓰고 건설을 하자고 했습니다. 3대 목표를 분명히 내건 것은 매우 적절한 일인 줄 생각합니다"라며 적극적인 지지를 표명했다.[141]

그러나 박정희는 1969년 '민정 이양 선언'을 번복하고 대통령의 3기 연임을 허용하는 '3선 개헌안'을 추진했다. 이에 한국 기독교교회 연합회는 "우리는 여론의 분열과 약화를 초래하는 삼선 개헌 발의에 대해 깊은 우려와 심한 유감의 뜻을 표하는 바이다. 우리는 정권을 담당한 지도자들이 정치 정의에 입각하여 양식 있는 판단을 가져 주기를 바란다. 헌법의 존엄성은 누구보다도 입법부가 지켜야 하며 국민을 대표한 국회의원들은 역사의 심판 앞에 부끄럽지 않은 확고한 결단을 내려야 할 것이다"라는 성명서를 발표하고 3선 개헌안에 반대를 분명히 했다.[142]

그러나 이러한 개신교의 움직임에도 불구하고 한경직은 정권에 대한 지지를 철회하지 않았고 이에 따라 영락교회 대학생부 이탈이라는 희생을 감수해야 했다.

1971년 여름, 영락교회 대학생회는 '한국교회와 사회정의'라는 주제로 한여름 캠프를 마치고 "1. 영락교회가 오늘의 자체 발전이 있기까지 한국 사회와 교회를 위하여 사회정의 수립에 얼

141　한경직, 《한경직 목사 설교집》 제6권, 226쪽.

142　최종고, 앞의 책, 140, 179쪽.

마나 기여했는지 자체 반성하라. 2. 25주년 기념사업 헌금의 지출 용도와 경위를 밝히라. 3. 한경직 목사의 정치적 발언의 경위를 밝히라"라는 내용의 선언문을 발표하고 대학생부를 자진 해산했다. '자폭'적 행위를 통해 교회의 체질 갱신을 호소했던 대학생부의 한 학생이 남긴 기도는 다음과 같았다.

> 교회가 건물과 교인과 조직과 재산을 자랑하는 오늘의 결과에로 달려온 것이라면, 이 가운데 행여나 주께서 바라시는 참열매가 없다면 잎만 무성한 무화과가 아니라고 누가 말할 수 있겠습니까? … 가진 것이 많으면 힘 있는 행동이 나올 수 없지요. 가진 자에게는 현상 유지가 최대의 미덕이 되고 어쩔 수 없이 보수적이고 반동적이 아닐 수 없습니다. 교회가 하나의 제도이어야 하느냐, 아니면 하나의 운동이어야 하느냐는 논의는 지금까지 있지만, 분명히 교회가 수억의 돈을 움켜쥐고 거대한 재벌 집단으로 허우적대며 살아가는 그런 모습은 아닐 것입니다. … 교회는 사회 속에 도사린 온갖 부자유와 악의 형태들을 과감히 부수어 버리는 전위대의 사명을 가졌기 때문입니다. 이 땅에 그리스도의 나라와 의가 임하시는 날까지, 아니 그 나라와 의를 우리가 실현시키는 노력으로, 우리는 교회의 미래를 위해 기도합니다.[143]

143　앞의 책, 185, 189-191쪽.

전도와 반공 투쟁을 통한 '기독교적 국가' 건설이라는 한경직의 정치적 이상은 한국 사회의 정치적 변동을 더 이상 따라갈 수 없었던 것이다. 그는 여전히 "민주국가에 있어 법, 교육, 자유, 도덕, 이 네 가지는 절대로 필요합니다. 그러나 이것들을 뒷받침하는 것은 기독교 신앙인 것을 기억해야 합니다. 다시 말하면 그리스도는 민주국가의 만세 반석입니다"라며[144], "이 땅에서 이루어져야 할 통일은 승공 통일뿐입니다. 그밖에 다른 종류의 통일이 있을 수 없습니다"라고 주장할 뿐이었다.[145]

후일 이때를 회상하며 그는 유신헌법이 잘못된 것이라고 생각했으나 영락교회 청년들의 정권 반대 데모를 막고 반대 서명에 참여하지 않은 이유에 대해, 정권에 반대하고 안보를 해치는 것은 북한 공산주의자들을 이롭게 하는 이적 행위이자 민족에 대한 반역이기 때문이요, 동시에 군 선교 등 전 국민 복음화에 불리한 환경을 조성하는 것이기 때문이었다고 했다.[146] 그의 정치의식과 선택이 얼마나 반공에 의해 규정되고 제한되었는지 엿볼 수 있다.

(3) 정교분리에 관한 이해

한경직의 '기독교적 국가'라는 정치의식에서 국가와 종교의

---

144   한경직, 《한경직 목사 설교집》 12권, 281쪽.

145   한경직, 《한경직 목사 설교집》 18권, 265쪽.

146   김병희, 앞의 책, 88-89쪽.

관계는 어떻게 이해되었을까. 그는 건국 당시 교회와 국가는 '정교분리 원칙'에 의해 분리되는 것이 마땅하다고 주장했다. 그러나 그 실질적 내용은 '국가의 종교에 대한 엄정한 중립과 관용'이라는 근대적 의미의 정교분리와 상당히 다른 것이었다.[147]

남한만의 단독 정부 수립을 위한 총선거일이 1948년 5월 9일, 즉 일요일로 결정되자 대다수 개신교회들은 주일성수의 어려움을 느꼈으나 정교분리 원칙에 입각하여 크게 문제제기를 하지 못했다. 그러나 한경직은 단호하게 반대 입장을 표명하고 개신교를 조직하여 반대 성명을 발표했다. "유엔 총회에서 총선거를 가능한 지역에서 실시키로 함을 우리 기독교인으로서 환영하는 바이다. 그 선거일을 오는 5월 9일, 즉 주일날로 결정함에 대해서는 반대하지 않을 수 없다. 북조선에서 재작년, 즉 1946년 11월 3일을 선거일로 정한 데 대해서 이를 반대하다가 수많은 기독교인들이 희생당하였거늘 이번 선거일을 주일로 정함은 우리 기독교인으로서는 이 선거에 참가 못하게 하는 것이므로 단호히 이를 배격하며 일자를 고치도록 요망한다"는 것이었다.[148] 결국 미 군정과 유엔 한국 임시위원단은 이 요구를 받아들여 총선거일을 하루 늦추어 5월 10일 월요일로 변경했다. 즉 한경직이 생각하는 '정교분리'는 개신교회는 "영적으로 완전히 자유일 것이며 간접적으로 국가

147   양현혜, 앞의 책, 74-75쪽.
148   〈조선일보〉, 〈경향신문〉, 1948. 3. 9.

의 정신적 기초"가 되는 것으로,[149] 1948년 5월 31일 역사적인 제
헌국회 개회식에서 사회를 맡은 이승만의 요청으로 이윤영 목사
가 회순에도 없는 감사 기도를 올리는 것 같은 모습이라고 할 수
있을 것이다.[150]

그러나 이러한 모습이 정교분리가 아님은 명백하다. 한경직
이 그린 정교분리는 종교학자 로버트 벨라(Robert N. Bellah)가 개념
화한, 미국 시민종교(Civil Religion) 형태라고 할 수 있다. 벨라에 의
하면 미국은 정교분리 국가이고 종교는 사적인 것이 되었지만, 대
다수 미국인이 공유하는 종교적 지향의 공통적인 요소도 존재한
다. 이런 종교적 지향은 미국 건국에 결정적 역할을 했고, 정치를
포함한 미국의 생활양식 전반에 여전히 종교적 차원을 제공한다.
일련의 믿음, 상징 그리고 의례의 조합으로 표현되는 공공의 종교
적 차원을 그는 '미국의 시민종교'라고 정의한다. 건국 지도자들
의 사상에 기원을 둔 미국의 시민종교는 기독교를 원형으로 하지
만 기독교와 같지는 않다. 시민종교의 신은 초월적 신으로서 구원
과 사랑보다는 질서, 법, 권리와 관련되며, 미국에 특별한 관심을
가지고 미국 역사에 참여하는 신이다. 미국의 시민종교에는 '미국
이스라엘'(America Israel) 사상이 중요한데, 이는 유럽을 이집트로,
미국을 언약의 땅으로 상정한 일종의 미국식 선민사상이었다. 이

149   한경직,《건국과 기독교》, 147쪽.

150   〈국회 속기록 제1호〉, 1948, 1, 1-2쪽; 이윤영,《백사 이윤영 회고록》, 사초, 1984, 136쪽.

      경계에 선 신앙: 전쟁, 토착화, 여성, 공산주의

러한 선민사상은 미국 역사에 빈번히 나타나며 공공적 관점에도 반영되었다. 미국의 시민종교는 정교분리라는 역사적 합의와 계몽주의, 여러 종파의 개신교가 지배하는 문화적 배경에서도 종교와는 다른 기능을 수행하며 살아남았다. 벨라에 의하면, 역사적으로 볼 때 미국의 시민종교는 첫 번째 역사적 시험대로 독립전쟁을, 두 번째 시험대로 남북전쟁을 거쳤다. 그는 현재 미국의 시민종교는 세계 내 미국의 역할이라는 세 번째 시험 단계에 있다고 한다. 그는 이 시험에서 미국의 시민종교가 베트남전쟁처럼 패권주의로 발현되는 것을 경계해야 한다고 주장했다.[151]

요컨대 미국의 시민종교는 종교개혁 시기에 개신교 각 교파인들이 유럽 본국의 국교 박해를 피해 종교의 자유를 찾아 이민한 미국에서 기독교적 공통분모를 중심으로 국가적 정체성을 형성해가야 했던, 특수한 역사적 경험에서 형성되었다고 할 수 있다. 한경직이 그린 '정교분리'는 기독교가 국교의 형태를 취하지는 않으나, '시민종교'로서 공공적 기능을 행사하는 미국적 시민종교 형

---

[151] Robert N. Bellah, "Civil Religion in America," *Daedalus*, 96(1), Winter, 1967, MIT Press, 1-21. 원래 '시민 종교'라는 개념은 루소(Jean Jacques Roussau)가 그의 저서 《사회계약론》 마지막에 제시한 것으로, 정치 사회의 구성원으로서 자신의 의무를 사랑하기 위한 신앙고백을 의미하는 일종의 '사회성의 감정'을 의미했다. 이를 벨라는 한 사회를 통합시키기 위해 공유되고 합의된 가치와 신념 체계 그리고 그와 관련된 의례와 실천 관행, 장소들을 가리키는 개념으로 사용했다(이 논문 이외에도 벨라의 시민종교 개념에 대해서는 *Beyond Blief: essays on Riligion in a Post-Traditional world*, N.Y. Crossroad Books, 1970; *The Broken Covenant: American Civil Religion in Time of Trial*, N.Y. Crossroad Books, 1975; 박영신 역, 《사회 변동의 상징 구조》, 삼영사, 1981 등을 참조).

성이라고 할 수 있을 것이다. 그러나 해방 당시 개신교 인구 30만
인 한국 상황에서는 미 군정이라는 예외적인 시기를 제외하면 현
실적으로 실현 불가능한 구상이었다.

그는 박 정권의 독재에 대한 개신교의 저항운동이 광범위하
게 전개되는 1970년대를 경험하면서, "교회는 정치를 잘할 사람
을 육성하며 도덕의 수준이 높은 선량한 국민을 배양하는 것이지
교회 자체가 정치에 관여해서는 안 된다"라며 교회를 중심으로 독
재 정권에 반대하는 기독교 내 민주화운동에 부정적 입장을 밝힌
다. 그는 "교회의 예언자적 발언은 마땅히 할 것이나 언제나 사회
를 혼란케 할 수 있는 정치적·사회적 운동은 교회 자체로서는 삼
가야 되는 것입니다. 그것은 개인적으로 수행해야 합니다"라고 했
다.[152] '국가 안보'를 위협하는 개신교의 반독재 투쟁이 교회를 중
심으로 전개되는 것을 '정교분리론'에 위반되는 것으로 비판하며
'교회와 정치의 완전 분리'를 주장했던 것이다. 이러한 입장은 '최
고의 정치 이념'인 기독교를 가지고 활발한 정치운동을 하자고 호
소했던 그의 종래 입장과는 분명 다른 주장이었다. 한국 사회의 정
치적 변화 속에서 그 역시 역사가 일천한 개신교가 다종교 사회인
한국에서 '미국적 시민종교'로 정착하기에는 부적절함을 인정하
지 않을 수 없었다. 또한 개신교회의 반독재 민주화 투쟁을 목도하
면서 교회의 정치적 행동이 반공을 실현함에 있어서 양날의 칼로

---

[152]　김병희, 앞의 책, 101쪽.

　　경계에 선 신앙: 전쟁, 토착화, 여성, 공산주의

기능할 수도 있음을 인지했던 것이다.

그러나 교회가 정권을 지지하는 것은 기독교적 건국의 이상에서 나온 정당한 것이고 정권에 반대하는 것은 정교분리론에 위반된다는 그의 입장은, 이후 보수 교단 지도자들이 자신들의 정권 유착은 옹호하고 민주화운동에 참여한 개신교 세력에 대해서는 비판하는 명분이 되어 취사적으로 사용되는 전례(前例)가 되었다고 할 수 있다.[153]

5) 결론 및 창조적 계승을 위한 제언

이상으로 한경직의 '퓨리턴적 신앙'의 특징과 그의 정치의식 및 대응 양식을 고찰했다. 그의 퓨리턴적 신앙은 개인의 회심과 중생을 담지하는 교회가 중심이 되어 모든 가치와 제도가 파생되며, 역으로 그 중심으로 모든 것이 수렴·환원되는 단일 중심적 구조였다. 따라서 그의 정치의식과 행위는 그의 퓨리턴적 신앙에서 발원하는 정치적 실천이라고 해도 과언이 아니었다.

퓨리턴적 신앙은 1630년 윈스로프(John Winthrop)를 지도자로 하여 매사추세츠 만의 보스턴 중심으로 뉴잉글랜드를 건설한

---

[153] 이철, "개신교 보수교단 지도자들의 어제의 정교분리 오늘의 정치 참여", 〈대학과 선교〉 37(2018. 8.) 참조.

청교도 사회에 연원을 둔다. 매사추세츠를 중심으로 건설된 청교도 사회는 기독교적 이상향을 신앙적으로뿐만 아니라 사회적으로도 완성하는 것을 목표로 하고 그 정신적 지주를 교회에 두었다.

이들의 정치적 지향성은 근대적 의미의 민주, 평등과는 무관했다. 칼뱅주의의 구원예정설을 신봉하는 그들은 오직 신이 선택한 소수만이 구원을 받는다고 생각했다. 그들은 정치적 자유에 대한 열정을 갖고 있지 않았을 뿐만 아니라, 구원받지 못한 사람들은 세속 공동체에서 어떠한 역할도 해서는 안 된다고 생각했다. 여기에 자유민과 단순 거주민의 구별은 명확했다. 자유민이 공공의 사무를 독점적으로 다루는 반면, 후자에게는 한정된 시민의 권리만 허용되었다. 투표권은 만인에게 있는 것이 아니라 공인된 교회 신자들만이 보유했다. 이들 퓨리턴 공동체는 교회 생활에서도 교회의 구성원과 단순히 예배만 보는 사람을 구분했다. 예배는 모든 사람이 보는 것이었지만, 교회 회중이 될 수 있는 자격을 가진 사람은 선택된 영적 귀족뿐이었다. 따라서 이들의 정치 형태는 영혼의 귀족이 지배하는 신정정치였다.[154] 국가의 정신적·도덕적 기초를 교회에 두고, 교회에서 모든 가치와 제도가 파생되는 기독교적 이상 국가를 건설하고자 하는 한경직의 국가관은 미국 식민 초기 뉴잉글랜드의 퓨리턴 공동체에서 적지 않은 영감을 받은 것이었다.

퓨리턴 공동체는 유럽의 종교개혁이라는 특수한 상황 속에

154　양현혜, 앞의 책, 375쪽.

　경계에 선 신앙: 전쟁, 토착화, 여성, 공산주의

서 그리고 매사추세츠라는 한정된 공간에서 형성된 역사적 산물이었다. 따라서 이 공동체는 이후 전개되는 미국 대륙의 역사적 상황에 따라 변화되어 갔다. 수많은 개신교 교파와 가톨릭 그리고 유대교가 함께 공존하는 미국 사회가 독립전쟁을 수행할 당시, 퓨리턴적 신정정치는 이미 미국 사회에서 견지될 수 없는 정치 이념이었다. 미국은 1791년 비준된 헌법의 수정 조항 제1조에 "연방 의회는 국교를 정하거나 또는 자유로운 신앙 행위를 금지하는 법률을 제정할 수 없다"라고 선언했다. 미국 건국의 아버지 가운데 한 사람인 토머스 제퍼슨(Thomas Jefferson)의 말처럼 "교회와 국가의 분리의 벽이 세워진 것"이다.[155] 이후 미국의 정교분리는 가속화되어 1868년 비준된 수정 제14조의 "어떠한 주도 미국 시민의 특권과 면책권을 박탈할 수 없다. 어떠한 주도 적법절차에 의하지 않고 어떠한 사람으로부터도 생명, 자유, 재산을 박탈할 수 없으며, 그 관할권 내에 있는 어떠한 사람에 대해서도 법률에 의한 평등한 보호를 거부하지 못한다"라는 조항에 의거해, 모든 주에서 공인 종교가 폐지됨으로써 정치로부터 종교의 자유가 완전히 보장되는 정교분리가 확립되었다.[156] '공인 종교제'를 지양하고 완전한 '정교분리'를 지향하는 역사적 전개 과정 안에서 오늘날의 미국적 시민종교도 형성되었다고 할 수 있다. 요컨대 17세기의 퓨리턴적 공동

---

155   W. マーネル, 野村文子 驛, 《信教の自由とアメリカ》, 東京: 新教出版社, 1987, 9쪽.

156   앨렌 브링클리저, 조지형 외 역, 《있는 그대로의 미국사》, 휴머니스트, 2011, 586-590쪽.

체의 신정정치는 미국 역사의 초기 단계에 있었던 특수한 역사적 형태였다.

해방 이후 건국 과정에서 퓨리턴적 신정정치를 모델로 '기독교적 국가' 건설을 목표로 한 한경직의 정치의식은 미국과의 긴밀한 친화성, 그가 경험한 미국 북장로교인들의 진실한 삶 그리고 남한에 미치는 미국의 막강한 영향력을 배경으로 형성된 것이었으나, 객관적으로 보면 시대착오적이었다고 해도 과언이 아니었다. 더구나 1884년 전래된 신흥 종교로서 총 인구 중 약 30만 명에 불과한 개신교 교세의 상황에서는 비현실적이기도 했다. 결국 그의 정치적 행동은 양적 팽창을 지향하는 선교와 반공 투쟁에 집중될 수밖에 없었다.

한편 그의 사유에는 자본주의와 공산주의 혹은 민주주의와 공산주의라는 이분법을 넘어서서 제3의 가능성을 모색할 수 있는 사상적 요소도 내재해 있었다.

기독교는 근본적으로 사회제도를 초월한다는 사실을 잊어서는 안 됩니다. 기독교는 봉건제도 아래에도 있었고 자본주의 제도 아래에도 있었고 또 어떤 다른 제도 아래에도 있을 것입니다. 그렇다고 그 제도와 반드시 결합하는 일은 없습니다. 봉건제도 아래에 있었다고 기독교가 그 제도와 결합된 바 아니고 간단없는 마찰과 비판 중에 존재하였고, 자본주의 제도 아래에 있었다고 이를 전적으로 시인한 것이 아니며 그 결함과 단점을 비판하며 투쟁해 온 것입니

 경계에 선 신앙: 전쟁, 토착화, 여성, 공산주의

다. 요컨대 기독교는 완전한 천국이 임하기 전에는 이 불완전한 사회제도 아래에 있으면서 이를 초월하여 힘이 닿는 대로 사회를 기독교화하기에 최대의 노력을 하는 것입니다.[157]

기독교가 모든 지상의 국가를 '하나님의 나라'라는 초월성에 입각하여 상대화시킨다는 것을 그는 알고 있었다. 또한 '무산자의 대표'인 예수를 믿는 기독교가 경제적인 입장을 선택해야 한다면 기독교의 동정(同情)은 무산자 쪽에 있다고 했다.[158] 한경직은 "문화의 척도는 그 나라 사회에서 약한 이들이 어떠한 대우를 받으며 보호를 받는가 하는 데 있습니다. 야만 사회일수록 약자는 짓밟힙니다. 문명한 사회일수록 강자가 약자의 연약함을 담당하여 줍니다. … 특별히 믿는 모든 형제들은 이 약자 보호 정신의 선구적 역할을 하여야 합니다. 이 정신을 먼저 실천해야 합니다"라고도 했다.[159] 하나님께 거저 받은 것을 관리하며 그 뜻대로 써야 하는 선한 '청지기'가 인간이라고 보는 그의 인간관과 '약자 보호 정신'은 자유방임적 자본주의를 비판·보완할 수 있는 요소였다.

그는 영국의 사회학자 존 러스킨(John Ruskin)을 인용하며 "토지를 처음 사람이 없을 때 싸게 샀다가 나중에 사람이 많아 토지값이 오르면 이익은 나중에 온 사람들이 거저 준 것이니 마땅히 나중

---

157   김병희, 앞의 책, 182쪽.

158   한경직,《한경직 목사 설교집》1권, 101–102쪽.

159   김병희, 앞의 책, 225쪽.

에 온 사람들에게 나누어 주고 혹은 학교를 세우든지 자선사업을
하든지 해야 하는 의무가 있다고 하는데, 참으로 탁견(卓見)이 아닐
수 없습니다. 오늘의 모리배여, 이 진리를 압니까"라고 외쳤다.[160]
러스킨은 19세기 말 영국의 어두운 사회경제적 모순을 목도하고
애덤 스미스식의 자유방임적 자본주의 경제학을 비판하며《나중
에 온 이 사람에게도》와 같은 저서를 통해 인도주의적 경제학을
주장한 사회사상가였다. 한경직은 러스킨의 인도주의적 경제사
상을 탁견이라고 동조하며, 세계의 부자들이 청지기 사상을 실천
했다면 공산주의는 일어나지 않을 것이라고 한다. 그는 부를 청지
기로서 관리하지 않는 사람들을 모리배라고 지칭하고 기독교인들
에게 "우리의 사랑이 강제적인 어떠한 사상보다 낫다는 것을 몸소
증명하여 보이십시다"라고 호소해 마지않았다.[161]

또한 그는 이러한 기독교적 정신에 기초하여 "의회를 통해
노농(勞農)계급의 권익을 확보"할 수 있다고 보았다. '청지기'로서
인간 이해와, '약자 보호 정신'에 근거해 노동자와 농민의 권익을
의회 민주주의적으로 보장해 간다는 것은 분명 자유방임적 자본
주의를 비판·보완하려는 기독교 사회주의적 발상과도 그리 멀지
않았다.[162] 이러한 그의 사상적 요소는 냉전 체제와 남북한의 극한

160　한경직, 앞의 책, 7쪽.

161　앞의 책, 6-9쪽.

162　김균진,《20세기 신학 사상》1권, 연세대출판부, 2003, 2장 "20세기 다른 신학 운동들"
　　　1. 종교사회주의: 블룸하르트, 쿠터, 라가츠, 틸리히 항 참조.

　　　　경계에 선 신앙: 전쟁, 토착화, 여성, 공산주의

적 이데올로기 대립을 넘어 제3의 길을 열어 갈 수 있는 소중한 기독교적 상상력이었다.[163] 그러나 그는 자선과 구제에 대한 강조 이외에 의회를 통한 노농계급의 이익 확보에 어떠한 시도도 하지 못했고 '황금 어장'의 하나였던 산업 선교조차 '실업계가 노동운동이라면 질색한다' 하여 포기하고 말았다.[164] 사회 개혁을 위한 모든 행동이 북한을 이롭게 하는 이적 행위가 될 수 있다는 두려움으로 인해, 그의 기독교 사회주의적 요소는 반공과 안보의 벽을 넘어서지 못하고 질식되고 말았던 것이다. 이 점에서 남북의 이데올로기적 대립을 추동한 지도자 가운데 사람이었던 한경직 역시 냉전과 분단의 희생자였다고 할 수 있을 것이다. 남북의 이데올로기적 대립을 넘어서서 자유방임적 자본주의를 비판하며 제3의 길을 열어 갈 수 있는 기독교적 상상력이 분단의 벽 앞에서 좌절되었다는 의미에서 이것은 동시에 한민족의 비극이기도 했다.[165]

---

163 이는 칼뱅 사상 속에 이미 내재해 있었다. 칼뱅은 재산의 공유를 주장하는 재세례파를 광신주의라고 비판하고 사유재산과 부의 불평등을 긍정하는 한편, "주님은 우리가 기금이 허락하는 한 곤란에 처한 사람들을 도와서 풍부한 사람도 없고 결핍한 사람도 없도록 우리에게 명한다"고 하며 사랑의 공동체성에 근거한 평등한 사회를 추구한 면도 있었다. 따라서 후일 스스로를 칼뱅주의자라고 생각하는 사람들은 자본주의도 기독교 사회주의도 옹호할 수 있다(이양호,《칼빈: 생애와 사상》, 한국신학연구소, 2010, 304-325쪽).

164 김병희, 앞의 책, 77쪽.

165 같은 분단 국가였던 독일의 개신교는 민족의 이익을 최우선시한 이데올로기적 엄정 중립을 원칙으로 했다. 그들은 냉전체제의 이데올로기적 대립 속에서 민족 분단을 치유하는 민족의 화해자로서 존재했던 것이다. 이러한 독일 개신교의 존재 형태는 한국 개신교의 그것과 극명한 대조를 이룬다. 정종훈, "제2차 세계대전 종전 이후 독일 개신교회의 정치사회참여의 고찰",〈한국기독교와 역사〉6(1997. 2.) 참조.

이제 오늘날의 한국 개신교에서 한경직의 신앙적 유산이 어떻게 계승되고 있는지를 고찰해 보자. 그의 신앙 가운데 가장 빛나는 요소는 단연코 '청지기'적 인간 이해라고 할 것이다. 이것은 기독교인이라면 누구나 가져야 할 인간 이해라고 할 수 있다. 그러한 의미에서 청지기적 인간 이해를 주장하고 그것을 온몸으로 살아 낸 한경직은 한국 개신교인의 사표(師表)라고 할 것이다. 그러나 오늘날 한국 개신교계에서 그의 선한 청지기적 삶은 얼마나 계승되고 있는가. 필자는 한경직 이후에 개인 명의의 통장 하나 없이 '돈을 모르고 사는' 청렴성빈(淸廉聖貧)한 목회자가 있다는 이야기를 들어 본 적이 없다. 또한 그렇게 커다란 사회적 영향력을 가지고도 겸손하게 오직 목회라는 한 길만 걸어간, '죽도록 충성한' 목회자는 한국 개신교계에 다시 나타나지 않았다고 해도 과언이 아니다. 한경직 이후 한국 개신교가 '영적 기업화'된 세습적 자본주의의 선두 주자라는 사회적 지탄을 받고 있음은 누구나 다 아는 사실이다. 한국 개신교는 한경직의 선한 청지기적 삶을 계승하는 데 실패한 것이다.

한경직의 유산이 계승되고 있는 부분은 교회의 양적 성장 추구일 것이다. 그가 세운 황금 어장 전도 정책은 한국 개신교에 충실히 계승되었고 눈부신 성장을 이루었다. 그러나 한편으로 신도들의 인격에서 회개와 중생의 열매가 보이지 않아 질적 성숙을 기해야 한다는 사회적 지탄도 받고 있다. 무엇보다도 개신교 교세가 2015년 대비 200만 명이 준 771만 명으로 감소하고 이에 반해 가

나안 성도는 크게 증가하여 전체의 29.3퍼센트를 점한 226만 명으로 추정된다는 것이 그 증거라고 할 수 있다.[166] 이렇게 개신교의 사회적 공신력이 추락하는 가운데 신앙적 배타성에 기인한 유교, 불교 등의 전통 사상에 대한 개신교의 배타적 독선과 자국 역사에 대한 무지와 폄하도 여전히 힘을 발휘하고 있다.

무엇보다 그의 영향력이 강력하게 계승되는 분야는 개신교 내의 반공 의식 및 운동일 것이다. 오늘날 한국 개신교의 특징 가운데 하나는 극단적으로 정치화된 집단의 출현이다. 2023년 4·3 기념공원에서 진행된 제주 4·3 기념식에, 재건된 서북청년단이 와서 기념식을 방해한 것이 대표적인 예라고 하겠다.[167] 그들은 한경직의 정치의식을 선별적으로 계승하고 있다. 반공은 극단적으로 강화하여 계승하면서, 데모 등의 정치 행위는 '사회 불안을 일으키는 이적' 행위임으로 교회와 정치를 분리하여 개인적으로 하라는 한경직의 권고는 경청하지 않는다. 이상과 같이 한경직의 정신적 유산의 계승 양상을 고찰해 보면, 한국 개신교는 총체적으로 한경직 이전으로 퇴행했다고 말해도 과언이 아니라고 할 수 있다.

마지막으로 한경직의 다양한 측면의 정신적 유산과 그 계승 양상을 관통하는 교집합은 무엇일지 생각해 보고자 한다. 그것은

---

166   한국 기독교 목회자협의회, "2023년도 '종교생활과 신앙 의식 조사'", 〈제5차 한국 기독교 분석 리포트〉 참조; 정재영 외, 《탈교회》, 느헤미야, 2020 참조.

167   임병도, "4·3 희생자 추념식에 다시 나타난 서북청년단… 대체 왜", 〈오마이뉴스〉, 2023.4.3., https://omn.kr/23cm0(접속일: 2023.12.29.); 정재영 외, 《태극기를 흔드는 그리스도인—개신교 극우 현상의 배경과 형성 그리고 극복》, IVP, 2021 참조.

개인 한 명 한 명을 좋은 기독교인으로 만들어 사회에 내보내면 그 사회가 자연스럽게 '정의로운 사회'가 될 것이라는 개인주의적 경건주의 기독교 윤리일 것이다. 이러한 윤리를 신학자 라인홀드 니버는 명저《도덕적 인간과 비도덕적 사회》에서 '소박한 낙관주의 윤리'라고 비판했다.[168] '네 이웃을 네 몸과 같이 사랑하라'는 예수의 계명, 곧 사랑의 계명은 개인 관계에서는 자신을 절제하고 희생을 감수하며, 예민한 도덕적 감수성을 견지하면서 '도덕적'으로 처신해 살 수 있다. 그러나 집단과 집단 관계, 예를 들면 노사 관계, 정당 관계, 사회 계층 관계, 국가 관계, 이익 단체 간의 관계는 '서로 사랑합시다'라는 도덕적, 종교적 설교로 그 갈등이나 대립이 해결되지 않는다. 니버에 따르면, 집단 이기심은 무책임하게 증폭되어 쉽게 자기의 비도덕적 행동을 합리화하며, 이에 따라 도덕감은 급속히 감소된다. 그러므로 집단 관계에서는 힘의 '균형과 상호 견제 작용'를 통해 '정의'를 최대치로 실현시킴으로써 '사랑'을 간접적으로 실현해야 한다고 그는 말한다.

니버의 지적처럼, 이제 한국 개신교는 한경직이 남긴 개인주의적 경건주의라는 '소박한 낙관주의'를 탈각해야 한다. '청지기적' 인간 이해와 약자 보호의 윤리를 개인적인 삶에서 실천하기 위해 진력함과 동시에, 무정부적 자유방임주의나 획일적인 독재주의라는 정치적 양극단을 피하면서 개인의 자유와 공동체의 공공

168　라인홀드 니버, 이한우 역,《도덕적 인간과 비도덕적 사회》, 문예출판사, 2017 참조.

선을 가급적 최고 근사치로 실현해 가기 위한 기독교 사회윤리와

행동을 모색할 때이다.

5. 함석헌의 통일에 대한 역사 철학적 사유[169]

1) 왜 함석헌인가

헤겔은 철학이란 '정신에 의해 파악된 시대'라고 했다. 엄밀하게 말하면 철학이란 물음 속에서 파악된 시대라고 할 수 있을 것이다. 그렇다면 우리 시대를 규정하는 근원적인 물음은 무엇인가. 그것이 분단과 통일이라는 점에 이의를 제기할 사람은 없을 것이다. 분단 이후 남한에서 많은 철학자들이 외국 철학 수입과 과거 철학의 훈고학에 매진했지만 정작 자기 시대의 물음은 외면했다. 분단과 통일의 문제를 논하는 사람들도 정치나 경제의 문제로 사유했을 뿐이다. 시대의 물음인 분단과 통일을 철학의 문제로서 사유한 사람은 함석헌이 거의 유일하다고 할 수 있다.

---

[169] 양현혜, "역사 철학적으로 본 함석헌의 통일에 관한 사유", 〈신학사상〉 188(2020) 전재.

하나의 문제를 철학적으로 생각한다는 것은 그것을 가능한 한 가장 깊은 근거와 가장 넓은 존재의 지평에서 생각한다는 것을 의미한다. 이를 통해 우리는 하나의 문제를 피상적인 연관 관계 속에서만 관찰하고 이해하는 수준을 넘어, 문제를 규정하는 본질적 근거들을 총체성 속에서 파악하게 된다. 사물의 표면을 뚫고 본질에 다가가는 이런 사유의 노동을 통해서만 하나의 문제를 참되게 파악하고 올바르게 대응할 수 있다. 함석헌은 분단과 통일을 현실 정치라는 문맥을 넘어 정신적 근거로부터 이해하고자 했다. 또한 그는 원인과 근거를 사유하는 데서 머물지 않고 분단과 통일의 뜻을 물었다는 점에서도 철학적이었다.

역사 속에서 어떤 일도 근거 없이 일어나지는 않겠지만 그 근거는 '때문에 있음'뿐만 아니라 '위하여 있음'의 근거이기도 하다.[170] 함석헌에 따르면 역사 속에서 모든 일은 뜻을 드러내기 위하여 일어난다. 물론 그 뜻은 사물적으로 현전하는 대상이 아니라 만남 속에서 생성되는 사태이다. 우리가 한 사건과 어떻게 만나느냐에 따라 뜻은 있을 수도 있고 없을 수도 있다. 인간은 그 자체로서는 존재하지 않는 사건에 뜻을 부여함으로써 자기를 역사의 주체로 정립하는 것이다. 함석헌은 남북 분단이라는 사건이 무엇을 위하여 일어난 사건인지, 우리는 분단을 극복하는 통일을 통해 어떤 감추어진 뜻을 드러내야 하는지를 물었다. 그런데 이런 물음들은

---

170 김상봉, "함석헌과 남북통일 철학", 씨알사상연구원, 〈함석헌 연구〉 1(2010), 140쪽.

실증적 사실을 경험적으로 탐구하는 개별 과학이 대답할 수 없는 형이상학적인 역사철학의 물음이다.

또한 함석헌은 분단과 통일의 감추어진 뜻을 언제나 인류 전체와의 관계에서 물었다. 그는 분단과 통일의 의미를 단순히 한반도나 한민족의 일로 보지 않고 세계사적 문맥에서 성찰했다. 전체에 통하는 생각의 활동은 그 이름이 무엇이든 철학인 것이다. 그는 분단을 2차 대전 전후의 국제정치적 관계에서만 보지 않고, 근대국가 체제 자체의 내적 모순이 외화된 것으로 보았다. 그런 만큼 통일은 근대국가 체제 그 자체의 극복을 통해서만 온전히 실현될 수 있다고 생각했다. 근대국가의 극복이란 단순한 제도 문제가 아니다. 함석헌에 따르면 그것은 인류 진화의 과정에서 하나의 새로운 비약을 의미하는 것이었다.

남북한은 여전히 한반도의 분단체제 해체와 통일을 향한 돌파구를 모색하고 있는 상태이다. 이러한 때에 통일의 철학적 밑그림을 다른 나라 철학자의 이론에 기대어 그릴 수 있겠는가. 그것은 원하든 원하지 않든 이 시대를 사는 우리들 자신의 몫인 것이다. 우리가 함석헌을 호출함은 이 때문이다. 이제 분단과 통일이라는 시대의 물음 앞에서 사유의 극한을 더듬었던 그의 길을 따라가 보자.

2) 한반도의 분단과 통일은 철학의 문제인가

함석헌은 1901년 평안북도 용천에서 태어났다. 1905년 을사늑약으로 외교권을 빼앗기고, 1907년 정미7조약으로 군대가 해산당하고, 1910년 마침내 일본의 완전 식민지로 전락하는 것을 그는 목격했다. 이후 그는 조선인 누구나가 그러했듯이 식민 지배 아래에서 노예적인 삶을 살아야 했다.

그렇게 자라나던 국민의 의기에 하루아침에 서리가 내렸다. 1910년 8월에 한일합병이 되었다. 나라는 망했다. 산도 그 산이요, 바다도 그 바다요, 하늘도 그 하늘, 사람도 다름없는 흰 옷 입은 그 사람이건만 이제부터 자유는 없단다. 자유가 무엇인가? 열 살이 될 때까지 자유 속에 자유가 무엇인지 모르고 살았던 나는 이제부터 자유가 무엇인지 배워야 했다.[171]

해방까지 함석헌의 삶은 자유의 의미를 배워 가고 그것을 되찾아 가는 과정이었다. 그리고 1945년 8월 15일, 마침내 빼앗겼던 그 자유를 되찾은 광복을 맞이했다. 그러나 그것은 광복이 아니라 미·소의 분할 점령으로, 분단 고착화의 시발점이었음이 뒤이어 분

171　함석헌, "나라는 망하고",《함석헌 전집》4권, 한길사, 1983, 102쪽(이하《전집》4: 102로 표시).

명해졌다. "나라의 전반을 자른 칼자리"인 38선이 문제였다. 분단의 선인 38선은 어떤 선인가. 그것은 해방된 한민족에게 불구로 살기를 강요하는 선이었다.

> 나라는 결코 물건이 아니고, 한 개 생명체다. 한 인격이다. 나라 땅과 국민과 주권은 서로 떨어진 것이 아니요, 하나다. 우리나라 땅을 절반을 자른 것은 우리 삼천만의 허리를 개개인이 자른 것이요, 우리 한 사람 한 사람의 심장과 골을 반씩 자른 것이다. 그리고는 나라가 살 수 없다.[172]

38선을 만들어 한민족에게 불구를 강요한 것은 물론 자국의 이익에 따라 "톱의 칼끝을 쥐고 서로 당기는 미국과 소련의 흥정"이었다. 그들은 한민족을 '산 사람'으로 알지 않고 죽은 고깃덩이로 알았던 것이다. 한반도 분단의 원인은 분명했다. 그는 한반도 분단의 원인을 "밖에 있지 안에 있지 않다. 우리는 고래 싸움에 등이 터진 새우다"라고 말하며, '미소의 세력 다툼'이라는 외재적인 요인이 일차적인 요인이라고 보았다. 그러나 그는 미·소의 세력 다툼을 더 근원적으로 성찰해 보면, 그 다툼의 원인은 다름 아닌 근대국가가 처한 도덕적 곤경에 있다고 보았다.[173] 그는 근대국

172　함석헌, 《죽을 때까지 이 걸음으로》, 삼중당, 1964, 204쪽.

173　함석헌, "민족 노선의 반성과 진로", 《전집》 17 : 47.

　경계에 선 신앙: 전쟁, 토착화, 여성, 공산주의

가가 직면한 도덕적 곤경을 다음과 같이 말했다.

또 하나 도덕상의 문제로는 개인도덕과 단체도덕의 서로 어긋남
입니다. 극단으로 말하면 도덕은 개인에만 있지 단체에는 없습니
다. 학교의 선생이 개인을 놓고 도덕을 가르칠 때는 겸손이 미덕이
요, 자기희생이 고상한 도덕이지만 일단 단체 밑에 들어가면 문제
는 달라집니다. 어떤 선생도 외국에 대해 겸손한 외교를 도덕이라
하지는 않고, 남의 나라를 위해 제 나라를 희생하는 일을 선이라 하
지 않습니다. 그보다도 나라를 위해서는 교만하게 자랑하고, 잔인
하게 침략하는 것을 충(忠)이라 하고, 간교하게 책략을 써서 타국을
속이는 것을 선한 정치가라 합니다. 이것이 현대도덕입니다. 그러
나 우리가 알아야 하는 것은 이 때문에 현대도덕이 무력한 것입니
다. 부모·선생이 가정과 학교에서는 최고의 도덕으로 청소년의 심
리를 산화(酸化)해놓지만 한걸음 문 밖을 나가면 단체 생활이라는
보다 강한 알칼리 속에서 그만 다 빠져버리고 맙니다. 그리고 현대
는 점점 더 인간생활이 단체화해가고, 그 단체의 자기주장성이 더
욱 강해갑니다.

이리하여 인간으로 하여금 생존권의 주장 이외의 어떤 보다 영원
한 보다 큰 정신적인 가치를 실현하는 것이 그 목적이란 것을 알게
하여 그리 이끌어보려 하는 도덕의 선생들은 마치 오리알을 깐 암
닭 모양으로 안타까운 부르짖음만 함으로써 도도한 탁류 속에 제
스스로 빠져드는 세상을 보고 건지지는 못하고 좌왕우왕하게 되었

습니다.[174]

함석헌에 따르면 우리 시대는 분명히 도덕이 사라진 시대, 양심이 마비된 시대이다. 그 바탕에는 개인 도덕과 단체 도덕, 즉 국가 도덕의 불일치가 있다. 도덕이란 개인의 행위를 전체와 일치시키는 데서 존립한다. 양심이란 자기 행위가 전체와 합치하는가 아닌가를 돌이켜 생각하는 마음이다. 그런데 함석헌에 따르면 "그 전체는 늘 고정된 전체가 아니라 자꾸 자라 가는 전체"이다.[175] 전체는 그 자체로서 주어져 있는 것이 아니고 인간의 활동에 의해 열리는 것이며 실현되어야 하는 것이기 때문이다. 따라서 인간이 자라는 만큼 전체도 자라는 것이다. 따라서 전체에도 역사가 있는 것이다.[176]

함석헌은 지금까지 인류 역사에서 전체가 자라 온 역사를 크게 세 단계로 나누어 설명한다. "어떤 때는 한 집이 전체인 때가 있었다. 그때는 집을 위하는 것이 선이었다. 또 어떤 때는 나라란 것이 전체인 때가 있었다. 그때는 나라를 위하는 것이 최고선이었다. 그 때문에 지상선을 표시하는 덕목은 달라졌다. 혹은 효라 했고, 혹은 충이라 했다."[177] 그런데 우리 시대는 국가라는 것이 더 이상

---

174 함석헌, "제2의 종교개혁", 《전집》 9: 216.

175 함석헌, "민족—하나의 인격적 존재", 《전집》 9: 299.

176 김상봉, "자라나는 전체와 새로운 도덕—국민 윤리를 넘어서", 씨알연구소, 《모색》, 2010, 197쪽.

도덕의 기준이 되는 전체일 수 없게 된 시대이다. 왜냐하면 국가
들의 경계를 넘어 이제 "세계가 하나"가 된 시대이기 때문이다.[178]

> 정신이 무엇입니까? 공을 위하는 것이 정신입니다. 그런데 공이 무
> 엇입니까? 천하위공(天下爲公)입니다. 세계가 곧 공입니다. 지난날
> 에는 제각기 제 나라를 위하는 것이 의가 되고 선이 됐는지 모르겠
> 습니다. 그러나 이제는 세계 내놓는(없는) 나라라는 것이 없습니다.
> 살아도 인류 전체가 같이 살고 죽어도 인류 전체가 같이 죽게 된 것
> 이 오늘의 세계의 현실입니다. … 이제 세계가 하나입니다.[179]

이제 세계를 도외시한 채 혼자서만 잘 살 수 있는 나라는 있
을 수 없다. 전체 인류가 살아도 같이 살고 죽어도 같이 죽을 수밖
에 없는 "하나의 유기체"로 되어 가고 있는 것이다.[180] 개인이 자라
더 이상 국가에 갇히지 않는 시대가 되었기 때문이다. 이제 개인이
"자기 존재가 본래부터 서로 고립된 것이 아니라 하나"라는 것을
깨닫고, 전체 세계와 인류 속에서 자기를 발견하고 실현하려 하는
시대이다. 그러므로 국가는 이제 낡은 것이 되었다는 것이 함석헌
의 역사인식이었다.

---

177 함석헌, "새 윤리", 《전집》2: 346.

178 함석헌, "혁명의 철학", 《전집》2: 31.

179 앞의 글.

180 함석헌, "앞을 내다보자", 《전집》14: 103.

나는 현대 국가는 강대·약소·공산주의·자유주의 할 것 없이 다 같이 낡아 버렸다고 생각합니다. 다시 말한다면 인간의 요구를 만족시킬 수 없게 됐다 그 말입니다. 왜 그런가? 인간은 훨씬 자랐는데 국가는 거의 태고 시대의 그대로 있단 말입니다.[181]

현대 도덕의 위기 상황이란 단순히 국가가 그 자체로서 도덕적이냐 부도덕하냐 하는 데 있는 것이 아니다. 본질적으로 국가가 더 이상 도덕을 규정하는 최종적 전체가 아니게 되었다는 데 있다. 함석헌에 따르면 지금까지 국가는 하나의 전체로서 저 자신은 외부의 타자를 인정하지 않으면서 다만 자기 내부에서 개별자들의 타자적 관계를 도덕적으로 규정할 수 있었다. 그런 한에서 국가는 내부 구성원들에게 도덕을 부과하면서도 자신은 도덕을 넘어 있는 것처럼 행세할 수 있었던 것이다.[182] 하지만 우리 시대는 더 이상 국가가 인간 삶의 최종적 지평일 수 없게 되었다. 개인이 생각하고 활동하는 전체가 국가를 넘어설 때 국가의 선은 더 이상 무조건적으로 개인의 선이 되지 못한다. 도리어 개인이 생각하는 더 큰 윤리적 기준에 비추어 볼 때 국가의 도덕이란 한갓 당파적인 가치관에 머물고 만다.

국가에 좋은 것이 내게도 좋은 것이라는 당파적 윤리를 국가

---

181   함석헌, "1980년대의 민족통일의 꿈을 그려본다", 《전집》 12: 42.

182   김상봉, "자라나는 전체와 새로운 도덕—국민 윤리를 넘어서", 202쪽.

   경계에 선 신앙: 전쟁, 토착화, 여성, 공산주의

주의라 부른다면, 국가주의의 내적 본질이란 무엇인가? 함석헌에 따르면 그것은 "결국 따지고 들어가면 폭력주의"이다.[183] 즉 "이기주의, 분리주의, 차별주의, 집단주의"를 다 합쳐 놓은 것이 국가지상주의인 것이다.[184] 싸워 이기는 것이 국가의 선이요, 그런 까닭에 폭력이 선인 것이다. 그런데 국가주의가 이처럼 폭력주의에 빠질 수밖에 없는 까닭은 언제나 자기 밖에 현실적으로 존재하는 타자와의 대립을 피할 수 없었기 때문이다. 대립에서 이기는 것을 최상의 가치로 삼는 것이 바로 경쟁주의이다. 세계가 하나의 전체로 개방되기 전까지는 이 대립이 지양되지 않는다. 경쟁에서 이기기 위해서는 힘이 필수적이므로 경쟁주의는 필연적으로 폭력주의를 수반하게 된다. 이렇게 하여 국가주의란 내용에서 보자면 경쟁주의와 폭력주의가 되고 만다. 함석헌은 한반도의 분단은 다름 아닌 낡은 국가주의의 최정점인 미·소의 경쟁주의와 폭력주의의 산물이라고 보았다.

하지만 이제 세계사는 국가를 넘어서 인류 전체로 개방된 시대에 접어들었다. 따라서 국가와 국가와의 대립은 지양되어야 하고 경쟁과 폭력 역시 더 이상 선일 수 없다. "생존경쟁을 원리로 삼는 국가주의의 가는 길이 멸망의 길"이라는[185] 것은 이제 의심의 여지가 없는 것이다. 오직 "같이 삶의 길이야말로 새길"인 것이

---

183   함석헌, "혁명의 철학", 《전집》 2: 29.
184   함석헌, "평화운동을 일으키자", 《전집》 14: 41.
185   함석헌, "같이 살기 운동을 일으키자", 《전집》 14: 22.

다.[186]

> 생존이 경쟁이라던 것은 옛날 소리입니다. … 이제는 그보다는 상
> 호부조, 협동이야말로 생명 진화의 원리인 것을 알게 된 때입니다.
> 남 사는 길이 내 사는 길, 내 사는 길이 또 남 사는 길입니다.[187]

함석헌은 한반도의 통일은 이러한 인류 전체주의라는 새 시대를 개방함으로써 가능한 일이라고 보았다. 왜냐하면 한반도의 분단과 통일이 미·소를 정점으로 하는 국가주의의 모순의 산물이라고 한다면, 그 극복 역시 근대국가 체제를 극복함으로써만 가능하기 때문이었다. 즉 함석헌은 한반도의 분단과 통일을 '전체'와 그에 근거한 도덕의 심급이 '국민국가'에서 '인류 전체'로 전환되는 거대한 세계사적 전환과 맞물려 있는 사건으로 보았던 것이다.

한편 철학이 현실에 대한 자기반성이라면, 함석헌의 철학적 사유는 분단과 통일을 외재적 측면만이 아니라 내재적인 측면에서도 성찰한다. 왜냐하면 모든 일이 그러하듯이, 나라가 분단된 것은 당연히 외세에 의한 것이지만 그런 이유를 제공한 것은 또한 자기 자신이기 때문이다.

---

186   앞의 글.

187   함석헌, "새해의 말씀", 《전집》 17: 300.

다시금 한번 생각해 볼 때 아무리 싸움은 다른 놈이 했다 하더라도 우리는 왜 등을 거기 내놓았던가? 왜 남의 미끼가 됐던가? 거기는 우리 속에서 찾을 까닭이 있어야 할 것이다. 모든 역사적 현실은 자신이 택한 것이다.[188]

우리는 어쩌다가 남의 싸움에 등이 터진 새우가 되었던가? 함석헌은 그 이유를 다른 무엇보다도 "자기를 잃어버리고 찾으려 하지 않은 것", 즉 '생각의 가난', '철학의 가난'에서 찾았다.[189]

우리나라 역사에서는 이 자아를 잃어버렸다는 일, 자기를 찾으려 하지 않았다는 이 일이 백 가지 병, 백 가지 폐해의 근본 원인이 된다. 나를 잊었기 때문에 이상이 없고 자유가 없다. 민족적 큰 이상이 없기 때문에 대동단결이 안 된다. 민족을 묶어 매는 것은 폭력이나 법이 아니고 민족적 이상이다. 뜻이 하나일 때에 통일은 저절로 된다. 또 자유가 없기 때문에 당파를 짓게 된다. 당파 싸움의 목적은 작은 세력을 다투는 데 있으니 강한 자에 대하여 비굴히 하는 놈일수록 심한 법이다.[190]

여기서 보듯이 함석헌은 일관되게 한민족의 자기 상실과 자

---

188   함석헌, "생각하는 백성이라야 산다", 《전집》 14: 110.
189   함석헌, "뜻으로 본 한국역사", 《전집》 1: 94.
190   앞의 책, 287쪽.

기 망각이 다른 모든 현실적 수난의 원인이라고 생각했다. 한 민족에게 자기 종교와 철학이 없다는 것은 "국민적 이상"이 없다는 것을 의미한다.[191] 국민적 이상이 없는 사람들은 결코 참된 의미의 나라를 이룰 수 없다. 나라란 단순한 통치기구가 아니라 사람들이 윤리적인 목적을 실현하기 위해 결속한 유기적 전체이기 때문이다.[192] 나라가 공동의 이상에 의해 결속된 공동체가 아니라 한갓 외적인 강제력에 의해 형성되거나 순전히 사적인 이익을 추구하기 위해 결속한 단체일 경우, 나라는 구성원 모두의 나라가 되지 못하고 반드시 어떤 당파의 나라로 전락하고 만다. 이런 의미에서 함석헌에게 남과 북의 국가는 모두 남북의 민중을 대표하는 '진짜 나라'가 아니라 '하나의 사사 권력 단체'였다.[193] 남은 자본주의를, 북은 공산주의를 주장하지만 그것은 한민족 전체의 이익을 대표하는 것이 아니라, 특정 당파의 이익을 대표한다는 점에서 사사로운 권력 단체에 불과하다는 것이다. 그는 남이든 북이든 가릴 것 없이 "있는 것은 꼭두각시뿐이지 나라가 아니다"라고 일갈했다.[194] 이러한 사사로운 단체에 불과한 남과 북의 권력자들은 분단을 자초했을 뿐만 아니라 여전히 분단을 통해 이득을 보고 있는 세력이다. "그들은 나라를 잊고 정권을 얻기에만 급급했던" 사람들

191   앞의 책, 127쪽.

192   김상봉, "함석헌과 남북 통일 철학", 100쪽.

193   함석헌, "민족 통일의 길",《전집》17 : 18.

194   함석헌, "생각하는 백성이라야 산다",《전집》14 : 112.

      경계에 선 신앙: 전쟁, 토착화, 여성, 공산주의

이다.[195] 미·소의 세력 다툼에 기생하는 사사로운 권력 집단에 불과한 남과 북의 국가에는 미·소의 국가주의에 대항할 자신의 국가주의조차 없다. 하물며 이들에게 미·소의 국가주의를 초극함으로써 한민족을 통일시킬 수 있는 새로운 이상이 있을 수 있겠는가.

따라서 참된 통일은 현존하는 남북의 국가권력에 의해서도, 양쪽 소수 정치인들과 기득권 세력에 의해서도 되지 않는다. 오직 모든 민중 전체의 능동적인 참여에 의해서만 이룩할 수 있다. 이러한 의미에서 함석헌은 첫째로 중요한 일은 정치에 기대를 걸지 않는 일이라고 생각했다. 즉 민중이 모든 것을 스스로 해야 한다는 것이다.[196] 민중 자신이 깨어 자기를 주체로 세울 때에만 참된 의미에서 모두가 하나 되는 통일이 일어날 수 있다고 보았던 것이다. 남북의 분단이 궁극적으로 자기를 잃어버리고 민족적 이상을 세우지 못한 데서 기인한 것이라면 통일은 그 반대 과정, 즉 민중 전체가 국가주의를 초극할 보편적인 나라의 이상을 세우고, 스스로를 역사의 주체로 정립하는 과정이 되어야만 한다. 따라서 함석헌에게 있어서 통일은 단순한 정치 문제가 아니라 정신의 문제요, 철학의 문제였다.[197]

이런 관점에서 함석헌에게는 경제적 교류에 의한 통일의 길 역시 진정한 통일이 아니었다. 경제에 의한 통일이란 시장에 의한

---

195 함석헌, "민족통일의 길", 《전집》 17: 18.

196 앞의 책, 19쪽.

197 김상봉, "함석헌과 남북통일 철학", 141쪽.

통일이요, 자본주의에 의한 통일이다. 자본주의 사회는 "돈이 왕"인 사회, 곧 자본이 지배하는 사회이다. 따라서 자본주의에 의한 통일은 한마디로 돈에 의한 통일이다. 사실 돈에는 경계가 없으므로 오늘날까지 인류 역사에서 자본주의 사회만큼 더 확장된 전체를 실현한 사회는 없었다.[198]

하지만 돈에 의한 하나 됨이란 무엇인가. 그것은 "하나님에게까지 가서 하나가 될 인간을 동물에까지 끌어내려 '너희는 다 같은 짐승이다'고 하여 통일을 하려 한 셈"인 것이다.[199] 그러므로 자본에 의한 인간의 통일은 인간성의 진보에 의한 것이 아니라 인간성의 타락에 의해 이루어진 것일 뿐이다. "서로 실리와 쾌락을 다투는 바람에 말은 자유라 하나 사실은 자유할 수가 없고, 형식으로는 계급을 없앴으나 내용으론 있는 사람, 없는 사람의 대립이 생겼다."[200] 함석헌은 이런 모순을 해결하기 위해서는 근본적으로 소유에 대한 기존의 관념 및 제도를 해체할 필요가 있다고 생각했다.

오늘날 화폐는 이전에는 교환 불가능하던 것을 예외 없이 교환 가능한 것으로 만들어 준다. 그리하여 "돈이 나서자 임금도 그 왕관을 팔고 가고, 무사도 그 칼을 팔고 가고, 종교가도 그 법의를 팔고 갔다."[201] 학자는 지식을, 예술가는 작품을 시장에서 돈을 받

---

198   함석헌, "새 윤리", 《전집》 2: 353.

199   앞의 책, 354쪽.

200   앞의 글.

201   앞의 글.

고 파는 것이 자본주의 사회인 것이다. 그런 한에서 문제는 화폐와 자본이다. 이것이 모든 것을 시장의 상품으로 만들고 결과적으로 인간조차 사물화하는 것이다. 그리하여 함석헌은 "돈 없이 사는 세상을 만들자"라며, 어떤 사회주의자보다 더 단호하게 자본주의적 소유관계를 비판하며 거부했다.[202]

함석헌에게 경제를 통한 통일이란 돈을 통한 통일이요, 이런 통일은 민족의 고양이 아니라 전락에 지나지 않는 것이었다. 이런 까닭에 함석헌은 남북통일이 자본주의와 공산주의를 똑같이 해체하고 지양하는 과정이 되어야만 한다고 생각했다. "자본주의 밑에서 아무리 정직해도 그 정직은 정직이 아니요, 공산주의 밑에서 아무리 자유하려 해도 그것은 자유가 아니다."[203] 그런즉 오직 두 체제가 지양된 곳에서만 자유도 도덕도 제자리를 찾을 수 있을 것이다. 통일은 그런 의미에서 제3의 길이 되어야 하는 것이다.

사상적으로는 민주·공산 두 주의 대결하는 태도를 버리고 그 둘의 대립을 지양한 보다 높은 자리를 찾자는 말이다. 이데올로기의 싸움은 어느 한 편이 다른 편을 내몰아서 될 것이 아니다. 그렇게 해서는 사상의 진전이 오지 못한다. 그러므로 그 싸움의 의미는 보다 높은 사상을 찾아 둘의 대립이 자연 해소가 되는 자리에 가야만 된다.

---

202   앞의 책, 355쪽.

203   함석헌, "우리나라의 살길",《전집》14 : 62.

나는 그것을 믿는다.[204]

통일은 경제 문제가 아니라 민주주의와 공산주의의 대립이
해소되는 보다 높은 사상에 의해서만 가능한 것이다. 즉 도덕의 심
급을 국가가 아닌 인류 전체에 두고 개인 도덕을 국가 도덕과 일치
시키는 새로운 역사 철학에 의해서만 가능한 것이다. 그렇다면 어
떠한 역사 철학이 인류전체주의를 개방할 수 있는가. 이하에서는
그의 인류전체주의의 역사철학적 사유의 그물망을 따라가 보자.

3) 함석헌의 역사철학

(1) 전체를 개방하는 철학

인류 전체주의를 개방하려는 함석헌의 역사철학은 인간 존
재에 대한 탐구에서부터 시작한다. 그는 인간은 자기의식을 갖는
존재라고 보았다. 동물도 의식은 있다. 그러나 자기의식은 없다.

사람이 사람된 점은 생각하는 데 있기 때문입니다. 사람은 할 뿐만
아니라 할 줄 아는 것이요, 알 뿐만 아니라 아는 줄 아는 것입니다.

204   앞의 책, 60쪽.

곧, 자기를 가지는 것입니다.[205]

인간은 자기 자신에게 거리를 둠으로써 자신을 대상화하고, 이 자기관계 속에서 자기 자신을 자기로서 의식한다. 자기가 아는 것뿐만 아니라 자기가 안다는 것을 아는 이 자기의식에 의해 인간은 스스로를 규정해 가는 주체적인 존재가 된다. 이 자기의식에는 이미 만들어진 자기를 단순히 관찰하고 묘사하는 것만이 아니라 앞으로 되어야 할 자기, 되고 싶은 자기에 대한 인식까지 녹아 있다. 따라서 인간의 자기의식에는 과거의 나에 대한 인식만이 아니라 미래의 되어질 나에 대한 동경과 염원이 공존해 있다. 함석헌은 자기를 어떻게 규정하느냐는 자기의식에 의해 자기 존재가 달라지며, 그래서 인간은 물질적인 존재가 아니라 정신적인 존재라고 주장했다.

그러나 함석헌에게 있어서 이러한 정신의 자기규정은 행동 없이 자동적으로 현실화되는 것은 아니었다. 거기에는 그를 규정하려는 외적 상황의 '구속'에서 스스로를 해방하려는 '저항'의 행위가 요구되었다. 그는 "생명의 바탕이 만일 자유에 있다면 그 자유를 구속하고 빼앗으려는 세력"에 대해 "일어나 결러대는(저항하는) 정신"의 활동인 저항이야말로 가장 귀한 도덕이라고 주장했다.[206] 이러한 저항을 통해 자기 밖의 구속에서 스스로를 해방함

---

205   함석헌, "혁명의 철학", 《전집》2: 26.

으로써만 인간은 되어야 할 자기를 창조해 갈 수 있기 때문이었다. 그러므로 함석헌에게 인간은 자기의식과 자주적인 의지에 의해 자신을 형성해 감으로써 스스로의 '정신'을 드러내는 존재, 곧 인격이었다.[207]

> 인격이 무엇인가? 자유하는 것 아닌가? 우선 나는 나다 하는 자아의식을 가지고 나는 나를 위한 것이다 하는 자주하는 의지로써, 내 뜻대로 내 마음껏, 나를 발전시켜 완전에까지 이르자는 것이 인격이다. 완전이 어디까지인지 말로 할 수 없지만, 말로 할 수 없기 때문에 하나님이라, 하늘나라라 하지만, 그 뜻을 말하면 영원한 것이요 무한한 것이다. 영원 무한을 지향하고 자유 발전하여 나가는 것이 인격이다.[208]

인격이란 자아의식과 자주적 의지 위에서 자기를 완전에 이르도록 실현해 나아가는 활동의 주체이다. 자유란 바로 그런 활동 전체를 일컫는 말로서 자유를 잃는다는 것은 곧 인격을 잃는다는 것을 의미한다. 여기에서 그는 인간 "생명의 근본원리는 스스로 함", 즉 자유라고 보았다.[209]

---

206 함석헌, 《죽을 때까지 이 걸음으로》, 삼중당, 1964, 17-18쪽.
207 함석헌, "뜻으로 본 한국역사", 《전집》 1: 84.
208 함석헌, "저항의 철학", 《전집》 2: 173.
209 함석헌, "뜻으로 본 한국역사", 《전집》 1: 48.

　　그런데 함석헌의 자유 이해에서 중요한 것은 인간의 자유를 관계성 안에서 파악했다는 점이다. 그는 인간이 홀로 있는 능동적 개체이기 이전에, 관계성 속에서 수동적으로 태어나 타자와의 관계 속에서 존재함을 직시했다. 이러한 관계성에 입각하지 않는 한 인간의 자유는 고립된 개별성에 함몰되어 "이기주의에 떨어질 수밖에 없고 따라서 배타적이 됨으로 거기는 싸움이 일어나고야 만다"는 것이다.[210] 함석헌은 자유가 타자와 적대적으로 대치되는 자기 결정권으로 표출되는 것은 자유의 소극적 형태에 불과한 것으로, 그런 자유의 주체로서의 나는 극복되어야 할 '나'라고 보았다. "주관의 주(主)는 누구의 나에도 통할 수 있는 참나지, 서로 충돌하는 작은 자, 거짓 나, 사(私)가 아니다"라고 보았던 것이다.[211] 왜냐하면 인간을 주체로 세우는 참자유는 전체와 하나 됨으로써만 가능하기 때문이다. 우리 모두가 세계의 부분으로 존재하는 한, 우리는 우리 자신의 주인이 될 수 없다. 왜냐하면 내가 세계의 부분으로 존재하는 한, 나는 결코 전체 세계의 질서와 법칙을 거스를 수 없으며, 살기 위해 그 법칙에 따를 수밖에 없다. 그렇게 타율적 질서와 법칙에 굴종할 수밖에 없을 때 나는 개체로서의 나 자신의 주인이 될 수 없다. 따라서 나는 오직 전체와 하나 되고 전체의 주인이 되는 한에서만 나 자신의 주인이 될 수도 있다. 따라서 참자

210　　김진 엮음,《너 자신을 혁명하라: 함석헌 명상집》, 오늘의 책, 2003, 74-75쪽.

211　　함석헌, "뜻으로 본 한국역사"《전집》1 : 36.

유는 전체와 하나 되는 것에 존립한다.[212]

> 사람은 자유이지만, 또 넘을 수 없는 절대의 너에게 얼굴을 맞댄 자유다. … 우리의 자유의지는 절대 의지에로 바쳐진 의지이다. 자유의 값은 제 맘대로 하는 데 있지 않다. 도리어 자기 맘대로 하지 않는 데, 자진해 하나님께 바치는 데 있다.[213]

함석헌에 있어서 참자유는 하나님, 즉 "우주적인 무한한 전체" 앞에서 자신을 부정함으로써 전체와 일치하는 데 있었다.[214] 개인이 대타적 투쟁의 자유를 넘어 하나님이라는 '무한한 전체' 앞에서 자신을 부정할 수 있을 때, 그는 참된 자유에 도달한다는 것이다.

그런데 함석헌은 보이지 않는 '무한한 전체'는 눈앞에 보이는 실재인 타자로서 구체화된다고 보았다.

> 우리가 물질이라 부르는 세계에 있어서는 가장 보편적이려면 추상적이 되어야 하지만, 정신의 세계에서는 그와는 반대다. 가장 구체적이 아니고서는 가장 보편적일 수가 없다.[215]

212　김상봉, "하나님의 발길질: 함석헌 교육 철학에서 종교의 의미", 〈씨알의 소리〉 200 (2008. 5/6.), 164쪽.

213　함석헌, "뜻으로 본 한국역사", 《전집》 1 : 50-51.

214　앞의 책, 86쪽.

　　경계에 선 신앙: 전쟁, 토착화, 여성, 공산주의

함석헌은 정신의 세계에서는 보편성이 오직 구체성 속에서 온전히 실현된다고 주장한다. 그 보편성이란 개별적 인격과 분리된 추상성이라기보다는 도리어 개별자 속에서 표현되고 실현되는 보편성인 바, 그것이 바로 개성이다. 하나님이 보편적 자아라면 그것은 오직 우리들 각자의 개성적 인격 속에서만 계시되는 것이다. 따라서 참자유는 전체를 대변하는 존재인 너 앞에서 나의 자유를 부정할 수 있을 때 비로소 획득된다고 함석헌은 이해했다. 이것을 함석헌은 '사랑'이라고 했다. 너에 대한 주체적인 자기 부정으로의 사랑만이 너와 나를 하나 되게 하여 '둘이면서 하나 됨'을 이룬다. 이러한 사랑은 주체적인 자기 부정을 통해 개인을 전체에 참여시키는 원리라고 할 수 있다.[216]

그렇다면 함석헌의 사랑으로서의 자유의 이념은 타자 속의 자기 상실이라는 일방적인 수동성에의 퇴행과 어떻게 다른가. 사랑이 수동성에의 일방적인 퇴행에 그치지 않기 위해서는 너와 나의 만남 속에서 수동성과 능동성이 분리되지 않고 하나로 공속하는 지점이 있어야 한다. 즉 최고의 능동성은 수동성으로의 퇴행이 아니라, 능동성을 보존한 상태에서 동시에 수동성에 참여하는 그런 상태가 있어야 할 것이다. 오직 능동성과 수동성의 이런 공속성 가운데서만 너와 나의 만남은 이상적인 '하나 됨'의 상태에 도달

215   앞의 책, 41쪽.
216   김진 엮음, 앞의 책, 202쪽.

할 수 있을 것이다.

그렇다면 언제 우리는 그런 이상적 상태에 도달하는 것일까? 내가 너의 고통에 응답할 때이다. 그때 나는 너의 고통에 참여함으로써 같이 고통받게 된다. 그리고 이를 통해 나는 수동성 가운데 처하게 된다. 그러나 응답은 나의 능동적 결단에 의한 것이니, 그 결단은 나의 자유의 발로인 것이다. 하여 내가 너의 고통에 응답할 때 내가 너의 고통으로 인해 같이 아파하는 것이야말로 지극한 자유의 표현인 것이다.

고통 없는 삶은 없다. 고통이야말로 모든 존재의 보편적이고 평등한 존재의 원현상이다. 존재의 현실성의 가장 확실한 증거이기 때문이다.[217] 우리가 가상현실이 아니라 진짜 현실 속에서 산다는 것은 우리가 고통 가운데 산다는 것을 의미한다. 따라서 우리가 응답해야 할 고통은 어디에나 있고, 우리가 수행하는 모든 활동은 타인의 고통에 대한 응답이 될 수 있는 것이다.

한편 타인의 고통에 응답하는 자유는 타자와의 만남 속에서 일어난다는 점에서 자폐적인 자기 관계에 갇히지 않는다.[218] 주체가 타자의 고통에 응답할 때, 응답하는 행위는 주체의 존재의 테두리를 확장하고 그 내용을 풍부하게 한다. 주체가 자유로운 활동의 주체이고, 그 활동이 주체의 존재의 실질을 이루는 것이라면, 타

---

217   김상봉, 앞의 책, 373쪽.

218   김상봉, 《만남의 철학》, 길, 2015, 331쪽.

인의 고통에 대한 응답 속에서 주체의 자유는 수동성으로 퇴행하는 것이 아니라, 자라고 또 성숙하는 것이다. 그러므로 타자의 고통에 응답하는 주체의 끝에 기다리는 것은 세계와 하나 된 자아인 것이다.

함석헌이 말하는 사랑의 자리는 이렇게 너의 고통에 응답하는 자리, 즉 내가 너의 고통의 수동성에 응답하는 '사랑'을 주체적으로 의욕하는 '고난'의 자리였다. 여기에서 함석헌이 말하는 고난의 의미가 분명해진다. 그가 말하는 고난은 흔히 일상생활에서 말하는 약자가 당하는 피해나 윤리적인 벌로서의 고통이 아니었다. 그는 자유를 추구하지 못하는 노예적인 존재의 당함으로서의 고난은 문제시하지 않았다. 함석헌의 '고난'은 자유로운 주체가 자기완성을 추구함으로 인해 의욕된 고난이었다. 고난의 원인은 자기 밖에 있는 것이 아니라 자기의 자유를 실현하고자 하는 주체의 내발적인 의지에 있는 것이었다. 따라서 고난은 자기 초월을 통해 참자기를 실현하는 존재론적인 자기 변혁의 원리였다. 즉 너의 고통에 응답하는 사랑을 의욕하는 고난을 통해 인간의 자유는 완성되는 것이었다. 이러한 의미에서 그는 "우리가 고난의 길을 걷는 것은 살고자 하기 때문"이라고 주장했다.[219] 그에게는 자유와 사랑 그리고 고난이 상호 공속 관계에 있었던 것이다.

한편 고난은 내면적으로는 인간의 자기실현을 이루어 가는

---

219   함석헌, "뜻으로 본 한국역사",《전집》1:97.

원리이지만, 외면적으로는 인류의 유기적 전체성을 실현해 가는 원리이기도 했다. 왜냐하면 주체는 고난을 통해 생명의 근원적 원리인 자유와 사랑에 스스로를 부단히 근거지움으로써 타자와의 공감과 연대의 공동체를 실현해 가며 현실 역사를 변혁해 가기 때문이다. 그러한 생명 원리가 자유라는 측면에서 이 공동체는 무한한 개방성을 갖는 것이며, 또한 사랑이라는 측면에서 무한한 비폭력성을 갖는 것이었다. 개방성과 비폭력성은 이 공동체를 통합하는 중심원리이자 그 작동 원리이기도 했다. 타자의 고통에 대한 응답으로서의 고난이 만들어 내는 공감과 연대가 개방성과 비폭력성을 수단이자 목적으로 하는 유기적 공동체를 가져오는 것이었다.[220] 이러한 의미에서 고난을 통한 자기실현 과정은 동시에 인류의 유기적 전체성을 이루어 가는 역사 변혁의 과정이었다.

결국 함석헌이 말하는 개인의 진정한 자기는 인류의 자기이고, 인류는 또한 자기의 인류를 의미했다. 개인이 자신의 고유성을 통해 인류 전체의 선을 실현하는 자리에 설 때, 인류 사회 전체가 살고 그 전체의 일부를 이루는 자신의 참된 자기실현도 가능해지는 것이었다.[221] 그에게 있어 개인의 자기실현과 인류의 전체성의 실현은 이렇게 유기적으로 맞물려 있었다. 이 유기적 통합을 매개

---

[220]　이규성, "심정과 자유의 철학", 씨알사상연구회 편, 《씨알, 생명, 평화》, 한길사, 2007, 69쪽.

[221]　박소정, "씨알 사상과 진정성의 윤리", 씨알사상연구회 편, 《씨알, 생명, 평화》, 한길사, 2007, 221쪽.

　경계에 선 신앙: 전쟁, 토착화, 여성, 공산주의

해 주는 것이 다름 아닌 '고난'이었다. 고난은 인간의 자기실현과 역사 변혁을 가능하게 하고, 이 둘을 불가분의 유기적 통일체로서 작동하도록 매개하는 생명의 원리였다. 따라서 "고(苦)는 생명의 기본 원리이다. 고를 통해 자유에 이른다"라는 것이었다.[222]

여기에서 함석헌이 지향하는 인류적 전체성의 성격이 분명해진다. 그것은 자기를 위해 타자가 있고 타자를 위해 자기가 있는 유기체적 공동체 안에서 개별성을 유지하는 다양한 개체들의 자유로운 총체로서의 전체성이 이루어지는 것이었다. 이 점에서 함석헌의 전체성은 '이기적인 나'를 양적으로 무한히 확대시켜 놓은 집단주의나 억압적 총체성에 의해 통일적 연대성의 근거를 두는 전체주의와는 질적으로 구별된다.[223]

한편 함석헌의 이러한 인간 이해는 역사의 배후에 있는 절대자의 자기실현 원리에 그 근거를 두고 있었다. 그는 우주는 "신의 로고스가 자기를 포기하고 그 영원무궁의 자리에서 내려와 만물 속에 거함에 의해" 성립된 것이라고 보았다.[224] 절대자가 스스로를 기꺼이 부정하고 내어 줌으로써 만물이 창조되었다는 것이다. 함석헌은 우주 탄생의 원리가 절대자의 자발적인 자기 부정이라는 '사랑'에 다름 아니라고 보았다. 사랑이 바로 "역사를 낳는 이, 즉 역사의 근원이 되고 그 원동력이 되고 그 원리가 되는 이"라

222　함석헌, "뜻으로 본 한국역사", 《전집》 1: 21.

223　이규성, 앞의 논문, 77-79쪽.

224　함석헌, "성서적 입장에서 본 세계역사", 《전집》 9: 47.

는 것이었다.[225] 즉 만물의 생성과 역사 형성의 원인이 되는 생명의 원리가 바로 사랑이라는 것이었다.

또한 사랑은 만물이 돌아갈 역사의 궁극적 목표이기도 했다. "아가페를 공자는 인(仁)으로 노자는 도(道)로 석가는 빔(空)으로 보았다. 노자의 말대로 억지로 붙인 이름이다. 그 자리에 들어가려고 하는 운동을 믿음이라 해도 좋고 통일이라 해도 좋고 령화(靈化)라 해도 좋고 영원으로 돌아간다 해도 좋다"라고 함석헌은 말한다.[226] 절대자는 사랑을 통해 만물을 낳고 사랑을 통해 만물의 역사를 이끌고, 이를 통해 궁극적으로 사랑을 완성하는 존재라는 것이었다.

이러한 절대자를 함석헌은 '전체'라고 했다. 절대자는 다른 무엇보다 전체다. 그러나 이 전체라는 것은 삼라만상의 외적 집합체, 곧 "부분의 합한 것이 아니다".[227] "내용을 초과한 것이 전체"이기 때문이다.[228] 그런 까닭에 전체는 부분의 합으로 환원되지 않는다. 모든 부분을 자기 속에 거두어들이면서도 자신은 모든 부분을 초월하는 것이야말로 전체인 것이다. 그렇게 전체를 부분의 합 이상이도록 하는 것이 바로 하나이다. 한갓 전부가 아닌 참된 전체는 언제나 하나인 전체 또는 전체인 하나이다. 여기서 하나는 단

---

225   함석헌, "뜻으로 본 한국역사",《전집》1 : 43.

226   앞의 책, 61쪽.

227   함석헌, "새윤리",《전집》2 : 346.

228   앞의 글.

    경계에 선 신앙: 전쟁, 토착화, 여성, 공산주의

순한 숫자가 아니다. "하나 둘 하는 것은 하나가 아니다. 수로 셀 수 없는 것이 하나다."[229] 여럿 가운데 하나가 아닌 하나, 그것 자신이 전체인 하나, 그것은 주체인 하나, 곧 '나'인 하나이다. "'나는 나다' 하는 이가 하나"인 것이다.[230] 이것을 가리켜 함석헌은 "한 나", "한 我"라고 불렀는데,[231] 그가 그토록 자주 입에 올린 하나님이란 이름은 기독교의 신이 아니라 하나이자 흔 나인 전체를 높여 부른 이름이었다.[232] 즉 절대자는 '전체인 하나'를 말함이었다.

그렇다면 전체인 하나인 절대자를 믿는다 함은 무엇을 의미하는가.

다 같이 가는 데가 어디일까? 의인, 죄인, 문명인, 야만인을 다 같이 구원하는 것이 무엇일까? 유신론자, 무신론자가 다 같이 믿으며 살고 있는 종교는 무엇일까? 그래서 한 소리가 '뜻'이다. 하나님은 못 믿겠다면 아니 믿어도 좋지만 '뜻'도 아니 믿을 수는 없지 않느냐. 긍정해도 뜻은 살아 있고 부정해도 뜻은 살아 있다. 져서도 뜻만 있으면 되고, 이겨서도 뜻이 없으면 아니 된다. 그래서 뜻이라고 한 것이다. 이야말로 만인의 종교다. 뜻이라면 뜻이고 하나님이라면 하나님이고 생명이라 해도 좋고 역사라 해도 좋고 그저 하나

---

229   함석헌, "진리에의 향수",《전집》2: 169.

230   앞의 글.

231   앞의 글.

232   김상봉, "함석헌과 씨알 철학의 이념", 〈철학 연구〉 109(2009. 2.), 3쪽.

라 해도 좋다.[233]

　절대자의 인격성을 객관적으로 표현하자면 뜻일 것이다. 모든 뜻이 동시에 뜻하는 자를 통해서만 표현되고 실현되는 것이라면, 뜻의 주체가 바로 함석헌의 하나님이다. 따라서 절대자를 믿는다 함은 '전체인 하나'라는 뜻을 믿는다는 것이다. 이 믿음에서 인간은 절대자가 의욕하는 역사의 목표를 안다. 인간은 '고난'을 의욕하는 사랑을 통한 인류의 유기적 전체성의 완성이 역사의 목표임을 깨닫는다. 즉 사랑에 의한 인류적 전체성의 완성이 바로 역사의 '뜻'이며 '참'이며 절대자가 인류 역사에 명하는 '절대명령'임을 자각하는 것이다.[234]

　이러한 의미에서 함석헌은 역사의 각 시대를 사는 모든 개인들은 인류적 전체성을 완성해 간다는 동일한 목표에 속한 단일한 유기적 인격체의 일부라고 보았다.[235] 따라서 모든 개인은 역사 완성의 도덕적 책무를 진 책임자인 것이다.[236] 이러한 자신의 본질을 자각하고 고난을 의욕하는 주체로 섰을 때 인간은 자기 삶의 주체이며, 동시에 인류 역사 완성의 주체이고, 이를 통해 절대자의 뜻을 역사 속에서 이루어 내는 주체가 된다고 함석헌은 인식했다.

233　함석헌, "뜻으로 본 한국역사", 《전집》 1:31.

234　앞의 책, 61쪽.

235　앞의 책, 201쪽.

236　앞의 책, 49쪽.

이렇게 보았을 때 함석헌의 역사 철학에서 역사라는 지평은 참으로 특기할 만하다. 그에 의하면, 역사는 신의 뜻과 인간의 만남, 나와 하나님과의 만남 속에서 생성된다. 역사는 한편에서는 인간이 절대자의 뜻에 응답하여 스스로를 완성해 가는 과정이요, 동시에 절대자가 인간 속에서 자기를 실현해 가는 과정이다. 나와 하나님이 만나지 못하는 한 나는 하나님을 향해 상승하지 못하며 하나님은 나 속에서 자기를 드러내지 못한다. 오직 내가 하나님을 만나는 한에서만 나도 하나님도 역사 속에서 자기를 실현하고 완성해 갈 수 있는 것이다. 이런 의미에서 함석헌에게는 역사야말로 진리가 계시되는 곳이며 또한 실현되는 곳이다. 즉 존재의 진리가 표현되고 실현되는 지평이 역사인 것이다.[237] 따라서 그는 역사를 "하나님과 사람의 대화"[238]라고도 하고, "사람이 하나님을 찾는 기록이요, 하나님이 그 아들을 찾는 기록"이라고도 했다.[239]

이러한 함석헌의 역사철학은 역사를 절대자의 자기실현 과정이라는 객관적 필연성이 아니라 믿음의 과제로 제시한 점에서 헤겔의 역사철학의 아류와 구별된다. 또한 절대 권력에의 의지에 근거한 자기 확장이나 자기 확대의 욕망에 의한 '하나 됨'의 추구를 철저히 거부하고, 인간 실존의 고난의 보편성에 근거한 연대 속

237 　김상봉, "파국과 개벽 사이에서", 2014. 5. 14. 조선대학교 우리 철학연구소 학술대회 발표문, 34쪽.

238 　함석헌, "들사람 얼(野人精神)", 《전집》 2: 139.

239 　함석헌, "뜻으로 본 한국역사", 《전집》 1: 53.

에서 인류적 전체성을 개방하려는 점에 그의 사상적 특징이 있다 하겠다.

(2) 새 종교

한편 함석헌은 '전체인 하나'인 절대자를 추구함으로써 인류적 전체성의 세계를 개방하는 것이 철학의 일만이 될 수 없다고 보았다. 그것은 동시에 종교의 일이기도 하다. "종교적이란 것은 곧 자기 자신을 우주적 전체와의 산 관련 안에서 발견하는 일"이기 때문이다.[240]

종교는 통일입니다. 하나 됨입니다. 개인으로는 몸과 마음의 하나 됨, 하나로는 국민이 하나 됨, 우주적으로는 만물과 하나님이 하나 됨을 이루자는 것이 종교입니다.[241]

이처럼 궁극적인 전체와의 합일을 추구한다는 점에서 보자면 종교와 철학이 근본에서 다른 것이 아니다. 인간을 구원하며 전체인 하나의 세계를 개방하는 것이 철학과 종교의 공통의 임무인 것이다.[242] 따라서 함석헌은 세계의 통일성을 믿는 사상이 나와야

---

240   함석헌, "성서적 입장에서 본 세계역사", 《전집》 9: 28.

241   함석헌, "생활철학", 《전집》 12: 232.

242   앞의 책, "인간구원은 철학·종교의 임무입니다".

하는 것과 마찬가지로, 전체를 복원할 "새 종교, 하나의 종교, 참
종교"가 나와야만 한다고 생각했다.[243]

그렇다면 전체인 하나를 개방할 '새 종교'는 어떠한 구조의
종교여야 한다고 함석헌은 주장했는가. 먼저 새 종교는 인간의 반
성적 사유 능력의 끝에서 믿음으로 비약하는 종교여야 한다고 함
석헌은 주장했다. 그는 인간의 반성 능력, 즉 자신의 본질을 생각
함 없이는 참된 종교에 도달할 수 없다고 보았다. 내적 반성 능력
은 인간 정신의 내부로 통하는 길이었다. 이를 통해 인간은 절대자
와 맞닿아 있는 자신의 본질을 직관한다. 따라서 그는 질문과 회의
를 허용하지 않는 모든 종교적 도그마와 독단을 거부했다. 그러나
'생각함'을 통한 내면화 운동은 이성을 포괄하되 그 끝자락에서는
이성을 초월할 수밖에 없다. 왜냐하면 전체인 절대자는 언제나 인
간의 이성을 초월하는 것이기 때문이다. 그러므로 이성이 전체를
만나려 한다면, 그것은 이성이 오직 자기를 초월할 때에만 일어나
는 일이다. 이성이 자기를 초월한다는 것, 그것이 바로 믿음이다.

이 믿음은 이성에 도달하지 못한 계몽 이전의 맹목적 의식세
계가 아니라 이성이 '아직' 도달하지 못한 그러나 반드시 도달해
야 할 지평이다. 이런 의미에서 믿음은 이성의 과거가 아니라 아직
오지 않은 이성의 미래를 향한 것이다. 이런 의미에서 이성은 믿음
을 통해 완성되는 것이다.[244] 따라서 함석헌은 믿음으로의 비약을

<hr>

243   함석헌, "뜻으로 본 한국역사",《전집》1: 31.

부정하고 이성만을 절대시하는 이성만능주의 역시 독단과 도그마의 맹신만큼이나 인간 정신을 예속화하는 '미신'에 불과하다고 보았다.[245]

두 번째로 함석헌은 '새 종교'는 사사로운 이익을 위한 한갓 단체에 지나지 않으면서 스스로 하나인 전체를 참칭하는 모든 사이비를 타파해야 한다고 주장했다. 새 종교는 종교의 이름으로 인간을 분열시키고 차별을 정당화하는 '모든 부족신, 계급신, 주의신'을 다 몰아내야 한다는 것이다.[246] 하나의 세계를 개방하는 것이 종교라면, 새 종교는 집단적 정체성의 테두리 안에서 그 스스로를 확대하는 모든 권력의지를 타파해야 하기 때문이다. 따라서 인류의 연대성을 부정하는 모든 종교적 계급주의, 귀족주의, 종교적 선민의식은 낡은 종교적 미신에 불과한 것이었다. 그는 이러한 미신들은 본질적으로 자유를 '절대 권력의지'라고 생각하는 '무지'에 뿌리를 두고 있다고 보았다. 자유는 고난을 통해 생명의 연대성을 형성해 가는 사랑임을 의식하지 못하는 사유의 빈곤의 결과라는 것이었다.

그뿐만 아니라 함석헌은 생명의 원리인 '고난'의 뜻을 회피해야만 하는 저주스러운 운명으로 왜곡하여 그로부터 도피하려는 모든 기복 신앙을 탈각해야 한다고 보았다. "모든 타부, 모든 주문,

---

244   김상봉, "함석헌과 씨알 철학의 이념", 16쪽.

245   함석헌, 앞의 책, 9쪽.

246   앞의 책, 10-11, 427, 448쪽.

     경계에 선 신앙: 전쟁, 토착화, 여성, 공산주의

모든 마술적인 것, 모든 신화적인 것, 모든 화복(禍福)주의적인 것
을 다 뽑아내는"것 역시 새 종교에는 필수적인 것이다.[247]

한편 함석헌은 인류의 연대성을 부정하며 차별을 정당화하
는 종교는 언제나 숙명론적인 사고와 어깨를 나란히 한다고 보았
다. 차별을 정당화하는 종교는 억압당하는 자들의 정신을 노예화
하는 이데올로기로서 숙명론을 동원하기 때문이다. 그는 "스스로
하려는 정신이 죽어 갇혀 버린 혼 그것이 곧 운명이다. 그러므로
운명은 자기를 잊은 자에게는 언제나 있는 것이요, 스스로 하는 자
에게는 없다"고 주장하며 모든 숙명론적 사고를 부정했다.[248]

이를 분명히 하기 위해 함석헌은 운명과 천명을 다음과 같
이 구분한다.

운명과 천명이 불가항적인 데서는 같으나 그 뜻에서는 정반대입니
다. 하나에는 의미가 없고 하나에는 의미가 있습니다. 천명이란 이
우주에 어떤 일관하는 의미가 있는 것을 믿는 말입니다. 믿음이기
때문에 믿으면 있고 믿지 않으면 허무입니다. … 천명인 담에는 깨
닫지 않으면 안 됩니다. 의미인 담에는 실현해서만 의미가 됩니다.
여기서 역사가 나옵니다. 운명이라면 몰라도 좋습니다. 알 수도 없
습니다. … 운명에는 맹목적인 복종이 있을 뿐이지만 천명은 깨달

247   앞의 책, 317쪽.
248   앞의 책, 305쪽.

지 않으면 아니 되고 실현하지 않으면 아니 됩니다. 그러기 때문에 주체가 내가 문제입니다. … 의미의 세계는 스스로 서는 세계입니다. 그 체험하는 주체에 따라 역사의 차이가 생깁니다.[249]

천명과 운명이 모두 하늘의 일이지만 운명이란 나와 무관하게 그 자체로서 정해진 필연성이다. 그런 한에서 나는 그것에 복종하는 수밖에 없다. 운명 앞에서 인간은 무기력한 객체이다. 때문에 운명론 또는 숙명론이란 그가 일관되게 거부했던 노예적 세계관이었다. 의미의 세계는 스스로 서는 세계, 곧 본질적으로 자유로운 세계이다. 내가 믿고 깨닫고 실현할 때 의미도 역사도 있을 수 있다. 그런 까닭에 천명에 대해 나는 단순한 객체가 아니라 주체인 것이다. 따라서 '새 종교'는 모든 숙명론적인 노예적 사고를 부정하고 '스스로 하고자 하는' 인간의 자유와 고난을 의욕하는 사랑의 능력을 극대화시키는 종교일 수밖에 없는 것이다.

세 번째로 함석헌은 종교적 깨달음이 '공적 증언'이 되지 못하고 내면적 자유의 확보에 그치는 것을 부정했다. 그는 "학교 교실에서만 위엄 있고 그 밖에 나가면 아무 힘이 없는 그런 따위 도덕은 이 앞의 역사에서는 소용이 없다. 성당, 법당 안에서만 경건하고 눈물 나고, 나오면 곧 말라 버리는 그런 믿음"은 종교적 위선에 불과하다고 일갈했다.[250] 절대자의 부름과 인간의 응답이 오직

---

[249]　함석헌, "민족통합의 길", 《전집》 12: 25.

　경계에 선 신앙: 전쟁, 토착화, 여성, 공산주의

역사에서만 이루어진다면, 믿음은 '역사에 응용'되어 인류적 전체성을 이루어 가는 '산 역사 행진'의 추진력이 되어야 하기 때문이다.[251] 역사는 인간이 단체로서 이어 가고 새롭게 해가는 삶의 과정이다. 그런 의미에서 역사는 언제나 정치적이다. 정치는 너와 내가 만나 우리가 되는 것임으로, 단체로서 인간의 자기 형성 활동인 것이다. 그러한 의미에서 정치가 시간 속에서 생성되는 것이 다름 아닌 역사인 것이다.[252] 따라서 참다운 믿음에서 정치적 실천이라는 '공적 증언'은 회피할 수 없는 종교적 책임이었다. 믿음은 곧 역사 속에서 자유와 사랑의 생명 원리에 역행하는 모든 현실에 저항하여 인류적 연대성을 실현해 가는 정치적 실천인 것이다. 그에게 인간의 자기변혁 과정에서 절대자를 향해 상승하는 영역이 종교라면, 일상성을 향해 하강하는 영역이 정치였다. 따라서 새 종교에서 정치는 '전체인 하나'에 대한 믿음을 증거하고 실현해 가는 '공적 증언'이었다. 이러한 의미에서 그에게 종교는 일상성에 봉사하는 정치 윤리의 근거였다.[253]

함석헌은 새 종교의 이름에는 관심이 없었다. 그에게 중요한 것은 참된 종교의 이름이 아니라 그 구조였다. 그의 관심은 절대자를 향한 수직적 상승 운동을 통해 자신을 변혁시키고 그것을 현실의 역사에서 인류적 전체성을 형성해 가는 수평 운동으로 확대시

---

250   함석헌, "뜻으로 본 한국역사", 《전집》 1 : 332.

251   앞의 책, 281쪽.

252   김상봉, "함석헌과 씨알 혁명의 꿈", 〈씨알의 소리〉 209(2010. 3/4.), 58쪽.

키는 십자 구조를 종교가 담보하는가에 집중되어 있었다.[254] 수직
과 수평이 교착하는 그 중심점에 인간을 세우는가가 중요했다. 그
중심의 '가운데 점'은 인간 생명의 중심이자, 우주적 연대의 중심
이었다. 그렇기 때문에 그것은 또한 만물을 관통하는 절대자의 중
심이기도 했다. 함석헌은 다음과 같이 말했다.

> 하나님은 위에도 안 계시고 아래에도 안 계시고 중(中)에 계신다.
> 중(中)이 하늘이다. 중점(中點)은 중간이 아니다. 중심(中心)이다.
> 심(心)이다. 속이다. 극이다. 만유(萬有), 만민(萬民), 만물(萬物), 만
> 신(萬神)이 다 가야 하는 길이다.[255]

이 가운데 점에 자신을 세울 때만 인간은 진정한 주체일 수
있다는 것이다. 따라서 함석헌에게 종교적 미신과 참종교를 구별
할 시금석은 오직 '나' 자신이 고난을 의욕하는 주체로 서서 인류
적 전체성을 개방해 가는가 여부에 있었다. 이러한 의미에서 종래

253 　이러한 종교와 정치의 공속성의 견해는 비단 함석헌만이 아니라 모든 진정한 종교인
에게 보여지는 공통성이라고 할 수 있다. 미야타 미츠오는 로마서 13장에 대한 해석사
를 분석하며 이러한 결론에 도달했고, 본회퍼의 신학 사상을 분석하면서 동일한 결론을
제시한다. 미야타 미츠오, 양현혜 역, 《국가와 종교: 유럽정신사에서의 로마서 13장》,
삼인, 2004; 宮田光雄, 《ボンヘッファーとその時代》, 新教出版社, 2007 참조. 같은 구
조는 간디의 사상에서도 확인된다. 古瀨恆介, 《マハートマ・ガンディーの人格と思想》,
創文社, 1977 참고.

254 　양현혜, "함석헌의 역사 인식과 사유 체계", 양현혜, 《근대 한·일 관계사 속의 기독교》,
이화여대출판부, 2009, 318쪽.

255 　함석헌, "뜻으로 본 한국역사", 《전집》 1: 296.

　　　경계에 선 신앙: 전쟁, 토착화, 여성, 공산주의

의 역사적 제 종교에서처럼 모든 사람이 획일적으로 하는 신앙고백은 무의미했다. 함석헌에 의하면, 절대자와의 일치는 언제나 구체적 1인칭의 인격으로서의 나만의 가장 내밀하고 개별적 방식으로 역사 속에서 증거되어야 하는 것이었다. 이것을 두고 함석헌은 참종교는 오직 한 사람의 신자를 가진다고 말했다.

> 나에게까지 뚫리지 못한 종교, 나와 하나님을 맏대주지 못한 종교, 참 종교 아니다. 나의 종교가 종교다. 교도(教徒) 있는 종교 아니다. 참 종교는 한 사람의 신자를 가질 뿐이다."[256]

이러한 의미에서 함석헌의 종교는 제도나 집단적 정체성으로서의 역사적 종교의 모든 외피를 벗는 새 종교였다. 또한 종교와 정치와 철학이 상호 공속하고 있다는 의미에서도 새 종교였다. 참된 전체를 개방하는 것이 종교인 한에서 함석헌에게 종교는 늘 정치의 문제였다. 그리고 거리의 정치와 영원의 종교를 매개해 주는 것이 다름 아닌 철학이었다. 철학은 한편에서는 영원을 향한 동경이며 다른 한편에서는 그 영원을 향해 현실을 변혁하는 운동이기 때문이다.[257] 그렇다면 이렇게 철학과 종교와 정치가 공속하며 '전체인 하나'를 개방하고자 하는 그의 역사철학 속에서 한민족이 통

---

256   함석헌, "씨알의 설움", 《전집》 4: 65.
257   김상봉, "파국과 개벽 사이에서", 44쪽.

일을 통해 드러내야 할 세계사적 소명은 무엇인가.

(3) 통일을 통해 드러내야 할 세계사적 소명

이미 고찰한 바대로 함석헌은 우리 시대가 국가주의를 탈각하여 전체인 하나, 즉 인류적 전체성을 개방해 가는 시대라고 보았다. 따라서 그는 누구에 못지않게 급진적으로 반국가주의와 탈민족주의를 주장했다. 그런데 국가주의와 민족주의를 탈각하여 전체를 하나로 개방하는 역사를 열어 가야 할 주체는 누구인가. 놀랍게도 함석헌은 국가주의를 초극할 주체는 다름 아닌 민족이라고 보았다. 왜냐하면 계급이나 여타의 단위와는 달리 민족은 단순한 단체가 아니라 그 자신이 '자기의식'을 가진 인격이고 주체이기 때문이었다.[258] 이러한 의미에서 함석헌은 민족을 자기를 자기로서 의식하는 인격으로서의 정치적 공동 주체라고 보았다. 그런데 "자기를 사랑하면서도 자기를 객관화할 수 있는 것이 인격이다".[259] 자기를 객관적으로 생각하는 것이 주체의 자기의식인 것이다. 참된 의미에서 자기를 객관화한다는 것은 자기의 존재를 전체 속에서 인식한다는 것을 의미한다. 한편으로 그것은 자기가 전

---

258 함석헌, "뜻으로 본 한국역사",《전집》1: 66-69. 민족은 혈연 공동체로서의 사물적 실체가 아니다. 그것은 자기들을 공동 주체로서 능동적으로 의식하고 정립하는 사람들에 의해서만 형성되는 정신의 공동체인 것이다. 김상봉, "시민정치, 국민, 그리고 세계 시민", 참여사회연구소, 〈시민과 세계〉 5 (2004 상반기), 46쪽.

259 함석헌, "민족-하나의 인격적 존재",《전집》9: 301.

경계에 선 신앙: 전쟁, 토착화, 여성, 공산주의

체로부터 난 것임을 자각하는 것이요, 또한 전체 속에서 자기의 존재 이유와 뜻을 깨닫는 것이다.

전체 속에서 자기를 이해하는 주체의 자기의식에는 단순히 회상과 욕구만이 아니라 사명의 자각이 포함된다. 자기에 대한 욕구와 동경은 단순한 욕망이 아니라 전체 속에서 자기의 사명을 인식하는 것이기 때문이다. 그러므로 자기를 인식한다는 것은 자기의 할 일, 곧 자기의 역사적 사명을 깨닫는 것을 의미한다. 따라서 함석헌은 하나의 세계를 위해 정말로 중요한 일은 민족을 해체하자는 공허한 수사가 아니라 거꾸로 참된 의미의 "민족적 자각", 곧 한 민족이 전체로서 세계를 위한 자신의 사명을 자각하는 것이라 보았다.[260]

이러한 의미에서 함석헌은 우리 시대의 많은 탈민족주의자들과 전혀 다른 입장을 가지고 있었다. 그는 세계가 하나가 된다는 것이 민족이나 국가 그 자체가 사라지는 것이라고 생각하지 않았다. 이는 국가가 새로운 전체로서 가족을 지양했다 해서 가족 그 자체가 없어진 것이 아닌 것과 마찬가지이다. 그러므로 그가 없애려 한 것은 민족주의였지 민족 그 자체가 아니었다.

민족은 관념이 아니요, 자연적인 사실이다. 그러므로 민족은 제 할 일을 하고야 갈 것이다. 과실이 익어 떨어지듯이 민족도 역사적 관

260　앞의 글.

계를 마친 후에야 갈 것이다. 민족적으로 생명을 충실하게 하지 않고 건너뛰어, 세계 운운하는 것은 공상이다.[261]

세계가 새로운 전체로서 개방된다 해서 민족국가가 자동적으로 사라지는 것은 아니라는 것이다. 그것은 오직 그 존재의 조건이 사라질 때가 되어야 비로소 사라질 것이다. 그러므로 함석헌은 "세계주의는 민족의 주체성을 부인하기보다도 도리어 존중함으로써만 될 것"이라고 생각했다.[262]

여기에서 말하는 민족의 주체성이란 민족으로서의 공공의 자기의식 내지 역사의식, 곧 민족의 사명을 의미하는 것이다. 그렇다면 각 민족이 자각해야 할 사명이란 무엇인가. 그것은 역사에서 '전체인 하나'라는 절대자의 뜻을 드러내고 실현하는 일에 다름 아니다. 한민족의 세계사적 사명을 물어야 하는 자리도 여기인 것이다.

이미 살펴본 대로 한민족의 분단은 한편에서는 한국인의 책임이지만, 다른 한편에서는 세계사적 필연이다. 우리 시대는 전체가 자라 종래의 껍질을 깨고 나오는 시대이기 때문이다. 알을 깨고 나오는 일은 파괴의 고통을 수반한다. 그런데 기존의 알 껍질이 갈라지고 깨지는 장소는 국가주의의 폭력과 경쟁이 초래한 분

---

261   함석헌, "새 윤리", 《전집》 2: 364.
262   함석헌, "새해의 말씀", 《전집》 17: 299.

    경계에 선 신앙: 전쟁, 토착화, 여성, 공산주의

열적인 힘이 가장 크게 작동한 곳일 수밖에 없다. 다시 말해 한반도의 분단이라는 고통의 자리일 수밖에 없는 것이다. 사실 한민족의 고통은 분단으로 끝나지 않았다. 분단을 해결한다는 명분으로 일어난 한국전쟁은 한민족의 고통을 더욱 가중시켰다. 1950-1953년까지 3년 1개월의 전쟁 기간 중 전 세계 16개국이 참가하여 남북한 인구 3천만 가운데 600만의 살상자를 낸 한국전쟁은 2차 대전 이후 가장 참혹한 전쟁이었다. 이러한 한국전쟁의 고통을 두고 함석헌은 남북으로 분단된 "갈라진 두 고기 덩어리가 아직 채 기운이 죽지 않아 너무 아파서 도마 위에서 냉큼냉큼 뛴" 것이라고 하며, "살지도 못하고 채 죽지도 않고 내 창자가 흘러나와 땅에 발리운 것"이라고 형용했다.[263]

한반도는 분단뿐만 아니라 동족상잔의 전쟁까지 경험한 장소였던 것이다. 이렇게 고난이 집중된 한국사에서 드러나는 역사의 뜻은 무엇인가. 인류 전체를 위한 이상임을 자처하지만 실제로는 특정 계급을 위한 계급의식에 불과한 이데올로기로는 전체를 개방할 수 없다는 것이다. 물리적 폭력이나 돈이라는 '짐승의 힘'을 통한 방법이 아닌 오직 타자의 고난에 연대하는 사랑만이 하나인 전체를 개방할 수 있다는 것이다. 고난이 집중하는 땅인 한반도는 따라서 고난의 수동성에 연대하는 사랑을 통해 참된 전체를 개방하라는 부름이 세계 그 어느 곳보다 절박성을 띠는 장소인 것이

263　함석헌,《죽을 때까지 이 걸음으로》, 207쪽.

다. 한국사의 소명은 이 부름에 응답하는 것이다.

그리하여 "인생이 물질의 종이 아닌 것, 권력이 정의가 아니라는 것, 결국은 그것이 정의를 이겨 내지 못하리라는 것, 불의의 세력이 결코 인생을 멸망케 할 수 없다는 것, … 고난으로써 인류를 구한다는 말이 거짓이 아니라는 것이 우리로 인하여 증명되어야 한다".[264] 함석헌은 남과 북의 진정한 통일 역시 오직 이 응답의 열매로서만 이루어질 수 있다고 보았다. 그리고 이렇게 이룩된 통일로 인류 역사의 새로운 개벽을 여는 것이 한국사의 세계사적 소명이라고 보았다.

그렇다면 어떠한 의미에서 한민족의 통일이 단순히 한 나라의 통일에서 그치는 것이 아니라 인류 개벽의 신호탄이 되는 것인가. 국가가 더 이상 선악이나 참과 거짓을 구별하는 최종적인 심급이 될 수 없게 된 우리 시대에, 사람들은 몸으로는 한 국가의 구성원으로 살지만 동시에 마음으로는 이념의 나라의 시민으로 살아간다. 사람들은 한 국가 속에서 살면서도 초국가적인 이념에 따라 현존하는 국가를 지양하려는 시도를 끊임없이 하고 있는 것이다. 한 국가 내에서 이처럼 대립하는 이념들이 충돌할 때 그 나라는 잠재적인 분단 상태인 것이다. 따라서 적대적으로 대립하는 이데올로기는 인류를 분열시킬 뿐만 아니라 실은 모든 국가를 그 내부에서 사상적으로 분열시킨다. 그러한 의미에서 오늘날 모든 나

---

264   함석헌, "뜻으로 본 한국역사", 《전집》 1: 330.

    경계에 선 신앙: 전쟁, 토착화, 여성, 공산주의

라에는 보이지 않는 정신적인 분열의 선인 38선이 그어져 있는 것이다.[265]

만약 한국인들이 일찍부터 하나의 민족으로서 자기를 자각하고 근대적 국민국가를 건설했더라면 사상적 분단이 지리적 분단으로까지 이어지지는 않았을 것이다. 그런데 우리 시대의 근저에 놓인 분열적 힘이 땅거죽이 가장 약한 한반도에서는 국가를 현실적으로 분열시켜 버렸던 것이다. 이런 의미에서 한반도의 분단은 세계의 분단이 나타난 것이다. 마찬가지로 한반도의 통일이란 세계의 통일, 다시 말해 새롭게 하나 된 세계의 개방인 것이다.

이런 의미에서 고난을 의욕하는 사랑으로 하나 된 한반도의 통일은 함석헌이 대망했던 진정한 개벽이었다. '전체'와 그에 근거한 도덕의 심급을 '국민국가'에서 '인류 전체'로 전환시키는 사건이기 때문이었다. 따라서 한반도의 통일은 인류의 진화 과정의 새로운 비약을 의미하는 것이었다.

265 함석헌, "새 윤리", 《전집》 2: 328. "그 다음은 38선이라는 것이 있다. 이것은 국경이다. 이것도 제2차 대전 이후 생긴 것으로서 나타나기는 우리나라, 인도차이나, 독일에만 나타나 있으나 실상은 전 세계 어디나, 어느 나라에서나 다 그어져 있는 선이다. 땅 밑 어디에나 있는 물이 땅 껍질이 약한 곳을 타서 터져 샘으로 솟는 모양으로, 나라마다에 그어져 있는 보이지 않는 선이 역사의 특별한 조건 때문에 볼 수 있게 터져 나온 것이 남·북한이요, 동·서독이다."

4) 결론을 대신하여

오늘날 한민족에게는 오래 지체되어 온 책임이 긴박하게 다가오고 있다. 그것은 하나의 겨레로서 하나의 국가를 형성해야 하면서도 동시에 모든 낡은 국가주의와 민족주의를 넘어가라는 것이다. 즉 분열되어 있지도 않으나 닫혀 있지도 않은 나라, 인류 공동체 속에서 하나의 떳떳한 주체로서 자기를 정립하면서도 동시에 자기를 세계의 평화를 위해 내어놓는 그런 나라를 건설하는 것이다. 함석헌은 이 어려운 과제를 해결하기 위해 한편에서는 전체에 대한 시야를 인류에로 과감하게 확대하고 다른 한편에서는 자아를 국가나 사이비 전체로부터 해방시켜 그 주체성을 극대화시켰다. 그리고 타자의 고통에 응답하는 사랑을 하나 되는 세계를 개방해 가는 정치의 원리로 정립시켰다. 이를 통해 그는 한반도를 자기 내적 분열에서 구해 내어 온전한 주체로 정립하는 길을 열고, 세계 인류를 위해서 고난을 의욕하는 사랑을 통해 열리는 새로운 정신의 지평을 열고자 한 것이다.

오늘날 한반도의 통일을 둘러싸고 국제정치적 지역 균형 이론이나 경제적 프로젝트 그리고 각 종교 교단의 다양한 통일 전략들이 제안되고 있다. 함석헌의 사상은 이러한 다양한 통일 전략들의 철학적 토대를 제공할 수 있다. 그의 사상이 한민족에게 제시하는 바를 한마디로 요약하면, 분단의 고통에 응답하는 독립적인 주체가 되라는 것이다. 특히 분단으로 고통받는 가족들의 아픔에 응

   경계에 선 신앙: 전쟁, 토착화, 여성, 공산주의

답하라는 것이다. 그리고 거기에 한민족의 통일이 정치적·경제적 통일이 아닌 진정한 통일이 되기 위해 기반을 놓으라는 것이다. 나아가 이러한 응답을 전 세계에 만연되어 있는 고통, 국가와 민족으로 가로막혀 보이지 않는 인류의 광범위한 고통으로까지 확장하여 절대자의 뜻에 응답하는 사랑을 완성하라는 것이다.

함석헌은 이러한 통일운동과 인류의 전체성의 완성에 이르는 운동의 시발자는 다름 아닌 나여야 하고 너여야 하고 우리여야 한다는 것을 다음과 같이 역설한다.

> 내가 아담이다. 민족이 나다. 인류가 나다. 역사도 나다. 인생도 나다. 내 속에 다 있다.[266]

---

266   함석헌, "인간 혁명", 《전집》 2: 101.

나가는 말

이상으로 김교신이 제기한 기독교의 말의 유통에 대한 이의 제기를 고찰하고, 그의 비판과 제안을 검토했다. 그리고 이 주제에 대한 동시대 인물들의 사상 구조를 분석함으로써 김교신과의 간극이 어디에 있었는지도 추적해 보았다. 주제에 참고가 될 만한 연구도 소개해 보았다.

이 책의 작업에 한정해서 본다면, 이상의 작업을 통해 필자는 한국 개신교는 외래의 이질적인 사상의 수용-학습-재생산이라는 전개 과정에서, 김교신의 '조선산 기독교론'이나 함석헌의 역사철학 같은 사상의 재생산이 없었던 것은 아니지만, 대체적으로 사상의 수용과 학습 어딘가의 언저리에 있다는 생각을 지울 수가 없다. 한국 개신교는 사상사적으로 볼 때, 한국 근현대사와 맞물려 서구화를 위한 '당위'로 수용된 측면이 강했다. 전통과의 치열한 대결이나 연속 혹은 사상적 혁신 등을 자각하며 씨름할 여유가 없었다. 서구 자본주의 문명 내지 문화 형식과 한 묶음으로 수용된 개신교에서, 기독교의 본질적인 내용과 미국적 형식을 준별해야 한다는 문제의식도 일반적으로 자각되지 못했다. 기독교는 미국적 자본주의 문명을 가져오는 '유용한' 종교로 인식되었다. 해방 이후 남한의 정치 과정에서 개신교를 미국의 힘과 동일시하는 경향은 더욱 강화되었다. 이 과정에서 개신교는 단순히 종교의 영역을 넘어 미국과 가장 가까운 집단으로서 정치적인 힘을 행사하는 '힘의 종교'로 왜곡되었다.

 　　　　　경계에 선 신앙: 전쟁, 토착화, 여성, 공산주의

‘복음’은 예수 그리스도를 따르는 삶을 살아야 한다는 기독교인의 ‘복종’의 의무와 유리되었고, 기독교인의 ‘자유’는 이웃을 돌보아야 한다는 ‘책임’과 분리되었다. 결과적으로 하나님의 ‘은혜’는 나의 입신양명을 도와주는 부적과 같은 ‘값싸디 값싼 은혜’가 되어 버렸다. 하나님 사랑과 이웃 사랑이라는 ‘사랑의 이중 계명’에서 유리된 복음은 역사 안에서 계시되는 하나님의 뜻에 귀를 기울이고 그 뜻에 부응해 현실을 개혁해 가려는 ‘예언’을 사상(捨象)해 버렸다. 예수 그리스도가 선포한 환대와 돌봄의 하나님 나라를 이 땅에서 구현하기 위해 ‘약자의 자존’을 보존하자는 예언자적 통찰력과 현실 비판 그리고 대안 제시의 기능이 사라진 것이다. 개인윤리와 사회윤리를 양자택일 문제로 치환하고, 기독교를 ‘예수 천당, 불신 지옥’으로 환원해 버린 것이다.

이러한 한국 개신교에서 심각한 말의 ‘오염’이 일어난 것은 자명한 일이었다. 신앙과 복종의 상호 귀속 관계가 해체되었다. 교회를 다닌다는 것은 무슨 일을 해도 용서가 보장된다는 ‘허가증’이 되었다. 기본적으로 번역서인 성서가 말하려고 하는 바 ‘속뜻’을 파악하고자 하는 노력 없이, 자신의 경험을 투사한 성서 해석이 횡행했다. 신앙에서 이성을 배제하려는 맹신과 미신이 ‘경건’으로 추앙되었다. 결과적으로 성서는 암기하는 책이 되었고 삶을 형성하는 원리가 되지 못했다. 성서의 권위가 자신의 주장을 정당화하는 신적 권위로 오용되기조차 했다.

또한 신앙에서 이성의 배제는 한국 개신교를 기독교 역사 2천 년이라는 거대한 흐름에서 고립시켰다. 자기 교회의 역사가 30년이면 기독교 역사도 30년이고, 자기 교회의 역사가 120년이면 기독교 역사도

120년이라고 생각하는 개신교인이 이 땅에 얼마나 많은가. 자기 교회 목사만이 정통이요, 자기 교회 식 기독교가 기독교의 전부라고 생각하는 맹신자가 한국 개신교에 적지 않다. 기독교의 긴 대하(大河)의 물줄기를 알기 위해 시간 축과 공간 축을 최대한 확장시키려는 학습은 '교만한 불경'으로 정죄된다.

이렇게 볼 때, 김교신이 제기한 이의 있음은 오늘날에도 여전히 진행 중이라 할 것이다. 구약성서의 예언이 점, 사주팔자, 미래 예측과 무엇이 다른지 오리무중이다. 국가권력과의 관계에서 정교분리론은 정교이원론이나 시민 종교론 등으로 혼용·왜곡되어 사용되고 있다. 로마서 13장의 왜곡과 오용 역시 심각하다. 권력의 당근에 놀아나고 회초리에는 몸을 낮춘다.

전쟁의 위협이 상존하는 한반도이지만, 개신교는 여전히 성전론(聖戰論)에 중독되어 있다. 평화를 여는 중재자가 되려는 노력보다, 친미·반공이라는 냉전 시대의 낡은 이데올로기를 통해 전쟁과 폭력을 하나님의 이름으로 부추긴다. 식민지 시대에 찾아보기 어려운 전 교회 차원의 의식적이고도 적대적인 반공도 주장한다. 한반도의 평화의 유지라는 생존에 불가결한 요소를 지키기 위해 어떠한 정치적 이성과 전략이 필요한지 신앙적 책임을 갖고 응답하려 하지 않는다.

정교분리 사회이지만 오래된 기독교적 배경을 가지고 있어 기독교를 시민 종교로 하는 미국과 달리, 한국은 다종교 사회이다. 불교, 개신교, 가톨릭, 원불교 4대 종단 가운데, 개신교는 140여 년이라는 짧은 역사를 가진 종교이다. 그럼에도 불구하고 타 종교와의 생산적인 대화를 시도하려 하지 않는다. 서구 근대 문명의 압도적 힘을 배경으로 한 정복주의적 선교가 타 종교를 대하는 주된 프레임이다. 전통 사상과 전통문화 양식이 무의식에 축적되어 있음에도, 서구인들과 동일하게 전통 사상은 야만적인 수치의 상징이라고 배척한다. 한 꺼풀만 벗겨 보면 유교적인 것, 불교적인 것, 무속적인 것이 그 안에 켜켜이 쌓여 있는 데도 말이다. 또한 전통 사상 안에 내재한 보편주의적 요소가 전 이해가 되어 복음을 수용했으나, 그 내용이 무엇인지, 전통 사상의 보편주의적 요소를 어떻게 개신교가 창조적으로 계승해야 하는지도 물으려 하지 않는다.

개신교와 한국의 역사 및 전통과의 단절은 심각하다. 미국과 자신을 동일시하는 개신교인들의 자기소외와 분열은 극심하다. 시험지에는 유관순과 상해 임시정부가 독립운동을 했다고 쓰고, 교회에 가서는 미국이 우리나라를 해방시켜 주었다고 한다. 선조들의 가열찬 독립운동이 없었다면 미국과 세계가 우리가 독립국이 되는 것을 인정하고 지지했을 리가 없는데도 말이다. 이러한 일반적인 시민적 상식과 합리적 사고가 묘하게 정지되는 공간이 교회당이다. 또한 개인 구원과 교회 중심주의에 몰두한 나머지 한국 사회의 이슈에 무관심하여 동시대 일반 시민들과 제대로 소통이 안 된다. 교회가 게토화되어 가고 있는 것이다. 몰이성의 맹신으로 자신들만의 세계에 자폐된 개신교 조직은 극단적으로 정치화된 선동 장으로 이용되고 있다.

한국전쟁 때의 이야기이다. 어린아이가 피난을 가는데, 아버지가 자신의 손을 꼭 붙잡고 있으라고 했다. 놓으면 집도 부모도 다 잃게 되어 만사가 끝이라고 말이다. 아이는 이리 밀쳐지고 저리 밀쳐지면서도 필사적으로 아버지의 손을 꽉 붙잡았다. 한참 가다 아버지의 얼굴이 보고 싶어졌다. 올려다본 아이는 깜짝 놀라고 말았다. 그토록 열심히 손을 붙잡았건만 남의 아버지였다는 것이다.

한국 개신교에 믿음이 없었던 것이 아니다. 열심이 없었던 것이 아니다. 헌신이 없었던 것이 아니다. 그러나 그렇게 열심이었지만 남의 아버지 손을 잡고 있었던 것은 아니었는지 돌아볼 때이다. 그리고 하나님이 주신 이성을 최대한 활용하여 기독교의 본질에 더욱 다가가기 위해 학습할 때이다. 기독교의 학습은, 김교신이 말한 대로 '심장으로 받아들여 손발로 구현'하는 것임을 동시에 기억할 때이다. 기독교의 진리는 성육신의 진리여야 하기 때문이다.

  경계에 선 신앙: 전쟁, 토착화, 여성, 공산주의

원문 자료

원문 자료

1. 堅志洞人, "'에루살넴의 朝鮮'을 바라보면서, 朝鮮 基督教 現狀에 對한 所感", 〈개벽〉 61(1925).

모든 사람은 권세 잇는 上等人에게 屈服하라. 권세는 하나님게로 나지 안임이 업나니 권세잇는 것은 하나님의 정하신 바라. 그런고로 권세를 거사리면 하나님의 명령을 거사림이니 거사리면 자긔에게 罪를 정함을 바드리라 - 羅馬 13장 1-2절 -

一

'에루살넴의 朝鮮!'

朝鮮에 잇는 宣教師들의 선전인지 朝鮮 漫遊者의 입으로서 나온 말인지 모르겟스나 朝鮮에 대하야 흥미를 갓는 서양 사람 중에 朝鮮을 가르처 '에루살넴의 朝鮮'이란 말이 잇다. 에루살넴의 朝鮮! 올치. 그럴뜻도 한 말이다. 도시마닥 여긔 저긔에 雲霄를 뚤코서 웃둑웃둑 소사잇는 붉

 경계에 선 신앙: 전쟁, 토착화, 여성, 공산주의

은 벽돌집들은 한날 나라의 평화를 말하는 鍾소리를 때를 맞추어 울니며, 각 골의 읍내와 장터 거리마닥 큼직한 집을 차지한 禮拜堂에서는 찬송가 소리가 우렁차게 울녀 나온다. 全鮮 各地에 허터저 잇는 4百이 넘는 교회 경영의 크고 적은 학교에서는 천국의 자녀들을 맨들어내기에 날과 밤으로 밧브다. 일요일이 오면 아츰과 저녁으로 거리와 거리에는 붉은 빗 聖經冊을 들은 청년남녀의 떼가 몰녀오고 물녀간다. 朝鮮을 가르처 에루살넴의 宗敎鄕으로 말하는 것도 그리 괴이치 안은 일로 볼만도 하다. 그러나 사람들이 자랑하는 에루살넴의 朝鮮을 다시 살펴보건대 1900년 前頃의 羅馬 대제국의 식민지 에루살넴城이 外飾하는 書記官, 奸惡한 바리새 교인, 사두개 교인, 위선자, 폭악한 羅馬병정, 권세추종자로 충만하엿섯슴과 가티, 오늘날의 일본제국의 식민지인 에루살넴의 朝鮮이 가난한 이를 짓밟는 위선자의 무리와 소경이 되어 남을 인도하는 外飾者와 권세를 추종하는 奸邪한 배암의 무리가 處處에 跋扈하는 곳이 된 것을 바라다볼졔 소위 에루살넴의 朝鮮이 灰칠한 무덤과 가튼 것임을 엇지 깨닷지 안을 수 잇스랴. 일즉이 猶太의 愛國者 예수가 義人을 돌로 치는 에루살넴성을 바라보고 에루살넴아 에루살넴아 너의 집이 터만 남으리라 함과 가티 우리는 이제 문허저가는 그 에루살넴의 朝鮮을 가르처 무엇이라 말해야 조흘가. 이에 에루살넴의 朝鮮을 바라보고 늣기는 바 몇 가지를 적어보려 한다.

二

　　基督敎가 朝鮮에 드러온지 40년(舊敎는 7, 80년) 동안에 만흔 박해와 핍박을 바더 오면서 朝鮮의 문화계발에 공헌한 공적이 실로 위대하엿다. 基督敎가 처음 포교되든 당시로 말하면 民智가 열니지 못하고 모든 문화가 暗昧함을 면치 못하엿스며 儒敎의 모든 積年舊弊와 兩班政治의 害毒은 국내의 문화발전과 외국문명을 수입할 길이 暗暗하엿섯다. 이와 가튼 때에 基督敎가 드러온 것은 民智啓發과 외국문명 수입상에 실로 큰 도음을 주엇다. 그리하야 朝鮮의 基督敎가 발달하여 온 과정은 바루 우리의 문명진보와 지방의 民度人文發展의 行程으로 보아도 조흘만치 되엿다. 이제 基督敎의 활동한 것을 대강 드러 말하면 먼저 교육사업과 의료사업을 하지 안을 수 업스니 朝鮮에서 최초로 학교교육을 창시하기도 기독교회의 손으로 비로소 되엿스며 官公立의 교육기관이 設施되기까지 朝鮮에 학교교육자를 만이 내이기도 또한 기독교 학교이엇다. 그리고 교회가 잇는 것에 그의 부속으로써 학교를 시설함으로 인하야 교통 불편한 벽지일지라도 그 지방 주민의 자녀 교육상에 큰 便宜와 好機會를 주엇스로 일반 교육 보급에 큰 도음이 되엿다. 그뿐안이라 학교 교육 외에 전도상의 필요로써 성경을 못보는 사람들에게 국문을 깨치게 하야 문맹을 減退식히며 국문을 널니 알게 한 것은 실로 基督敎가 世間에 향하야 자랑할 만할 일이 된다.

　　그 다음 의료사업으로 보면 基督敎가 드러올 당시로 말하면 醫術로는 오직 神農遺業의 漢方醫가 잇슬 뿐이오. 나무 껍질이나 풀뿌리나 무당

판수로써 오직 병을 고치는 길로 알고 잇는 때에 서양 醫術을 처음으로 쓰기 시작하야 今日과 가티 西醫術이 비교적 보급케 된 것은 基督敎의 공헌이 만흔 때문이라 할 수 잇다. 그뿐 안이라 각 중요도시마다 교회경영으로 잇는 救療機關이 다수한 빈민의 질병을 救療하는 것은 基督敎 사업의 하나로써 미히 들수 잇는 것이다. 그 다음 基督敎의 전도의 效果는 價値如何는 姑捨하고 일면으로 재래의 모든 미신을 타파하는 데에 큰 도음이 되엿다. 풍수설 즉 묘지에 대한 미신이라든가 사주팔자의 숙명적 인생관이라든가 家相方位와 地理方角을 가리는 것이라든가 질병 患難에 대하야 巫卜을 밋는 폐해라든가 인생의 길흉화복을 占巫에 依信하며 呪文讀經과 푸닥거리와 굿으로써 逐災除厄을 信賴함과 如한 인습적 미신의 鐵鎖를 끈는데에는 基督敎의 힘이 확실히 만헛섯다.

　　이와 가티 基督敎가 조선문화에 공헌이 만흔 것은 掩避할 수 업는 사실이다. 그러하나 基督敎가 育英사업을 全鮮적으로 한다 하야 또 의료사업을 대규모로 경영한다 하야 또 재래 미신을 여지 업시 깨트려 냇다 하야 우리는 基督敎에 대하야 한갓 讚辭를 밧치기에 밧분 것이 과연 깃분 일이 될 수 잇슬가. 우리는 부질업시 기독교회의 사업목록을 뒤적어리는데에 급급함보다도, 基督敎가 外間에 向하야 발달하는 광명의 일면으로부터 한 거름 물너나와서 자선적 방편적, 긍휼적 이 모든 시설과 모든 행동으로써 둘너싼 환영과 면사를 基督敎로부터 벗겨버리고서 당연한 현실의 면전에서 그 정체에 대한 正觀을 갓는 것이 現下에 잇서서 가장 필요한 것이 되는 줄로 확신한다.

　　요새 보면, 종교로 다러나는 사람들이 작구 느러간다. 그 중에도 基

督教로 몰니는 청년들이 더욱 만타. 엇지하야 朝鮮 사람들이 종교방면, 그 중에도 基督教 방면으로 몰녀드는가. 그리고 또 基督教는 朝鮮 사람들을 끄을기에 어떠한 요건을 가젓나. 알고 십흘 만한 일이다. 과연 朝鮮에는 종교의 수효도 만흐며 이 그것이 그 가티 만흔 그 만큼 종교로 몰니는 사람도 또한 만타. 그것은 朝鮮으로 말하면 강한 이에게 隷屬된 곳으로서 邦家를 일흔 사람들은 사면팔방으로서 驅逐과 敗走를 당하야 입으로는 悲憤慷慨한 노래를 부르되 큰 强力압에서 전진할 용기를 沮喪하고 昆曰曷喪을 恨하며 생활불안의 塗炭을 버서 날려는 맘은 현실의 모든 일에서 저주와 낙심과 단념을 일으키게 된다. 그리하야 현실에 대한 낙심과 단념의 정신주의는 도라가는 결과를 내게 된다. 따러서 그 현실 저주의 인심은 종교로 귀의되는 경향을 드러낸다. 그런데 오늘날 朝鮮의 기독교로 말하면 이러한 人心들을 마처주기에 매우 適切한 경향을 가질고 잇다. 즉 현실생활에 대한 도피와 掩蔽가 그것이다. 그리하야 사람들은 사회생활의 진리와 사회적 정의와 사회적 평화를 현실의 투쟁속에서 구하지 안코서 투쟁의 현실을 떠나 基督教에 가서 구한다. 정치적으로 경제적으로 학대를 밧는 나머지에 基督教로 몰니여 安心生命의 길이나 구하는 이 무리들은 언제나 요단강을 건느나 하야 맘을 가공의 천국에 매여 달어두고 한갓 현실을 저주하야마지 안는다. 실로 오늘날의 기독교회는 불안정한 생활을 안정케 하며, 軋轢이 잇는 사회를 평화롭게 하며 불공평한 사회생활을 공평케 하는 힘을 현실생활 속에서 투쟁에 의하야 찻지 안코서 자기의 주위를 도는 환상의 태양에게 一任하고서 그의 攝理만을 바라고 잇다. 그것이 감상적 祈禱속에서는 비록 아름다운 희망이 될는지는 모르겟스나 사회의 軋轢과

　　　경계에 선 신앙: 전쟁, 토착화, 여성, 공산주의

생활의 불안정과 그것에 따러서 일어나는 여러 가지 慘酷한 사회상이 이
해가 서로 다른 貧富 두 계급의 대치관계로부터 원인되는 것인 이상, 현실
의 면전에서 투쟁 수단과을 依치 안코서는 사회적 평화 생활안정을 바랄
수 업는 것이오. 또 사회적 정의의 승리를 기대할 수 업는 것이다. 그러나
기독교 신자들은 구름과 가튼 초현실계에 향하야 그 해결을 맷기고 잇다.
그리고서 사랑을 말하며 온유를 말하며 정의를 말하며 인류애를 말한다.
엄연히 잇는 계급 대립 우에서 인류애를 말하는 이 따한 사람들은 불합
리한 현상에 대하야 눈을 감고 현실을 도피한다. 그와 가튼 현실도피, 현
실무시는 현실긍정, 현상유지의 결과를 내는 것이다. 그들은 분명코, 耶
蘇가『내가 이 세상에 온 것은 평화를 위헤서 온 것이 안이라 兵器를 일으
키려 온 것이며 자식이 그 애비에게, 며누리가 그 싀모에게 叛逆케 할려고
온 것이라』고 부르짓든 말을 역용하야 강자가 약자를 부리는 평화를 위해
서 일하며 兵器를 누러 뉘우며 약한 사람으로 하여곰 강한 사람에게 순종
케 하기 위하야 복음을 전하고 잇는 것이 틀림업다.

三

　　그러타! 오늘날의 기독교회는 현상긍정과, 참고서 복종하는 것을
미로 推奬하고 잇다. 모든 권세는 하나님에게 나온 것이라 하야 권세 잇는
上等人에게 복종하는 것을 복이 잇는 것으로써 說道한다. 교회는 재물에
의지하는 자와 권력잇는 자에게 지배되여 낙타가 바눌구녕으로 드러가기

보다 어려운 권력자의 천국 드러가는 길은 부지런이 개척하여 주는 기구가 되여 잇다. 가튼 한우님 아버지의 자녀라고 이름에 불구하고 어느 아들은 지주와 전주가 되며 어느 아들은 소작인이나 빗쟁이가 되여서 빠러먹히는 현상을 한우님은 허락하고 그 찬송소리를 깃부게 듯는다. 참으로 한우님의 지배세계서나 허락할 수 잇는 기이한 기적이다. 그리고 자기의 생명을 위협하는 기아와 빈곤을 덜기 위하야 소작쟁의나 노동파업이 잇슬 때에는 그것을 도로혀 신앙이 업는 것으로써 취급하고 만다. 기아와 빈궁을 떠러 버리는 수단을 갓지 안은 사람은 그의 머리와 배와 맘속에 어대를 물론하고 비록 족으마한 도덕적 요소일지라도 갓지 못하엿다고 – 어느 누가 말한 것과 가티 오늘날 朝鮮의 기독교인들은 貧寒을 버서나기 위한 계급적 투쟁적 수단을 머리나 배나 맘속에나 어대나 비록 一毫라도 갓고 잇지 안은 것을 도로혀 도덕으로 본다. 試하야 일례로써 南 監理敎會의 재산에 대한 綱領의 일부를 보면 우리는 어느 일부의 주장과 가티 재산의 공유를 반대하며 각각 사유하야 넉넉한 자가 어려운 자를 恰恤하려는 의미가 써 잇다. 恰恤을 하는 자와 恰恤을 밧는 자 그 두 사이 이는 반다시 빠러먹는 자와 빠러먹히는 자의 두 관계가 엄연히 잇는 것을 올은 것으로써 인정하는 것이다. 그러면 이른바 오늘날 기독교회의 사랑이란 것은 이러한 恰恤이 잇는 쉴상에서 베풀려는 사랑인 것만을 잘 알면 그 사랑의 성질도 능히 짐작할 수 잇는 것이다.

놉다란 예배당의 큰 건축물과 선교사 주택 또는 장로의 큰집이 잇는 그 밋헤는 개미집 가튼 신자들의 오막사리 적은 집들이 땅바닥에 업드러서 예배당 십자가를 처다보고 잇는 것은 보는 이에게 무슨 늣김을 주느

경계에 선 신앙: 전쟁, 토착화, 여성, 공산주의

냐. 그것이야말로 오늘날의 基督敎의 주체를 상징하는 것이 안인가. 이른
바 천국의 사업을 위하야 가튼 교역자가 되기는 일반이로되 金髮碧眼의
한우님 일군은 놉흔 양옥에 풍족한 생활을 질기고 白衣黃面의 한우님 일
군은 醜屋室에서 惡衣惡食으로 근근히 끄니를 이어간다. 가튼 한우님의
일군으로 하나는 문명생활 상태에 잇고 또 하나는 야굴생활에서 해매인
다. 그것의 핑게를 동양인과 서양인의 생활정도가 특수한데에 붓치지 말
지어다. 누가 矮屋을 조화하고 양옥생활을 실혀하랴. 선교사 또 미국출신
의 목사가 백몃 십원의 생활비를 바들제 3, 40원 4, 50원의 생활비를 밧는
하등 교역자들의 얼골이 상등 교역자와 가튼 영양을 갓는 것이 아니라 形
容焦悴의 영양부족에 걸닌다. 선교사의 奴僕인 하등 교역자들의 선교사
와 교회의 부자 신도에게는 아첨을 부리고 가난한 신자에게는 피땀의 돈
을 모아 드리지 아니하면 교역자 생활은 扶持해 갈 수 업는 것이다. 가증
한 선교사 가련한 寄食虫, 불상한 거짓말 잘하는 거지들이다.

　　　이미 말한 바와 가티 기독교 포교의 效果는 재래의 미신을 깨친 것
은 사실이나 그러나 모든 우매한 잡신교로부터 파생된 여러 가지 신화 전
설과 미신은 基督敎로부터 전멸을 당한 것이 아니라 其實은 基督敎 모든
전설과 미신을 자신의 속으로는 한데 모아논 것에 지나지 못하는 것이다.
재래 미신을 깨트리어 업시 하엿다는 것보다는 재래의 幾個의 偶像을 한
개의 우상으로 짓뚜들기여 맨드러 노흔 한 변형적 행동에 불과하다고 하
는 것이 조켓다. 오늘날의 기독교인이 전일에 篤信하든 무당과 판수를 밋
지 안는 것은 사실이나 병질과 엇더한 患難이 잇스면 무당과 판수 대신
에 목사와 전도사의 기도를 대용한다. 성경의 節句節句를 마치 토정비결

의 문구와 가티 따다가 자기의 一言一動을 자기의 일체생활을 제한 구속하는 것이 이른바 천국에 들어갈만한 독신자다. 그리고 黙示錄으로 정감록과 唐四柱冊으로 대용하지 안는가. 또 奇蹟專賣特許者 金益斗를 보라! 그는 일즉이 菓子에 唾液을 발너춤으로써 병을 고친다고 하는 소위 蔡同知의 제2세가 되어 교회의 열광적 歡迎을 얼마나 만히 바덧는가. 신흥의 朝鮮을 위하야는 이와 가튼 鮮洋折衷의 開明한 미신은 재래 순 조선식 미신보다도 도로혀 위험성과 해독이 만흔 것이다.

이밧게 교회 각 파의 세력 확장에 대한 暗中 軋轢과 교회내의 여러 가지 惡弊와 선교사 대 조선인의 태도와 교회 학교 교육 등 제 문제에 대하야 다소의 소감이 업지 안으나 시간의 여유가 잇지 안음으로 그만 略하고 나종으로 總督政治와 基督政治와에 대한 늣긴 바를 쓰고저 한다.

선교사들이 조선 합방 전은 물론, 합방후 몃 해 동안까지는 總督政治에 대한 不好感이 끈이지 안엇슬 뿐 아니라 총독부에서도 외국 선교사에게 대하야 맛당치 못한 눈을 보내고 잇섯다. 그런데 1919년 9월에 총독부 관제의 개정을 따러 학무국내에 종교과의 신설이 잇는 동시에 외국 선교사에게 대한 환심을 사는 일보로써 포교 규칙을 개정하야 전에는 認可를 要하든 것을 屆出에만 그치게 하며 벌금형을 업세는 등 개선의 조건을 보엿스며 사립학교 규칙도 개정하야 기독교 경영의 학교에게는 성경 교수의 자유가 전보다 만하젓다. 그뿐 아니라 종교의 선포를 목적으로 한 재단법인을 허가하야 선교사단의 재산을 安固케 하는 일면으로는 국제친화회라는 일본관민과 외국 선교사와의 융화를 목적한 단체를 일으키며 때로는 학무국의 의견과 외국 선교사의 의견을 서로 교환하야 선교사에

경계에 선 신앙: 전쟁, 토착화, 여성, 공산주의

게 대한 친근을 圖하엿슬 뿐만 아니라 총독부는 일년에 멧번식 선교사들을 청하야 寬厚한 대접이 자조잇게 된 것은 그 노력을 맛참내 수포로 도라가지 안케 하엿다. 그리하야 근년에 와서 선교사들의 총독 시정에 대한 태도는 好感 乃至 謳歌를 부르게까지 되엿다. 개중에 吾不關焉의 태도를 갓는 이도 잇지만 그래서 그의 一飛沫로서 美 監理監督 웰치의 總督政治謳歌談이 잇게 되여 그 아레에 잇는 기독교 청년으로 하여금 일시 문제를 일으키지 안엇는가. 朝鮮의 외국 선교사들도 인제 와서는 羅馬 13장 1-12절의 거룩한 구절을 곳 잘 직히여간다. 그리고 그 아래에 잇는 신도에게 향하야 정치운동과 종교는 다르다는 것으로 부지런히 說道하면서 현상을 긍정케 하며 모든 권세는 한우님에게서 나온 것이니 上等人에게 굴복하라고 일너준다.

이와 가티 그 예루살넴의 朝鮮은 권위 추종자, 가난한 이를 짓밟는 외식적, 소경이 되여 남을 인도하는 위선자들의 蠢動하는 곳이 되엿다.

기독교회여! 灰칠한 무덤과 가튼 예루살넴의 朝鮮이여! 福잇슬진 저 너의 집이 터만 남으리로다.

2. 朴亨龍, "無神論의 活動과 基督教의 對策", 〈神學指南〉第十二卷 第四號

一, 無神論의 活動

無神論은 罪惡中에 最大한 罪惡이다. 다른 罪惡은 흔히 人과 人사이의 不法한 關係가 神旨를 違反함으로 間接 構成하거니와 無神論은 人이 神의 存在를 否認하야 直接 反逆을 行하는 가장 僭濫한 罪惡이다. 無神論은 또한 愚昧하기로 第一되는 罪惡이니 何故오하면 有神을 證據하기는 容易하되 無神을 證據함은 論理上 不可能함이다. 太平洋邊에 鳥類가 來訪한 事實은 沙上에 一足跡의 發見으로도 充分히 證據할수잇스나 該處에 鳥類의 來訪이 全無하엿슴을 證據하랴면 生物이 始作된 以來 該處의 全歷史를 通達하여야 될것이다. 同理로 神의 存在를 明示함에는 少許의 證跡도 足하나 神의 不在는 斷言하기 前에는 반다시 宇宙의 모든 物質을 分析하고 모든 努力을 檢查하며 每瞬間 空間의 모든 點에 臨檢하여야 되리니 이는 神이 或時 或處에서 或方式으로 人의 注目을 避脫할가함이라.

그런즉 人이 獨斷的으로 無神을 主唱하기 前에 스사로 無所不能, 無所不在하고 또 永遠하야 白身이 반다시 神이 되어야 할것이다. 「어리석은쟈는 마암에 하나님이 업다 하나니라」한 히브리詩人의 宣言이(시 40: 1) 果然이다.

　　　이 極凶極愚한 罪惡인 無神論은 時代마다 基督教의 强敵으로 活動하여왔다. 或은 理論으로 神의 存在를 否認하고 或은 武力으로 信徒를 迫害하야 基督教를 撲滅하려하엿다. 그러나 現代의 無神論처럼 組織的 努力으로 福音에 反抗을 試한 者는 基督教有史 以來에 曾無하였다. 其活動하는 威勢가 如何히 宏大함을 一聞하고 驚劫치 아닐수업다. 勞農露西亞에서는 有神信仰을 絶對的根絶할 計劃으로 許多한 法令이 發表되고 實施되는 中이다. 神, 信者, 宗致에 對한 勞農政府의 戰鬪는 佛國革命의 最黑暗한 時節과 最凶毒한 行動도 其比類가 되지못한다. 國內에 傳道와 祈禱의 音聲을 鎭壓하기 爲하야 人血을 流한 것이 成川할 程度라한다. 千九百二十八年 勞農政府는 專攻한 共産王義者 二十五萬人을 別立하야 人民에게 無神論을 敎授하게하였다. 「無神」이라는 雜誌와 其他 無神論書類가 幾百萬部式 撒布되엿고 一萬의 反宗教俱樂部와 許多한 無神論學校가 設立되엿스며 數十의 라지오放送局으로브터 無神論講演이 各地에 放送되고잇다. 敎會堂을 封鎖하고 其所有를 沒收하며 禮拜는 公私를 勿論하고 絶對禁止하야 千九百三十三年에는 一個의 禮拜所도 餘在치못하게할 作定이며 父母는 兒童의 面前에서 宗致的意味의 言語를 不用한다고한다. 中世代의 宗教訊問法으로 宗致的儀式을 嚴禁하대 死刑을 濫用하는지라 共産主義得勢의 初期에만 近二百萬의 平民, 神父, 数師, 醫師, 著述家, 官

吏들이 信致의 綠故로 虐殺되엿고 恐怖時代는 尙今繼續된다. 今年一月은 恐怖時代에도 極히 恐怖스러운 危機엇스니 諸都市의 官憲들이 相爭하야 敎會堂破壞, 無神論書類撒布, 人民威脅,「無神者俱樂部」設立에 努力하엿다. 其中에도 所謂 住民淸潔은 吾人이 最近에 風聞한바라 信者들을 土豪로 取扱하야 家產을 沒收하고 職業과 食糧을 不與하며 車輛으로 北方寒地에 流弊하야 餓死치안으면 반다시 凍死케한다하니 破記錄의 迫害가 이아니냐?

　　　無神論의 活動은 露西亞에 制限된것이아니라 美洲大陸에도 相當한 氣勢를 伸張한다고 報道된다. 千九百二十五年十一月에「아메리가無神論助長會」가 組織되야 大審院으로브러 憲章의 認許를 밧앗고 가나다無神論助長會도 組織되야 不遠間 其憲章의 認可願書를 提出하리라한다. 幾多의 支會가 組織되고 會議所가 開設되고 巡廻宣傳이 始作되엿다.「地獄魂會」("Damned Souls Society")가 大學生中에 組織되고 少年無神論聯盟과 無神者會가 中學生中에 設立되엿스며 講演과 討論이 公然에 進行되고 라지오로 放送된다한다. 今年元月元旦에 無神論最初宣敎師가 瑞典을 向하야 出發하엿고 中美와 南美諸國에도「아메리가無神論助長會」支會들이 組織되는 中이며 或은 秘密히 或은 公然히 世界各部에 此運動이 蔓延되리라한다. 一個所의 無神論師範學校도 設立되야 雄辯鍊習이 速成된다하니 無神敎役者養成도 相當히될 貌樣이다.

　　　엇지 이분이랴? 基督敎의 世界的宣敎에 關門이되엿던 歐洲全蝠에 無宗敎反基督의 勢力이 膨脹하엿슴은 一驚을 不勝하게한다. 其慘狀을 總評하는 有志信者들의 嘆聲은 實노 듯기에 苦롭도다. 監理敎總會前에 總務

바이론氏는 語하대 「西歐에 不信心은 아프리가에서보다 尤甚하고 東歐에 反基督威은 地球面 何處에서보다도 尤甚하다」케이설닝伯은 歐洲現狀에 關하야 記錄하대 「우리는 不遠한 將來에 決定的反宗教期에 疑心업시 드러간다」하고 敵그리스도의 時代가 始作된다하엿다. 彼는 又語하대 「全世界에 起醒하는 大衆은 歷史에 未曾有한 程度로 無宗教的이 아니면 反宗教的이라」하고 「眞基督教는 컨스탄틴 以前과갓치 도로 少數人의 信仰이 되고만다」하였다. 十九世紀에 어거스테컴테가 妄語한바와갓치 現代는 果然神을 宇宙의 極端에 引致하고 其過去功勞를 爲하는 一拜로 餞送하려 한다고 忘呼하는 語聲도 吾人의 耳邊에 聞來한다.

二, 基督教의 對策

　　現代는 果然 基督教의進程에 一大危機라고 아니할수업다. 「덕그리스도가 니르겟다 함과 갓치 지금도 임의 여러 덕그리스도가 니러낫스니 (요일 20:18) 이때는 「자다가 맛당히 깰째라」(롬13:12) 그리스도의 精兵들은 總出動하야 急히 戰線에 설 此時이다. 魔軍이 天國을 襲擊하니 天國의 人民들이 默過할수가업다. 「텬국백성들라 란리낫스니 속히예비하고 치러나가세 공중바라보니 악한귀졸들 화살예비하고 버려섯도다. 위엄무서오나 강력내여서 담대하게나가 대덕할지라」그러나 「힘을 비교하는쟈가 만일 법대로 다토지아니하면 면류관을 엇지못하리라」(딤후 20:5) 적그리스도的 活動에 對抗하랴는 그리스도의 精兵은 相當한 作戰計劃이 잇서야할 것이다. 即 現今 無神論의 擾亂한 活動에 對峙하야 吾人이 執行할 有效한 方針이 무엇인가를 略論함이 可하다.

第一은 信仰의 勇氣이다. 魔勢가 아모리 擾亂할지라도 天國權榮을 損傷치못할줄을 吾人은 確信하고 勇氣를 勿失할것이다. 吾人의 이 信仰勇氣는 根據업시 苟且히 自慰함이 아니라 全能하신 神끠서 其宗敎를 保護하야 救世의 大事業을 完成하실것을 明見함에 基礎를 置한것이다.「풀이마르고 꽃치 시들대 오직 여호와의 말삼은 세세토록 잇나니라」(사 40:8) 하엿스니 天崩地坼할지라도 神의王國인 基督敎會가 確立할것은 無疑한 事實이다.「이방이 엇지하야 소란하며 족속들이 엇지하야 헛된 일을 경영하나뇨 세상 님군들이 니러나고 제후들이 서로 의론하야 여호와와 그 기름 밧은이를 거역하여 갈아대 그 맨 끈을 끈코 우리 얽은 줄을 버서 바리세하니 하날에 안즈신이가 우스시며 쥬끠서 뎌희를 비우스시리로다」(시 21:4). 基督敎가 四面受敵하되 有進無退함은 果然 歷史的事實이 證明하는바이다. 初代敎會는 로마帝國統治下에잇서 民衆으로 터 不敬, 不忠, 不道德, 甚至於 亡國의原因이라는 大誹謗을 밧고 列王의 暴虐한迫害에 千萬人으로 犧牲되야 血流成川할 慘狀이었스나 神護의 基督敎인지라 保全될뿐아니라 도로혀 旺盛하야 四世紀初에 當場 로마帝國의 國敎가되였다. 十八世紀에 英國의 自然神敎爭論과 歐洲大陸의 合理主義反抗이 激烈할때에 하나님의 默示하신 福音이 烏有에도라갈듯하엿스며 佛國革命 恐怖時代에 敎會財産이 沒收되고 巴里의 노틀댐會堂에 理性의 女神이안저 賤女輩의 蹈舞禮拜를 밧는 殺風景은 舊基督敎의 全滅을 暗示하는듯하였다. 그러나 十八世紀에도 基督敎는 保全되였다. 保全될뿐아니라 前無한 勇氣로 世

界的宣教의 大活動을 開始하야 福音을 地極까지 傳播하엿다. 現今의 危機는 其險惡함이 初代나 十八世紀의 其者에 比할바아니라하나 此亦 歷史的進程에 一事變됨을 不免하나니「여호와의 말슴은 세세토록 잇나니라」한 眞理에 逆行하지못할것이다. 吾人은 秋毫라도 落心하지말고 懇切한祈禱와 精勤한 聖經誦讀으로 信仰의勇氣를 收拾하야 敵勢에 對峙할것이다.

　　第二는 熱誠을 奮發하야 宣教에 努力할것이다. 無神論의 攻勢에 對抗하는 基督教의 戰術이 이보다더 銳利한者 업다. 敵便에서는 無神信仰을 宣傳하기 爲하야 宣致師를 派送하며 書籍을 撒布하며 講演과 라지오를 利用하며 學校를 設立하며 助長會 聯盟會를 組織하니 吾人은 有神信仰을 宣傳하기爲하야 或은書籍 或은 言論으로, 或은 私席 或은 公席에서, 或은 內地 或은 外國에서, 온갖 機會, 方法, 技能, 誠力을 다 利用할수 밧게업다. 敵이 無神論者의 名數를 增加하랴고 猛烈히 活動함에 對抗하야 吾人은 有神論者의 名数를 增加하랴고 猛烈히 活動할수밧게업다. 吾人은 彼輩와갓치 權勢로 强制하며 武力으로 殺戮을 行할것이아니나 宣傳戰에서 彼等을 壓頭하지안으면 아니된다. 아메리가無神論助長會가 組織된지 이제 五年이라 其 第三年度報告書 闢頭에「去年은 振興年이라 會員數는 거의 倍加하고 收入은 三倍加하였스니 우리前途는 光明無上하다」하였다. 敵勢의 增進이 如此하니 吾人의 宣教事業은 三十倍 六十倍 百倍의 結果를 期必코取得하여야될것이다.

　　歐美의 基督教會는 이 危機에 當面하야 果然 冒險奮鬪로 福音을 宣傳하는 中이다. 其結果는 實노 歷史에 記錄되는 大復興의 一件이되리라 한다. 모스코의 共産紙「트류드」는 記載하대「뎌宗派(新派基督教)信徒들

은 非常히 增數되엿다. 革命前에 彼等의 數는 百萬에 不過하엿다. 彼等의 自計算 三千五百萬은 勿論 過大하나 舊敎徒 九百萬을 計數치안코 約六百萬이 現今國內에 있다」勞農政府 恐怖時代間에 靈西亞敎會는 百萬名으로브터 三千五百萬名에 增數된것이오 共産黨의 大縮小한報告에 依하여도 千五百萬名의 多數에 引上되엿스니 이엇지 世界人의 耳目을 놀낼만한 大復興이 아닌가? 年前 체코슬노바기아에서는 百萬名의 新敎信者가 群起하엿고 로마舊敎會로 大戰以後年年增數하야 敎皇이 千九百十四年에 僅히十一國을 管轄하던것이 現今 二十四國을 包容한다하며 各國의 新敎徒數는 보다 더 顯著한 增加를 보게 된다. 敵의 防害가 猛烈할지라도 冒險傳播하면 三十倍 六十倍 百倍로 增勢結實 하는것은 天國福音의 種子이다. 그리스도의 精兵들은 엇지 奮鬪하지안으랴?「비가오는것과 바람부는거슬 겁을내지안코 뿌려봅세다 일을맛처놋코곡식거둘때에 깃봄으로단을 가저오리라」

第三은 辯證神學을 硏究하고 活用 하라. 勿論 不信者를 感化하야 悔改케하는것은 聖經의 單純한말슴이오 深奧難解의 學說이아니다. 그러나 聖經이 人心을 感化함에 辯證神學의 助力이 업시는 困難함이 事實이다. 薪炭을 燃燒하는者 火오 日光이아니라하나 濡濕한 薪炭은 몬저日光에 曝露하야 相當히 乾燥케한 後에야 點火 할수가잇다. 同理로 現代人心은 多端한 反基督思想에 浸濕되엿나니 몬저 辯證神學의 乾燥作用이 업술수업다. 보라 敵便에서는 無神思想으로 人心을 浸濕하기 爲하야 온갓 理論과 假說을 다 提出한다. 例하면 아메리가無神論助長會는 唯物論、經驗論、進化論、災苦存在論、快樂論으로 五大綱領을 삼앗다한다. 따라서 基督敎의

    경계에 선 신앙: 전쟁, 토착화, 여성, 공산주의

傳道人은 此等問題를 善히 取扱하야 몬저 聽衆의 心理를 乾燥케할能力이 잇서야하겟다. 아니! 아메리가無神論助長會 第三年度報告書에 結論한 바와갓치 彼等은 力說하대「宗敎는 恐怖의所生이오 詐欺의所養이며 謊言으로 活力을 維持하는것이다. 虛僞는 具理로 精製되기 不能하다. 超自然은 存在치아니하다. 神은 업다. 宗敎는 不潔物의 積堆 보다 더尊敬을밧을것이 업다. 반다시 撲滅 되여야하게다」고 白兵戰으로써 吾人을 向한다. 此에 對하야 吾人은 반다시 眞宗敎의起源이 恐怖가아니라 神의默示임과 神의存在는 虛構가아니라 理性에 適合하는 眞理임을 徹底히 辯證하여야 되겟다.

朝鮮敎會는 異敎問에 介在하야 辯證神學이 自初로 必要하엿지마는 無神論의活動이 世界各部에 擾亂한 今日에는 더욱 그러하다. 朝鮮에는 아직 無神論의 組織的活動이 出現하지안었다고 할것이아니다. 數千年來의 基督敎國에도 此運動이 임의 出現하엿고 또 猛烈하거든 不信者를 多數로한 吾人의 環境에야 說道하야 무엇하랴? 朝鮮敎會도 自今으로 辯證神學의 助力을 要求하게되엿나니 從來와갓치 此를 冷靜視하지말고 獎勵함이 得策이다. 特히 敎役者들이 此를 留意硏究하야 敏捷하게 活用하기를 誠願하는바이다.

最終에 基督信者들은 實行을 爲主하야 社會的要求에 應答함이 잇서야하겟다. 現今의 無神論은 哲學的辯論 보다도 社會的功利에 訴하야 基督敎의 有害無益함을 主로 聲討하나니 此에 對抗할만한 武器는 信者의 善行과 奉事이다. 基督敎의 道德的理想을 槪論한 山上寶訓은 其序文에서 宣言하대 信者는 世上의 鹽이니 鹽이 味를 失하면 出棄하야 人의 踐踏을

未免할 것이라하고 信者는 또한 世上의 光이니 善行으로 人의게 照하라 하엿스며 其結論에서 嚴正히 警告하대 結實노써 樹의 善惡을 判斷하야 惡實을 結하는 樹를 斫伐할것이며 道를 듯고 實行치 아니하면 沙上의 家屋이 風雨에 破壞됨갓치 敗滅의 悲運이 必隨할것이라하였다. 그리스도는 二十世紀前에 발서 實踐論的 試驗法을 이러케 明言하야두섯다. 歷代의 基督敎信者들은 果然 道德的理想의 實踐에 努力하야 社會에 鹽光의 作用을 許多히 하며 基督敎가 善樹임과 磐石上建屋임을 世界에 公示하였다. 그러나 一方面에 基督敎의 美名을 冒하되 其道德的理想을 違反하는 團體와 個人들이 多數 存在하여온 結果 今日 無神論者의 踐踏과 斫伐을 受하며 榮光을 失하고 撲滅云云하는 凌辱을 當하게되었다. 彼等이 致會를 指하야 抑壓器具니 搾取機關이니하며 武力으로 暴虐한 迫害를 加하는것을 吾人은 全혀 無意味하게 看過할수업다. 吾等信者는 自警하야 善行과 奉事로 社會的要求에 充分한 酬應이 잇기를 努力할것이니 이것이 敵의 攻擊을 防禦하고 天國의 勝利를 持來하는 最有効한 戰術이다. 「밋는사람들아 군병갓흐니 압헤가신 주를 따라갑세다」信仰의勇氣를 가지고 奮發하야 傳道하며 言論의 辯證과 實行의 感化力으로 「압헤 가신주를 따라갑세다」「세상나라들은 멸망밧으나 예수교회 영영 왕성하리라 디옥권이 교회을 못이김은 예수도아주심 힘닙음이라」 (끗)

　　　　　　경계에 선 신앙: 전쟁, 토착화, 여성, 공산주의

3. 함석헌, "러시아에 감사함", 〈성서조선〉 25호, 1931년 2월.

"종교는 아편"이라던가. "종교는 지배계급의 특권을 옹보(擁保)하기 위하여 민중에게 씌우는 정신적 질곡(桎梏)"이라던가. "하나님은 사람이 발명한 것"이라던가 이런 말을 들을 때마다 우리는 이 세대를 위하여 슬퍼한다. 때로는 모욕을 당하는 것이라 하는 생각에 분개한다. 더구나 이런 종교비근론(宗敎批斤論), 무신론을 국가적으로 실행하여 왕왕 비인도적 방법으로까지 종교적 압박을 행하는 러시아의 소위를 볼 때에 그렇다. 그러나 한번 다시 고요히 생각하여 볼 때 이는 무용한 일임을 알 수 있다. 감독이라든가 승정(僧正)이라든가 혹은 그들을 옹위하고 있는 사람들은 그럴 필요가 있을런지 모르나 우리들 독립하여 그리스도만을 믿는 자에게 있어서는 이는 무용한 일이다. 무용한 일일뿐 아니라 도리어 그렇게 하는 러시아를 위하여 감사할 필요가 있다. 적어도 나는 그렇게 생각한다. 그리고 나는 이것을 하나님이 네게 주신 지혜로 말미암는 것이라고 감사한다.

　　물론 러시아에 감사함은 러시아를 위해서가 아니요 러시아가 위대하여서가 아니다. 그로 하여금 위대한 역할을 하게 하는 어떤 위대한 힘의 연유(緣由)다. 복음발달의 대역사에서 볼 때 러시아는 일찍이 애굽과 로마가 행하였던 것과 같은 사명을 다하고 있다. 이스라엘 민족에게 여호와 신을 알려주고 선민출생(選民出生)에 산파역을 한 것은 모세나 아론이나 여호수아만이 아니었다. 애굽의 바로도 그 일열(一列)에 참여할 정당한 자격이 있다. 또 종교개혁을 하여 복음의 정화를 행할 때에 일군으로 나섰던 것은 루터나 칼빈만이 아니요 로마의 법황도 그 일위(一位)를 점령한다.

　　오직 전자들이 축복할 만한 공로자였던 대신에 후자들은 미안한 공로자였던 것이 다르다. 이들 불행한 공헌자들은 예수가 자기가 장차 주인이 될 성극(聖劇)에 주요 등장인물의 일인인 가룻 유다를 가르켜 "이 사람이 차라리 나지 않았다면 좋았을 뻔하였다"고 했던 것과 같이 그들 자신을 위하여서는 차라리 없었던 것이 나을 만치 비참한 사명을 다하는 자들이다. 그러나 역사 그것을 위해서는 불가결의 요역자(要役者)다. 내가 러시아에 감사함도 그들이 불가결의 요역자라고 생각하기 때문이다.

　　"종교는 아편"이라고 통매(痛罵)를 들어도 영국, 미국, 독일, 불란서의 교회는 일언의 답변이 있을 수 없는 것이 사실이다. "종교는 특권계급을 위하여 민중을 그들의 한정 없는 착취에 언제까지든지 인내케 하기 위한 정신적 마취제"라고 매도를 당하여도 러시아의 종교가들은 반사(半辭)의 변명이 있을 수 없는 것이 사실이다. "하나님은 사람이 발명한 것"이라고 모욕을 당하여도 정신적 중간계급에 처하는 신학자, 종교가, 도덕가는 편구(片句)의 대론(對論)이 있을 수 없는 것이 사실이다.

　　　　　경계에 선 신앙: 전쟁, 토착화, 여성, 공산주의

기독교와 황제가 혼인을 하였다. 기독교와 자본가가 혼인을 하였다. 기독교와 학자가 혼인을 하였다. 그 사이에서 모든 인류를 탄진(呑盡)하려는 종종(種種)의 괴물이 나왔다. 역사는 일시 그들의 손에서 내어 준 것인 듯하였다.

그러나 하나님은 언제까지 그대로 방임하지 않았다. 문득 대시련의 날이 왔다. 그리하여 가장한 괴물들의 정체와 빛나는 혼합금속의 성질을 들어내기를 명령하였다. 여기 응하여 일어난 것은 러시아였다. 그들은 이 백주의 괴물을 용사(容赦) 없이 해부대에 올려놓았다. 이 찬란한 합금을 주저 없이 레도루도 안에 집어넣었다.

면양과 산양을 가른다. 알곡과 쭉정이를 가른다. 순금과 불순물을 가른다. 모든 잡색과 잡종은 이 테스트에 의하여 제거되고 말 것이요 일곱 번 단련한 정금은 이 뒤끓는 레도루도 속에서 찬연히 빛날 것이다. 순백종이 있으면 길을 것이요 순금이 있으면 길을 것이다. 없다면 모든 것은 암흑 속에 파양되어 미진화하여 버릴 것이다.

의심할 것 없이 있다. 과거에서 그랬던 것같이 현재에 있어서도 복음은 역시 성장할 것이다. 한층 더 명료하여질 것이요 한층 더 순수하여질 것이요, 일층 더 영화할 것이다. 인제는 그 안에 형식이 길을래야 길을 수 없이 되었고 그 안에 바알세불이나 맘몬이 숨어 있을래야 숨어 있을 수 없이 되었다.

러시아는 유물론의 철추를 들어 모든 우상들을 미진(微塵)으로 만들고 있다. 러시아로서 만일 실패만 않는다면 모든 우연은 일소될 것이다. 예배당의 종각과 설교단은 무너질 것이다. 그리스도의 몸 위에 입히었던

금은 장식의 옷을 벗길 것이다. 그의 턱에 붙였던 미염(美髯)을 뜯을 것이요 그 머리 위에 씌웠던 왕관을 벗길 것이다. 그리하여 종래 너무 두텁게 입어서 만질 수 없었던 그의 살을 사람들이 직접 만질 수 있게 될 것이요 너무 엄엄(嚴嚴)해서 우러러 볼 수 없었던 그 얼굴에 무한한 결백과 성애(聖愛)가 넘쳐흐름을 사람들이 자유롭게 정답게 무사기(無邪氣)하게 우러러 보게 될 것이다. 그리스도가 다시 종교가의 그리스도가 아니고 인간의 그리스도가 될 것이다.

모든 사각(死殼)과 모든 녹(碌)과 모든 허식이 없어지고 순백의 그리스도상만이 인류 위에 서는 때 그때를 상상할 때 나는 러시아의 대업 완성하여지이다 하고 빌고 싶다.

종교박멸의 쓰라린 사명을 다하고 있는 러시아는 우리의 미안한 공로자요 가련한 공작자다. 그러나 정치적 경제적으로 소위 문명국인 다른 동반보다 적어도 일보를 내여 디딘 러시아가 종래 유치한 인류에 대하여 가장 유혹적이요 난관이었던 물질생활의 제문제를 비교적 완전히 해결하는 날이면(또 해결하노라면) 도리어 누구보다도 먼저 새로운 도덕 새로운 정신생활 새로운 종교의 원리를 체험할 것이 아닌가 하는 생각도 있다. 그를 아는 이는 하나님이요 자기의 경륜대로 할 것이다. 그러나 어느 편이 얼든지 러시아가 복음의 완성을 위하여 필요 불가결의 대임을 하고 있는 것은 사실이다.

4. 한국기독교교회협의회, "민족통일과 평화에 관한 한국기독교회 선언", 1988.

한국기독교교회협의회는 한국교회와 세계 에큐메니칼 교회 공동체 앞에 민족의 통일과 평화에 관한 선언을 하면서 남북한 정부와 국민에게 기도하는 마음으로 호소하는 바이다. 우리는 먼저 이 땅에 그리스도의 복음을 전파하셔서 예수 그리스도의 십자가의 죽음과 부활을 믿음으로 알게 하신 하느님의 구원의 은혜와 사랑에 찬양과 감사를 드린다. 하느님의 성령이 한국의 역사 안에 역사하셔서 민족의 해방과 구원을 위하여 교회가 하나되어 일할 수 있는 선교의 결단을 주신 것을 믿고 감사하는 바이다. 하느님은 만물을 창조하신 한 분 창조주이시며 모든 인간은 하느님의 자녀인 것을 우리는 고백한다. 우리는 예수 그리스도는 평화의 종으로서 인간 세상에 오셔서 분단과 갈등과 분쟁의 역사로부터 평화와 화해와 해방의 하느님 나라를 선포하신 구원의 주님이심을 믿는다. 성령은 우리로 하여금 역사의 종말론적 미래를 보게 하시고 우리를 하나되게 하셔서 하느님의 역사에 참여하게 하시는 것을 믿는다.

이러한 우리의 기본적인 신앙고백에 입각하여 한국교회는 교회와 민족의 분단의 고통을 통감하고 이를 극복하려는 모든 신앙적 노력에 임할 수 있는 것이다. 예수 그리스도는 우리 인간들을 하느님과 화해하게 하시고 인간들 사이의 분단과 갈등을 극복하고 해방시켜서 하나되게 하시기 위하여 고난을 받으사 십자가에 못박혀 죽어 묻히셨으나 다시 부활하신 것을 믿는다. 그리스도는 평화를 위하여 일하는 자를 축복하셨으며 우리를 평화의 사도로 부르셔서 오늘 한국 민족의 분단과 분쟁을 극복하고 통일과 평화를 구현하는 역사적 선교에 참여하게 하시는 것을 믿고 고백하는 바이다.

정의와 평화를 위한 한국교회의 선교적 전통

2백여 년 전 그리스도의 복음을 감사와 감격으로 받아들인 이래 한국 그리스도인들은 한국민족의 소망이었던 해방의 희년을 이 땅에 실현하기 위하여 하느님 나라 선교의 길을 걸어왔다. 한국교회는 성령에 힘입어 가난한 이들에게 복음을 선포하고, 억눌린 백성에게 자유와 자주의 희망을 심어주고, 일제에게 노예가 된 한국민족과 함께 고통을 나누며 민족의 해방과 독립을 위하여 선교하여 왔다.

한국의 그리스도인들은 평화의 의미를 노예적 굴종에 따르는 안일함과 안정에서 찾지 않았다. 평화는 정의의 열매이며 민족적 독립과 인간적 자유가 없는 평화는 거짓 평화라는 것을 인식하였다. 따라서 일본 제국

주의 식민지 강점하에서의 한국교회의 평화운동은 민족의 독립운동이었
다. 노예된 민족의 아픔에 동참하고, 하느님 나라의 희망을 신앙으로 구현
하는 민족해방 운동이었다.

1919년 3·1 독립운동에 한국의 그리스도인들은 앞장서서 참여하
였으며 일본제국주의의 민족 말살 정책에 항거하였고 일제의 국가주의를
종교화한 신사참배 강요에 항거하여 다시금 순교의 피를 흘렸다.

1945년 광복 이후 남한의 그리스도인들은 분단의 현실 속에서 고
통당하는 피난민들과 전쟁고아들과 희생자들을 돌보아 왔다. 북한을 떠
난 이산가족들과 고우들을 교회의 품 안에 받아들였고 사랑의 치유를 하
여 왔다. 분단의 고착화와 함께 안보를 구실로 군사독재정권을 강화하여
인권을 유린하고, 경제성장 논리로써 노동자와 농민을 억압하는 정권에
대하여 평화와 정의를 위한 신앙으로 저항하여 왔다. 사회정의가 없는 평
화는 노예적 굴종이며, 인권을 억압하고 자유와 민주주의를 유보하는 안
보는 거짓평화라는 것을 인식하였던 것이다. 1970년대와 80년대 한국교
회의 민주화운동은 정의와 평화를 위한 선교운동의 전통을 이어받은 것
이다.

민족분단의 현실

한반도의 남북분단은 현대 세계인류의 정치적 구조와 이념체제가
낳은 죄의 열매이다. 세계 초강대국들의 군사적 이념적 대결과 상호분쟁

의 죄악으로 인하여 한국민족은 속죄양의 고난을 당하여 왔다.

1945년 세계 제2차 대전의 종전은 한국민족에 있어서 일본제국주의 식민지 노예 상태로부터의 해방이었으나 또 동시에 민족분단의 노예적 속박의 시작이었다. 일본 제국주의 침략군대의 무장해제라는 명목으로 설정된 남북분단선은 소련과 미국의 냉전체제에 의하여 고착화되었고 남북한에는 각각 분단정부가 수립되어 한반도에서는 지난 40여 년간 군사적, 정치적, 이념적 갈등과 분쟁이 심화되어 왔다.

1950년 6·25 한국전쟁은 동족상잔의 비극을 낳았으며 국제적 갈등은 극대화되었다. 제2차 세계대전 동안에 구라파 전 지역에 투하된 폭탄보다 더 많은 양의 폭탄이 투하되어 한반도를 초토화시켰다. 이 전쟁에서 남한군 22만 명, 북한 공산군 60만, 중공군 1백만 명의 희생자와 미군 14만 명, 유엔군 16만 명의 사상자를 내었으니 전쟁중 병사자를 포함하면 실로 250만의 군인들이 희생되었다. 민간인 남한 50만과 북한 3백만을 합치면 6백만의 피가 이 땅에 쏟아졌다는 것이다. 그리고 3백만 명의 피난민과 천만 명의 이산가족을 낳게 되었다.

전쟁으로 초토화된 한반도는 다시 남북으로 분단되었고, 동서냉전체제의 국제정치적 갈등과 반목으로 인한 군비경쟁과 상호불신, 상호비방과 증오와 적대감정은 분단을 영구화시키고 있다. 한반도의 평화는 파괴되었고 민족의 화해는 영원히 불가능한 것으로 절망하게 되었다. 기독교와 종교를 부인하는 북한 공산정권과 대립한 북한의 기독교인들은 순교의 희생을 치루어야 했고, 수십만의 북한 그리스도인들은 고향과 교회를 버리고 월남 피난생활을 감내하게 되었다. 한국전쟁 동안 남한의 그리

     경계에 선 신앙: 전쟁, 토착화, 여성, 공산주의

스도인들과 공산주의 추종자들은 이념전쟁의 희생자로서 납치되고 살상되고 참혹한 살육의 고통을 경험하였고 '부역'이라는 명목으로 사회적 매장을 당하여 왔다.

6·25 휴전 이후 '비무장지대'라고 불리우는 남북분단의 벽은 높아져 갔고 남북한의 두 체제는 단결과 대결 속에서 적대적이고 공격적인 관계를 지속시켜 왔다. 남북한의 군비경쟁은 북한병력 84만과 남한병력 58만을 합치면 150만 군대의 무장 대치에 이르렀고, 한반도에 배치되었거나 겨냥되고 있는 핵무기는 이 땅을 없애버리고도 남는 가공할 파괴력을 보유하기에 이르렀다.

남북대화의 길은 1972년 이른바 7·4 공동성명이 계기가 되어 트이기 시작하여 대화와 협력과 교류에 희망을 가지게 되었고, 1985년 남북 적십자 회담 재개와 이산가족 고향 방문이 이루어졌으나 그 수는 극히 제한되었으며 대화와 협상은 다시금 결렬상태에 놓여 있는 형편이다.

민족의 분단이 장기화되면서 남북한 분단체제는 국민들 사이에 적개심을 고취하고 안보 논리를 강요함으로써 군사력을 증강하여 평화를 위협하여 왔다. 그리하여 양 체제에서 인권은 안보와 이데올로기의 보수(保守)를 이유로 군부 독재정치를 강화하여 왔다. 그리하여 양 체제에서 인권은 안보와 이데올로기의 이름 아래 유린되었고 언론과 출판, 결사와 집회의 자유는 억압되어 왔다. 그리고 서신 왕래도, 방문도 통신도 두절된 양쪽은 한 땅덩어리 위에서 가장 멀고 이질화된 나라가 되었다. 남북한의 교육과 선전은 상호 비방일색이며 상호 체제 경쟁을 통하여 상대방을 약화시키고 멸절시켜야 한다는 철천지 원수로 인식하게 한다. 따라서 남북한 국민들은 동족의 생활과 문화에 대하여 서로 무지할 뿐 아니라 서로 알아서는 안 되는 관계로까지 길들여져 왔던 것이다. 같은 피를 나눈 동족을 가장 무서운 원수로만 인식하게 한 것이다.

이러한 분단의 역사 속에서 6·25 한국전쟁 이전에 북한공산정권과 대립했던 북한의 기독교는 순교의 희생을 치루어야 했고, 수십만의 북한 그리스도인들은 고향과 교회를 버리고 월남 피난생활을 감내해야 했다. 그 이후로 북한의 그리스도인들과 교회의 존재여부에 대해서는 확인할 수 있는 길도 차단된 채 남한 그리스도인들은 북한 공산정권에 대한 깊고 오랜 뼈에 사무치는 불신과 적개심을 품게 되었고 이른바 반공이데올로기에 교조적으로 집착하기에 이르렀던 것이다.

우리는 최근에 밝혀진 대한항공기 폭파사건의 진상에 접하고 놀라움과 비통함을 금할 길 없다. 더구나 그것이 다름 아닌 우리 동족의 손에 의해서 행해졌다는 사실이 우리 가슴을 저미게 한다. 정치적 목적을 위해서 인간의 생명을 수단으로 생각하는 국제적 테러행위나 인간의 생명을 볼모로 잡는 정부차원의 행위는 분단논리의 산물이며 하느님의 창조질서에 도전하는 것이다.

분단과 증오에 대한 죄책 고백

한국의 그리스도인들은 통일과 평화에 관한 선언을 선포하면서 하느님 앞과 민족 앞에서 분단체제 안에서 상대방에 대한 깊고 오랜 증오와

　　경계에 선 신앙: 전쟁, 토착화, 여성, 공산주의

적개심을 품어왔던 사실에 대해 우리의 죄책을 고백한다.

1. 한국민족의 분단은 세계 초강대국들의 동서 냉전체제의 구조적 죄악의 결과일 뿐 아니라 우리 사회 내부의 구조악의 원인이 되어 왔다. 분단은 죄의 열매이며 또한 우리가 범하여 온 구조악의 씨이며 뿌리이다. 분단으로 인하여 우리는 하느님의 계명을 어기는 죄를 범하여 왔다.

우리는 갈라진 조국 때문에 같은 피를 나눈 동족을 미워했고, 속이고, 살인하였고, 그 죄악을 정치와 이념의 이름으로 오히려 정당화하는 이중의 죄를 범하여 왔다. 분단은 전쟁을 낳았으며 우리 그리스도인들은 다시 전쟁 방지의 명목으로 최강 최신의 무기로 재무장하고 병력과 군비를 강화하는 데 찬동하여 왔다.

이러한 과정에서 한반도는 군사적으로만 아니라 정치 경제 각 분야에서 외세에 의존하게 되고 동서냉전 체제에 편입, 예속되었으며 우리 그리스도인들은 민족적 자존심을 포기하고 자주독립정신을 상실하는 반민족적 죄악을 범하여 온 죄책을 고백한다.

2. 민족분단의 역사적 과정에서 한국의 교회들은 침묵하였으며 오히려 분단을 정당화한 죄를 고백한다. 남북한의 그리스도인들은 각각의 사회가 강요하는 이념과 체제를 절대적인 것으로 우상화하여 왔다. 이것은 하느님의 절대적 주권에 대한 반역죄이며, 하느님의 뜻을 이루어야 하는 교회가 정권의 뜻에 따른 죄이다.

특히 남한의 그리스도인들은 반공 이데올로기를 종교적인 신념으로 고착시키는 과정에서 북한공산정권을 적대시하여 왔고 따라서 북한 동포에 대한 증오심을 키워왔고 동족을 저주하여 온 죄를 고백한다. 이것은 계명을 파기한 죄이며(요 13:14-15, 4:20-21) 분단에 의하여 고통받았고 또 아직도 고통받고 있는 이웃을 그리스도의 사랑으로 치유하지 못한 죄이다.

민족통일을 위한 한국교회의 기본원칙

정의롭고 평화로운 하느님의 나라가 임하도록 우리 그리스도인들은 평화와 화해의 복음을 실천하며, 동족의 삶과 고통에 대해 책임을 져야 한다. 이 일을 감당하는 길이 곧 민족의 화해와 통일을 이룩하는 데 있으므로 우리는 통일에 대한 관심과 노력이 곧 신앙의 문제임을 인식한다. 통일은 곧 민족의 삶과 세계평화를 위협하는 반평화적인 분단을 극복하고, 갈등과 대결에서 화해와 공존을 나아가는 것이며, 마침내 하나의 평화로운 민족공동체를 이룩하는 것을 말한다. 그러나 한국교회는 분단 초기부터 이의 극복과 통일을 위해 노력하지 못했으며, 오히려 분단의 심화에 기여했을 뿐 아니라 북한에 대한 전쟁과 무력대결마저 찬양하는 반평화적이며 반통일적인 과오를 범해 왔다. 이제 한국의 그리스도인들은 이와 같은 죄책과 과오를 고백하면서 민족의 삶과 평화에 대한 책임을 다할 것을 결의하는 바이다.

한국기독교교회협의회는 84년 이래 수차에 걸친 협의모임을 통하여 민족통일을 향한 한국교회의 기본적인 원칙과 정책방향을 다음과 같이 설정하였다.

경계에 선 신앙: 전쟁, 토착화, 여성, 공산주의

한국기독교교회협의회는 1972년 남북간에 최초로 합의된 문서인 7·4 공동성명에 나타난 자주, 평화 사상, 이념, 제도를 초월한 민족적 대단결의 3대 정신이 민족의 화해와 통일을 위한 기본원칙이 되어야 한다고 믿는다. 또한 이와 함께 우리 기독교인들은 최소한 다음과 같은 두 가지 원칙이 통일을 위한 모든 대화 및 협상, 실천 속에서 전제되어야 한다고 믿는다.

1. 통일은 민족이나 국가의 공동선과 이익을 실현하는 것일 뿐 아니라 인간의 자유와 존엄성을 최대한 보장하는 것이어야 한다. 국가나 민족도 인간의 자유와 복지를 보장하기 위해 있는 것이며, 이념과 체제도 인간을 위해 존재하는 것이기 때문에 인도주의적 배려와 조치는 최우선적으로 고려되어야 하며 다른 여타의 이유로 인도주의적 조치의 시행이 보류되어서는 안 된다.

2. 통일을 위한 방안 형성이나 모든 논의과정에 민족구성원 전체의 민주주의적 참여가 보장되어야 한다. 특별히 분단체제하에서 가장 고통을 받고 있을 뿐 아니라 민족구성원의 다수를 차지하고 있으면서도 의사결정과정에서 늘 소외되기 쉬운 민중의 참여는 우선적으로 촉진되어야 한다.

남·북한 정부에 대한 한국교회의 건의

이상의 원칙들에 입각하여 본 협의회는 다음과 같은 사항들에 있어

실질적인 진전들이 하루속히 이루어질 수 있도록 남북한 정부당국이 성의를 갖고 대화에 임해 줄 것을 촉구한다.

1. 분단으로 인한 상처의 치유를 위하여

가) 무엇보다도 우선적으로 지난 40여 년간 분단체제에서 희생과 고생을 당해온 이산가족들의 만남과 재결합이 허용되어야 하며 어느 곳에서든지, 당사자들이 살기 원하는 곳으로의 이주가 자유스럽게 보장되어야 한다.

나) 통일이 되기 전이라도 모든 사람들에게 일 년 중 일정한 기간 동안(추석이나 명절 같은 때) 남북의 친척과 고향을 방문할 수 있는 자유가 허용되어야 한다.

2. 분단극복을 위한 민(民)의 참여를 실질적으로 증진시키기 위하여

가) 정부당국에 의한 남북한 양측에 관한 정보의 독점, 통일논의의 독점은 지양되어야 하며 남북한 민(民)이 주체적으로 통일논의와 통일정책 수립에 자유롭게 참여할 수 있도록 언론의 자유를 보장하고 통일문제의 연구 및 논의를 위한 민간기구의 활동을 제도적으로, 현실적으로 보장하여야 한다.

나) 남북한 양측은 체제나 이념의 반대자들에게 양심과 신앙에 입각한 비판의 자유를 최대한 허용하여야 하며, 세계인권선언과 유엔인권

경계에 선 신앙: 전쟁, 토착화, 여성, 공산주의

협정을 준수해야 한다.

3. 사상, 이념, 제도를 초월한 민족적 대단결을 위하여

민족 자주성을 실현할 수 있으려면 남북한 국민이 각각의 사상, 이념, 제도의 차이를 초월하여 남북한 국민 스스로가 같은 운명체로서 하나의 민족이라는 사실을 상호 분명하게 확인할 수 있어야 한다. 이러한 상호 확인을 위한 전제조건은 남북한 간의 강력한 상호신뢰이다. 따라서 상호신뢰의 구축은 남북통일을 위한 모든 노력의 가장 기본적인 출발점이 되어야 한다. 상호신뢰를 조성하기 위해서는 불신과 적대감을 낳는 모든 요소들이 제거되어야 함과 동시에 상호교류를 확대하여 상호이해의 기반을 넓히고 민족 동질성을 시급히 회복시켜야 한다. 신뢰조성을 위한 모든 조치들은 분단극복에 있어 가장 본질적인 것이기 때문에 비록 남북한 정부 당국자 간의 회담이 진전되지 못하고 있거나 협상타결이 이루어지지 못하고 있을 때에라도 민간차원에서는 추진될 수 있어야 한다.

가) 남북한은 상호 적대감과 공격적 성향을 없애고 상대방에 대한 비방과 욕설, 배타주의를 제거해야 한다. 또한 상대방의 이질적인 이념과 체제에 대한 극단적이고 감정적인 비난을 상호 건설적인 비판으로 전환시켜 나가야 한다.

나) 상호이해의 증진을 위하여 서로의 실상을 편견 없이 객관적으로 파악할 수 있어야 하기 때문에 교류, 방문, 통신이 개방되어야 한다.

다) 민족동질성 회복을 위하여 남북의 언어, 역사, 지리, 생물, 자연

자원 등에 관한 학술 분야에서의 교류와 협동연구를 추진하고 문화, 예술, 종교, 스포츠 분야에서의 교류와 만남을 개방하여야 한다.

라) 남북한 간의 교역은 민족의 이익에 부합할 뿐 아니라 상호이해 증진의 계기가 될 수도 있으므로 가능한 한 최대로 개방되어야 한다.

4. 남북한 긴장 완화와 평화증진을 위하여

가) 한반도의 전쟁방지와 긴장 완화를 위해서는 하루속히 한국전쟁을 종식시키는 평화협정이 체결되어야 하며, 이를 위해서 남북한 당국과 미국, 중공 등 참전국들이 휴전협정을 평화협정으로 전환시키고 불가침조약을 여기에 포함시키는 협상을 조속히 열어야 한다.

나) 평화협정이 체결되고, 남북 상호 간에 신뢰회복이 확인되며 한반도 전역에 걸친 안보와 안정이 국제적으로 보장되었을 때 주한미군은 철수해야 하며 주한유엔군사령부도 해체되어야 한다.

다) 남북한은 평화통일의 가장 큰 장애 요인이자 경제발전에 있어 역기능을 하고 있는 과다한 군사력을 남북한 상호 간의 협상에 따라 감축해야 하며 군비를 줄여서 평화산업으로 전환시켜야 한다.

라) 핵무기는 어떠한 경우에도 사용되어서는 안 되며, 남북한 양측은 한반도에서 핵무기의 사용 가능성 자체를 원천적으로 막아야 한다. 따라서 한반도에 배치되었거나 한반도를 겨냥하고 있는 모든 핵무기는 철거되어야 한다.

5. 민족 자주성의 실현을 위하여

가) 남북 간의 협상이나 회담, 국제적인 협약에 있어서 주변 강대국이나 외세에의 간섭에 의존하는 일이 없어야 하며 민족의 자주성과 주체성을 지켜나가야 한다.

나) 남북한 양 측은 민족의 삶과 이익을 우선으로 하지 않고 오히려 이것에 배치되는 내용으로 체결된 기존의 모든 외교적 협상이나 조약을 수정하여야 하며, 국제연합이나 동맹국들과의 관계수립이나 협약에 있어서도 남북한 상호간의 합의와 공동의 이익을 우선적으로 고려, 반영시켜야 한다.

평화와 통일을 위한 한국교회의 과제

한국기독교교회협의회는 평화와 화해의 선교적 사명을 다하고 민족분단의 고통에 참여하고 통일로써 이를 극복해야 한다는 역사적 요청에 응답하기 위하여 회개와 기도하는 마음으로 평화적 통일을 위한 한국교회의 과제를 다음과 같이 제시한다.

1. 한국기독교교회협의회는 1995년을 평화와 통일의 희년으로 선포한다.

주님의 성령이 나에게 내리셨다.

주께서 나에게 기름을 부으시어

가난한 이들에게 복음을 전하게 하셨다.

주께서 나를 보내시어

묶인 사람들에게 해방을 알려 주고

눈먼 사람들은 보게 하고

억눌린 사람들에게는 자유를 주며

주님의 은혜의 해를 선포하게 하셨다(눅 4:17-18)

'희년'은 안식년이 일곱 번 되풀이되는 49년이 끝나고 50년째 되는 해이다. 희년은 '해방의 해'이다. 히브리 전통에서 희년의 선포는 노예를 해방하고 팔렸던 땅을 주인에게 반환하고 모든 빚을 탕감하는 해방선포의 해이다. 한국교회가 1995년을 희년으로 선포하는 것은 1945년 제1의 해방을 깃점으로 하여 50년째 되는 해를 제2의 해방의 해로 축하하고 준비하기 위한 것이다. 분단 49년을 청산하는 평화와 통일의 희년을 선포하는 것이다.

2. 평화와 통일의 희년을 준비하기 위하여 한국교회는 평화와 화해의 결단을 하는 신앙공동체로서 다음과 같은 일을 함께 실행해 나갈 것을 약속한다.

가) 한국교회는 평화에 관한 성서연구와 신학연구 등 평화교육을

심화시키고, 각종 신학연구기관과 기독교교육기관은 이를 위하여 연구와 정보 교환을 촉진시킨다.

나) 한국교회는 민족통일에 대한 교회의 관심을 높이기 위하여 분단역사의 인식과 분단문제에 관한 신학적 인식을 통하여 민족통일의 역사적 신학적 당위성을 인식하게 하는 통일 교육을 촉진시킨다.

다) 한국교회는 기독교 신앙에 대한 신학적 성찰과 결단을 통하여 공산주의 이데올로기에 대한 학문적 이해를 넓히고 이념적 대화에 필요한 이데올로기의 연구와 교육을 촉진시킨다.

라) 한국교회는 평화와 통일의 희년을 기념하는 '평화와 통일 기도주일'을 설정하고 예배의식을 개발한다. 이 예배의식에는 통일을 위한 기도, 분단의 죄책 고백, 소명과 결단, 분단의 희생자들과 분단민족을 위한 중보의 기도, 민족화합을 위한 신앙고백, 말씀 선포(희년 선포), 찬송과 시, 평화와 화해를 위한 성례전 등을 포함시켜야 한다.

마) 한국교회는 북한의 기독교 신앙공동체의 존재를 인정하고 하느님의 임재와 사랑을 감사하면서 그들의 신앙과 삶을 위하여 기도하며 남북한 교회의 상호교류를 실현하기 위하여 노력한다.

바) 남북한 교회의 상호왕래가 실현될 때까지 세계교회와 협력을 통하여 평화와 통일의 희년을 남북한 공동으로 선포하고 '평화와 통일 기도주일'을 공동으로 지키는 일을 추진한다.

사) 한국교회는 세계교회와의 협력을 통하여 이산가족의 생사확인, 서신 왕래의 가능성을 모색하여 남북으로 헤어진 교우와 친척, 친구찾기 운동을 전개한다.

3. 한국교회는 타종교와의 대화를 확장, 심화시키고 평화와 통일을 위한 연대의식을 촉진시켜 공동연구와 연합행동을 전개한다.

4. 한국교회의 평화와 통일을 위한 신앙 운동이 세계 에큐메니칼 운동과 연결됨으로써 세계의 평화와 정의를 위한 질서형성에 기여하게 한다(이러한 맥락에서 세계교회협의회, 북미교회협의회 그리고 서독교회협의회 등과의 협의회에서 제시한 에큐메니칼 통일정책방안에 동의하며, 세계교회와 함께 발표한 공동선언문 등을 지지하는 바이다).

1988년 2월
한국기독교교회협의회

* 이러한 문서에는 세계교회협의회의 도잔소협의회 '보고와 건의안'(1984), 제4회 '한·북미교회협의회 메시지'(1986), 미국교회협의회의 정책 성명인 '한반도의 평화와 통일'(1986), 제6차 '한·독교회협의회 공동성명'(1987) 등이 있다.

   경계에 선 신앙: 전쟁, 토착화, 여성, 공산주의

참고 문헌

〈春秋〉
〈活泉〉

1. 잡지

〈開闢〉
〈京城日報〉
〈교회연합 신보〉
〈그리스도신문〉
〈基督教世界〉
〈기독신보〉
〈대구매일신문〉
〈대동아〉
〈독립신문〉
〈동아일보〉
〈東洋之光〉
〈로동신문〉
〈每日申報〉
〈半島の光〉
〈福音新報〉
〈批判〉
〈삼천리〉
〈성서조선〉
〈新階段〉
〈신인문학〉
〈신학지남〉
〈우라키〉
〈朝光〉
〈조선일보〉
〈靑年〉

2. 국내 저서 및 논문

강동진,《일제 언론계의 한국관》, 일지사,
　　1982.
강만길,《고쳐 쓴 한국 현대사》,
　　창작과비평사, 2006.
──,《韓國民族運動史論》, 한길사,
　　1985.
강상중, 이경덕·임성모 역,《오리엔탈리
　　즘을 넘어서》, 이산, 1997.
강수옥, "근대 중국인의 한국 3·1운동에
　　대한 인식과 5·4운동",〈한국근현대
　　사연구〉, 2016, 79쪽.
강신룡, "한국인 기독교인들의
　　구미아이교회 협력과 가입에 관한
　　일고찰",〈한국기독교역사연구소소식〉
　　제22호, 1996. 1. 53.
강인철, "월남 개신교·천주교의 뿌리",
　　〈역사비평〉, 1997.
──,《저항과 투항: 군사 정권들과
　　종교》, 한신대출판부, 2013.
──,《전쟁과 종교》, 한신대출판부,
　　2003.
──,《한국 기독교회와 국가·
　　시민사회: 1945-1960》,
　　한국기독교역사문제연구소, 2003.
──,《한국의 개신교와 반공주의》,

중심, 2006.

고애신, "예장통합여성 안수 활동사",
〈한국 여성 신학〉, 1996.

고재길, "독일 고백교회 저항에 대한
연구",〈신학과 사회〉, 2016.

고재식, "라인홀드 니버의 공산주의에
대한 한 연구",〈기독교사상〉 29권 10
호(1985. 10).

고지수,《개신교 민주화 운동의 기원》,
선인, 2016.

교육출판공사 편,《세계 인명 대사전》,
교육출판공사, 1985.

국가보훈처,《3·1운동 독립선언서와
격문》, 국가보훈처, 2002.

국사편찬위원회 편,《尹致昊英文日記》,
1996.

권보드래,《3월 1일의 밤: 폭력의 세기에
꾸는 평화의 꿈》, 돌베개, 2019.

권정기, "세계화의 현실과 민족주의의
미래: 대안의 모색",〈동서철학연구〉
96(2020).

권진호, "국가에 대한 그리스도인의
태도에 관한 루터 사상",〈신학과
현장〉 제25집.

기독교사상편집부,《한국의 정치 신학》,
대한기독교서회, 1987.

길진경,《靈界 吉善宙》, 종로서적, 1980.

김경일, "식민지 시기 신여성의 미국
체험과 문화 수용: 김마리아·박인덕·
허정숙을 중심으로",
〈한국문화연구〉 11(2006).

———,《여성의 근대·근대의 여성》,
푸른역사, 2004.

김경재, "김재준의 정치신학",
〈신학사상〉, 2004.

———,《김재준 평전》, 삼인출판사, 2014.

김교신기념사업회,《김교신 일보》,
홍성사, 2016.

———————,〈성서조선〉 영인본,
홍성사, 2019.

김교신전집 간행위원회,《김교신전집》,
일심사, 1981.

김덕영,《루터와 종교 개혁》, 길, 2017.

김도형 편저,《3·1운동 일본 언론매체
사료집: 중앙공론·교육시론·
사회급국가·아등·헌정편》, 홍성사,
2019.

김두식,《칼을 쳐서 보습을》, 뉴스앤조이,
2002.

김득황,《한국 종교사》, 에펠출판사, 1963,
393-395쪽.

김명배, "한국 개신교 사회참여에
나타난 교회와 국가의 관계에 관한
연구—1960년부터 1987년까지
민주화와 인권운동을 중심으로",
장로회신학대학교 박사학위 논문,
2007.

김병희,《한경직 목사》, 규장문화사, 1982.

김상근,《세계사의 흐름을 바꾼 기독교의
역사》, 평단, 2008.

김상덕, "3·1운동의 극우기독교적
기억방식 분석 연구: 2017-2018년

'3·1절 구국기도회' 사례를 중심으로",
〈한국기독교신학논총〉 115(2020).

김상봉, "시민정치·국민·그리고 세계
시민", 〈시민과 세계〉, 2004.

———, "함석헌과 씨알 철학의 이념",
〈철학연구〉 109(2009).

김상웅 외, 《친일변절자 33인》, 가람기획,
1995.

김성은, "박인덕의 사회의식과 사회 활동:
1920년대 말-1930년대를 중심으로",
〈역사와 경계〉 79(2010).

김성환, "불안한 평화: 월남전쟁과 우리",
〈기독교사상〉 105(1967).

김수태, "윌리엄 그리피스의 한국 근대사
인식", 〈진단학보〉 11(2010).

김승태, "6·25 전란기 유엔군 측 포로
정책과 기독교계의 포로 선교",
〈한국기독교와 역사〉 21(2004).

———, "일제의 기독교 정책과
기독교계의 부일 협력",
〈한국기독교와 역사〉 24(2006).

김양선, 《한국기독교 해방10년사》,
대한예수교장로회총회 종교교육부,
1956.

金永義, 《佐翁尹致昊先生略傳》, 基督教
朝鮮監理教總理院, 1934.

김용달, "3·1운동기 서대문 형무소 학생
수감자의 역할과 行刑", 〈한국학논총〉
30(2008).

김용덕, 《일본 근대사를 보는 눈》,
지식산업사, 2000.

김욱동, "박인덕의 구월 원숭이: 자서전을
넘어서", 〈로컬리티 인문학〉 3(2010).

김윤식, 《이광수와 그의 시대》, 솔, 1999.

김재용, "친일 문학의 성격 규명을 위한
시론", 〈실천문학〉 65(2002).

金在俊, 《長空金在俊著作全集》(1-4권),
장공전집출판위원회, 1971.

김정인, "젠더 관점에서 본 3·1운동의
재현", 〈여성과 역사〉 31(2019).

김정현, "일제의 대동아공영권 논리와
실체", 〈역사비평〉 28(1994).

김진호, "고 탁사 최병헌 선생 약전",
〈신학세계〉 12(1927).

김지방, 《정치교회》, 교양인, 2007.

김학민·정운현, 《친일파 죄상기》, 학민사.
1993.

김활란, "뒷일은 우리가", 〈조광〉, 1943년
12월 호.

김흥수 편, "한국전쟁 시기 기독교
외원단체의 구호활동", 〈한국기독교와
역사〉 23(2005).

———, 《한국전쟁과 기복 신앙 확산
연구》, 한국기독교역사연구소, 1999.

———, 《해방 후 북한 교회사: 연구·
증언·자료》, 다산글방, 1992.

김희은, "여성신학과 민중신학",
《민중신학 입문》, 1995.

노블 부인 편, 《승리의 생활》,
조선야소교서회, 1927.

동아출판사 편, 《동아세계백과사전》, 제22
권, 동아출판사, 1982.

류대영, "베트남 전쟁에 대한 한국
　　개신교의 태도", 〈한국 기독교와 역사〉
　　21(2004).
———, 《초기 미국 선교사 연구》,
　　한국기독교역사연구소, 2001.
———, 《한국 근현대사와 기독교》,
　　푸른역사, 2009.
류황태, "그리피스를 통해 본 한일관계",
　　〈미국학 논집〉 42권 3호(2010).
림학선·서정숙·전일재·리기정,
　　《조선력사—고급중학교 제4학년용》,
　　교육도서출판사, 1981.
마포삼열박사전기편찬위원회,
　　《마포삼열박사전기》,
　　대한예수교장로회총회 교육부, 1973,
　　326쪽.
문화사학회 엮음, 《기억은 역사를 어떻게
　　재현하는가》, 한울, 2017.
민영진·전무용, "한국어 번역 성경에
　　나타난 중국어 성경과 일본어 성경의
　　영향", 〈성경원문연구〉 19(2006).
박경미, "민중신학과 여성신학",
　　이우정선생 고희기념논문집
　　편찬위원회, 《여성 평화 생명》, 경세원,
　　1993.
박명규, "탈식민 과정에서 '3·1운동'의
　　문화적 재구성—기억, 지식 그리고
　　권력" 《1919년 3월 1일에 묻다》,
　　성균관대학교출판부, 2009.
박명림·최장집, 《한국전쟁연구》, 태암,
　　1990.

박명수·안교성 엮음, 《대한민국의 건국과
　　기독교》, 북코리아, 2014.
박보경, "1950년 한국전쟁 당시
　　한국교회의 역할", 〈선교와 신학〉
　　26(2010).
박성원, "부록: 군종 약사(국방부. 육·해·
　　공군)", 〈군선교신학〉, 1990.
박순경, 《민족 통일과 기독교》, 한길사,
　　1986.
박승찬, 《알수록 재미있는 그리스도교
　　이야기 1·2》, 가톨릭출판사, 2015.
박영신 역, 《사회 변동의 상징 구조》,
　　삼영사, 1981.
박용규, "로마서 13장 1-7절과 바울의
　　가르침에 대한 교부들의 해석",
　　〈신학지남〉, 1993년 여름 호.
朴殷植, 《韓國獨立運動之血史》,
　　정신문화사, 1975.
박은영 편저, 《3·1운동 일본 언론매체
　　사료집: 고쿠민 신문·도요케자이
　　신보·후조신문편》, 홍성사, 2019.
박은영, "고쿠민신문에 나타난 3·1운동",
　　〈일본비평〉 21(2009).
박인덕, "태평양 삼만리 가는 길",
　　〈신인문학〉 3권 2호(1936).
———, 《구월 원숭이》, 인덕대학교, 2007.
———, 《세계일주기》, 조선출판사, 1941.
———, 《호랑이의 시時》, 인덕대학교,
　　2007.
박충구, 《종교의 두 얼굴》, 홍성사, 2013.
박태균, 《버치문서와 해방 정국》,

역사비평사, 2021.

박형룡, "전쟁에 대한 기독교의 태도 1",
　　〈신학지남〉 44(1929).

―――, "전쟁에 대한 기독교의 태도 2",
　　〈신학지남〉 45(1929).

박형신, "로스역본 논쟁에 관한 연구",
　　〈장신논단〉 49권 2호(2017).

박흥식, 《미완의 개혁가 마르틴 루터》, 21
　　세기북스, 2017.

반민족문제연구소, 《친일파 99인》,
　　돌베개, 1993.

백낙준, "한국전쟁과 세계평화", 〈사상계〉
　　3(1953).

―――, 《韓國改新敎史》,
　　연세대학출판부, 1973.

서정민, "중일·태평양전쟁과 기독교",
　　〈한국기독교와 역사〉 21(2004).

석영중, 《러시아 정교》,
　　고려대학교출판부, 2005.

선병삼, "탁사 최병헌의 유교 변증 이론
　　고찰―《성산명경》과 《만종일련》을
　　중심으로", 〈율곡학연구〉, 2023.

성백걸, "류형기의 한국전쟁 인식과 교회
　　복구·구호활동", 〈한국기독교와 역사〉
　　15(2001).

손규태, 《장공 김재준의 정치 신학과 윤리
　　사상》, 대한기독교서회, 2002.

손승호, 《유신 체제와 한국 기독교
　　인권운동》, 한국기독교역사연구소,
　　2017.

송현강, "중일전쟁 발발이후 충청도 지역

교회의 전시협력 활동",
　　〈한국기독교와 역사〉 27(2007).

신광철, "탁사 최병헌의 한국신학 연구:
　　만종일련 사상을 중심으로",
　　〈한국종교연구〉 12(2004).

신국주, "3·1운동과 일본언론의 반향",
　　《3·1운동 50주년기념논집》, 1969.

신재의, "맹의순의 삶과 포로
　　수용소에서의 선교", 〈한국기독교와
　　역사〉 41(2014).

신주백, "식민지기 민족운동 세력의 3·1
　　운동 소환과 流動하는 기억: 1946년
　　3·1절 기념집회를 둘러싼 집단기억의
　　뿌리를 찾아서", 〈한국사학사학보〉
　　38(2018).

신지재, "바울과 아우구스티누스의 법·
　　국가 사상 비고-특히 로마서 13장 1-7
　　절과 신국론을 중심으로", 〈중앙법학〉
　　17-1(2015).

심광섭, "탁사 최병헌의 유교적 기독교
　　신학", 〈세계의 신학〉 61(2003).

안종철, "윌리엄 그리피스의 일본과
　　한국 인식(1876-1910)", 〈일본 연구〉
　　15(2011).

안태윤, "식민지에 온 제국의 여성―
　　재조선 일본 여성 쓰다 세츠코를
　　통해서 본 식민주의와 젠더", 〈한국
　　여성학〉 24-4(2006).

양명수, 《아무도 내게 명령할 수 없다》,
　　이화여자대학교출판부, 2018.

―――, 《아우구스티누스 읽기》,

세창미디어, 2023.

양봉철, "제주 4·3과 서북기독교", 〈4·3
과 역사〉 10(2010).

양현혜 편저,《3·1운동 일본 언론매체
사료집: 도쿄아사히신문 편》, 홍성사,
2019.

양현혜, "김마리아의 대한민국
애국부인회 사건에 대한 조선과
일본 언론의 반응", 〈한국문화연구〉
39(2020).

———, "식민지 시대 한국 개신교의
전쟁과 평화에 대한 이해",
〈한국교회사학회지〉 34(2013).

———, "역사철학적으로 본 함석헌의
통일에 관한 사유", 〈신학사상〉
188(2020).

———, "최병헌의 개종에서 본 기독교와
유교와의 대결 양상 연구", 〈신학과
사회〉 38-2(2024).

———, "한국 개신교의 성차별 구조와
여성 운동", 〈여성신학논집〉 2(1998).

———, "함석헌의 역사인식과 사유
체계", 〈신학사상〉 142(2008).

———,《근대 한일관계사 속의 기독교》,
이대출판부, 2009.

———,《김교신의 철학》, 이대출판부,
2013.

———,《우치무라 간조—신 뒤에 숨지
않은 기독교인》, 이대출판부, 2017.

———,《윤치호와 김교신》, 한울, 1996.

연규홍, "해방 후 북한사회 건설과

교회박해: 1945-1948", 〈신학사상〉
114(2001).

오만규, "로마 종교와 초기
그리스도인들의 군복무",
〈한국교회사학회지〉 3(1987).

———, "제칠일 안식일 예수 재림교회
비무장 군복무의 기원과 발전", 〈한국
교회사학회지〉 12(2003).

오윤태,《동경교회 72년사》, 혜선문화사,
1980, 185-187쪽.

오제연, "한국의 민주화운동과 '3·1운동
기억': 4·19혁명에서 6월항쟁까지",
〈동방학지〉 185(2018).

옥성득, "한일 합병 전후 최병헌 목사의
시대 의식—계축년(1913) 설교를
중심으로", 〈한국 기독교와 역사〉
13(2000).

우미영, "서양 체험을 통한 신여성의 자기
구성 방식—나혜석·박인덕·허정숙을
중심으로", 〈여성문학연구〉 12(2004).

柳永烈,《開化基의 尹致昊 研究》, 한길사,
1985.

유영옥, "북한의 3·1운동과 임시정부에
대한 역사인식 고찰", 〈군사논단〉
44(2002).

유인선,《베트남의 역사》, 이산, 2018.

유호열, "3·1운동과 대한민국의 정통성:
북한은 3·1운동을 어떻게 평가하고
있나", 〈북한〉 399(2005).

육군본부 군종감실,《육군 군종사》,
육군본부, 1975.

육사 본당 30년사 편집위원회,《씨앗이
    열매로》, 천주교 육군사관학교 교회,
    1990.
윤상현, "1950년대 후반 1960년대 초
    함석헌의 주체 형성 담론의 변화: 민중.
    민족. 국민 담론을 중심으로",
    〈사학연구〉 112(2013).
윤선자, "6·25 한국전쟁과 군종 활동",
    〈한국기독교와 역사〉 14(2001).
윤성범,《기독교와 한국사상》,
    대한기독교서회, 1963, 84-85쪽.
윤소영 편저,《일본 신문 한국 독립 운동
    기사집》I·II, 독립기념관, 2009.
윤정란, "한국 전쟁기 염산면 기독교인
    학살의 원인과 성격",〈한국 기독교와
    역사〉 20(2004).
윤치호,《尹致昊 國文日記》, 탐구당, 1975.
유진 피터슨, 양혜원 역,《이 책을 먹으라》,
    IVP, 2006.
이경남,《분단 시대의 청년운동》,
    삼성문화개발, 1989.
이규수, "3·1운동에 대한 일본언론의
    인식",〈역사비평〉 62(2003).
———,《제국 일본의 한국 인식 그 왜곡의
    역사》, 논형, 2007.
이동근, "1910년대 '妓生'의 존재 양상과
    3·1운동",〈한국민족운동사연구〉
    74(2013).
이만열,《한국 기독교와 민족의식》,
    지식산업사, 1991, 448-450쪽; W. E.
    Griffis,《아펜젤러의 전기》, 이만열 편,

《아펜젤러》, 연대출판부, 1985. 6.
이만열, "한경직 목사를 만남",
    〈한국기독교와 역사〉 1(1991).
이북 신도대표회 문집간행위원회
    편,《이북 신도대표회 문집》,
    이북신도대표회편집위원회, 1984.
이성덕,《이야기 교회사》, 살림출판사,
    2007.
이상록, "탈식민 지식인의 歐
    美여행 경험과 자아 인식 그리고
    민족정체성의 재구축: 1960-70
    년대 함석헌의 미국 유럽 여행기를
    중심으로",〈역사와 문화〉 22(2011).
이선옥, "여성주의 시각에서 본
    친일문학—평등에 대한 유혹: 여성
    지식인과 친일의 내적 논리",
    〈실천문학〉 67(2002).
이성덕,《이야기교회사》, 살림출판사,
    2007.
이성배,《유교와 기독교》, 분도출판사,
    1979, 275쪽.
이소희, "《구월 원숭이》에 나타난 자전적
    서사 연구: 신여성의 근대 체험을
    중심으로",〈미국학 논집〉 40(2008).
이수석, "3·1운동과 남북한의 인식:
    북한의 왜곡된 역사인식 바로잡아
    3·1운동정신 이어받자",〈북한〉
    411(2006).
이숙진, "기독교 신여성과 혼인윤리:
    박인덕을 중심으로",
    〈기독교사회윤리〉 29(2014).

이승문, "로마교회의 납세 문제와 바울이
　　로마의 크리스천들에게 납세를 권면한
　　이유", 〈대학과 선교〉 27(2014).
이승엽, "내선일체 운동과 녹기연맹",
　　〈역사비평〉, 50(2002).
이승준, "한경직 목사와 한국 전쟁", 〈한국
　　기독교와 역사〉. 15(2001).
이양호, 《아우구스티누스의 생애와 사상》,
　　동연, 2024.
──, 《칼빈: 생애와 사상》,
　　한국신학연구소, 2010.
이영미, "일본의 한국 지배에 대한
　　그리피스의 태도", 〈한국사연구〉
　　166(2014) 등을 참조.
이옥순, 《식민지 조선의 희망과 절망,
　　인도》, 푸른역사, 1997.
이용기, "3·1운동 연구의 흐름과
　　민족주의의 향방", 〈사학연구〉
　　139(2020).
이우정, "한국 속담과 여성의 비인간화",
　　〈신학과 여성〉, 1983.
──, "한국 전통 문화와 여성신학",
　　〈한국 여성신학의 과제〉,
　　한국기독교가정생활협회, 1983.
이우정·이현숙 공저, 《한국기독교장로회
　　여신도회 60년사》, 한국
　　기독교장로회여신도회 전국연합회,
　　1989.
이정배, "마태오 릿치와 탁사 최병헌의
　　보유론(補儒論)적 기독교 이해의
　　차이와 한계", 〈신학사상〉 122(2003).

이지원, "북한정부의 3·1운동 기념과
　　표상: 〈로동신문〉(1946-2019)을
　　중심으로", 〈동방학지〉 190(2020).
이진석, "한국에서 민족주의와
　　다문화주의의 양립", 〈민족사상〉
　　14(2020).
이철, "개신교 보수교단 지도자들의
　　어제의 정교분리 오늘의 정치 참여",
　　〈대학과 선교〉 37(2018).
이치석, 《씨알 함석헌 평전》, 시대의창,
　　2015.
이태훈, "구약에 나타난 세계평화",
　　〈장로교회와 신학〉 7(2010).
이행훈, "문명론의 접합으로 본 최병헌의
　　종교 담론", 〈한국철학논집〉 45(2015).
──, "최병헌의 '종교' 개념 수용과
　　유교 인식: 《만종일련》을 중심으로",
　　〈한국철학논집〉 46(2015).
──, "최병헌의 기독교 수용과 전통
　　지식 재해석", 〈동방문화와 사상〉
　　4(2018).
이현숙, 《한국교회여성연합회》,
　　한국교회여성연합회, 1992.
이혜정, "한경직의 기독교적
　　건국론과 복음화 운동",
　　한국학중앙연구원대학원
　　박사학위논문, 2006.
이화100년사편찬위원회, 《이화 100년사》,
　　이화여자대학출판부, 1994.
임경석 편저, 《동아시아 언론매체 사전》,
　　논형, 2003.

임경석, "해방직후 3·1운동 역사상의
    분화", 〈사림〉, 63(2018).
林鍾國, 《日帝末 親日派 群像의 實體》,
    《解放前後史의 認識》, 한길사, 1979.
———, 《日帝侵略과 親日派》, 靑史,
    1982.
———, 《日帝下의 思想彈壓》, 平和出版
    社, 1985.
임지현, 《기억 전쟁: 가해자는 어떻게
    희생자가 되었는가》. 휴머니스트,
    2019.
임형택, "1919년 동아시아. 3·1운동과
    5·4운동", 〈대동문화연구〉 66(2009).
장공김재준목사기념사업회 편,
    《金在俊全集》(1-18권),
    장공김재준목사기념사업회, 1992.
장동민, 《박형룡의 신학 연구》,
    한국기독교역사연구소, 1998.
장병일, 《살아 있는 갈대》,
    대한기독교서회, 1968.
장석정, "한국 개신교에 나타난 반공주의:
    그 생성과 변형", 숭실대학교 기독교학
    대학원 석사학위논문, 2008.
장하진, "친일파 군상 여류명사들의
    친일행적", 〈역사비평〉 11(1990).
전병무, 《김마리아》, 역사공간, 2021.
전진성, 《역사가 기억을 말하다: 이론과
    실천을 위한 기억의 문화사》,
    휴머니스트, 2005.
전필순, 《목회여운》,
    대한예수교장로회총회 교육부, 1965.

정숙자, "여성교회는 왜 여성을 위한
    찬송가를 만들어야 했나",
    〈기독교사상〉 437(1995).
정운현, 《학도여 성전에 나서라》,
    없어지지 않는 이야기, 1997.
정재영 외, 《태극기를 흔드는
    그리스도인―개신교 극우 현상의
    배경과 형성 그리고 극복》, IVP, 2021.
정종훈, "제2차 세계대전 종전 이후 독일
    개신교회의 정치사회참여의 고찰",
    〈한국기독교와 역사〉 6(1997).
정진아, "3·1운동에 대한 남북의 분단된
    집합 기억을 통일을 위한 집합
    기억으로", 〈통일 인문학〉 76(2018).
정창석, "녹기(綠旗)에 나타난 내선일체와
    황국신민화", 〈일본문화학보〉
    66(2015).
정충량, 《梨花 80年史》, 이대출판부, 1967.
조선혜, "만국부인회 기도 사건",
    연세대학교 연합신학대학원 석사학위
    논문, 1993.
중앙일보사·연세대학교
    현대한국학연구소, 《이화장 소장
    우남 이승만 문서 제4·5권: 3·1
    운동 관련문서 1·2》, 중앙일보사·
    연세대학교 현대한국학 연구소, 1988.
지명관, "평화에 대한 교회의 증언",
    〈기독교사상〉 98(1966).
지원용, 《마르틴 루터의 종교 개혁 3대
    논문》, 컨콜디아사, 1993.
차봉준, "최병헌의 불교 인식과 기독교

변증—《성산명경》의 불교 논쟁을
중심으로", 〈문학과 종교〉, 제17권 2
호(2012).

차봉준, "濯斯 崔炳憲의 '萬宗一欒' 思
想과 基督敎 辨證—《聖山明鏡》에
나타난 對儒敎 論爭을 中心으로",
〈어문연구〉, 39-1(2011).

차정식, 《로마서 Ⅱ》, 대한기독교서회,
1999.

천사무엘, 《김재준: 근본주의와 독재에
맞선 예언자적 양심》, 살림, 2003.

최명환, "근대계몽기《성산명경》을 통해
본 최병헌 목사의 역할", 〈지역문화
연구〉, 11(2012).

최병택, "해방 후 역사 교과서의 3·1
운동 관련 서술 경향", 〈역사와 현실〉
74(2009).

최병헌, 《만종일련》, 삼필문화사, 2022.

———, 《성산명경》, 키아츠, 2024.

최상호·홍선표 외, 《이승만과 대한민국
건국》, 연대출판부, 2010.

최영실, "제국의 권력과 그리스도인—롬
13:1-7의 사회사적 편집사적 연구를
중심으로", 〈신약논단〉 16-1(2009).

최우익, 《최병헌선생약전》,
정동삼문출판사, 1998.

최유리, 《일제 말기 식민지 지배정책
연구》, 국학자료원. 1997.

최정만, 《다시 써야 할 세계 선교 역사 1》,
쿰란출판사, 2007.

최종고, 《영락교회의 부흥》, 한국문화사,
1974.

최호근, 《기념의 미래: 기억의 정치
끝에서 기념문화를 이야기하다》,
고려대출판문화원, 2019.

친일인명사전편찬위원회,
《일제협력단체사전(국내 중앙편)》,
민족문제연구소, 2004.

태지호, "1919년은 어떻게 기억되는가:
3·1운동 100주년 기념사와 대한민국
임시정부 수립 100주년 기념사를
중심으로", 〈기호학 연구〉 63(2020).

한경직, 《한경직 목사 설교전집 1권》,
한경직목사기념사업회, 2009.

———, 《한경직 목사 설교집》, 기문사,
1959.

한경직·이영헌 엮음, 《참 목자상》,
규장문화사, 1982.

한국교부학연구회, 《내가 사랑한 교부들》,
분도출판사, 2005.

한국교회사문헌연구원 영인본,
《만국부인회사건 자료집》, 제35권.

한국기독교사회문제연구원, 《1970
년대 민주화 운동과 기독교》, 서울:
한국기독교사회문제연구원 83(1982).

한국여성연구회 여성사분과 편,
"친일여성들의 활동과 여자정신대",
《한국여성사-근대편》, 풀빛, 1992.

한국여신학자협의회, 《제17차
총회보고서》.

———————, 《한국 여성 민중
목회자》, 여성신학사, 1994.

한숭홍, "3·1운동의 세계사적 의의의
　　불완전한 정립과 균열", 〈역사와 현실〉
　　108(2018).
———, 《한경직의 생애와 사상》,
　　장로회신학대학출판부, 1993.
함석헌전집 간행위원회, "한국 기독교는
　　무엇을 하고 있는가", 〈사상계〉
　　1(1956).
———————————, 《죽을 때까지 이
　　걸음으로》, 삼중당, 1964.
———————————, 〈함석헌 전집〉,
　　한길사, 1983.
홍병선, "국민정신 총동원과 총후원",
　　〈청년〉 1938년 9월 호.
황필호 편역, 《비폭력이란 무엇인가》,
　　종로서적, 1986.
가라타니 고진, 조영일 역, 《문자와 국가》,
　　도서출판 b, 2011.
高橋哲哉, 현대송 역, 《결코 피할 수 없는
　　야스쿠니 문제》, 역사비평사, 2005.
고야스 노부쿠니, 이승연 역, 《동양·
　　대동아·동아시아》, 역사비평사, 2003.
나리타 류이치, 이규수 역, 《다시쇼
　　데모크라시》, 어문학사, 2011.
더글러스 P. 래키, 최유신 역, 《전쟁과
　　평화의 윤리》. 철학과현실사, 2006.
大江志乃夫, 이규태·양현혜 역,
　　《야스쿠니신사》, 소화, 2004.
라인홀드 니버, 이한우 역, 《도덕적 인간과
　　비도덕적 사회》, 문예출판사, 2017.
리처드 니버, 홍병용 역, 《그리스도와

문화》, IVP, 2007.
레프 톨스토이, 조윤정 역, 《국가는
　　폭력이다》, 달팽이, 2008.
로즈메리 R. 류터, 안상임 역, 《성차별과
　　신학》, 대한기독교출판사, 1985.
롤런드 베인턴, 이종태 역, 《마르틴 루터》,
　　생명의말씀사, 2016, 171쪽.
W. 뢰베니히, 박호영 역, 《마르틴 루터: 그
　　인간과 그의 업적》, 성지, 2002.
루츠 폴, 손규태 역, 《그리스도인과 국가:
　　로마서 13장 연구》, 한국신학연구소,
　　1989.
릴리어스 호톤 언더우드, 김철 역,
　　《언더우드 부인의 한국생활》(*Fifteen
　　Years Among The Top-Knots*),
　　뿌리깊은나무, 1984.
몽테스키외, 이명성 역, 《법의 정신》,
　　홍신문화사, 1988.
미야타 미츠오, 양현혜 역, 《국가와 종교—
　　유럽정신사에 나타난 로마서 13장의
　　해석사》, 삼인, 2007.
———————, 박은영·양현혜 역,
　　《홀로코스트 이후를 산다》, 한울, 2013.
E. M. 번즈, R. 러너, S. 미첨, 박상익 역,
　　《서양문명의 역사 II》, 소나무, 1994.
본회퍼, 정지련·손규태 역, 《신도의
　　공동생활》, 대한기독교서회, 2010.
베네딕트 앤더슨, 서지원 역, 《상상된
　　공동체 : 민족주의의 기원과 보급에
　　대한 고찰》, 길, 2018.
———————, 서지원 역, 《세 깃발

아래에서: 아나키즘과 반식민주의적
상상력》, 길, 2009.

스즈키 노리히사, 김진만 역,
《무교회주의자 우치무라 간조》, 소화,
1995.

아브라함 J. 헤셸, 이현주 역,《예언자들》,
삼인, 2004.

아우구스티누스, 성염 역,《그리스도교
교양》, 분도출판사, 2011.

──────,《신국론》, 제19권,
분도출판사, 2004.

──────,《자유의지론》, 분도
출판사, 1998.

H. G. 아펜젤러, 노종해 역,《자유와 빛을
주소서》, 대한기독교서회, 1988.

앨런 브링클리, 조지형 역,《있는 그대로의
미국사》, 휴머니스트, 2011.

野田正彰, 서혜영 역,《전쟁과 인간》, 길,
2000.

에른스트 케제만, 한국신학연구소 번역실
역,《로마서》, 한국신학연구소, 1989.

우치무라 간조, 김유곤 역,《우치무라 간조
전집》, 크리스찬서적, 2002.

──────, 양현혜 역,《구안록》,
포이에마, 2016.

──────, 양현혜 역,《전도의 정신》,
홍성사, 2024.

월터 브루그만, 김기철 역,《예언자적
상상력》, 복있는사람, 2024.

──────, 박규태 역,《안식일은
저항이다》, 복있는사람, 2015.

유진 피터슨, 양혜원 역,《이 책을 먹으라》,
IVP, 2006.

조너선 색스, 김준우 역,《매주 오경 읽기
영성 강론》, 한국기독교연구소, 2022.

──────, 임재서 역,《차이의 존중》,
말글빛냄, 2007.

──────, 김대옥 역,《랍비가 풀어내는
창세기》, 한국 기독교연구소, 2023.

칼 야스퍼스, 한충수 역,《철학적인 생각을
배우는 작은 수업》, 이학사, 2020.

코야스 노부쿠니, 이승연 역,《동아 ·
대동아 · 동아시아》, 역사비평사, 2005.

土肥昭夫, 김수진 역,《일본기독교사》,
교문사, 1991.

톰 라이트, 박문재 역,《하나님의 아들의
부활》, 크리스천다이제스트, 2005.

페터 슈툴마허, 장흥길 역,《페터
슈툴마허의 로마서 주석》,
장로회신학대학교 출판부, 2002.

하비 콕스, 김동혁 역,《성서를 어떻게
읽을 것인가》, RHK, 2017.

한나 아렌트, 이진우 역,《인간의 조건》,
한길사, 2019.

W. 후버, H. R. 로이터, 김윤옥 · 손규태 역,
《평화 윤리》, 대한기독교서회, 1997.

후지이 다케시,《파시즘과 제3세계주의
사이에서: 족청계의 형성과 몰락을
통해 본 해방 8년사》, 역사비평사,
2012.

  경계에 선 신앙: 전쟁, 토착화, 여성, 공산주의

3. 국외 저서 및 논문

"昭和 13年 鮮內思想運動狀況", 〈思想彙報〉第18號, 高等法院檢事委局思想部, 1939年 3月.

《聖書考古學大事典》, 講談社, 1984.

Bainton, Roland H. 中村妙子 譯, 《戰爭·平和·キリスト教》, 新教出版社, 1963.

Beard, Charles A. & Beard, Mary R. *The American Spirit.* The Macmillan Co., New York, 1942.

Bellah, Robert N. "Civil Religion in America." *Daedalus.* 96(1) Winter, MIT Press, 1967.

──────. *Beyond Belief: essays on Riligion in a Post-Traditional world.* N.Y.: Crossroad Books, 1970.

──────. *The Broken Covenant: American Civil Religion in Time of Trial.* N.Y.: Crossroad Books, 1975.

Betz, Hans Dieter. *The sermon on the Mount.* Minneapolis, Fortress, 1955.

Bower, Perter J. *Evolution.* 鈴木善次 譯, 《進化思想の歷史》下, 東京: 朝日新聞社, 1987.

Danker, Frederick William. *A Greek-English Lexicon of the New Testament and Other Early Christian Literature.* third English ed., University of Chicago Press, 2001.

E.u.R., Bethge. 宮田光雄 譯, 《ディートリヒ·ボンヘツフアー》. 新教出版社, 1992.

Federal Council of Evangelical Mission in Korea. *The Korea Mission Field.* March 1920.

Frey, Lulu E. "Higher Education for Korean Girls", *The Korea Mission Field: A Monthly Journal of Christian Progress.* vol. 10 no. 10, 1914.

Heer, Friedrich. *The Intellectual History of Europe.* Ohio: The World Publishing Company, 1966.

Hofstadter, Richard. *Social Darwinism in American Thought.* 後藤後次 譯, 《アメリカの社會進化思想》, 東京: 研究社, 1973.

käsemann, E. *Römer 13. 1-7 in unserer Generation.* in: Zeitscbrift für Theologieunt Kirche, 1959.

Mitchel, Richard H. 娛平康弘 譯, 《前後日本の思想統制》, 東京: 日本評論社, 1980.

Oscar Cullmann, *Der Staat im Neuen Testament,* 2. durchgesehene und erganzte Auflarge. Tubingen: J. C. B. Mohr(Pul Siebeck), 1961, S. 41.

Said, Edward W. *Orientalism.* Georges Borchardt Inc., New York, 1978.

Schluchter, Wolfgang. 米澤和彦·嘉目克彦 譯, 《世界支配の合理主義: マツ

クス・ウエーバ―研究》, 東京: 未來
　社, 1984.

Sills, David(ed). *International
　Encyclopedia of the Social Sciences*. vol.
　13, The Macmillian Company & The
　Free Press, New York, 1972.

*The Annual Report of the Board of Foreign
　Missions of the Presbyterian Church in
　the U.S.A.*, 1908.

Marnell, W. 野村文子 驛, 《信教の自由と
　アメリカ》, 東京: 新教出版社, 1987.

Weber, M. 大塚久雄・生松敬三 譯, 《マ
　ツクス・ウエーバ―宗教社會學論選》,
　東京: みすず書房, 1983.

監野和夫, 《日本組合教會史研究序說》,
　東京: 新教出版社, 1995.

姜德相, 《現代史資料》26券, 東京: みす
　ず書房, 1967.

姜尙中, "'日本的オリエンタリズム'の現
　在", 〈世界〉, 東京: 岩波書店, 1988.

姜在彥, 《朝鮮の開化思想》, 東京: 岩波書
　店, 1974.

高崎宗司, 《妄言の元型》, 東京: 未來社,
　1990.

高島善哉, 《マルクスとウエ―バ―》, 東
　京: 紀伊國屋書店, 1982.

高木八尺 譯, 《アメリカ精神の歷史》, 東
　京: 岩波書店, 1954.

橋川文三, 松本三之介 編, 《近代日本政治
　思想史》, 東京: 有斐閣, 1974.

宮田光雄, 《キリスト教思想史研究》, 東

京: 創文社, 2008.

―――, 《ボンヘツフア―反ナチ抵抗
　者の生涯と思想》, 岩波書店, 2019.

―――, 《權威と服從》, 東京: 新教出
　版社, 2003.

―――, 《日本の政治宗教》, 東京: 朝日
　新聞社, 1981.

宮田節子, 《朝鮮民衆 '皇民化' 政策》, 東
　京: 未來社, 1985.

金田隆一, 《戰時下キリスト教の抵抗と挫
　折》, 東京: 新教出版社, 1985.

吉馴明子, "內村鑑三と非戰論", 〈內村鑑
　三研究〉43號, 2010. 4月號.

金石範, 《轉向と親日派》, 東京: 岩波書
　店, 1993.

金田隆一, 《昭和日本基督教會史》, 新教
　出版社, 1996, 235-236.

內村鑑三著作集刊行委員會, 〈內村鑑三
　全集〉, 東京: 岩波書店, 1982.

內村祐之 編, 《內村鑑三追憶文集》, 聖書
　研究社, 1931.

藤田省三, 《天皇制國家の支配原理》, 東
　京: 未來社, 1966.

―――, 《轉向の思想史的 研究》, 東京:
　岩波書店, 1975.

藤村道生, 《淸日戰爭》, 東京: 岩波新書,
　1982.

栗原彬, 《歷史とアイデンテイテイ: 近代
　日本の心理＝歷史研究》, 東京: 新曜
　社, 1982.

木田獻一, 《古代イスラエルの豫言者た

경계에 선 신앙: 전쟁, 토착화, 여성, 공산주의

ち》, 淸水書院, 2023.

————,《舊約聖書の豫言と默示》, 新
　　敎出版社, 1996.

武內義雄,《武內義雄全集》第2卷, 東京:
　　角川書店, 1978.

武田淸子,《正統と異端のあいだ》, 東京:
　　東京大學出版部, 1977.

米本昌平, "社會ダウィニズムの實像", 村
　　上陽一郎 編,〈時間と進化〉, 東京: 東
　　京大學出版社, 1983.

飯沼二郎·韓哲曦,《日本帝國主義の朝
　　鮮傳導》, 東京: 日本基督敎出版局,
　　1985.

半井淸,《朝鮮の統治と基督敎》, 朝鮮總
　　督府學務局, 1921.

小松裕,《いのちと諸國日本》, 東京: 小學
　　館, 2009.

小熊英二,《單一民族神話の起源》, 東京:
　　新曜社, 1995.

小原克博, "戰爭論の神學的考察",〈基
　　督敎硏究〉第70卷 第2號, 同大志大
　　學, 2008.

松尾尊恩, "日本組合敎會の朝鮮傳道",
　　〈思想〉1968. 7., 東京: 岩波書店.

守本順一,《東洋政治思想史硏究》, 東京:
　　未來社, 1986.

辻宣道,《嵐の中の牧師たち―ホ―リネス
　　彈壓と私たち》, 新敎出版社, 1992.

阿部知二,《良心的兵役拒否の思想》, 東
　　京: 岩波書店, 1969.

若桑みどり,《戰爭がつくる女性像》, 東

京: 築摩書房, 2007.

熊野義孝,《日本キリスト敎神學思想史》,
　　東京: 新敎出版社, 1968.

月本昭男,《古代メソポタニアの神話と儀
　　禮》, 岩派書店, 2010, 278.

————,《舊約聖書におけるユ―モアと
　　アイロニ―》, 敎文館, 2014.

————,《物語としての舊約聖書》, 東
京: NHKbooks. 2024.

————,《悲哀を越えて》, 東京: 敎文
館, 2005.

月本昭男外,《歷史を問う. 第2卷: 歷史と
　　時間》, 岩波書店, 2002.

柳父國近, "戰後日本と靖國神社", 中村
　　規外 編,《戰後日本: 占領と戰後改革》
　　第5卷, 東京: 岩波書店, 1995.

由井正臣, "總動員體制の形成と崩壞", 鹿
　　野政直·由井正臣 編,《近代日本の統
　　合と抵抗》, 東京: 日本評論社, 1982.

日本聖書學硏究所 編,《聖書外典僞典:
　　別卷補遺Ⅰ》, 敎文館, 1990, 1, 979.

長谷部弘, "內鑑村三の國家論",〈內村鑑
　　三硏究〉24號, 1984. 3.

佐佐木宏幹,《シヤ―マニズムの世界》, 講
　　談社學術文庫, 1990.

朱熹,《朱子語類》卷 4. 1.

中濃敎篤,《天皇制國家と植民地傳道》,
　　東京: 國書刊行會, 1976.

曾根撓彦,《アメリカ敎會史》, 東京: 日本
　　基督敎團出版局, 1978.

池明觀, "申采浩史學と崔南善史學",《東

京女子大學附屬比較文化硏究所紀
要》第49卷, 東京, 1982.

———, "日本基督敎會朝鮮", 《東京女子
大學附屬比較文化硏究所紀要》第39
卷, 東京, 1977.

池明觀·小川圭治, 《日韓基督敎關係資料
集》, 東京: 新敎出版社, 1984.

芝原拓自, 《世界史のなかの明治維新》, 東
京: 岩書波店, 1977.

織田猶次, 《チェックン: 朝鮮·韓國人傳
道の記錄》, 東京: 日本基督敎團出版
局, 1977.

川崎勝, "福澤諭吉と內村鑑三", 《福澤諭
吉年鑑》32號, 2005.

淸水幾太郎, 《コントとスヘンサ》, 東京:
中央公論社, 1987.

塚本虎二, 《內村先生と私》, 伊藤節書
房, 1961.

澤正彦, "植村正久の朝鮮觀", 〈三千里〉
34號. 1983. 5., 東京: 靑丘文化社.

土肥昭夫, 《日本プロテスタント·キリス
ト敎史論》, 東京: 敎文館, 1987.

片野眞佐子, 《孤憤の人: 柏木義円》, 東京:
新敎出版社, 1993.

鶴見俊輔, 《戰時期日本の精神史》, 東京:
岩波書店, 1982.

韓晳羲, 《日本の朝鮮支配と宗敎政策》,
東京: 未來社, 1988.

戶村政博 編, 《神社問題とキリス敎》, 東
京: 新敎出版社, 1976.

丸山眞男 外, 《思想史の方法と對象》, 東

京: 創文社, 1969.

丸山眞男, 《日本近代思想史硏究》, 東京:
東京大學出版會, 1989.

會垠繞彦, 《アメリカ敎會史》, 東京: 日本
基督敎出版局, 1978.

경계에 선 신앙: 전쟁, 토착화, 여성, 공산주의

한국 개신교 사상사 3

경계에 선 신앙: 전쟁, 토착화, 여성, 공산주의
Faith on the Edge: War, Indigenousization, Women, and Communism

지은이 양현혜
펴낸곳 주식회사 홍성사
펴낸이 정애주
국효숙 김의연 박혜란 송민규 오민택 임영주 차길환

2025. 12. 5. 초판 1쇄 인쇄 2025. 12. 19. 초판 1쇄 발행

등록번호 제1-499호 1977. 8. 1.
주소 (04084) 서울시 마포구 양화진4길 3
전화 02) 333-5161 팩스 02) 333-5165
홈페이지 hongsungsa.com 이메일 hsbooks@hongsungsa.com
페이스북 facebook.com/hongsungsa
양화진책방 02) 333-5161

ⓒ 양현혜, 2025

•잘못된 책은 바꿔 드립니다. •책값은 뒤표지에 있습니다.

ISBN 978-89-365-1605-5 (03230)